21世纪高等学校规划教材 | 信息管理与信息系统

U0738729

现代信息检索实用教程

（第2版）

朱静芳 主编

米海燕 李刚 刘晓丹 副主编

清华大学出版社

北京

内 容 简 介

本书以全新的视角,整合了信息素质教育、各类信息检索方法、网络信息检索方法和技巧、学术论文撰写、信息综合运用和科技查新方法等方面的内容。系统说明了现代信息检索的基础知识、基本技能,书中精选了大量的样例、网页样图,介绍了各类信息检索工具的编排、组织规则和使用方法,电子文献信息检索技术,国内外著名题录或文摘数据库、引文数据库、全文数据库的特点以及使用方法,学术论文的撰写方法等。本书以全新的方式逐章编列了实验题、思考题,并指出要点。本书融理论、方法、实践于一体,对提升读者的信息素质,培养终身学习能力、创新能力,激发创新意识,提高信息检索与利用的能力和自身综合素质具有重要的作用。

本书可作为高等院校信息检索与论文写作课程的通用教材,也可作为科研人员、广大信息工作者的参考书和实用指南。

图书在版编目(CIP)数据

现代信息检索实用教程/朱静芳主编. --2 版. --北京:清华大学出版社,2012(2020.1 重印)
21 世纪高等学校规划教材·信息管理与信息系统
ISBN 978-7-302-29354-5

Ⅰ. ①现…　Ⅱ. ①朱…　Ⅲ. ①情报检索－高等学校－教材　Ⅳ. ①G252.7

中国版本图书馆 CIP 数据核字(2012)第 156996 号

责任编辑:魏江江
封面设计:傅瑞学
责任校对:时翠兰
责任印制:杨　艳

出版发行:清华大学出版社
　　　　　网　　　址:http://www.tup.com.cn, http://www.wqbook.com
　　　　　地　　　址:北京清华大学学研大厦 A 座　　　　　邮　　编:100084
　　　　　社 总 机:010-62770175　　　　　　　　　　　　邮　　购:010-62786544
　　　　　投稿与读者服务:010-62776969, c-service@tup.tsinghua.edu.cn
　　　　　质量反馈:010-62772015, zhiliang@tup.tsinghua.edu.cn
　　　　　课件下载:http://www.tup.com.cn,010-83470236
印 装 者:北京建宏印刷有限公司
经　　销:全国新华书店
开　　本:185mm×260mm　　印　张:18　　　　　字　　数:437 千字
版　　次:2008 年 3 月第 1 版　　2013 年 1 月第 2 版　　印　　次:2020 年 1 月第 5 次印刷
印　　数:22801~23000
定　　价:29.50 元

产品编号:047840-01

出 版 说 明

随着我国改革开放的进一步深化,高等教育也得到了快速发展,各地高校紧密结合地方经济建设发展需要,科学运用市场调节机制,加大了使用信息科学等现代科学技术提升、改造传统学科专业的投入力度,通过教育改革合理调整和配置了教育资源,优化了传统学科专业,积极为地方经济建设输送人才,为我国经济社会的快速、健康和可持续发展以及高等教育自身的改革发展做出了巨大贡献。但是,高等教育质量还需要进一步提高以适应经济社会发展的需要,不少高校的专业设置和结构不尽合理,教师队伍整体素质亟待提高,人才培养模式、教学内容和方法需要进一步转变,学生的实践能力和创新精神亟待加强。

教育部一直十分重视高等教育质量工作。2007 年 1 月,教育部下发了《关于实施高等学校本科教学质量与教学改革工程的意见》,计划实施“高等学校本科教学质量与教学改革工程”(简称“质量工程”),通过专业结构调整、课程教材建设、实践教学改革、教学团队建设等多项内容,进一步深化高等学校教学改革,提高人才培养的能力和水平,更好地满足经济社会发展对高素质人才的需要。在贯彻和落实教育部“质量工程”的过程中,各地高校发挥师资力量强、办学经验丰富、教学资源充裕等优势,对其特色专业及特色课程(群)加以规划、整理和总结,更新教学内容、改革课程体系,建设了一大批内容新、体系新、方法新、手段新的特色课程。在此基础上,经教育部相关教学指导委员会专家的指导和建议,清华大学出版社在多个领域精选各高校的特色课程,分别规划出版系列教材,以配合“质量工程”的实施,满足各高校教学质量和教学改革的需要。

为了深入贯彻落实教育部《关于加强高等学校本科教学工作,提高教学质量的若干意见》精神,紧密配合教育部已经启动的“高等学校教学质量与教学改革工程精品课程建设工作”,在有关专家、教授的倡议和有关部门的大力支持下,我们组织并成立了“清华大学出版社教材编审委员会”(以下简称“编委会”),旨在配合教育部制定精品课程教材的出版规划,讨论并实施精品课程教材的编写与出版工作。“编委会”成员皆来自全国各类高等学校教学与科研第一线的骨干教师,其中许多教师为各校相关院、系主管教学的院长或系主任。

按照教育部的要求,“编委会”一致认为,精品课程的建设工作从开始就要坚持高标准、严要求,处于一个比较高的起点上。精品课程教材应该能够反映各高校教学改革与课程建设的需要,要有特色风格、有创新性(新体系、新内容、新手段、新思路,教材的内容体系有较高的科学创新、技术创新和理念创新的含量)、先进性(对原有的学科体系有实质性的改革和发展,顺应并符合 21 世纪教学发展的规律,代表并引领课程发展的趋势和方向)、示范性(教材所体现的课程体系具有较广泛的辐射性和示范性)和一定的前瞻性。教材由个人申报或各校推荐(通过所在高校的“编委会”成员推荐),经“编委会”认真评审,最后由清华大学出版社审定出版。

目前,针对计算机类和电子信息类相关专业成立了两个"编委会",即"清华大学出版社计算机教材编审委员会"和"清华大学出版社电子信息教材编审委员会"。推出的特色精品教材包括:

(1) 21世纪高等学校规划教材·计算机应用——高等学校各类专业,特别是非计算机专业的计算机应用类教材。

(2) 21世纪高等学校规划教材·计算机科学与技术——高等学校计算机相关专业的教材。

(3) 21世纪高等学校规划教材·电子信息——高等学校电子信息相关专业的教材。

(4) 21世纪高等学校规划教材·软件工程——高等学校软件工程相关专业的教材。

(5) 21世纪高等学校规划教材·信息管理与信息系统。

(6) 21世纪高等学校规划教材·财经管理与应用。

(7) 21世纪高等学校规划教材·电子商务。

(8) 21世纪高等学校规划教材·物联网。

清华大学出版社经过三十多年的努力,在教材尤其是计算机和电子信息类专业教材出版方面树立了权威品牌,为我国的高等教育事业做出了重要贡献。清华版教材形成了技术准确、内容严谨的独特风格,这种风格将延续并反映在特色精品教材的建设中。

清华大学出版社教材编审委员会
联系人:魏江江
E-mail:weijj@tup.tsinghua.edu.cn

序

自从教育部《关于在高等学校开设〈文献检索与利用〉课程的通知》颁布以来,我国各高校的文献检索与利用课教育得到了较快的发展,许多高校分别以必修课、选修课、讲座等形式进行了信息检索知识的传授。高校信息检索课程开设的目的在于培训学生自学能力和独立研究的能力,让学生具有掌握信息的意识、获取与利用信息的技能,使其在将来的工作中具备一定的创造能力和动手能力。因此,可以说,信息检索课程具有明显的专业性和实践性的特点。所谓专业性,是指信息整序的原理、存储的方法和检索的办法,同时又与各学科特性相结合,构成了各自不同的检索工具或数据库的知识体系。所谓实践性,是因为该课程是一门技术方法课,它必须在理解基础知识的同时,分别对已经形成的各种不同的工具书或数据库进行文献、事实、数据的查找训练,只有强化教育实践环节,才能使学生把理论知识联系到实践中去应用。

信息技术的发展极大地改变了人们获取信息的方法和途径,以缩微品、声像带、磁盘、光盘等形式记录的非纸质信息急剧增加,靠过去"手翻、眼看、大脑判断"的手工检索已明显不适应当今信息社会发展的需要,这不仅要求对教学进行革新,同时要求对教材的内容进行变革。为了适应社会的这一变化,很多学者在这方面进行了大量的研究和探索,编撰出较多的信息检索教材,为这一学科的发展奠定了一个新的基础。

由常州工学院朱静芳老师主编,郑成增教授主审的《现代信息检索实用教程》一书正是应对这一形势的需要而撰写的,作为一个从事信息检索教学与研究的同行,我感到由衷的高兴。能事先拜读,颇感受益,同时他们这种积极进取的精神,也使我备受激励。

该书共分 8 章,作者首先从信息素质教育入手,以说明信息素质教育的内涵和目标、方法和途径等,旨在使受教育者能够充分认识到信息检索的重要性。其次是分别研究和介绍信息检索的一般概念,信息检索技术与策略,信息检索语言和检索工具,图书、期刊类文献检索途径与方法,特种文献(专利、标准、学位论文、会议文献、科技报告)信息的检索,国外有关重要信息检索工具,网络信息资源检索及搜索引擎的使用等。最后是学术论文撰写与科技查新等内容,全书具有新颖性、全面性、实用性、直观性的特点。有论述、有介绍、有实践,不仅介绍了纸质检索工具,同时又列举了数据和网络资源;不仅有手工检索的方法与技巧,同时还有计算机检索的路径和策略,纵横交错、议论平实、通俗易懂,我相信,这一教材的出版,一定会使读者受益良多。

参加本书编写的朱静芳、米海燕、李刚、刘晓丹几位老师长期从事信息检索教学和图书馆工作,对信息的整序、存储、检索及分析都有较深入的研究,他们在图书馆学、情报学、数字图书馆技术和网络应用等方面颇有建树。特别是该书的主审郑成增教授,他是计算机方面的专家,又任图书馆馆长多年,我相信该书通过他的审查、校正,一定会使本书的特色别具一格,使之成为信息检索教材百花园中的一朵奇葩。我由此而感到欣慰,也衷心地希望该书能够在我国高等教育中发挥出应有的作用。

南京师范大学

张智松　谨识

2008 年 1 月

前　言

俄罗斯学者布留索夫在《论目录学对于科学的意义》中写道:"学问与其说是知识的储蓄,倒不如说是善于在书海中找到知识的本领。"

今天,人类社会正处在一个知识经济、科技创新的网络信息时代。信息时代的一个重要标志就是信息量急剧增长,知识挖掘加速、加深。使人们深陷于信息知识海洋之中。如何在这浩瀚的海洋中捕捉有用信息,挖掘知识就成为信息素养诸多要素中最具有决定性的能力——信息获取能力(信息检索能力)。

信息获取能力的培养是一个综合性、系统性的过程,具体内涵包括:了解信息需求及问题所在,制定信息检索策略,掌握信息检索技能,评价信息并根据实际用途,去伪存真、去粗取精,科学地组织信息、使用信息,将信息融化到现有知识结构中。

随着全球信息化程度的不断提高,科学技术突飞猛进,国际竞争越来越取决于各类高技术、高层次人才的质量与数量。提高人才培养的质量、加强素质教育、培养出具有竞争能力的复合型人才是高等教育重要而迫切的任务。本书是为适应当前高等学校教学改革和人才培养目标的需要,结合通用性和针对性,内容体系、编排结构新颖的信息检索课教材。

本书编者是一些多年从事信息检索课程教学的教师,具有丰富的理论知识和实践经验。在本书的编写过程中,共同研究大纲、分工合作、编写成稿,逐步形成了自己的特色。

(1) 新颖性:本书一改同类教材传统模式,每章后附加实验题及思考题编入教材,以实验形式并设有实验大纲、实验指导等,寓理论传授于实际应用,并在其中一些章节增加了实际案例,从而使学生在更深的层次上理解和掌握信息检索知识。

(2) 全面性:以计算机信息检索为主线,全面系统地介绍了当前电子信息资源检索的所有内容,如光盘、网络信息检索;Internet 上的信息资源检索;各类中外文文摘及全文数据库检索,包括中外文网上电子图书、期刊检索等。

(3) 实用性:传统的文献检索教材,主要是以介绍文献构成体系、手工检索方式为主。本书目的非常明确,使读者的注意力放在网络及电子信息资源检索上,从深层次的原理到实际操作技术方法,都建立在计算机信息检索基础上,采用了各种数据库检索系统的最新版本。另外第 8 章有综合运用功能,可作为学习本课程综合考查实验,使学生从书本上学到的知识能直接在实际中应用。

(4) 直观性:为使课程内容中的检索方法简单易懂,全书配有大量检索界面和检索结果的示意图,读者通过图示直观模拟各种数据库检索系统的操作流程,更具形象化。

本书第 1 章和第 2 章由米海燕编写,第 3 章和第 4 章由李刚编写,第 5 章和第 8 章由刘晓丹编写,第 6 章和第 7 章由朱静芳编写,全书由朱静芳统稿,郑成增教授主审。张智松教授在百忙中欣然作序,在此深表谢意。

　　由于任务多、时间紧,书中难免有疏漏之处,恳请读者指正。

编　者

2012 年 10 月

目　录

第1章 信息素质教育

本章要点
- 信息素质教育的内涵及目标。
- 信息素质教育的方法与途径。

本章主要讲述信息素质、信息意识的概念和内涵以及信息素质教育的目标。分析当代信息环境的特征及高校大学生信息素质现状,指出开展信息素质教育的方法和途径。

1.1 信息素质教育的内涵及目标

1.1.1 信息素质

1. 信息素质的概念

信息素质(Information Literacy,也称为信息文化、信息素养)是全球信息化需要人们具备的一种基本能力。简单的定义为:人们能够敏锐地察觉信息需求,并能进行相应的信息检索、评估以及有效利用所需信息的水平。信息素质就是人们从各种信息源中检索、评价和使用信息的能力,是信息社会劳动者必须掌握的技能。

2. 信息素质的内涵

信息素质的内涵具体体现在以下几个方面。

(1) 信息意识与伦理。具有一种使用信息技术来解决自己工作、生活中问题的意识,并能在利用信息技术时遵循和维护一定的伦理道德规范。

(2) 主动获取信息的能力。能够根据自己的学习和工作要求,主动地、有目的地去发现信息,并能通过各种媒体(如互联网、书籍、报纸、电视等,或者亲自调查、参观等)收集所需要的信息。

(3) 信息分析的能力。能够将获取到的信息进行筛选,鉴别所需要的信息,判断信息的真实性、可靠性,并可对信息的可信性进行检验。

(4) 信息加工处理的能力。将多种多样的信息进行整理分类,对不同渠道获取的同一类信息进行综合和组织,并能对信息进行编码,利用恰当的媒体通道传递给他人。

(5) 信息创新的能力。在信息加工的时候,通过归纳、综合、抽象、联想的思维活动,找出相关性、规律性的线索,或者能从表面现象分析出事物的根源,得出创新的信息。

(6) 信息利用的能力。利用所掌握的信息,使用信息技术或其他手段,分析、解决学习和生活中的各种实际问题。

1.1.2　信息意识

1. 信息意识的定义及内容

信息意识是人们对信息捕捉和需求的意识,是人们利用信息系统获取所需信息的内在动因。表现为对信息的敏感性、选择能力和消化吸收能力。它具体包括人们对信息的敏锐感受和理解,对信息在工作、学习、科研等各个领域重要性的领悟。人们对自己感兴趣或自身利益相关的信息,感受力会非常敏锐,注意力也相对持久,对信息价值的判断力和洞察力也更强烈,这样才能够从大量的事物和社会现象中,敏锐地发现并捕捉有价值的信息。

信息意识含有信息认知、信息情感和信息行为倾向。

信息认知是指人们对信息活动的了解和看法,其中最重要的是评价性的认知。

信息情感是指人们在感受信息的过程中,逐渐形成的反映需求关系的内心体验,这种体验相对持久、稳定,而不是那种即时产生的情绪。

信息行为倾向是指个人在信息活动中表现出来的行为趋向,是信息行为的心理准备状态。

2. 为什么要提高信息意识

(1) 提高信息意识是提高掌握知识能力的要求。当代社会学家和经济学家一致认为,在知识经济社会,人类面临的主要问题只有一个,即知识问题。只有知识,才是唯一可持续的发展资源,其他资源都是依附于知识的配属资源。而知识问题的解决,最终落脚在提高社会整体信息交流的效率和效用上。我们生活在由数据、信息、知识构成的广泛信息流中,面临的主要任务是如何实现由数据到信息再到知识的转换。因此,在信息时代知识就是利用信息的能力,信息是活动中的知识,知识又是经过提炼、整合的信息。

(2) 提高信息意识是开放性学习和终身教育的要求。现代科学技术正以5～10年为周期加速更新,在大学的几年学习期间,科学与技术的信息量就会翻一番。全世界的科技杂志,在18世纪只有10种,19世纪初有100种,19世纪中期有1000种,1963年有5万种,目前,据2011年的数据统计,全世界有十几万种科技期刊,我国就有5000种。从数量上看,我国是仅次于美国的科技期刊大国,而课本的知识容量及更新速度远远跟不上。在如此浩瀚的知识海洋里,要在最短的时间里,花费最少的费用掌握和利用所需要信息和知识,变得越来越困难。因此,开放性学习、终身学习就显得至关重要。对大学生来说,提高学习的能力比学习知识本身更为重要。学生们需要学会怎样获取专业信息、怎样对获得的大量信息进行筛选、如何去选择相关的信息以及运用这些信息去构筑自己的观点或解决问题,培养从主要记忆信息到主要应用信息和创新信息的能力。

(3) 提高信息意识是进入社会的要求。随着人类社会步入全新的信息时代,现代科技进步和社会经济发展对信息资源、信息技术和信息产业的依赖性越来越大。在这样的社会大环境中,如果一个人没有一定的信息意识,不具备信息获取、分析和利用的能力,那么他就不具有竞争能力,而终将被淘汰。

因此，人的信息素质和信息素质教育日益成为社会高度关注的重要问题，同时也是当今国内外高等教育中十分重视的热点问题。信息时代呼唤科学的信息素质教育，并已成为全球教育界的共识。培养现代信息意识已经成为当代每一位大学生的当务之急。

1.1.3　信息环境及信息素质教育

随着人类社会的不断进步与发展，信息资源无限膨胀，信息技术一日千里，社会的信息化程度也随之不断提高，这一切在给人们的工作、学习、生活提供更多的机会与便利的同时，也使人们明显地感受到社会信息流动总量已经大大超出了人们的信息处理能力。另外，信息内容的复杂性也大大超过了以前所有社会发展阶段的情形。信息环境的复杂性甚至可以用"恶化"来形容。社会信息环境问题显得日益突出，成为全球性问题，主要表现在：信息超载严重，信息差距扩大，信息资源分布不平衡，信息失衡明显，信息泛滥成灾，信息污染严重，信息障碍加剧，信息犯罪增多，全球信息冲突更加激烈，争夺信息控制权白热化等方面。

1. 当代信息环境特征描述

1）信息超载严重

信息超载又称信息泛滥或信息爆炸。它是指在信息时代，伴随着科学技术的迅速发展出现的数据爆炸、信息平庸化以及噪音化趋势，人们无法根据自己的需要和当前的信息能力选择并消化自己所需要的信息。

实质上，信息超载表现为一种矛盾。一方面，信息量在迅速增加，信息质量在下降。这具体表现为：信息的过多重复、信息的费解（术语、陌生的符号等使人理解困难）、无关性和不适应性（信息与需要无关或对需要不适合）、过于复杂、信道拥挤、伪信息（无用信息、劣质信息与有害信息等）。正如美国著名社会学家理查德·沃尔曼所指出的那样：信息时代不是"信息爆炸"，而是"非信息的爆炸"，或者是"数据爆炸"。另一方面，人们搜寻、获取和消化利用信息的能力虽有一定提高，但它还远远不能跟上信息增长和复杂化的需要，人们经常处在信息的压力下，并可能会导致种种信息病的出现——信息焦虑症、信息消化不良症、信息紧张症、信息孤独症等。

2）信息失衡明显

所谓信息失衡是对由于各国经济水平、科技水平和其他多种相关因素的影响，不同国家、不同地区以及不同阶层的人群在信息占有水平以及利用程度上存在极大差距的描述。当今世界，由于信息资源分布不均，已经出现了信息富国和信息穷国、信息富人和信息穷人的两极分化，而且这种分化还会因"马太效应"的作用而进一步加大。

3）信息污染成灾

信息污染是指社会信息流中充斥或伴随着许多不利于人们健康和有效进行工作、学习、生活的不良信息，危害人类信息环境、影响人们对有效信息予以及时而正常地吸收及利用的社会现象，主要内容如下。

（1）陈旧信息。陈旧信息又称为过时信息。由于信息未能及时更新，产生老化现象，造成信息内容陈旧、无用的现象。据中国互联网络信息中心的统计数据表明，国内网站每天更新的占 20.49%，每周更新的占 20.66%，每月更新的占 18.19%。半年以上更新一次的占 6.94%，从不更新的占 2.33%。这些数据表明，只有一半左右的网站能做到经常性的更新，陈旧、过时的信息在网上可谓比比皆是,这增加了人们对有效信息筛选的负担。

(2) 重复信息。重复信息是指同一内容的信息,被以相同的形式或不同的形式(如改变名称或作者等方式)反复出现于各种媒体(包括传统印刷型媒体与现代化的电子媒体)之上,造成大量的信息重复现象,而重复信息会造成有用信息的淹没。接收过多的重复信息,会导致对有用信息的不敏感,影响对有用信息的吸收和利用。

(3) 干扰信息。干扰信息又称为噪声信息。它是指存在于信息资源及信息流中干扰信息接收者做出正确判断或影响系统正常运行的种种无意义信息、病毒信息等,它能降低信息用户的工作效率、使信息系统工作缓慢甚至瘫痪。

(4) 虚假信息。虚假信息实际上就是无中生有、靠捏造和杜撰产生的信息。一般多是指企业为了赢得竞争优势、克服不利因素而散布的关于企业产品计划开发方向、财务状况和生产能力等方面的不准确信息,其目的在于诱导竞争对手做出错误判断,导致竞争对手情报分析乃至企业决策发生错误,从而赢得时间、机遇和市场。

(5) 错误信息。错误信息是指与事实真相完全相反、信息用户听信或采用后而深受其害导致错误决策、失败行为的信息。错误信息产生的原因主要有两方面:第一是信息在被收集、传递及处理过程中出现失误,如计算错误、分析方法错误等;第二是出于某种目的(如为了获得某种资格或非法利益),某些个人或组织故意制造的与事实相违背的信息,如某些不负责任的广告信息等充斥网络,极易对信息用户产生误导。

(6) 有害信息。有害信息多指各种淫秽色情信息、暴力信息、低级趣味信息以及各种反动信息(如反政府、民族主义、种族歧视、恐怖主义、破坏民族团结、威胁国家安全、煽动种族冲突等信息)。有害信息将对信息用户乃至国家和民族的利益造成损害,属于一种特殊形式的信息污染。虽然可以采用过滤的办法将一些站点屏蔽掉,禁止某些站点的信息进入到本国领域中,但是基于信息内容的检查方法在技术上还无法很好地实现,导致大量恶意的信息到处散播。

4) 信息障碍加剧

信息障碍是指在信息交流过程中,一方面由于各种原因,阻碍了信息的正常流通;另一方面由于信息用户各自的生活经历、文化背景等存在着很大差异,妨碍了其信息利用的有效性而产生信息交流与信息利用障碍。现代社会信息交流中常见的信息障碍主要包括自然语言障碍、交流体制障碍、文化传统障碍、认知心理障碍和信息能力障碍。

5) 信息犯罪增多

信息犯罪是信息社会中一种新的犯罪类型,它一般是指运用信息技术故意实施的严重危害社会、危害公民合法权益并应负刑事责任的行为。信息犯罪是有意识的、破坏性的,甚至是反社会的活动,其危害极其严重。信息犯罪具有智能性、隐匿性、跨国性、严重性、社会危害性等特点。随着 Internet 应用的日益普及,信息犯罪活动也在不断增多。

2. 解决信息环境问题的对策及措施

面对信息环境的种种严峻现实,国内外众多有识之士对信息环境问题的治理与社会控制展开了积极的对策研究并提出了各种解决问题的方案和措施。这方面的举措归结起来,主要有以下几点。

(1) 对现代信息环境从政策与法规方面予以调节和控制。通过对信息政策与信息法规的制订与不断完善,对信息环境中出现的各种问题进行引导、协调、控制和管理,引导信息环境变动的方向,调控由于信息环境变动而引起的各种矛盾,对信息产业的各个环节进行科学严格的管理。

（2）宣传并教育人们树立正确的信息伦理及信息道德观念。促使人们在信息开发、信息传播、信息管理和信息利用等方面自觉遵守正确的伦理要求、伦理规则,认识和理解与信息技术相关的文化、伦理和社会等问题,负责任地使用信息技术。

（3）强化技术手段以保障信息安全及净化信息环境。借助高新技术,如各种加密技术、认证技术、防病毒技术、防火墙技术、过滤技术等,使信息环境问题得以有效地预防与治理。

（4）鼓励人们积极创作,丰富人类精神文明资源,大力推进先进文化的传播,净化信息环境,努力消除不文明、不健康、不利于人们接受有益信息或降低人们信息利用效果的任何信息垃圾,消除信息污染。

（5）加强信息教育,提高信息素质,促进人的素质的全面提升。改善信息用户素质,提高人们信息检索、获取、辨别及利用的意识、技能及相关的道德观念,是应对现代信息环境、防范与治理信息污染的重要内容。

3. 信息素质的教育内涵

1）我国高校大学生信息素质现状

信息素质是信息社会中个体所必备的基本素质,是人的综合素质的重要组成部分,也是21世纪复合型“3C”(创业、创造、创新)人才所必须掌握的终身技能。因此,信息素质教育应纳入高等院校教学目标体系之中,并从国家发展战略的高度来研究和实施。但目前我国高校信息素质教育现状却不能令人满意。具体表现在如下几个方面:

（1）大学生信息意识淡漠

信息意识是人们利用信息系统获取所需信息的内在动因,有无信息意识决定着人们捕捉、判断和利用信息的自觉程度,而信息意识的强弱对能否挖掘出有价值的信息及信息获取能力的提高都起着关键性的作用。而当前的状况是许多大学生缺乏信息意识,或者信息意识淡漠,信息搜集活动总是处于被动状态,信息需求模糊不清,信息活动动机不稳定。据调查,70%的大学生不知道信息的概念、特征及种类,不了解信息源;80%的学生不会检索本专业的文献信息,如此现状又何从谈起合理、有效地利用信息资源。信息意识的缺乏和淡漠必然导致信息需求不清晰,行为不确定,因此不能主动去了解和利用信息服务系统,面对海量的信息不知所措。

（2）信息知识匮乏

信息知识是有关信息的本质、特征、信息运动的规律、信息系统的构成原则、信息技术、信息方法等方面的基本知识;是对于信息从生产分布、组织加工、传播流通、检索利用等各个环节的原理、现状、规律的不断总结和提炼。多数大学生对这些知识知之甚少,即使很多高校开设了这门课程,学生也认为不是专业课不予重视,不主动学习,敷衍了事。在信息化社会中生存,面对和空气、水一样重要的信息,有些人却等闲视之,不主动去把握,不自觉去学习;不具备信息知识,怎么能自觉地开发信息资源,有效地利用信息资源,又如何提高自身的社会生存能力和生活品质。毋庸置疑,只有具备并不断更新信息科学知识,并积极开展各种信息检索、利用实践活动的人,才能积极地适应信息化社会的发展需要。

（3）信息能力较弱

信息能力是指人们获取信息、加工处理信息、吸收利用信息、评价和创造信息等方面的综合能力，是信息素质的核心。大学生信息能力较弱主要表现在：

① 信息检索获取途径单一。50％以上的学生只选择纸质印刷型文献，而且仅局限于图书、期刊、报纸，忽略了信息含量较高、价值较大的学位论文、研究报告、专利文献、档案资料等。

② 多数学生不善于利用电子文献信息和网络信息资源，高校学生上网率达到90％以上，但真正把网络作为一种重要的媒体进行信息交流并获取信息，把学习、研究、开发作为主要目的的人却寥寥无几。

③ 多数学生不会有效地利用图书馆，即使在新生入学教育中给予了他们对图书馆的知情权、使用权，但在其后的学习中，许多学生还是不会利用图书馆各项服务，尤其是深层次服务，把图书馆只当作自习的场所，使得图书馆的资源在一天一天地老化、流失。

④ 对获取的信息不善于组织加工，不会评价及有效地利用。只顾及本专业书本上的知识，而忽略了相近、相关学科的知识信息，如此低水平的信息能力要在信息化社会发展将会举步维艰。

2）信息素质教育的内容

（1）信息观念及意识的培养

信息观念指人们对于信息的看法，对待信息的态度，对信息本质、特征和价值的认识。信息意识指对客观存在的信息及信息活动的能动反映。通过充分了解信息、信息资源、信息技术、信息产业、信息社会等基本概念，了解信息化的发展速度、趋势及影响，理解信息的社会功能及信息资源、信息技术对社会变革、经济增长、文化发展所起到的巨大作用，树立起信息就是资源，信息就是财富的观念。信息意识的强弱直接影响到学生的信息行为效果。强化信息意识可以使学生充分认识到信息在社会、经济发展中的作用，使他们认识到信息在自己的生活、工作、学习、科研等方面的重要性，积极主动地、有意识地去获取信息，把自己的生活、工作、学习、科研建立在广泛的信息基础之上，提高信息活动的认识水平，增强信息活动中的参与意识、敏感意识。

（2）信息知识及能力的提高

信息知识是对于信息从产生分布、组织加工、传播流通、检索利用等各个环节的原理、现状、规律的不断总结和提炼。只有具备并不断更新信息知识、积极开展各种信息利用实践活动的人，才可能具备现代社会所要求的信息能力。

信息能力主要指通过对信息的收集、整序、利用和评价，进而创造新信息和新知识的能力，具体包括以下内容：

① 信息的收集能力。这里主要指的是在信息素质教育中，应该使受教育者充分掌握文献信息资源的检索能力。其中包括计算机文献检索的基本原理，检索功能和策略，网络信息检索工具，检索步骤、方法和技巧等。

② 信息的整序能力。这是指能否将收集到的信息，按照特定的目的，进行筛选、分类排序、分析综合、抽象概括的能力。

③ 信息的利用能力。这是指能否在不违背信息道德法规的前提下，充分利用所掌握的信息以解决实际问题的能力，从而尽可能地发挥和实现信息的使用价值。

④ 信息的评价能力。这主要是指能否对特定信息进行科学的甄别、实事求是的批判、客观公正的评估，以达到去粗取精、去伪存真的目的。

⑤ 信息的创新能力。也就是通过在对信息进行分析判断、加工整合的基础上，创造新信息和新知识的能力。

（3）信息道德法规教育

信息道德是指整个信息活动中的道德规范，它是调节信息创造者、信息服务者、信息使用者之间相互关系的行为规范的总和。它的目的是促使社会个体成员遵循一定的信息伦理与道德准则来规范自身的信息活动行为。学习在信息活动和应用信息技术过程中应当遵循的法律法规，做到尊重他人的学术成果，尊重知识产权、合理使用文献信息；自觉抵制违法信息及信息行为。同时，还要学会在信息活动中的团队精神，能够与他人共享知识和信息；在查找信息、生产信息和评价信息的过程中能与他人合作。

对大学生进行信息道德法规教育，也是信息素质教育的重要组成部分。其具体内容主要包括信息交流与传递目标，社会整体目标协调一致，信息活动中所应承担的相应的社会责任和义务，培养遵守有关信息活动的道德规范和法律法规的自觉性，坚决抵制各种淫秽、迷信、谣言、欺诈和其他虚假信息，尊重他人的知识产权，尊重个人隐私，培养信息良知和尊重基本人权，在信息活动中坚持公正、平等、真实原则，正当使用与合理发展信息技术，正确处理信息创造、信息传播、信息使用的关系等。

4. 我国信息素质教育发展中的问题

以上大学生的信息素质现状，与我国信息素质教育密切相关，信息素质教育是一种根据社会信息环境的发展状况，培养和提高个体的信息意识、信息道德、信息知识、信息技能并激发个体信息智慧和潜能的活动，它直接影响着人类社会的发展和进步。开展信息素质教育虽然引起了我国高校的普遍重视，但也不能忽视目前存在的问题。例如，教学内容老化、教学手段落后、教师队伍素质参差不齐、教学质量与评估无人问津。多数院校只是图书馆单方面在积极开展这项工作，而非学校教学大纲计划之内。这种现状无疑影响着我国信息素质教育的发展和质量的提高，存在的问题也会随着社会信息化速度的加快凸显出来。

1) 缺乏统一的监督管理机制

教育部下发文件时只要求高校普遍开设文献检索课，并未建立统一的教学检查监督管理机制，使得各高校开课形式不一，发展不平衡；没有规范的教学体系，也没有统一的评估标准，信息素质教育游离于学校整体教学活动之外。已经开课的院校，对信息素质教育培养目标也缺乏统一的规划，对教学内容、教学方法、教学效果也没有评价标准。而且各高校课程设计随意性大，课时多少不等，教学目标滞后于用户需求。在许多学校的教学内容中，一边强调信息检索技能和方法；一边介绍各种工具书、数据库及网络资源，很少涉及信息科学知识。所以把信息素质教育纳入学校整体教学计划之中，建立统一的教学监督管理机制，是高等教育的要务之一。

2) 教学内容陈旧，更新速度缓慢

多年来，我国高校实施信息素质教育，基本上是通过信息检索课的教学来实现的，讲授的内容也主要是信息检索的方法、途径与一般程序。近几年扩展到计算机系统检索和网络信息资源的获取，教学注重于工具书、数据库和网络信息资源的查找和使用，但这些只是信息素质教育的一部分。文献信息检索课的教学任务必定要随着信息社会的发展而不断地改革和扩充。随着互联网的发展,不仅增强了信息用户利用信息资源的自主性,而且使得与信息知识合理利用密切相关的知识产权保护问题日益复杂化,网络伦理与信息行为,网络文化和国家安全等也都更直接地与个体的活动密切相关,信息道德问题日益突出,所以不能忽视信息道德教育。此外,每一个社会成员都要遵循一定的信息伦理和道德准则来规范自身的信息活动行为,在信息活动和应用信息技术过程中应当遵循法律法规,尊重他人的学术成果,尊重知识产权,合理合法地使用信息资源。上述内容应为信息素质教育的组成部分,不可忽略。

3) 观念老化,滞后于时代发展

文献信息检索课是信息素质教育的一部分,即使如此,仍有一些院校至今没有开设,受过高等教育的大学生,不具备起码的信息素质,不能不说是教育上的缺憾。其实走出校门的大学生都能感受到知识的无限性与个人能力的有限性、教育的时滞性与社会需求的多变性、书本的陈旧性与生活的现实性所带来的压力,怎样把无穷的信息资源,科学合理地融入已有的知识框架中,创造出新知识,应该说良好的信息素质是不可缺少的。所以我们必须改变观念,跟上时代发展的步伐。在“信息检索与利用”课程教学的基础上,构建并不断完善信息素质教育体系。

1.2　开展信息素质教育的方法和途径

1.2.1　教育方法

1. 开展信息素质教育,彰显图书馆资源优势

充分利用图书馆收藏的大量文献资料。图书馆是一个学校的文献情报中心,它是搜集、储藏、传递和发表知识信息的主要场所,是培养学生信息意识的有效途径。有序化的文献资料体系和完整的文献检索系统,可以使学生系统地了解新科学的最新技术成果、研究方向和热点,从而培养他们对新科学技术的广泛兴趣,提高他们对新的情报资料的注意力、观察力,养成他们的信息意识和捕捉信息的能力。

高校图书馆作为学校教学科研工作的重要组成部分,承担着履行教育、提供信息服务双重职能,所以开展信息素质教育责无旁贷,而且有其特有的资源优势。

(1) 信息资源优势。图书馆经过多年的积累,拥有丰富的馆藏,并随着高新技术在图书馆的普遍应用,数字化资源、网络资源也日益增多,形成了以学校专业设置为主的特色馆藏信息资源,为学校整体目标的实现提供了信息资源保障,也为大学生信息检索实践提供了重要场所。

(2) 人才资源优势。图书馆有一支既掌握信息科学知识,又有检索经验的专业人才队伍;他们能把理论和实践有机结合起来,既能系统的讲授信息科学知识,又能进行信息检索操作;有理论积淀、有实践经验,这正是开展信息素质教育所需要的。

(3) 环境资源优势。培养大学生信息素质的重要途径之一,就是要积极开展信息检索实践活动,在校园里,图书馆的信息资源环境是任何一个部门无法相比的,这个环境随着计

算机技术和网络通信技术的发展,其丰富的资源、友好的界面及和谐的学习氛围,越来越受到大学生的青睐和重视。同时图书馆还经常举办各种相关知识的讲座、开展网上教学、进行在线咨询,营造了信息素质教育持续发展的良好环境。

2. 自主创新与信息素质

1) 高校在国家创新体系中的地位

高校在国家创新体系中应起的主导作用。高校拥有的丰富的资源条件,是基础研究和应用研究的主力军。高校中的专业学科门类齐全,结构层次丰富,有利于相互支持、交叉和渗透,产生新的学术思想和科学成果,进行知识创新。此外,高校还具有丰富的信息资源,与国外的科技交往广泛、密切,能够及时把握技术前沿和最新科技的发展动态。其优势为高校参与国家创新提供了良好的硬件条件。

高校是知识创新系统主要执行主体。各类科学研究基金项目研究成果的2/3来自于高校,其自由选题的基础性探索研究,是以国家目标为发展方向的创新系统。高校是技术创新系统的主要组成部分,由参与技术与产品开发研究的专家、教授和科技开发机构、科技产业及咨询服务机构所组成。执行主体是高校的技术开发研究所、工程研究中心、技术开发与成果转移中心、中试基地、高技术产业及各类产学研联合体等。近年来,高校不仅研究队伍壮大,高层次的专家队伍也在全国占有较大的比重。2011年全国共增选两院院士105人,其中内地高校50人,占全国的47.6%;从1955年6月中国科学院学部委员制度建立起,到2011年,从内地高校选聘的科学院学部委员和科学院院士总人数已达485人,约占全国的40.7%。另外,目前,全国在聘的中国工程院院士共有783人,其中高校有336人,占42.9%。

随着国家科教兴国战略的确立,以及国家"九五"规划、国家"211工程"和"教育振兴行动计划"的实施,我国高等教育取得了历史性的发展,为高校科技工作的迅速发展奠定了基础。在国家有关部门的大力支持下,高校通过竞争,积极承担国家自然科学基金、"863计划"、"973计划"、科技攻关、国防军工等科研任务,并取得了显著成绩。2011年国家"973计划"共批准立项94项,其中高校作为第一承担单位并任首席科学家的有63项,占总数的67%。

在基础研究方面,高校的原始创新能力明显增强。从近年高校承担和完成国家基础研究任务的能力看,高校获得的"国家重点基础研究发展规划(973计划)"项目约占全国的60%、国家自然科学基金面上项目约占全国的77%、国家自然科学基金重点项目约占全国的61%、国家自然科学奖项目约占全国的59%。从2011年国家自然科学基金批准项目看,高校获得以上项目12851项,占项目总数的83.8%。2011年全国高校(含香港特别行政区)获得国家自然科学奖24项,占全国获奖总数的66.7%。

在应用研究方面,高校也已发展成为国家应用研究领域的重要方面军。国家高技术研究计划(863计划)资助的在研课题中,在国家有关科研院所、科技企业、高等院校及其他科研单位中,2008年,高等院校在研课题数占总数的57.9%,经费量占总量的43.7%;2009年,高等院校在研课题数占总数的56.6%,经费量占总量的36.9%,在研课题总数在所有科研单位中占据着最大比重,而且明显高于2003年的40.8%和2004年的39.4%。从近年高校获国家科技进步奖的情况来看,高校获奖数占全国的比重呈明显增长趋势,2009年度高校获国家科技进步奖一等奖 5 项、二等奖 146 项，共计 152 项，占获奖总数的 68.5%；2010 年度高校获国家科技进步奖特等奖 1 项、一等奖 8 项、二等奖 143 项，共计 152 项，占获奖总数的 71%。从这些数据可以看出高校作为科研主体无疑是国家创新体系中的主力军。

2）创新人才培养

在知识经济时代，人类的劳动和生活方式也趋于人性化，最为重要的是人与自然之间将实现共生共荣、协调发展的局面，人应该得到充分全面自由的发展，这需要我国高校培育的人才不仅拥有丰富宽厚的知识基础、全面扎实的基本技能、敏锐的创新思维和创新意识、较强的创新能力等必备的基本素质，同时还要具备优良的品德、远大的理想、浓厚的兴趣、坚强的意志、高度的事业心、责任感、敬业精神和不断开发智力潜能、推动自我发展的能力。

（1）创新人才应具备的素质

创新人才是具有创新意识、创新思维和创新能力，能取得创造性成果、有所建树的人。创新意识就是推崇创新、追求创新，以创新为荣的观念和意识。只有在强烈的创新意识引导下，人们才可能产生强烈的创新动机，充分发挥创新潜力和聪明才智、树立创新目标。创新思维有五大特征，即积极的求异性、敏锐的观察力、创造性的想象、独特的知识结构以及活跃的灵感。表现在思维特征上，即追求深入的求异思维、直觉思维和综合思维，对未知领域有着强烈的兴趣，对揭示事物本质和固有规律有着强烈的欲望，对于探知事物的内涵和发展有丰富的想象和敏锐、独特的思路，勇于面对奉献和挑战，具有强烈的批判精神和执著追求。

（2）高校对创新人才培养的作用

知识经济的发展使人类进入一个全新的阶段，带来了自然科学的不断革命，高新技术的商品化、产业化程度大大高于以往的水平。创新人才将成为决定国家和各个部门竞争力的关键，培养具有创新能力的人才，是关系到我国在知识经济时代持续发展、增强竞争能力的战略问题。知识经济对人才的科技素质提出了更高的要求。在这个时代里，需要大量知识面广、一专多能、综合素质高的高层次的创新人才，来推动科学技术的不断发展和人类社会的不断进步，促进人类与自然的协调发展。高校作为科教兴国的主力军，培养高素质的创新人才是高校的首要职责。

企业与高校之间在科技人力资源方面的联系，显示了高校在向国家创新体系中的其他组成部分进行知识传播的能力。由于"知识"这一传播介质的特殊性，"人"是知识的创造者和接受者、使用者，因而人才培养决定了高校在国家创新体系中的主体地位。我国《面向二十一世纪教育振兴计划》中明确阐述：高等学校要在国家创新工程中充分发挥自身优势，努力推动知识创新和技术创新，加快技术开发，围绕经济建设的关键技术进行攻关，为改造传统产业、调整产业结构，加强农业和农村工作，培养新的增长点服务。大学不再是一般意义上的教学、科研单位，功能也发生转变，即由单一的知识传授、知识创造向知识传授、知识创造和知识应用有机融合方向发展。大学通过培养创新人才、提供新思想、新知识和创新技术，进行劳动力和知识等生产要素的再生产，提高人才的附加价值，已经成为社会生产力、生产关系的重要因素，以及国家创新体系和科教兴国的主力军。高校不仅处于经济社会发展的基础地位，而且在国家创新体系中居主导地位，为推动社会经济的发展发挥着不可替代的作用。

3）自主创新与信息素质

在知识经济时代，创新对于一个国家可持续发展和保持竞争力的重要性已得到各界人士的认同。世界各国都在以创新为中心,构建自己的国家创新体系。知识创新、技术创新,对于发展社会经济、提升综合国力、增强我国在国际中的竞争力一定会产生强大的推动作用。创新的主体在企业,我国改革开放以来,北大方正、联想公司、海尔集团、夏新电子、小天鹅企业集团等,无一不是发扬创新精神而获得了巨大的成功。可以说,创新是搞好企业的关键,创新是成功企业的标志,没有创新,就没有发展。

(1) 核心竞争力与自主创新

产业技术水平是一个国家科技和经济发展水平的集中体现。当一个国家具备一定的产业技术基础和发展条件,步入一个新的发展阶段时,自主创新就成为进一步提升产业技术水平、提高核心竞争力的主要手段。

① 核心竞争力。

核心竞争力理论是当代经济学和管理学相互交融的最新、最高成就之一,"核心竞争力"这一术语首次出现在 1990 年,由美国经济学家普拉哈拉德(C. K. Prahalad)和哈默(GaryHamel)在《哈佛商业评论》上发表的文章中提出的:"核心竞争力是在某一组织内部经过整合的知识和技能,是企业在经营过程中形成的不易被竞争对手效仿的、能带来超额利润的、独特的能力。"

核心竞争力就是指企业掌握的一种独有的、别人长期难以模仿的持续盈利模式。主要体现在三个方面,即企业的技术能力、组织管理能力和创新经营能力。其中,技术能力包括企业的研发能力、创新能力、转化能力和应用能力。一般来说,企业大都希望提高原始创新能力、集成创新能力和引进消化吸收再创新能力,提升产业技术水平。经验证明,真正的核心技术是买不来的,没有创新的发展是难以持续的,仅靠低附加值的产品出口成不了贸易强国,靠较低技术的产业基础也成不了经济强国。只有依靠自主创新积累起一批适合我国产业发展需要的知识产权,才能够在国际竞争中求得主动。以自主知识产权打造核心竞争力,是建设创新型国家的一个极其重要的方面。

② 自主创新。

所谓自主创新主要是指创新者独立完成的原创性和革新性的科技活动。创新包含两个层次,既包括原创,也包括革新。原创是从无到有,是对原有思维方式的突破、对原有科学范式和话语体系的超越,具有原初性、新颖性、基础性,将会使某一科学领域或技术领域发生革命性的变化。例如,爱因斯坦的相对论对于牛顿的经典物理学的超越;电视、互联网的发明和诞生等。

国家统计局提出衡量企业自主创新能力的四大指标:一是潜在技术创新资源指标,包括企业工程技术人员数、企业工业增加值、企业产品销售收入等项;二是技术创新活动评价指标,包括科技活动经费占产品销售收入比重、研究和试验发展(R 和 D)活动经费投入占产品销售收入比重等项;三是技术创新产出能力指标,包括申请专利数量占全国专利申请量比例、拥有发明专利数量占全国拥有发明专利量比重、新产品销售收入占产品销售收入比重等项;四是技术创新环境指标,包括财政资金在科技活动经费筹集额中的比重、金融机构贷款在科技活动经费筹集额中的比重等项。

(2) 科技竞争力与文献

当前,知识的急剧增长和迅速传播,认识的综合集成以及知识的加速应用已成为科学研究最重要的发展趋势。知识转化为促进创新,提高科技竞争力离不开文献的基础作用。科学技术的发展具有连续性和继承性。科学技术的发明创造,需要依靠经验、材料和理论的不断积累,没有科学上的继承和借鉴,就没有提高。任何一个科技工作者,都有赖于在前人已经取得成就的基础上进行新的研究和探索。在研究一项课题之前必须掌握这项课题当前的研究水平,取得了哪些成果,还存在哪些问题,相邻学科的发展对本课题提供了什么新的条件等等,也就是说必须掌握有关该课题的信息。

① 科技创新与文献。

现在的创新研究是为了把握未来和创新未来,科学与技术研究的前瞻性是保持科技领先和创新的重要条件。文献是收集研究最新科学与技术进展,特别是突破性创新,进行超前分析和科学预测,争取科技创新主动权的重要信息来源。科学技术研究工作应具备三个要素:一是科研队伍;二是实验设备;三是科技信息,三者缺一不可。

在知识经济时代,国家的创新能力是决定一个国家在国际竞争和世界总格局中地位的重要因素,因此必然存在科技创新的竞争。这种竞争不仅表现在创新能力和效率上,而且还体现在时间与速度上。这就要求及时掌握有关学科的新信息、新资料。信息技术的发展使全球成为一个紧密的信息整体,它消除了时间与空间的局限,为文献信息提供了前所未有的广阔空间和良好的环境,可满足科技创新对文献信息的及时性需求。

② 科学研究与信息检索。

信息检索工作是随着现代科学研究工作的发展而展开的,而科技信息必须要通过检索才能获得。信息检索是科学研究中必不可少的基本技能。

信息检索是一把钥匙。世界科技文献是全世界科技工作者长期劳动的成果结晶,是知识的宝库:有对各种科学问题研究的总结,有对未知课题的设想与探索;有各领域科学、技术问题发展的先兆,也有科学技术上很多失败和教训的记载。掌握了文献检索技能就能够方便地打开这个知识宝库。现代科技文献具有数量大、增长速度快的特征,形式也多样化,学科上又相互交叉渗透,因此,不具有特定需要信息查找能力,是无法取得所需科技信息的。

可避免不必要的重复研究。对于一个科技工作者来说,不重复前人已经做过的事,少走弯路,才能使自己的科学研究的水平处于领先地位。世界各国科学技术的发展水平和动向一定会在科技文献中得到反映,避免不必要的重复研究就需要进行全面的文献调研,这都需要有一定的检索技能才能达到满意的检索效率。充分研究文献,也将有助于我们摸清世界科技的发展水平、动向,确定科研方向。

可提高科研效率。现代信息社会信息呈爆炸性增长,科技信息也急剧增加,而且还常常面对大量的无用信息。科技人员要想得到满意的信息需要花费较多的时间和精力。同时,现代科学技术交叉渗透,也给获取信息增大了难度。据报道,日本科技人员花在查找文献的时间占整个科研时间的 $40\% \sim 50\%$。如果能将查找文献的时间减少到最低限度,科技人员就可把主要精力和时间用于研究,就能缩短科研周期,提高科研效率。

不仅科技人员需要科技信息,计划、管理、决策部门也同样需要科技信息。有准确、可靠和及时的科技信息作为依据,才能做出正确的决策。具有信息检索的能力就能及时获取需要的科技信息。

③ 信息素质与创新。

科技人员只有具备较强的信息意识,才能主动地有意识地获取信息,捕捉普通信息中的特殊信息,敏锐地察觉到有价值的信息。从长远来看,科技人员应提高自身的信息素养,并强化自身的情报意识、信息意识和竞争意识;树立起信息就是资源、信息就是财富的观念。在科研创新活动中,养成良好的情报信息素养,提高自己在当今复杂的信息世界中准确、快速地获取信息的能力。

首先是信息分析能力。

科研人员的创新才能,主要体现在科研能力上。科研能力是指发现问题、分析问题、解决问题时,有所发明有所创造的能力。发现、分析、解决问题,每一个环节都需要信息的支持,没有适宜的信息,就发现不了问题,也无从分析与解决。所以,科技创新必须建立在知识信息的积累基础上,离开这些凭空去创造是不可能的。积累越多,判断力越强,运用知识解决问题的能力就越强,科技创新进程就越快、越轻松。据世界知识产权组织统计,正确地利用专利文献将会在研究开发新产品中节约 60% 的投资,节省 40% 的时间,极大地提高科技创新活动的效率和效益。

但是在当今的信息社会,如果不能掌握有效的信息识别、收集、处理方法,就会受信息的支配和摆布,成为信息社会的奴隶。在信息良莠并存且呈爆炸式激增的今天,遴选具有产业化潜力和市场化前景的最新情报信息,必然要求科研人员提高对信息的筛选能力和对信息的识别能力,善于从浩瀚的信息海洋中提炼出有针对性、适用性和效益性的信息;能够对纷繁复杂的信息进行正确评价、鉴别,提取相关信息,去除无关信息和错误信息,然后对信息进行分类、整理、存储,把信息有效地变成为知识,构建新的知识体系。

其次是技术创新的信息支持。

科技人员必须从多种渠道、采用多种方式、高效率地收集有效信息。掌握必要的信息技术,了解相关的创新信息资源;要通过图书馆、文献中心、情报所等信息机构和专业信息中心获得信息,通过分析和加工,形成有效的情报,不断丰富自己的信息情报资源。信息情报工作是技术创新工作的重要组成部分,能为技术创新提供信息支持。科技情报的作用:一是世界上每年发明创造的科技成果有 90%~95% 都能通过科技情报找到;二是科研人员只要充分利用科技情报就能节约科研经费 40%~50%,节省时间 60%~70%;三是利用科技情报能掌握竞争对手核心竞争力、专利战略意图和技术发展动态,并根据专利保护期限、保护的技术范围和保护的地域,做出侵权及专利有效性判定。

最后是素质与创新。

素质教育是自主创新的源头活水,只有素质教育才能源源不断地培养出能够进行自主创新的人才。自主创新首先应该从教育抓起,用教育去培养创新思维、去激活创新思维。继续学习和终身学习的能力是大学培养学生的基本素质。在科学知识大爆炸的时代,不再是读完大学受用一辈子了,一个人只有不断学习、终身学习才能适应时代的变化,才可能在事业上可持续发展。学校要培养学生在离开学校之后的继续学习和终身学习的能力,让他们在毕业 10 年、20 年、30 年之后仍然是一个优秀的、合格的人才。素质教育应该加强以下几种能力的培养:

第一是吸取知识或收集、加工、处理各种信息的能力。学习不再是单纯地接受知识,因为今天一个数据库或者计算机终端中信息的存储量是一个人一辈子也学不完的。关键是要善于从浩瀚的知识海洋中有选择地吸取知识,学会在浩如烟海的信息中收集有用信息,并进行加工处理。

第二是动手能力和运用知识的能力。理工科学生的动手是实验、实践、实习,能把学到的知识运用到实际中去,并产生结果,通过实践来证实和检验理论。文科学生的动手就是进行社会调查、案例研究,动手写文章,用理论分析和解决实际问题。

3. 教育方法

信息素质教育一个共同的特点就是个性化教育,要不拘一格,多元化、多样性,因人施教;要贯穿于高等教育始终,融会到各学科教学之中,为大学生终生学习打下坚固的基础。信息素质教育设计首先要了解大学生的信息素质现状,了解学校的培养目标和远景规划,由此来确定信息素质教育内容及标准;其次要制定不同年级的信息素质课程学习计划,大学新生和高年级学生要不同施教,分层次教学,课程目标也要逐渐提高;第三,要采取灵活多样的教学策略,以学生的兴趣和爱好、动机和需求、能力和态度为基础编制课程;通过问题导向、资源导向,鼓励学生自主学习、探索学习;最后,实施能力本位教育,整个教学过程要重视个性差异,争取学习目标和行为目标的一致。

教法是授课老师通过语言表达、演示、实验、讨论、模拟、个案分析等方法系统地向授业对象传授知识,以期授业者能牢记住所授内容中的重要知识、理论、观点和概念,掌握技能技法的教学方法。为了适应新的教学要求,文献检索课程的教学人员不断努力,配合高等教育改革不断地推出新的教学方法。近年来比较活跃的教学方法包括自主式学习、案例式教学、互动式教学、娱乐式教学;兴趣型、问题探究型、师生互动型、网络辅助型以及引入项目课程法等,这些方法多有异曲同工之处。这些方法应用到教学实践中取得了一定的成效,也促进了文献检索课的发展。

实施个性化教学可采取让学生在教师的指导下,从教学材料中自择学习内容,自定学习进度,自控学习难度,自测学习效果。主要采取以下方式:

(1) 辅导式教学。在讲授信息科学理论的同时,通过启发性的提问导入主题,让同学主动思考问题,自觉增强信息意识,在学习中逐渐把握信息特征及规律,优化学习成果,并应用到各学科的学习中。

(2) 咨询式教学。根据计算机的菜单提示,采取人机对话的方式进行学习,这种方式更具有个性化,适合于个人的信息检索,容易满足个人的信息需求,因此能增强学习者的信息意识,激发信息智慧和信息潜能。

(3) 练习式教学。信息素质教育是实践性很强的一门课程,所有的理论学习,都是为了更好地把握信息资源,更有效地利用信息资源,所以要反复实践,在实践中来提高感知和认知水平,提高检索能力,丰富信息科学知识。

1.2.2　信息素质培养途径与教学探索

1. 大学生信息素质的培养途径

我们处在一个复杂的信息环境之中,在充分享用信息资源的同时,也要面对一个严峻的现实——"社会信息环境问题显得日益突出,成为全球性问题。主要表现在:信息超载严重,信息差距扩大,信息资源分布不平衡,信息失衡明显,信息泛滥成灾,信息污染严重,信息障碍加剧,信息犯罪增多,全球信息冲突更加激烈,争夺信息控制权白热化等。"所以,开展信息素质教育,提高大学生信息检索、获取、评价及利用的意识、能力及相关的道德观念,是培养信息化社会创新人才的先决条件。

(1) 参加信息知识讲座

一般图书馆都会针对不同年级的大学生定期举办各种信息知识、文献学的讲座。例如,对新生介绍图书馆的馆藏情况、使用方法;对高年级和研究生举办专业文献数据库的使用介绍。通过这些专业的信息讲座,可以帮助大学生学习和掌握文献和信息的基本知识,建立起情报和信息的基本概念,为形成科学的完整的信息意识打下基础。学生进入到研究或毕业设计阶段,可参加有关科学研究方法或科技论文写作的讲座。通过这些讲座不仅可以学到科研方法和论文写作方法,而且更重要的是可以学会在科学研究和论文写作过程中充分利用文献情报信息,养成和提高在今后实际工作中自觉地利用文献情报资料的习惯和能力。

(2) 参加文献检索课的学习,注重网络环境下信息能力的培养

文献检索课是提高文献检索能力的一种行之有效的方法。这门课程可以使学生学会如何根据检索课题精练检索概念,制定检索策略,熟悉各数据库系统的检索指令、方法和步骤,熟悉使用数据库检索、光盘检索、互联网网络信息资源检索等,提高信息交流能力,拓宽获取与利用信息的途径。通过文献检索课的学习,使大学生们在大量的新信息、新情报面前避免出现不知所措的情景,能在较短的时间内检索到自己需要的文献资料,从而对培养学生的信息能力和提高学习质量提供有利条件。

(3) 结合专业知识的学习培养信息素质

将信息素质教育嵌入到高校课程体系中。文献信息检索课从最初的一门工具课、方法课,发展到今天已经成为一门有理论、有实践、有方法、有技术的知识学科,并为广大学生所认同和接受。它是以问题和资源为导向,以学习者为中心,开展信息素质教育的有效途径,并与学习成果相融合和紧密相连的一门课程,我们期望通过文献检索课程的学习,能对他们的学习、研究、生活,以及将来走向职场有所帮助、有所支持,借此唤起他们对这门课程的浓厚兴趣。近年来,文献检索课程教学以培养学生信息素质为目标的理念,被越来越多的人所共识、所接受。围绕着这一新的教育理念,坚持面对对象原则,创设问题情境,自主设计课程,结合专业知识学习,将信息素质教育嵌入到高校课程体系中。

信息素质不是脱离其他学科而单独培养的,专业学习与培养信息素质这两者是相辅相成的。文献检索课是一门工具性很强的课程,其检索技术和技巧的掌握是一个比较枯燥的过程,但如果把信息意识融合在平时的专业学习活动中,则能收到事半功倍、一举两得的成效。例如,结合专业学习中的一些小型研究题目,利用文献检索课所学的信息知识自行去探索,到参考书和文献资料库中去找答案,这样,既加深了对专业知识的理解,提高了专业学习的兴趣,同时也形成了对文献检索的认识和体会,使专业学习和信息素质培养进入良性循环。

国外许多专家认为:有效的信息素质教育应该是让高校学生具有连续而重复的学习机会,这包括不断重复地查找、评价、管理和应用所收集到的信息,从而获得独特的研究方法。布鲁思认为,具有信息素质的人不可能仅仅是某一门课程所造就,它应该是一系列学科和专业学习经验的总和。所以有必要把信息素质教育嵌入到高校整个课程体系中。一是适应社会信息化发展的需要。在《澳大利亚和新西兰信息素养框架:原则、标准和实践(第二版)》中提到:21世纪信息化社会的一个显著特征是信息的极大丰富和密集,信息来源及形式多

种多样,各种检索方法也应运而生,人们无论在学校、工作场所和生活中都面临了更多的信息选择,而所有这些未经过滤的信息使人们对其权威性、有效性和可信度产生了怀疑,这就为如何合法和规范地理解、评价和使用信息带来了挑战和困难,因此,不可能脱离对信息素质的培养而由信息和信息技术自身创造出具有信息素质的公民。由此也就引出了信息素质教育的必要性和在信息社会的不可或缺性。二是培养具有信息素质能力的人是高等教育义不容辞的责任。在美国《高等教育信息素质标准》中提到培养具有终身学习能力的人是高等教育的中心任务;在澳大利亚信息素质框架中也指出,澳大利亚高等教育的首要任务是让学生通过本科阶段的学习成为一名具有终身学习能力的人,而信息素质是具有终身学习能力的核心;英国国家咨询委员会也提出 21 世纪的高等教育体系应该将教育的重点放在终身学习和开发高水平的可转移的技能上。由此可见,高等教育的终极目标是培养具有终身学习能力的人,而这种能力之一就是具有信息素质。三是我国高校信息素质教育方式需要改革。我国开展信息素质教育是自 1984 年开始的,到 20 世纪 90 年代中期,受国外影响,图书情报界对用户教育活动的理论思考逐渐演变上升为信息素质层面的研究,但实际上,在我国"高校图书馆——文献检索——大学生"仍是高校进行信息素质教育的主线。也就是说在我国,信息素质教育一直以图书馆用户教育和由此展开的高校文献检索课教育为主,还没有真正完整意义上的信息素质教育,没有实现真正意义上的覆盖整个校园课程,并嵌入高校课程教学体系中。

2. 开展信息素质教育,建构创新理念

自从美国经济学家约瑟夫·熊彼特于 1912 年首次提出"创新理论"以来,经过近 70 年的发展,创新在经济活动中的重要意义已经被人们广泛认识和接受。20 世纪 70 年代以来,以美国的硅谷、日本的筑波、中国台湾的新竹等为代表的创新科技对国家、地区乃至世界经济的发展所起到的重大推动作用,对发展科技创新起到了良好的示范作用。创新能力被公认为是一种衡量国家、地区经济可持续发展和活力的重要指标。对于国家而言,构建国家创新体系是提升国家竞争力的一个重要组成部分。国家创新体系是由参与创新的社会不同参与者和各类机构组成的体系,创新的关键是人才。通过大量互动作用,进行知识向经济的转化、科学技术向现实生产力的转化,以实现提高国家综合国力和国际竞争力的目标。发挥高校在国家创新体系中应起的主导作用。

一切的创新首先是理念的创新。理念创新是一切创新的前提和根源。而"创新"又不局限于一种理念,一种价值观;同时还是一种战略目标,一种发展模式。所以我们必须按照教育的本质规律重新审读创新型人才的培养理念,特别是在高等教育逐渐大众化、普及化与全面推进素质教育的新形势下,面对社会多元化的需求,我们要重新思考、审视、提升、创新文献检索课的教育理念与教学观念,注重教材的实用性,重视人才培养的个性化发展,以授课对象为主体设计课程,坚持对象原则进行教学方法的研究探索,以提高学生信息素质、培养学生创新能力为最终目的。学生是学习的主体,是主动的求知者,教学中应该给他们最大的主动权,更自主的学习空间,所有问题都围绕着授业对象创设,在学生的学习和实践过程中强化和提高他们把握信息、利用信息、创造新的有价值信息的能力。

开展大学生信息素质教育是教育创新的迫切需要。面对新世纪的挑战,无论是国家竞争力的提升、社会的和谐凝聚、自然环境的持续发展、全民素质的提高和生活品质的改变,关键在教育。而创新教育,培养创新人才,又是高等教育改革的现实需要。探讨信息素质教育创新理论,是为了引导一种全新的信息教育形式和学习方式;创新信息素质教育机制,就是顺应信息时代的要求,进行教育思想的创新、教育方法的创新、教育资源有效利用方式的创新,这一切都必须建立在创新理念之上,建立在以往知识和经验积累的基础之上,而且离不开国家政策的导向和支持,离不开学校各部门的通力合作。在传统教育基础上,融入新的信息知识、提高检索能力和检索技术,使其信息素质教育内容更加丰富,更积极地去适应信息社会的发展需要。

思考题

1. 简述信息素质的内涵。
2. 为什么要提高大学生的信息意识?
3. 简述高校在创新活动中的地位和作用。
4. 简述信息素质与创新的关系。
5. 大学生信息素质的培养途径有几种?

第2章 信息检索基础理论

本章要点

- 信息、信息检索的概念及类型。
- 信息检索技术及策略。
- 信息检索语言和工具。

本章主要讲述信息与信息资源的基本内容；信息检索的含义及主要类型；信息检索的方法、步骤、途径及信息检索的策略与效果评价，信息检索语言和常用工具。

2.1 信息及信息资源

2.1.1 信息的概念、特征和类型

1. 信息概念

信息无时无处不在，与人类发展历史须臾不可离，从结绳记事到登上月球，从日常生活到科学研究，人们都在自觉不自觉地利用信息。信息是普遍存在的，一切信息来源于自然界，来源于人类社会，人们的生产、生活、学习、科研以及社会活动都是信息产生的来源。

汉语中的"信息"一词，"信"与"息"两字的意思相近，前者侧重于消息、征兆，后者强调情况、音讯。据考证，两字连成一词使用，最早见于《三国志》中"正数欲来，信息甚大"的记载。唐代诗人杜牧《寄远》中的"塞外音书无信息，道旁车马起尘埃"，宋代诗人王庭《题辰州壁》中的"每望长安信息希"，均有"信息"一词，其意为消息、音讯，这与当代信息的含义并不完全相同。

英文 Information 一词，有情报、资料、消息、报道之意，我国学者曾译为情报或信息，后经国家有关部门核准，建议该词一律译成信息。在中国台湾、香港地区，该词被译为"资讯"。

关于信息的定义，多种多样，各个学科的学者从自身学科的角度研究入手，对信息有不同的解释，做出了不同的定义，尽管这些定义说法各异，但对我们理解信息概念均有参考价值。

从认识论角度上看，信息既是客观存在的，又是人的主观认识的产物，它不同于客观世界（世界1），也不同于精神世界（世界2），而是物质与精神的中介（世界3）。作为科学的概念，信息论创始人美国数学家 C. E. 香农把信息定义为"用来清除随机事件的形式的不定性的东西"，信息就是不定性减少的量，是两次不定性之差。"负熵"可用来描述信息属性及其

运动规律。信息量的大小可用被其消除的不定性的多少来衡量,即等于信宿消除的不定性的数量。信宿收到信息后,不定性消除得越多,获得的信息量就越大。而事物不定性的大小,又可用概率分布来描述,即概率越小,所提供的准确信息能在较大的程度上消除对事物认识的不确定性,那么,这一准确信息的信息量就越大。反之,概率越大,所消除的对事物认识的不确定性较小,其信息量越小。概率为1或0的事件,信息量均为0。控制论的创立者美国数学家 N. 维纳则认为,信息"不是物质,也不是能量","是人与外部世界相互作用的过程中所交换的内容的名称"。

经济学家认为,信息是与物质、能源相并列的客观世界的三大要素之一,是为管理和决策提供依据的有效数据。

心理学家认为,信息是存在于人们意识之外的东西,它存在于自然界、印刷品、硬盘以及空气之中;知识则存在于人类的大脑之中,它是与不确定性相伴而生的,人们一般用知识而不是信息来减少不确定性。

在新闻界,信息被普遍认为是对事物运动状态的陈述,是物与物、物与人、人与人之间的特征传输。

哲学家则从产生信息的客体来定义信息,认为能被其他事物感知的、表征该事物特征的信号内容即为该事物向其他事物传递的信息。所以,信息是事物本质、特征、运动规律的反映。

信息资源管理学家和计算机专家认为,信息是数据处理的最终产品,是经过收集、记录、处理,以能检索的形式存储的事实或数据。原始数据中产生信息,信息中产生知识。

中国的通信和信息科学家钟义信认为,信息是事物运动的状态与方式,是物质的一般属性。信息的外在形式、内在含义和价值效用三个因素应有机地进行统一处理,否则就不可能理解信息的本质。香农的贡献在于用概率熵(负熵原理)描述通信信号波形的复制,建立相应的信息的度量,进而建立信息论的第一、第二和第三编码定理,提示了信息在通信系统中有效和可靠传输的基本规律。但其局限性也在于此,只研究信息信号波形的复制,舍去了信息的内容和信息的价值,而信息内容和信息价值是远比通信更复杂的信息活动(如推理、思维和决策)中最重要的因素。在通信以外的许多场合,信息不一定符合概率统计规律。概率熵必须推广到非概率的情形,以便能够有效而统一地描述和度量信息的形式、内容和价值。综合地考虑信息的形式因素(语法信息)、含义因素(语义信息)和效用因素(语用信息),即为"全信息"。研究全信息的本质、全信息的度量方法以及本信息的运动(变换)规律的理论被称为"全信息理论"。该理论引入主观因素、非形式化的因素和模糊、混沌因素,重视主观与客观相互作用、非形式化和形式化有效结合,强调用新的科学观、新的方法论和新的数学工具研究信息的本质。

图书情报学家则认为,信息可以定义为事物或记录,记录所包含的信息是读者通过阅读或其他认知方法处理而获得的。此处引入了读者这一变量,从而将认识论上的信息定义推广至本体论上的信息定义,更有利于信息测度服务。

我国学者对信息概念的诸多研究和阐述,众说纷纭,无法统一。究其原因有以下三方面:一是信息本身的复杂性,它是一个多元化、多层次、多功能的综合物;二是信息科学是一门新兴学科,它的许多分支学科仍在随着社会、经济和科学技术的发展而发展,其内涵和外延不很确切;三是人们出于不同的研究和使用目的,从不同的角度或层次出发,对信息的概念就会作出不同的解释。

综合各家定义的合理内核,我们认为,信息是认识主体所感知或所表述的事物运动的状态与方式。这一定义告诉我们,若要获得所需信息,必须具备一定的认识能力,其中包括信息意识、信息检索技能、信息组织加工能力和信息分析、评价、应用能力。

2. 信息与知识、情报、文献之间的关系

明确了信息的概念,也就明确了信息不同于消息、信号、数据。

消息是新闻体裁的一种。消息是以简要的形式,及时地反映国内外新近发生的重要事情。

信号是信息的载体。信号是用声音、光线、标志等传送的约定通信符号。

数据是记录信息的一种形式。数据是进行统计、计算、科学研究或技术设计所依据的数值。

那么和信息概念密切相关的知识、情报、文献,它们之间又是一种什么关系呢?

知识,即人类对于客观世界的认识,是人的主观世界对于客观世界的概括和如实反映。也可以说知识是人类通过信息对自然界、人类社会及思维方式与运动规律的认识和掌握,是人的大脑通过思维重新组合的系统化信息。由此可见,人类要通过信息来感知世界,又要根据所获得的信息组织知识。确切地说,知识是信息的一部分,是一种特定的人类信息。因为知识是人类通过有目的、有区别、有选择地利用信息,对自然界、人类社会及思维方式与运动规律的认识、分析和掌握,并通过人的大脑进行思维整合,使信息系统化而构成知识,因此说知识仅存在于人类社会,而信息存在于万物之中。可以说,人类生活环境中普遍存在的信息是知识的原料,这些原料经过人类接受、选择、处理,才能成为新的系统化知识。人们为了进行知识的传递和交流,必须使知识具有能为感知器官所感知的形式,即借助于文字、语言、符号、代码、电磁波、图像和实物等加以表现,这种表现形式就是信息。

总而言之,知识是人的大脑通过思维重新组合的系统化了的信息,是信息中最有价值的部分。知识分为主观知识(又称为隐性知识)和客观知识(又称为显性知识)。主观知识是存在于人脑之中的,它被某种载体记录下来,就成为打破时空的、可传递的客观知识。

情报是指有目的、有时效,经过传递获取的涉及一定利害关系的特定的情况报道或资料整理的结果,它是一种特定的知识性信息。信息与情报是有区别的。信息的范围比情报广泛得多;情报的传递具有机密性,传递手段有一定的特殊要求;情报是知识的一部分,情报的知识性较信息知识性强;情报的得失往往伴随着一定的利害关系,而信息的得失则不一定表现出明显的利害关系。情报是有特定传递对象的特定知识或有价值的信息。一部分融在知识之内,一部分则在知识之外的信息之内。

文献是记录有一定知识的载体。现代文献由四个要素构成,即文献信息、文献载体、符号系统和记录方式。文献信息是文献的内容,符号系统是信息的携带者,载体是符号赖以依附的"寄主",而记录方式则是代表文献的符号进入载体的方法和过程,四要素缺少任何一种都不可能形成文献。科学技术发展的连续性和继承性缘于文献载体记录的科技知识。可见,通过记录依附在一定载体之上的知识信息才是文献。

信息与知识、情报、文献三者之间的关系。知识是人的主观世界对于客观世界的概括和如实反映,是认识主体所表述的有序化的信息。情报是指有目的、有时效,经过传递获取的

涉及一定利害关系的特定的情况报道或资料整理的结果,情报通常是秘密的、专门的、新颖的信息,是一种特定的知识性信息。文献是指通过记录依附在一定载体上的知识信息。它们之间的关系:信息是生产知识的原料,知识是被人类系统化的信息,情报是一种特定的知识性信息,文献是存储、传递知识信息的载体。

3. 信息的特征及类型

1) 信息的特征

信息是所有事物的存在方式和运动状态的反映,信息不是物质本身,但它来源于物质,正是因为信息的物质性才决定了它的一般属性。它的一般属性包括普遍性、客观性、抽象性、依附性、可加工性、传递性、共享性等。

(1) 普遍性。世界上任何运动着的事物无时无刻不在生成信息,只要有事物存在,事物运动,就存在着信息。信息无所不在,物质的普遍性以及物质运动的规律性决定了信息的普遍性。

(2) 客观性。信息不是虚无缥缈的东西,是现实中各种事物运动的状态与方式的客观反映。由于事物及其状态、特征和变化是不以人的意志为转移的客观存在,所以反映这种客观存在的信息也具有客观性。信息不仅其实质内容具有客观性,而且一经形成且与载体结合,其本身也具有客观性。

(3) 抽象性。信息本身是看不见、摸不着的,我们能够看得见、摸得着的只是信息载体,例如,语言、文字、图画、符号、纸张、光盘等,而非信息内容。对于认识主体而言,获得信息和利用信息要具备抽象能力,正是这种能力决定着人的智力和创造力。信息的抽象性增加了信息认识和利用的难度,并从而对人类提出了更高的要求。

(4) 依附性。依附性也称寄载性。是抽象性的延伸,信息的记录、存储以及交流和共享必须依附于或借助于物质载体,以某种载体形式表现出来,没有载体就没有信息。

(5) 可加工性。信息数量庞大,质量高低不一,而人们对信息的需求往往具有一定的选择性。信息价值的发挥也需要进行不同层次的加工处理,由原始信息可以加工成二次信息,再经过分析、研究与综合,又可加工成三次信息。每次加工都可改变原有信息的结构,赋予信息新的价值。

(6) 传递性。信息在运动中产生,在传递中发挥价值。信息传递可跨越时空,信息的获取利用以及反馈必须借助于信息的传递。信息传递是通过信道进行的。信息系统就是由信源、信道、信宿组成的有机整体。

(7) 共享性。信息能够通过时空进行传递,因此能够被人类所共享,信息价值的实现需要通过信息的使用。与实物使用不同,同一信息可以同时被两个以上的多个用户使用,而且并不因为信息的多人多次重复使用而丢失其内容。正如萧伯纳所举的"苹果与思想"的例子。苹果交换之后交换双方仍然各有而且仅有一个苹果,但思想交换后交换双方都拥有了两种思想。

信息除了上述特征之外还有时效性、动态性、可转化性、可伪性等。

2) 信息的类型

从不同的角度对信息进行划分,可产生不同的类型。如从信息性质划分,有语法信息、语义信息和语用信息。从信息应用部门划分,有工业信息、农业信息、政治信息、科技信息、文化信息、经济信息等。从信息的记录符号划分,有语声信息、图像信息、文字信息和数据信息等。依据不同的标准,划分信息的结果不同。

(1) 按信息内容划分可分为主观信息和客观信息。

① 主观信息。一般是指依据事实和分析说明个人的观点和见解。主观信息在对一个事件、论题进行评估时能提供很多有价值的信息。

② 客观信息。一般是指不加主观判断的如实反映客观的信息,它一般全面客观地描述一个问题的各个方面,使人们对问题有一个全面的概念。

(2) 按信息的传播渠道划分可分为口传(口语)信息、体语信息、实物信息、文献信息、电子信息。

4. 信息的作用

对于由物质构成的整个客观世界而言,信息的基本作用就是增强世界的有序性。没有物质就没有我们生活的世界;没有能量,世界就将消亡;没有信息,物质和能量只能形成一个混浊、杂乱的空间。信息资源与物质资源、能量资源一起,共同构成现代社会资源的三大支柱。物质向人类提供材料,能量向人类提供动力,而信息向人类提供的则是知识和智慧。有人把这三者比作一个人的体质(材料)、体力(能量)和智力(信息),只有体质、体力和智力都发展的人,才是一个真正健康的人。

信息对于人类社会生存和发展的基本作用是信息增强世界的有序性在特定的人类社会范畴中的具体表现,这种具体表现就是:消除人的认识的不确定性。关于信息对人类社会生存和发展的作用,人们可以从不同的角度加以阐述。维纳(N. Wiener)在他的《人当作人来使用》一书中指出:"要有效地生活就要有足够的信息。所以,正像通信和控制属于人的社会生活那样,它们也是人们的内部生活的要素";香农(C. E. Shannon)则把信息的作用寓于其定义中:"信息是用以消除随机不确定性的东西"。我们认为,分析研究信息对人类社会生存和发展的作用,可以以其最为基本的作用——能够消除人们认识的不确定性为出发点,考察信息与人类社会生存和发展关系十分密切的主要方面及其在这方面的作用。

1) 信息是人类社会生存的条件,信息是人类社会发展的资源

无机物向有机物跃变以后,有机物经历了复杂的自然选择,在漫长的进化过程中,演化形成了一个重要的动物种类——人类。其间的每一次质变,无不与信息的接收能力、信息的处理能力的变化有关;其间每一个阶段性种类的生存、延续和繁衍,都必须有其相应的信息能力为基本保证。没有信息能力的这种保证,人的进化和生存也就无从谈起。时至今日,乃至将来,人类的生存都离不开信息。人正是由于自身所具有的信息能力,接收和处理着来自客观世界的各种信息,不断地确定和调整着自己每时每刻所处的生存空间,维系着自己的生命,延续和繁衍着自己的种类。

有史以来,人类并不仅仅满足于生命的延续和繁衍,而是在同客观世界的斗争中,不断地认识世界、改造世界,在提高生产力水平的同时,极大限度地创造和发展物质文明和精神文明。人类在改造客观世界的同时,也形成和改造了自己的主观世界,积累了大量有关客观事物运动状态和方式的知识,这是人类社会的宝贵财富,也是人类社会进一步发展的基础。历史已经证明,在人类的发展进程中,开发利用信息资源同开发利用物质资源和能源一起构成了人类创造物质文明和精神文明的主体结构,三者缺一不可。

2）信息是主客体的中介，信息是思维的材料

人类的生存和发展，不是在真空中进行，而是无时无刻不在同客观的事物打交道，其首要条件就是要对客观事物的运动状态和方式有所认识、有所了解，在一定程度上消除对客观事物的认识上的不确定性。这种认识和了解无疑是以信息的存在为前提条件的。因此，没有信息作为人和客观事物的中介，人和客观事物之间的关系只能是物与物的关系，而不是认识和被认识的关系。从这种意义上讲，信息的存在是人类发挥认识能力的必要条件。从进化论角度看，信息促进了人的认识能力的改善和提高。

人不同于其他动物种类的根本原因，在于人具有思维能力。思维能力是人的认识能力的核心所在，它是人脑这种特殊物质构成的一种功能。其功能的实现是以信息为原材料而进行的，没有信息材料，人的思维能力只具有一种潜在的功能，并不会产生任何东西。信息是思维不可缺少的原材料，同时，思维的结果——同样是信息。而新的信息又可以转变为自己的或他人的信息材料，再一次经过思维功能的变换，产生出新的信息。

3）信息是组织的保证，信息是管理的基础

人类的活动，通常表现为以个人活动为基础的社会性，这种社会性赖以形成、赖以维系、赖以发展的根本保证就是人与人之间能够进行有效的信息交流。人类的任何形式的组织——具有一定目的的人类活动群体，甚至包括一般动物所组成的群居体，都必定存在着一定的信息交流方式以及按此方式交流的信息流。

从另一角度看，人类社会的组织性，也就是人类社会生活的有序性。组织内部有效的信息交流有助于提高这一有序性，有效的信息交流越多，其组织的有序性就越高，反之亦然。组织的形成和完善，离不开对组织的管理。从广义上讲，任何管理系统都是一个信息输入、处理、输出信息与信息反馈系统。管理实际上就是计划、执行、调节、再计划、再执行、再调节的螺旋上升的循环过程，它的任何一个环节都离不开信息，环节之间的联系就更加如此了。只有以一定的信息为基础，管理才能驱动其运行机制，只有足够的信息，才能保证管理功能的充分发挥。

4）信息是决策的依据，信息是控制的灵魂

毫无例外，人类的社会行为都是在做出一定决策后开始的。所谓决策，就是指人类在改造世界、管理社会和自身活动中，作为达到一定目的的选择活动。全面、准确、及时的信息，是做出切合实际、正确无误的决策的依据。在现代社会生活中，由于人类活动的社会性日益增强，人们的行为往往受到多方面的影响，同时也将影响和涉及其他许多方面，因此，决策的过程以及决策的效果更加依赖于决策时所使用的信息。任何领导层的决策都必须以一定的信息系统为支持手段，以保证决策者能获取全面、准确、及时的信息。

2.1.2 信息资源

1. 信息源

信息源即信息的来源。信息源可以积累信息，因此信息源和吸收源之间就形成了信息位差，也称信息势。信息势的存在是信息流和信息交流活动产生的前提。信息源不等于信息资源，信息源是蕴涵信息的一切事物，信息源可以看做是产生、持有和传递信息的一切物体、人员和机构。

　　根据信息源的层次及加工、集约程度，信息源可分为四个层次。一次信息源，也称为本体论信息源，所有物质均为一次信息源。从一次信息源提取信息是信息资源生产者的任务；二次信息源，也称为感知信息源，人的大脑所储存的潜在信息资源是主要的二次信息源，传播、信息咨询、决策等领域所研究的也是最主要的二次信息源；三次信息源，也称为再生信息源，主要包括口语信息源、体语信息源、实物信息源、文献信息源；四次信息源，也称为集约信息源，是实物信息源或文献信息源的集约化，如图书馆、档案馆、数据库、网络及各类博物馆、展览馆、样本室、标本室等。

2．信息资源

1）信息资源的含义

　　信息资源的定义与信息的定义一样，目前仍是众说纷纭，无法统一。其核心是对"信息"、"资源"二词的理解及对二词语法结构的理解，是信息化的资源，还是资源化的信息，还是信息、资源一词仅为同位，可有可无。一般来说，信息与信息资源可视为同位语。我们知道，信息是普遍存在的，但并非所有的信息都是信息资源，只有经过人类加工，可被利用的信息才可称为信息资源，就是说信息资源是信息世界中对人类有价值的那一部分信息，是附加了人类劳动的、可供人类利用的信息。

　　信息资源是信息与资源这两个概念组合而成的复合概念，是在信息时代，在信息对社会经济的作用日益显著的条件下，整合衍生而成的新概念。因此，界定信息资源的定义，既要以信息和资源这两个概念为基础，又要结合信息对社会经济的作用和社会管理的因素，因而形成了狭义定义和广义定义。

　　信息资源的概念有狭义和广义之分，狭义的信息资源是指信息本身，而广义的信息资源则既包括信息本身，又包括与信息和信息管理相关的各种管理要素，如人员、设备、设施、组织机构、资金等。人员是指具有与信息相关的技能并从事信息管理活动的人；设备包括信息技术硬件和软件；设施指与图书馆、计算机中心、通信中心、情报中心等相联系的建筑、通信网络等基础设施；组织机构则是指与上述设备相联系的社会组织。

　　信息资源的狭义定义，信息资源作为信息管理的基本对象和信息社会开发利用的基本资源，是指有序化的社会信息集合。信息资源是人类存储于载体（包括人的大脑）上的已知或未知的可利用的信息。信息中的载体信息和主体信息是信息资源的最基本的组成部分。

　　信息资源的广义定义，信息资源作为信息管理的基本对象和信息社会开发利用的基本资源，是指有序化社会信息集合本身和与此相关的一切管理要素的总和。这些管理要素主要包括信息设备、信息设施、组织机构、信息人员、信息管理资金，以及相应的社会管理体制、社会管理机制和社会管理环境等。在信息社会，信息资源是人类社会物质财富和精神财富的基本来源，是人类进行物质生产和精神生产的主要现实基础，是人类社会在这一历史条件下得以生存和发展的基本前提。

2）信息资源的特征

　　信息资源是人类存储于载体（包括人的大脑）上的已知或未知的可利用的信息。构成信息资源的基本要素是信息、人、符号、载体。信息是组成信息资源的原料，人是信息资源的生产者和使用者，符号是生产信息资源的媒介和手段，载体是存储和利用信息资源的物质形式。信息资源虽非信息全部，但是以信息为核心、为主体，所以信息是信息资源中的最核心部分,因此信息资源的特点与信息的特点有很多相同之处。

信息资源同其他的资源一样,具有有限性、有用性和多用性三个基本特点,同时它又是一种不同于物质资源和能量资源的特殊的资源,这种特殊性表现为两点。

(1)再生性。指它不同于其他的一次性消耗的资源,可以反复利用而不失去其价值,对它的开发利用愈深入,它不仅不会枯竭,反而还会更加的丰富和充实。

(2)共享性。指它可提供全人类共同分享其信息总量,而且不会因为人类共享失去信息量。

3. 信息资源的类型

1)按信息资源的性质划分

信息资源可分为自然信息资源和社会信息资源。自然信息资源包括生命信息资源、动物信息资源、植物信息资源、气象信息资源、海洋信息资源、水文信息资源、地理信息资源等。社会信息资源是产生于人类生产与社会实践活动的信息资源,包括政治信息资源、经济信息资源、科技信息资源、军事信息资源、文化信息资源、法律信息资源、教育信息资源、体育信息资源、生活信息资源等。

2)按信息资源的载体划分

信息资源可分为人脑信息资源(口语、体语)、实物信息资源、文献信息资源和电子信息资源四类。

(1)人脑信息资源是指以人的大脑为载体的信息资源,人脑信息资源是客观存在的,是人脑资源的一部分。

(2)实物信息资源是指以自然物质为载体的信息资源,可分为自然实物信息资源和人工实物信息资源。自然实物信息资源是存储在天然物质中的信息资源,如地球、山川、河流等。人工实物信息资源是经过人类劳动并以实物存在的信息资源,如建筑物、雕塑、乐器等。

(3)文献信息资源是指以文献为载体的信息资源。文献是一种有内容可识别和理解的载体。它以文字、图像、符号、声频、视频为主要记录手段,以存储和传递信息和知识为主要目的。文献记录、传递的信息和知识,称为文献信息。文献信息资源的特点是储存在脑外物质载体,便于社会传播和利用,可跨越时空,并可多次反复使用。文献信息资源按其记录方式和载体材料可分为书写型、印刷型、缩微型、机读型和声像型五种类型,按其性质和外在表现形态可分为图书信息资源、期刊信息资源和特种文献信息资源三大类。

(4)电子信息资源是指运用电子技术,以数字方式存储在电子媒体上的信息资源,可分为网络、数据库、广播、电视、图文电视等。

3)按信息资源的表现形态划分

信息资源可分为潜在信息资源和现实信息资源两类。潜在信息资源是指个人在认知和创造过程中储存在大脑中的信息资源,其特点是只能为个人所理解和利用,无法为他人直接理解和利用;易于随忘却过程而消失,因此是一种没有表达出来的、优先再生的信息资源。现实信息资源是指潜在信息资源经个人表述之后能够为他人所利用的信息资源,其主要特征是具有社会性,可以在特定的社会条件下广泛地、连续反复地为人类所利用。因此是一种无限再生的信息资源。现实信息资源以表述方式可细分为口语信息资源、体语信息资源、文献信息资源和实物信息资源。

4）按信息资源的开发程度划分

信息资源可分为零次、一次、二次、三次和高次信息资源。

（1）零次信息资源是指在信息流动过程中未经过加工和组织的信息资源，表现为自然现象、人的思想感情等，其信息流是分散的、无序的，也就是未被开发利用的信息资源，具有客观性、零散性和表象性等特点。

（2）一次信息资源是指以零次信息资源为基础，对自然状态和社会表象的信息资源以及大脑存储的信息进行粗加工，经过各种方式表达的信息资源。这类信息资源未经过系统化的组织，可以是语言文字表达的方式，也可以是图像表达的方式，通常表现为谈话、讲演、手稿、日记、录音、录像、广告等。因此，一次信息资源就是原始信息资源，具有原创性、表达性等特点。

（3）二次信息资源是指在一次信息资源的基础上，进行加工整理和提炼压缩所形成的产物。表现为手稿经过系统化整理并出版的专著、科学研究成果及发表的科学论文、专利发明、政府报告、科技报告、学位论文、会议论文、剧本等。

（4）三次信息资源是指用一定的方法对大量的二次信息资源进行再加工而产生的系统化成果。表现为科学评论、书评、各种资料汇编、信息检索工具、电影、电视剧等，有的表现为工具性、简洁性和资料性，有的则表现为综合性、直观性。

（5）高次信息资源是指将大量分散的信息资源进行收集、整理、分类、加工，以便于更好地利用的信息资源，其实质是信息资源的集合。主要有图书馆、档案馆、数据库、网络以及各类博物馆、展览馆、样本室、标本室等。

2.2　信息检索的含义及类型

2.2.1　信息检索的含义

信息检索通常是指从以任何方式组成的信息集合中，查找特定用户在特定时间和条件下所需信息的方法和过程。完整的信息检索含义包括信息的存储和检索，由此可知，信息检索的全过程应包括以下两个主要的方面。

1. 信息标引和存储过程

信息标引是对大量无序的信息特征进行著录、标引和组织，使之有序化，信息存储是对有关信息进行选择，并按科学的方法存储，组成检索工具和检索文档，建立信息数据库；即组织检索系统的过程。

2. 信息的需求分析和检索过程

分析用户的信息需求，利用已组织好的检索系统，按照系统提供的方法与途径检索有关信息，即信息系统的应用过程。信息检索就是根据提问制定策略和表达式，利用信息数据库获取相关信息。信息使用情况包括需要信息、接收信息、消费信息。

因此，信息检索的实质是将描述特定用户所需信息的提问特征，与信息存储的检索标识进行异同的比较,从中找出与提问特征一致或基本一致的信息。提问特征是对信息的需求进行分析,从中选择出能代表信息需求的主题词、分类号或其他符号等。检索标识是信息存储时,对信息内容进行分析,提出能代表信息内容实质的主题词、分类号或其他符号等。检索时,将提问特征与检索标识进行对比匹配,若达到一致或部分一致,即为所需信息。信息检索是从大量相关信息中利用人机系统等各种方法加以有序识别与组织,以便及时找出用户所需部分信息的过程。信息标引和存储过程是信息提供者的任务;信息的需求分析和检索过程是信息使用者,即信息用户。信息用户可以是个人,也可以是群体。用户对信息的需要一般有三种:对信息的要求、对信息源的要求、对信息获取方式的要求。

2.2.2 信息检索的类型

由于用户的信息需求多种多样,信息检索技术也在不断发生变化,进而产生了多种类型的信息检索。

1.根据检索的内容和查找的对象

根据检索的内容和查找的对象,信息检索可分为数据信息检索、事实信息检索、文献信息检索。

1) 数据检索

数据检索是以数值或图表形式表示的数据为检索对象的信息检索,又称为数值检索。它是利用参考工具书、数据库等找出包含在信息中的某一数字数据(如电话号码、银行账号、各种统计数据、参数等)和市场行情、图表、化学分子式等非数字数据的检索。数据检索是一种确定性检索,检索结果直接回答用户提出的具体问题。

2) 事实检索

事实检索是以文献中抽取的事项为检索内容的信息检索,又称为事项检索。它是利用参考工具书、数据库等从存储事实的信息系统中查找出指定事实的一种信息检索,包括某一事物(事件)的性质、定义、原理以及发生时间、地点、过程等。事实检索也是一种确定性检索,是信息检索中比较复杂的一种,一般不能直接回答用户的具体问题,必须进行分析、推理后才能得出最终的结果。

3) 文献检索

文献检索是以文献为检索对象的信息检索,利用相应的检索方式与手段,在存储文献的检索工具或数据库中,查找检索用户所需文献的过程。凡是查找某一主题、时代、地区、著者、文种的有关文献,以及回答这些文献的出处和收藏地等,都属于文献检索的范畴,为用户提供的是与用户的信息需求相关的文献信息。文献检索根据检索内容的不同又可分为书目检索和全文检索两种。书目检索以文献线索为检索对象,检索结果是与检索课题相关的一系列文献的线索(包括目录、题录、文摘等),用户只有通过查找收藏单位,才能获得原始文献;而全文检索则以文献所含的全部信息为检索对象,即检索系统存储的整篇文章或整本图书的全部内容,它是数据库技术、网络技术发展的产物。

可见,数据与事实检索是一种确定性检索,检索的结果是可供科研人员直接利用的文献信息;而文献检索则是一种相关性检索,检索结果是与课题相关的数篇文献线索或原始文献。文献检索是信息检索的核心部分,它与数据检索和事实检索比较内容更为丰富,方法更为多样。

2. 根据检索(组织)方式

根据检索(组织)方式,信息检索分为手工信息检索和机器(计算机)信息检索。

1) 手工信息检索

手工信息检索是以手工操作的方式,利用检索工具书进行信息检索。手工信息检索是信息检索的传统方式,已经历了一个多世纪的发展历程。其优点是便于控制检索的准确性,缺点是检索速度慢、工作量较大。

2) 机器信息检索

机器信息检索是以机械、机电或电子化的方式,利用检索系统进行信息检索。机器信息检索从 20 世纪 40 年代以后逐渐发展起来的,电子计算机诞生之后,以强大的存储能力、不断提高的处理性能以及同步降低的价格,很快便成为机器信息检索的主流和代表。因此,机器信息检索主要就是指计算机信息检索。其优点是检索速度快、能够多元检索、检索的全面性较高;相对手工信息检索而言,其缺点主要是需要借助于相应的设备进行检索。

计算机信息检索是在手工信息检索的基础上发展起来的,随着计算机技术和通信技术的不断创新,将来必定会逐步取代甚至完全取代手工信息检索。但是,就目前而言,把两者之间的关系,简单地理解为取代与被取代的关系,未免偏颇。

信息检索作为信息服务业的重要领域,在相当长的时期内,为了满足用户的多种需求,给予用户更多的选择,向用户提供多样化的服务形式,使得手工信息检索还将与计算机信息检索共同存在,相互补充、相互促进。

3. 根据检索要求

根据检索要求,信息检索分为强相关检索和弱相关检索。

1) 强相关检索

强相关检索强调检索的准确性,用于向用户提供高度对口信息的检索,也称为特性检索。这种检索注重查准,只要检索得到的文献信息能够满足用户的需求即可,通常对于检索结果的数量多少不进行要求。

2) 弱相关检索

弱相关检索强调检索的全面性,用于向用户提供系统完整信息的检索,也称为族性检索。这种检索注重查全,要求检索出一段时间期限内有关特定主题的所有信息,为了尽量能避免漏检相关信息,一般对于检索的准确性要求较低。要注意的是,这是两种检索要求相当极端的检索类型。实际上,较多的时候,用户对于检索的要求介于两者之间,既要求查找对口的信息,又希望得到所有的信息。这是很自然的检索要求。这种要求可分为两种情况:一是虽然用户对查准和查全都有所要求,但要求都较低,要完成这样的简单检索比较容易;二是用户对查准和查全都有要求,而且要求都较高,要完成这样的复杂检索相当困难。因为在信息检索中,查准和查全常常不能兼顾。

4. 根据检索的运行性质

根据检索的运行性质,信息检索分为定题检索和回溯检索。

1）定题检索

定题检索是查找有关特定主题最新信息的检索，又称为 SDI 检索。其特点是只检索最新的信息，时间跨度小。定题检索在文献信息库更新时运行，即每当文献信息库加入新的文献信息时，就运行一次定题检索，从而查找出特定主题的最新信息。这种检索非常适合于信息跟踪，以便及时了解有关主题领域的最新发展动态。因此，用户一旦向检索服务机构订购定题检索，一般就会在较长时间内多次运行，由检索服务机构持续地向用户提供最新信息。

2）回溯检索

回溯检索是查找一段时间内有关特定主题信息的检索，也称为追溯检索。其特点是既可以查找过去某一段时间的特定主题信息，也可以查找最新的特定主题信息。与每个定题检索需要多次运行有所不同，回溯检索只运行一次，就可以从已有文献信息库中查找出特定主题的信息，并提供给用户。

在检索实践中，用户利用最多的是回溯检索，大多数的检索课题都属于回溯检索。同时，定题检索也发展很快，受到了各种领域用户的欢迎，尤其是在工商经贸领域，定题检索更是受到企业用户的广泛运用。

5．根据检索的信息形式

根据检索的信息形式，信息检索分为文本检索和多媒体检索。

1）文本检索

文本检索是查找含有特定信息的文本文献的检索，其结果是以文本形式反映特定信息的文献。这是一种传统的信息检索类型，在信息检索中依然占据着主体地位。

2）多媒体检索

多媒体检索是查找含有特定信息的多媒体文献的检索，其结果是以多媒体形式反映特定信息的文献，如图像、声音、动画、影片等，是在网络环境下发展起来的全新检索类型。

在互联网迅速发展的今天，网上存在着大量的多媒体文献，用户常常需要查找特定的图像、声音、动画等。多媒体文献的信息处理，如标引、著录和有序化编排等，与传统的文本检索截然不同，向信息检索方式及其理论提出了新的挑战。比如，用户可能需要查找包含某种颜色或色彩组合的特定图像，或者是含有特定图案的动画等。

2.3　信息检索技术与策略

2.3.1　信息检索基本技术

在计算机信息检索系统中，虽然各数据库提供给用户的检索界面其检索功能各不相同，但比较通用的有浏览、简单检索和高级检索等功能。浏览功能是由信息工作者将各种信息按一定的方式组织起来，按信息的主题、分类等方式编制成树状结构体系，供用户层层点击，进入不同分支查看检索结果列表。简单检索和高级检索是利用检索词（或检索式）进行检索，返回与之相符的检索结果。利用检索词（或检索式）检索时通常会用到布尔逻辑检索、截词检索、词间位置检索和限定字段检索等检索技术。

1. 布尔逻辑检索

在计算机信息检索中,单独的检索词一般不能满足课题的检索要求,19 世纪由英国数学家乔治·布尔提出来的布尔逻辑运算符的运用,在一定程度上满足了用户的检索需求。布尔逻辑检索是最常用的计算机检索技术,一些检索系统中 AND、OR、NOT 算符可分别用＊、＋、一代替。

布尔逻辑检索是运用布尔逻辑运算符对检索词进行逻辑组配,以表达两个检索词之间的逻辑关系。常用的组配符有 AND(与)、OR(或)、NOT(非)三种。图 2-1 是布尔逻辑示意图。

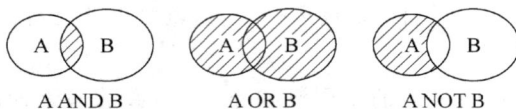

图 2-1　布尔逻辑示意图

1) 逻辑"与"(AND,＊)

逻辑"与"是具有概念交叉和限定关系的一种组配,用来组配不同的检索概念,其含义是检出的记录必须同时含有所有的检索词。如 A AND B(或 A＊B),表示命中记录中必须同时含有检索项 A 和 B。逻辑"与"起到缩小检索主题范围的作用,用逻辑"与"组构的检索词越多,检索范围越小,专指性越强,有助于提高查准率。在运用时,应把出现频率低的检索词放在"与"的左边,节省计算机处理时间,使选定的答案尽早出现,中断检索。

2) 逻辑"或"(OR,＋)

逻辑"或"是具有概念并列关系的一种组配,表示概念的相加,其含义是检出的记录只需满足检索项中的任何一个或同时满足即可。在实际检索中,一般用逻辑"或"来组配同义词、近义词、相关词等,以扩大检索范围,避免漏检,提高查全率。如 A OR B(或 A＋B)表示记录中凡单独含有检索项 A 或检索项 B,或者同时含有 A,B 的均为命中记录。逻辑"或"组构检索式时,可将估计出现频率高的词放在"或"的左边,以利于提高检索速度,使选中的答案尽早出现。

3) 逻辑"非"(NO,一)

逻辑"非"是具有概念删除关系的一种组配,可从原检索范围中剔除一部分不需要的内容,即检出的记录中只能含有 NOT 算符前的检索词,不能同时含有其后的检索词。如 A NOT B(或 A一B)表示含有检索项 A 而不含检索项 B 的记录均为命中记录。逻辑"非"缩小了检索范围,提高了检索的专指度。逻辑"非"的缺点,即取消部分往往会把切题的文献给丢弃,故运用运算时一定要慎重。

需要指出的是,不同的检索系统,布尔逻辑运算的次序可能不同,检索结果也会大不一样,一般检索系统的"帮助"会有说明。在中文数据库里,布尔逻辑运算符大多用 AND、OR、NOT 下拉菜单形式供用户选择,有时用"＊"表示逻辑"与",用"＋"表示逻辑"或",用"一"表示逻辑"非"。一般优先级依次为 NOT、AND 和 OR,也可以用括号改变优先级,括号内的逻辑式优先执行。

2. 截词检索

在数据库检索时，常常会遇到词语单复数或英美拼写方式不同，词根相同、含义相近而词尾形式不同等情况，为了减少检索词的输入，提高检索效率，通常使用"?"、"＊"或"＄"、"!"等截词符加在检索词的前后或中间，以扩大检索范围，提高查全率。计算机在查找过程中如遇截词符号，将不予匹配对比，只要其他部位字母相同，即算命中。按截词位置不同，可以分为前方截词、后截词和中间截词三种。

1）前方截词

将截词符放在词根的前边，后方一致，表示在词根前方有无限个或有限个字符变化。如Software（软件）、Hardware（硬件），在词根前加截词符即为"?ware"可包含前面两种情况。

2）后截词

将截词符放在词根后面，前方一致。如"comput?"表示 comput 后可带有其他任何字母，且数量不限，检索出包含 compute、computer、computerized、computerization 等记录，为无限截词，而"plant???"则表示 plant 后可加 0～3 个字母，检索出含 plant、plants、planted、planter、planters 等词，为有限截词。

3）中间截词

中间截词是将截词符号置于检索词的中间，而词的前、后方一致。一般对不同拼写方法的词，用通配符"?"插在词的中间，检索出两端一致的词来，通常用于英、美对同一个单词拼读不同时使用。例如，"colo?r"包含 colour（英）和 color（美）两种拼写方法。

3. 词间位置检索

利用布尔逻辑运算符检索时，只对检索词进行逻辑组配，不限定检索词之间的位置以及检索词在记录中的位置关系。在有些情况下，若不限制检索词之间的位置关系会影响某些检索课题的查准率。因此，在大部分检索系统中设置了位置限定运算符号以确定检索词之间的位置关系。但不同的检索系统所采用的位置运算符有时不一定相同，功能也有差异，使用时应具体对待。

1）W（With）算符

A（W）B 表示 A、B 两词必须紧挨（之间不允许有其他词）且位置关系（词序）不可颠倒。如 x（W）ray 表示包含 x ray 和 x-ray 的文献记录均被命中，IBM（W）PC 表示包含 IBM PC 和 IBM-PC 的文献记录均被命中。

A（nW）B 表示 A、B 之间最多可插入 n 个单词且位置关系（词序）不可颠倒。其中 n 为整数，但 n 不能太多，否则运算符将失去意义。例如，computer（IW）retrieval 表示检索含有"computer information retrieval"、"computer document retrieval"等词的记录。

2）N（Near）算符

A（N）B 表示 A、B 两词必须紧密相邻，词间不允许插入任何词，但词序可以颠倒。

A（nN）B 表示 A、B 两词间可插入 n 个单词（n 为整数），而且词序可变。在计算机信息检索系统中存在一些禁用词，如 of、this、and、for、on、to、are、from、that、with、as、in、the、would 等不允许出现在检索式中的词为系统禁用词，可用 Near 运算符来表示。如 A（IN）B 包含 A in B 和 B of A 两种情况，而 cotton（2N）processing 则表示包含 cotton processing、

processing of cotton、processing of Chinese cotton 等的文献记录都会被命中。

3) F(Field)算符

A(F)B 表示 A、B 检索词必须同时出现在同一记录的同一字段中（只限于题名、文摘字段），两词的词序、中间可插入单词的数量不限，但使用此算符时必须指定所要查找的字段（如 AB、TI、DE、AU 等）。例如，pollution(F)control/AB 表示检索出文摘字段中同时含有 pollution 和 control 两词的文献记录。

4) L(Link)算符

A(L)B 表示 A、B 检索词之间存在从属关系或限制关系，如果 A 为一级主题词，则 B 为二级主题词。

5) SAME 算符

A(SAME)B 表示 A、B 检索词同时出现在同一个段落（paragraph）中，如 Education SAMEschool。

4. 限定字段检索

限定字段检索指定检索词在记录中出现的字段，检索时，计算机只在限定字段内进行匹配运算，以提高检索效率和查准率。不同数据库和不同种类文献记录中所包含的字段数目不尽相同，字段名称也有差别。数据库中常见的字段和代码如表 2-1 所示。

表 2-1　数据库中常见字段和代码

基　本　字　段			辅　助　字　段		
字段名称	英文全称	缩写	字段名称	英文全称	缩写
题目	Title	TI	记录号	Document Number	DN
文摘	Abstract	AB	作者	Author	AU
叙词	Descriptor	DE	作者单位	Cornorate Source	CS
标题词	Identifier	ID	期刊名称	Journal	JN
			出版年份	Publication Year	PY
			出版国	Country	CO
			文献类型	Document Type	DT
			文献性质	Treatment Code	TR
			语种	Language	LA

数据库字段可分为表达文献内容特征的基本字段（Basic Field）和表达文献外表特征的辅助字段（Additional Field）两种。

基本字段指表达文献内容特征的字段，如题名字段（Title Field）、文摘字段（Abstract Field）、叙词字段（Descriptor Field）等，检索字段符用后缀方式分别表示为/TI、/AB、/DE，检索时将检索词放在后缀字段符之前，如 garments/AB。

辅助字段（Additional Field）指表达文献外表特征的字段，如作者字段（Author Field）、刊名字段（Journal Field）、出版年字段（Publication Year Field）、语种字段（Language Field）、文献类型字段（Document Type Field）等，检索字段符用前缀方式分别表示为 AU＝、JN＝、

PY＝、LA＝、DT＝,检索时将检索词放在前缀字段符之后,如 AU＝Evans,A.。

在一些数据库检索页面中,字段名称通常放置在下拉菜单中,用户可根据需要选择不同的检索字段进行检索,以提高检索效率。

5．限定范围检索

限定范围检索是通过限制数字信息的检索范围,以达到优化检索的方法。如 Dialog (Ondisc)系统、SilverPlatter-Spirs 系统、UMI-ProQuest 系统均设置了范围限定检索功能。常用限定符有:

(1)：或"-"表示包含范围,如出版年 PY＝1996:2005、邮政区号 ZIP＝02100-02199。

(2)＞表示大于,如公司销售额 SA＞300m。

(3)＜表示小于,如研究生申请接受率 PC＜50％。

(4)＝表示等于,如波长 WAV＝0.000 010 6m。

(5)＞＝表示大于或等于,如公司总财产 TA＞＝500 000 000。

(6)＜＝表示小于或等于,如公司雇员数 EM＜＝900。

(7)!：表示范围之外,如波长小于 350nm 或大于 750nm 表示为 WAV (!3.5-7:7.5-7)。

6．加权检索

加权检索是某些检索系统中提供的一种定量检索技术。加权检索同布尔逻辑检索、截词检索等一样,也是信息检索的一个基本检索手段,但与它们不同的是,加权检索的侧重点不在于判定检索词或字符串是不是在数据库中存在、与别的检索词或字符串是什么关系,而是在于判定检索词或字符串在满足检索逻辑后对文献信息命中与否的影响程度。加权检索的基本方法是:在每个检索词后面给定一个数值表示其重要程度,这个数值称为权,在检索时,先查找这些检索词在数据库记录中是否存在,然后计算存在的检索词的权值总和。权值之和达到或超过预先给定的阈值,该记录即为命中记录。

运用加权检索可以命中核心概念文献,因此它是一种缩小检索范围、提高查准率的有效方法。但并不是所有系统都能提供加权检索这种检索技术,而能提供加权检索的系统,对权的定义、加权方式、权值计算和检索结果的判定等方面,又有不同的技术规范。

7．精确与模糊检索

精确检索实际上是检索形式上完全匹配的检索词,一般使用在主题词、作者等字段。例如,以精确检索方式在主题词字段中检索"反倾销"一词,那么在主题词字段中出现"反倾销战略"、"反倾销调查"等复合词的记录就并非命中记录,一定是单独以"反倾销"出现才算匹配。再如,用户输入作者名为"郭新",那么"郭新宇"、"李郭新"等便不算匹配记录。模糊检索类似智能检索或概念检索,系统不但忽略复合词,可能还会自动返回包含它认为意义相近的检索词的记录。

总之,计算机信息检索是利用计算机的逻辑运算功能来实现文献的有无、多少、异同的比较匹配,以达到检索目的,在实际使用中,应配合使用布尔逻辑检索、截词检索、词间位置检索、限定字段检索、限定范围检索等达到较高的查全率和查准率,保证检索质量。

2.3.2　信息检索策略

1. 检索策略的制定

检索策略就是在分析课题内容的基础上,确定检索系统、检索途径和检索词,并科学安排各词之间的位置关系、逻辑联系和查找步骤等。在数据库和系统功能相同的前提下,检索策略是否考虑周全,以及在检索过程中能否根据实际情况修改原来的策略,使其更加切题,都会影响检索文献的查全率和查准率。所以检索策略的构建与调整对检索者来说十分重要。

1) 信息需求分析

信息需求分析是让检索者了解检索目的,明确课题的主题或主要内容,课题所涉及的学科范围,所需信息的数量、出版类型、年代范围、涉及语种、已知的有关作者、机构,课题对查新、查准和查全的指标要求等,确定有关检索标识即描写信息特征的符号与词语,以便选择合适的检索工具或数据库。

2) 选择数据库

(1) 在信息需求分析的基础上,根据检索需求,选择相应的数据库。若需要某一课题系统、详尽的信息,如撰写博硕论文、申请研究课题、科技查新、专利鉴定等,此类检索需了解其历史、现状和发展,对检索要求全面、彻底,检索覆盖的年份也较长。为了满足此类检索,尽可能选用一些收录年份较长的综合型和专业型数据库,如清华同方 CNKI 系列数据库、北京万方数据知识服务平台、重庆维普"中文科技期刊数据库"、EBSCO、Elsevier SDOS/SDOL 等。

(2) 关于某一课题的最新信息。这类信息用户对检索信息的要求是新,检索覆盖的年份也比较短,可以选择一些更新及时的联机数据库、网络数据库和搜索引擎来查找。

(3) 了解某一方面的信息,以解决一些具体问题。例如,针对某个问题查找一些相关参考资料、一般论文写作、了解某人的资料等,此类检索不需要查找大量资料,但针对性很强,可以选择一般的数据库和网络搜索引擎进行。

另外,检索课题涉及专业性较强、学科单一,要求检索到的文献对口性强,可选择专业型检索系统;若是涉及技术性的课题,应考虑是否使用专利信息检索系统等。

3) 确定检索词

(1) 分析课题的概念。选择所涉及的主要概念,并找出能代表这些概念的若干个词或词组,进而分析各概念之间的上、下、左、右关系,以便制定检索策略。例如,"网络资源的知识产权保护"可选"知识产权保护"、"网络资源"作为关键词。

(2) 隐含概念的分析。有些课题的实质性内容很难从课题的名称上反映出来,其隐含的概念和相关内容需从专业的角度作深入的分析,才能提炼出确切反映课题内容的检索概念。例如,"知识产权保护"概念中的"知识产权"一词隐含着"著作权"、"版权"等概念。

(3) 核心概念的选取。有些检索词概念已体现在所使用的数据库中,这些概念应予以排除。例如,World Textiles 中"世界"一词应排除。另外有些比较泛指、检索意义不大的检索概念,如"发展"、"现状"、"趋势"等在不是专门检索综述类信息时也应予以排除。

(4) 检索词选取时应注意的几个问题。

① 检索词的选取应适当,具有专指性,涵盖主要主题概念,意义明确。一般应优先规范

化主题词作为检索词,但为了检索的专指性也可选用关键词配合检索。

② 尽可能地考虑其相关的同义词、近义词作为检索词,以保证查全率。如同一概念的几种表达方式,同一名词的单、复数,动词、动名词、过去分词形式,上位概念词与下位概念词,化学物质的名称、元素符号,植物和动物名的英文、拉丁名等。

③ 避免使用低频词或高频词。一般不选用动词、形容词、禁用词,少用或不用不能表达课题实质的高频词,如"分析"、"研究"、"应用"、"建立"、"方法"、"发展"、"趋势"、"现状"、"设计"等。必须用时,应与能表达主要检索特征的词一起组配,或增加一些限制条件。

④ 选用国外惯用的技术术语。在查阅外文文献时,一些技术概念的英文词若在词表中查不到,可先阅读国外的有关文献,再选择正确的检索词;也可以用中文数据库(如万方的数字化期刊数据库的英文题名)校正检索词。

⑤ 尽量使用代码,以提高查全率。不少数据库有自己的特定代码,如《世界专利索引》(WPI)文档的国际专利分类号代码 IC、《世界工业产品市场与技术概况》文档中的产品代码 PC 和事项代码 EC、《化学文摘》(CA)中的化学物质登记号 RN 等。

4) 编制检索式、执行检索

利用布尔逻辑运算符、位置运算符、截词符和字段符等,对各检索词进行准确、合理地逻辑和位置组合,编制出检索提问式,执行检索。

不同的数据库,可供检索的字段不一定相同,利用不同检索字段的检索结果也不尽相同。通常,关键词或自由词(ID)字段,对检索词没有什么特殊要求,但命中文献的相关度较低;主题词字段(DE)检索,所用检索词是规范化词语,检索效果较好,但由于词表规模限制和新技术词汇、信息需求的发展和变化,必要时可同时利用自由词或关键词检索。为防止漏检,除尽可能地多考虑同义词外,还可采用多个字段同时检索。

5) 调整检索式,优化策略

当检索式输入检索系统后,有时检索结果不一定能满足课题的要求,如输出的篇数过多,而且不相关的文献很多,或是输出的文献太少等,这时,必须重新思考并建立检索策略,对检索策略进行优化。

(1) 当命中文献太多时,可进行一下缩检,对检索策略进行细化。用主题词表、索引词表选择更专指的主题词或关键词;通过浏览结果选择更专指的词,用运算符 AND、WITH、NEAR、NOT 等限制或排除某些概念,限定字段检索,从年代和地理及语言、文献类型上限制。

(2) 当命中文献太少时,应进行扩检,对检索策略扩展。对已确定的检索词进行其同义词、同义的相关词、缩写和全称检索,保证文献的查全率,防止漏检;利用系统的助检手段和功能,有的系统提供树状词表浏览,使用户可以用规范词、相关词、更广义的上位词进行扩展;利用论文所引用的参考文献,当找到与课题相关的论文时,可参考其所引用的参考文献;使用运算符 OR 或截词符"*"、"?"等进行扩展检索。

2. 检索途径

信息检索与信息存储是互逆的过程,存储在检索工具和系统中的数据,有些著录项或标引字段是可以提供检索的,这些著录项或标引字段就是检索的入口。在进行文献信息检索时,一般可以利用文献信息存储时的著录项或标引字段。信息检索途径一般包括文献信息的内容特征途径和外表特征途径。

1）内容特征途径

主题途径和分类途径是从文献内容特征检索文献信息的主要途径。主题途径以主题词或关键词作为检索标识，能直接、灵活、准确地表达课题和检索提问的主要概念，能集中检索出特指内容的有关文献信息。分类途径按照学科分类的方法，检索的学科专业系统性强，适合于学科的族性检索。代码途径通常作为一种辅助检索途径。

（1）主题途径

主题途径是按文献信息的内容主题进行检索的途径，对课题进行主题概念分析，提炼主题概念，选择能表达主题概念的语词，确定主题词、关键词、叙词或标题词。传统的手工检索依据的是各种主题索引或关键词索引，主题索引或关键词索引按检索词的字顺排列，用户根据确定的检索词按照字顺进行查找，从检索词下的索引款目，即可找到所需文献的线索。计算机检索视检索系统的检索规则而定，如检索系统提供了主题词索引，用户必须先查主题词索引，然后使用规范的检索词才能检索。

（2）分类途径

分类途径是一种按照文献信息所属学科（专业）类别进行检索的途径。对课题内容进行分类分析，按分类法进行分类，获取分类号。传统的手工检索依据的是按分类编排的分类目次表或分类索引，按类逐级进行检索。计算机检索时提交分类号进行检索即可。分类检索能较好地满足族性检索的要求，提高课题信息的查全率。

《中国图书馆图书分类法》（以下简称《中图法》）是我国目前通用的类分文献资料的工具。2010年修订出版的《中图法》第五版，是我国最权威、影响力最大的一部文献资料分类法，采用印刷版、电子版、网络版三种形式，被广泛应用于信息资源，特别是文献信息资源的组织，成为学术资源标引和检索的通用标准。

《中图法》作为经典、成熟的信息组织工具，对于网络信息组织也具有一定的优势，如具有较强的系统性；便于用户浏览检索和导航，特别是在检索目的不是特别明确的情况下，对于非文本信息（如声音、图像、动画等）的组织、对于跨语种的信息获取，均有其独特的优势。

《中国图书馆图书分类法》基本大类如下：

A 马克思主义、列宁主义、毛泽东思想、邓小平理论	N 自然科学总论
B 哲学	O 数理科学和化学
C 社会科学总论	P 天文学、地球科学
D 政治、法律	Q 生物科学
E 军事	R 医药、卫生
F 经济	S 农业科学
G 文化、科学、教育、体育	T 工业技术
H 语言、文字	U 交通运输
I 文学	V 航空、航天
J 艺术	X 环境科学、劳动保护科学(安全科学)
K 历史、地理	Z 综合性图书

（3）代码途径

许多文献信息具有唯一的或一定的代码，如化学分子式、结构式、化学物质登记号等。然后各种代码编制成了不同的代码索引，在已知代码的前提下，利用代码途径能查到所需文献，满足特性检索的需要。利用代码途径，需对代码的编码规则和排检方法有一定的了解，往往可以用代码判断文献的种类、出版的年份等，有助于文献检索的进行。

2）外表特征途径

文献信息的外表特征主要包括题名、责任者、机构名称、文献编号以及其他特征。各种检索途径都有自身的优点和缺点，综合利用多种检索途径，能够提高文献查全率，仅用一种途径查找，难免产生漏检。

（1）题名途径

题名途径是根据文献信息的题名来查找文献的途径，文献信息的题名包括书刊名称、论文名称、专利名称、标准名称等。传统的手工检索依据的是按照名称编排的检索工具或检索系统如书名索引、论文名称索引、刊名索引、专利名称索引等，这些索引提供了按题名检索文献信息途径。国内的手工检索工具如《全国新书目》、《报刊资料索引》、《全国报刊索引》等，这类目录按书刊资料的名称顺序排列，需要在已知书刊名称的前提下才能进行检索。计算机检索系统一般提供了题名的检索入口。

（2）责任者途径

责任者途径是根据已知文献责任者来查找文献信息的途径。文献责任者包括个人责任者、团体责任者、专利发明人、专利申请人等。利用责任者检索文献信息，主要利用作者索引、个人目录、个人作者索引、团体作者索引、专利权人索引等。通过责任者检索文献信息，可以跟踪从事科技研究的个人或团体在某一时期的学术研究成果和研究动态。在利用责任者检索文献信息时，需要注意姓名的构成，与我国姓在前名在后不同，欧美国家的习惯是名在前姓在后。

（3）机构名称途径

根据机构名称检索该机构出版或发表的文献信息情况，以了解和统计该机构的学术和科研成果。检索工具中的团体著者索引提供了由机构名称检索文献的途径。计算机检索系统一般提供了责任者所在机构的检索入口。

（4）编号途径

编号途径是根据文献信息出版或发布时给出的编号来检索文献信息的途径。这些号码包括图书 ISBN 号、连续出版物 ISSN 号、专利申请号、专利号、标准编号、报告合同号和论文存取号等。如专利文献的检索可根据"专利号索引"进行检索。

（5）其他途径

有些检索工具还编有一些特殊索引，可以通过特殊途径找到所需文献信息，如引文索引、会议索引等。

3．检索效果的评价

检索效果是指检索结果的有效程度，反映了检索系统的检索性能和检索能力。评价检索效果常用的指标有收录范围、查全率、查准率、响应时间和输出形式等，其中，查全率和查准率是最重要的也是最常用的指标。

在检索过程中，检索系统中参加检索的全部文献可分为有关、无关和查出、未查出四种，其关系可用表 2-2 来表示。

表 2-2　检索效果评估相关数据的关系

相关情况 检索情况	相关文献	相关文献	总　　计
检出文献	a(命中的)	b(误检的)	$a+b$
未检出文献	c(漏检的)	d(应拒的)	$c+d$
总计	$a+c$	$b+d$	$a+b+c+d$

查全率(Recall Ratio)是指检索出的相关文献与系统中的相关文献总量之比,又称"命中率"。可表示为:

$$查全率\ R = 检索出相关文献量 \div 系统中的相关文献总量 \times 100\%$$
$$= a \div (a+c) \times 100\%$$

查准率(Precision Ratio)是指检索出的相关文献量与检索出的文献总量之比,又称为"相关率"。可表示为:

$$查准率\ P = 检索出相关文献量 \div 检索出的文献总量 \times 100\%$$
$$= a \div (a+b) \times 100\%$$

检索的最终目的是要求达到 100% 的查全率和查准率,但实际上这是不可能的。一系列试验证明,两者存在互逆的关系,即在提高查准率的同时也会降低查全率;查全率提高了,查准率就会有所降低。在多数情况下,应该在查全的基础上逐步利用限制检索条件以提高查准率。

2.4　信息检索语言和工具

2.4.1　信息检索语言

1. 信息检索语言的概念

信息检索的最终目标,是以作为检索结果的文献信息,来满足用户对于特定信息的需求。为实现这一目标,信息检索系统必须在文献信息与用户之间,建立起一定的对应关系。

由于文献数量浩如烟海,信息内容包罗万象,用户需求又各不相同,因而就必须依赖一种统一的交流"语言",以此来描述文献及信息内容的特征,来实现这一对应关系;同时,也以此来描述用户需求的特征。只有两者采用共同的"语言",才能把文献信息特征的标识与用户需求特征的标识彼此对应、互相联系起来,完成检索的标识匹配过程,达成信息的创造者与使用者之间的信息交流。

信息检索语言是人们在加工、存储及检索信息时所使用的标识符号,也就是一组有规则的、能够反映出信息内容及特征的标识符。标引人员根据信息的内容特征,依据检索语言的规则对信息进行标引,将其整理、加工、存储于检索系统中。同时,检索人员根据需要检索的信息内容特征,依据检索语言从检索系统中获取所需信息。所以,检索语言是标引人员与检索人员之间进行交流的媒介,也是人与检索系统之间进行交流的桥梁,实质上就是双方之间约定的共同语言。

这种在信息检索中用来联系文献信息与用户需求的"语言",就是信息检索语言。所以,信息检索语言是适应信息检索的需要,并为信息检索特设的专门语言,检索语言又称为标引语言、索引语言、文献检索语言、信息存储与检索语言等。

2. 信息检索语言的作用

信息检索语言的作用表现在两个层次上,如图 2-2 所示。

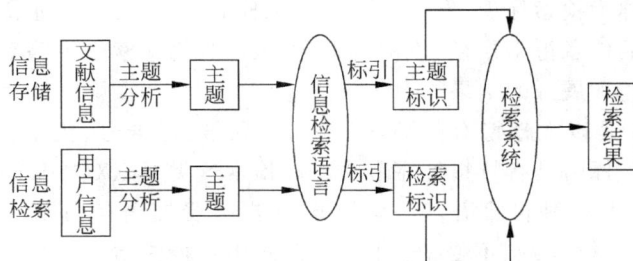

图 2-2　信息检索语言的作用

首先,在表面的操作层次上,检索语言被用来描述文献以及文献中信息内容的特征,把文献信息转换为一定的文献标识,构成信息检索系统的各种检索途径;同时,它也被用来描述检索提问以及需求内容的特征,把提问转换为一定的提问标识或检索标识,以便在检索系统中查找特定的文献信息。从这一层次来看,信息检索语言是一种逻辑语义工具,旨在对各种事物的表达。其次,在更深的原理层次上,信息检索语言能够把文献标引与检索提问联系起来,把标引人员与检索人员联系起来,把文献信息的存储与检索联系起来,以取得两者共同理解和互相对应。就这一层次而言,信息检索语言又是一种语义交流的工具,重在对各种意义的沟通。

3. 信息检索语言的种类

不同的信息检索系统,如检索匹配方式不同、覆盖的学科领域不同、文献数量与类型不同、用户群体各异等,通常需要采用不同的检索语言,以适应不同的检索特性要求。即便是同一个检索系统,也往往同时采用多种检索语言,形成多种不同的检索途径。因而,在信息检索的领域中,为适应检索技术、检索系统的不断更新发展,先后出现了种类繁多的检索语言,并且不断地互相吸收融合、推陈出新。

如图 2-3 所示,就其结构原理来划分,信息检索语言主要有如下几种。

(1) 分类语言。是指以数字、字母(或字母与数字结合)为检索标识,作为有关类目的代号,便于信息存储与信息检索双方进行交流的一种检索语言。其历史最为悠久,其中最为常见的是等级体系分类语言,至今仍然是世界上各种图书馆组织和检索藏书的主要依据;较为少见的是分面组配分类语言。

(2) 主题语言。是一种描述性语言。它以自然语言

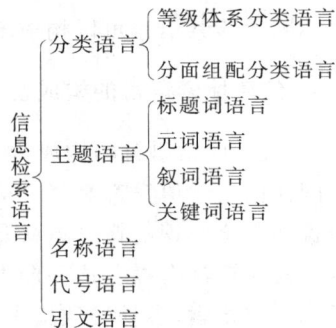

图 2-3　信息检索语言分类(一)

中的名词、名词性词组或句子来描述文献所论述或研究的事物概念,这些作为标识的语词按字顺(或音序)排列并使用参照系统直接表达概念之间的关系。主题语言虽然只有一个多世纪的历史,却在信息检索中占据着极其重要的地位。其中,检索性能较为完善的叙词语言,在计算机检索系统中得到了普遍应用;印刷型的手工检索工具一般采用标题语言,构造主题索引;在实际的检索系统中使用极少的元词语言,却贡献出影响深远的组配思想。

(3) 名称语言。是以人名(作者、译者、编者等)、机构名、地名、书名、刊名、篇名等能够代表信息特征的名称为检索标识,作为标引文献和检索文献双方共同采用的交流语言。各种数据库中所设置的作者检索途径、机构检索途径、出版物检索途径等都是运用名称语言对信息的特征予以描述和展开的结果。

(4) 代号语言。是以文献特有的顺序号(如专利号、标准号、化学物质登记号、合同号等)为检索标识,作为标引具有特指性序号文献和检索这类文献双方共同采用的交流语言。

(5) 引文语言。是一种自然语言。与分类、主题等受控语言相比,引文语言的优点是:非人工标引、便于计算机处理、不受语法限制、方便用户检索等。引文语言诞生于 20 世纪 60 年代,现在广泛应用于数据库文献信息检索中。

如图 2-4 所示,按照信息特征的描述来分,检索语言主要有如下几种。

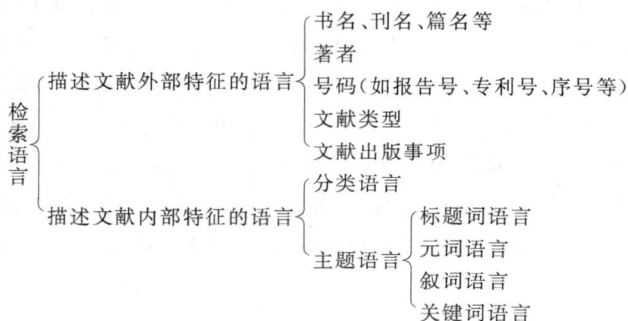

图 2-4　信息检索语言分类(二)

(1) 描述文献外部特征的语言。描述文献外部特征的语言有书名、刊名、篇名等,作者、译者、编者等,号码(如报告号、专利号、序号、标准号、合同号等),文献类型,文献出版事项。

(2) 描述文献内部特征的语言。描述文献内部特征的语言有分类语言(包括等级体系分类语言、分面组配分类语言)、主题语言(包括标题词语言、元词语言、叙词语言、关键词语言)。

不同的检索语言可以构成不同的标识和索引系统,提供用户不同的检索点和检索途径。

4. 信息检索语言的构成及其要求

1) 信息检索语言的构成

同任何自然语言都有释义词典一样,检索语言也有自己的"词典"——词表,它规范着检索语言中各个标识的概念意义及其使用,是信息检索语言的典据和依据。从理论上看,各种检索语言应该都有担负这一职责的词表,否则对检索语言的使用就会缺乏规范,难以准确地沟通标引与检索,容易导致检索失误。可见,词表是检索语言的构成主体,对检索语言的研究,主要也就是对词表的研究。

近年来,随着信息技术的发展,全文本、超文本检索系统大量地涌现,检索语言呈现出自然语言化的趋势,对检索语言构成的上述认识就有必要予以拓展。在新的信息环境下,要注重两点。

(1)词表虽然极为重要,却不是完整的检索语言。词表是静态的,而语言是动态的。检索失误既可因词表缺陷而产生,更会因对词表使用的不一致而产生。应该对检索语言的使用及其环境(语境)给予充分的重视。

(2)对检索语言的研究,可以更多地吸收语言学的理论与方法,强调从语言的角度来研究检索语言。

从语言学的眼光来看,信息检索语言的构成应分为三个部分。

① 用于组成词汇的形式化符号,通常有字母、数字或文字等。

② 表达基本概念意义的词汇。

③ 控制语言使用的语法,据此把基本的词汇组合起来表达更为复杂的概念意义,主要体现为各种标引规则、组配规则、引用次序等。

2)对信息检索语言的要求

对信息检索语言的要求体现在其作用的两个层次上。

(1)检索语言应该能够描述文献和提问的特征,即要有充分的表达能力,能全面、准确地描述任何复杂的文献信息以及提问内容,具体要求如下:

① 专指性。检索语言的基本词汇和词组,都应具有足够的专指度和语义区分能力,能够识别和区分不同的信息主题内容。

② 唯一性。检索语言的基本词汇和词组,与概念意义之间应能达到一一对应,应尽可能减少同义和多义现象,以免因表达含糊而引起标引和检索的失误。

③ 灵活性。检索语言的基本词汇总是有限的,不可能也不必要用基本词汇表达所有的主题意义,应尽可能充分利用词汇之间的灵活组合,创造出几乎无限的表达能力。

(2)检索语言应该能够联系和沟通标引与检索两方面,即要求在语言的使用上应具有相当的一致性,能保证取得共同的理解和准确无误的沟通。对此的具体要求有:

① 易用性。检索语言是由标引、检索人员使用的,越是容易使用的语言,在使用中越是容易保持一致。

② 严谨性。检索语言应有作为语法措施的使用规则(如标引规则等),对词汇及其组合的正确使用,给予适当的控制和指导。

③ 文献保障和用户保障。检索语言的基本词汇及其组合,既要能符合文献标引的需要,又要能满足用户提问的需要。

2.4.2 检索工具

1. 检索工具的定义与类型

检索工具是人们用来报道、存储和查找各类信息的工具。包括传统的二次、三次印刷型检索工具,缩微阅读检索工具,基于计算机的光盘检索系统、联机检索系统,以及基于Internet 的网络信息检索系统、网上工具书、搜索引擎、Archie、Wais 等各种信息检索工具和检索系统。

按照检索手段的不同,检索工具可分为手工检索工具、机械检索工具和计算机检索系统。

按照著录形式的不同可分为目录型检索工具、题录型检索工具、索引型检索工具、文摘型检索工具、全文型检索工具等。

按照载体形式的不同可分为书本式检索工具、卡片式检索工具、缩微式检索工具和机读式检索工具等。

检索工具是随着信息检索技术的不断发展而发展的。随着时间的推移,有些检索工具曾在一定历史时期为信息检索的发展做出过重要贡献,但已经完成了历史使命而现在不再使用了,例如机械检索工具在当前信息检索利用中已经很少使用了。

2. 手工检索工具

手工检索工具是传统的检索工具,主要是各种类型的工具书。工具书是人们根据一定的需要,广泛收集某一范围的有关资料,按特定体例或方式编排,提供基本知识和文献线索的一种特殊类型的图书,是检索文献信息的重要工具。根据工具书的体例和功能,可分为检索类工具书、词语类工具书、资料类工具书、表谱类工具书、图录类工具书和边缘类工具书六种类型。

1) 检索类工具书

按著录内容划分,检索类工具书大致可分为四种:目录、题录、文摘、索引。目录(Bibliography/Catalogue)通常是以文献的"本"、"种"、"件"等为单位,对一批相关文献外表特征的揭示和报道,如《全国新书目》《全国总书目》《全国报刊简明目录》等。题录(Title)报道和揭示单篇文献的外表特征,是在目录的基础上发展起来的一种检索工具。它与目录的主要不同点在于著录的对象不同,目录的著录对象是整部文献,而题录的著录对象是文献中的论文或部分内容,如美国《化学题录》《中文科技期刊题录数据库》等。文摘(Abstract)是系统著录、报道、积累和揭示文献信息外表特征和内容特征的检索工具,是重要的二次文献。它是对文献中的论文或内容进行浓缩,概括地描述其主要论点、数据、结论等,并注明其出处,按一定的规则编排起来的一种检索工具。文摘分三种:指示性文摘、报道性文摘和评论性文摘,如《新华文摘》《经济学文摘》等。索引(Index)是将文献信息中的题名、人名、地名、字句及参考文献等分别摘录出来,并注明出处,按一定的规则编排起来的一种检索工具,如《经济科学论文索引》《社会科学引文索引》(Social Science Citation Index,SSCI)等。

2) 词语类工具书

词语类工具书包括各类字典、词典,主要提供字词的形、音、义和使用方法,以及学科名词术语的含义、演变和发展。字典以字为单位,按一定次序排列,说明形体、读音、意义和用法;词典,也作辞典,以词语为单位,按一定次序排列,解释词汇的概念、含义和用法,如《辞海》《汉语成语大词典》《社会科学大词典》等。

3) 资料类工具书

资料类工具书能够为读者提供各种基本知识或某一课题的具体资料,主要包括百科全书、年鉴、手册、名录、类书、政书等。

百科全书是人类知识的总汇,是记录人类知识最全面、最系统的大型综合性工具书。它概述了人类一切知识领域的基本资料,对每一学科提供定义、原理、方法、历史及现状、系统和参考书目等方面的资料,被誉为"工具书之王"、"没有围墙的大学"。年鉴是汇集一年内时事动态、学科发展和各项统计资料等重要资料,按年度出版的工具书。手册也称指南、便览、大全等,是把某一学科或某一专题的概括性又具体实用的知识、资料和数据汇编在一起。名录是专门收录人名、地名、机构名以及其他事物名,按照一定规则进行排序,并予以简要揭示和介绍的工具书。类书是收录古代文献资料,按类别或韵目编排,提供检索、征引使用的工具书。政书是汇集历代或某一朝代的政治、军事、经济、文化、外交等方面的法律、法令和法规制度史料的工具书。

4) 表谱类工具书

表谱类工具书是以表格或其他较为整齐的形式,记录史实、时间、地理等资料,并附以简略的文字说明,以反映史实和时间。主要包括年表、历表和专门性历史表谱三种类型。年表是按年代顺序编制,专供查考历史年代、历史纪元及历史大事的检索工具,如《中华人民共和国大事记》等。历表是一种把不同历法的日历按一定的次序汇编在一起,以相互对照的表格,提供查找和换算不同历法的年、月、日的工具书。专门性历史表谱主要用于查考人物、职官、地理和数据等专题资料,如《中西回史日历》等。

5) 图录类工具书

图录类工具书是以图形、图像、符号等为主体,附以简略的文字说明,以反映各种事物、人物的空间特征和形象特征的工具书。它包括地图、历史图录、文物图录、人物图录、艺术图录、科技图像等。地图是地球表面自然和社会现象在平面图上的缩影,以反映各种事物和景象的地理分布及其在空间与时间上的相互制约、内在联系和发展动态。历史图录是以图形、图像等揭示历史人物和事物的工具书。

6) 边缘类工具书

边缘类工具书指那些介于工具书与非工具书之间,既具有一般图书的阅读功能,又具有工具书的查检功能的文献,主要包括资料汇编、史书、方志等。资料汇编有针对性地摘编文献信息的片段或全文,按专题或学科分类编排,提供读者阅读或查检,包括法规资料汇编、条约资料汇编、统计资料汇编等。

3. 机械检索工具

机械检索工具是手工检索工具向计算机检索系统过渡的中间检索工具,主要包括两种类型:机电检索工具(如打孔机)和光电检索工具(如缩微机)。机械检索工具利用机械装置改进信息资源的存储和检索方式,但是只能对某一固定存储形式的信息资源进行特定检索,过分依赖于设备,检索操作复杂,成本很高,并且检索质量和效率也不理想,所以很快被计算机检索系统所取代。

4. 数据库

数据库是发展历史最久、影响最广的一种电子信息资源,它产生于 20 世纪 50 年代末60 年代初,在 70 年代得到迅速发展,到 80 年代逐步走向成熟。进入 20 世纪 80 年代后期,世界上一些著名的联机数据库系统将过去以提供书目与索引等二次文献服务为主变为以全文数据库、数值数据库为主,提供的信息内容除了书目、索引外,几乎涉及了自然科学、社会科学和人文科学的各个领域,尤其侧重经济领域的经济信息、产品信息、金融信息、专利信息和各类标准的提供。数据库是计算机检索系统的信息源和核心。

1) 数据库的概念

数据库(Database,DB)是长期存储在计算机内,有组织的、可共享的数据集合。数据库中的数据按一定的数据模型组织、描述和存储,具有较小的冗余度、较高的数据独立性和易扩展性,并可在一定范围内为各种用户所共享。数据库、数据库管理系统和数据库系统是三个不同的概念。

数据库管理系统(Database Management System,DBMS)是位于用户与操作系统之间的一个数据管理软件,它的基本功能包括:

(1) 数据定义。用户通过它可以定义数据库中的数据对象。

(2) 数据操纵功能。使用它可以实现如插入、删除和修改等数据库的基本操作。

(3) 数据库的运行管理。包括数据的安全性、完整性、多用户对数据的并发使用及发生故障后的系统恢复。

(4) 数据库的建立和维护等。

数据库是依照某种数据模型组织起来并存放二级存储器中的数据集合。创建以后的工作都叫做数据库维护。主要包括以下内容:①备份系统数据;②万一系统失败时恢复数据库系统;③产生用户信息表,并为信息表授权;④监视系统运行状况,及时处理系统错误;⑤保证系统数据安全,周期更改用户口令。

数据库系统(Database System,DBS)是指在计算机系统中引入数据库后构成的计算机应用系统。数据库系统一般由数据库、操作系统、数据库管理系统及相关管理工具、应用系统、数据库管理员和用户构成。

2) 数据库的类型

数据库的类型多种多样。数据库有网状数据库、层次数据库、面向对象数据库、Web 数据库、多媒体数据库、移动数据库、智能数据库、实时数据库、并行数据库、分布式数据库、联邦式数据库、模糊数据库、演绎数据库和统计数据库等。数据库的划分根据不同的标准有不同的结果。

(1) 按信息处理层次划分可分为书目数据库、文摘数据库和全文数据库。

① 书目数据库是存储对文献信息进行加工后的书目数据,提供文献信息外表特征的查询。如图书馆联机公共检索目录(OPAC),是一种通过联机书目检索,以实现图书馆书目信息资源共享的现代化检索系统,借助图书馆或情报中心的 OPAC,用户可以在任何时间、地点检索该机构的馆藏目录。

② 文摘数据库是存储原文经过浓缩后所得的文摘、索引等信息,主要提供各种文献信息的题名、责任者、原文出处、主题词及文摘,一般不提供全文,如 CSCD、Web of Science 等。

③ 全文数据库(Full-text Database)是将文献全文以机读版的形式存储起来,并可与相应的软件配合提供文中检索和全文输出的数据库。全文数据库的类型,按出版方式可分为与印刷型文献平行出版的全文库、纯电子出版物;按存储内容可分为直接原文型和摘录型;按应用领域可分为法律法规全文库或条法库、期刊文献全文库、商情全文库、新闻消息全文库和医学文献全文库。

1959 年美国匹兹堡大学最早建立了法律全文检索系统,1973 年美国米德数据控制公司的全文数据库 LEXIS 投入使用,开创了情报检索新阶段。目前 Dialog 系统已有 86 个全文数据库。我国较早建立的全文数据库有深圳大学的《红楼梦全文数据库》、上海交大的《法律条目全文数据库》、《人大报刊复印资料》全文数据库、《中国学术期刊》全文数据库等。

（2）按照收录的文献类型划分可分为期刊论文数据库、书目及图书全文数据库、专利数据库、学位论文数据库和产品数据库等。

（3）根据收录文献信息的范围划分可分为综合性数据库和专业性数据库。

（4）按媒体信息划分可分为文本数据库、数值数据库、声音数据库、图像数据库、视频数据库和多媒体数据库。

（5）按服务模式划分可分为单机数据库、联机数据库和网络数据库。

3）数据库的结构

数据库一般由文档、记录、字段三个自上而下的层次构成。

（1）文档（File）。是数据库中数据组织存储的基本形式，是数据和信息的有序集合，由若干条记录组成，一个或若干个文档构成一个数据库。通常一个数据库至少包括一个顺排文档和一个倒排文档。顺排文档是按文献记录的输入顺序（即文献序号）顺排的文档，又称为主文档。它将全部记录按照存取号的大小顺序依次排列形成文献信息集合，是数据库的主体内容。但是，在顺排文档中检索，对每个检索式都得按顺序从头到尾进行扫描匹配，存储记录越多，扫描时间越长，从而会严重影响检索的速度。为此，倒排文档应运而生。倒排文档是把顺排文档中的标引词抽出，按标引词的字母顺序依次排列而成的文档。每个标引词在顺排文档中的不同物理地址构成倒排文档中该标引词的地址集合。它既可以按不同类型的字段分别组织不同的倒排文档（如主题词倒排文档、作者倒排文档等），也可以把不同的字段组成一个混合倒排文档。如果将顺排文档看做是某种印刷型检索工具的正文部分，那么倒排文档就相当于它的辅助索引。二者的区别在于：顺排文档以完整记录作为处理和检索的单元，倒排文档以记录中的字段作为处理和检索的单元。倒排文档数量越多，检索的途径就越多。

（2）记录（Record）。是数据库的基本单元，是对某一实体属性进行描述的结果。一个数据库可以有一个或多个文档，一个文档由若干条记录构成，而一条记录由若干字段组成。在文摘数据库中，一条记录相当于检索刊物中的一条文摘款目。

（3）字段（Field）。是记录的基本组成单元，是有关一篇文献或称一条记录的基本数据单元，每一个字段都反映该篇文献的一个方面的信息，组合在一起形成对一篇文献信息的内容特征和外表特征的完整描述。在文摘数据库中，一条记录应包含原始文献的题名、作者、出处、出版时间、分类号、文摘、主题词或关键词等字段。每一个字段都有一个相应的标识符，以便计算机识别。

5. 计算机检索系统

计算机检索系统是借助计算机技术、通信技术、光盘技术、网络技术等信息技术建立的存储和检索信息的检索工具。检索系统由硬件和软件组成，硬件主要包括计算机主服务器、检索终端、数据输出设备等。软件主要包括检索程序和数据库等。检索软件是检索系统的灵魂，负责管理数据库和处理检索提问，它决定系统的检索能力。数据库是检索系统的信息源和信息存储仓库，是检索作业的对象。存储时，将大量的各种信息以一定的格式经加工处理后输入可供检索的数据库。检索时，将符合检索需求的提问式通过检索终端向检索系统发出请求,检索系统在选定的数据库中执行匹配运算,然后将符合要求的检索结果按一定的格式输出。

计算机检索系统一般可分为光盘检索系统、联机检索系统和网络检索系统等。

1) 光盘检索系统

光盘检索系统是指利用计算机、光盘驱动器和光盘数据库及其检索软件建立起来的信息检索系统,由计算机、光盘数据库、检索软件等组成。光盘最初是由荷兰菲利浦公司和日本索尼公司共同研制的密集只读光盘存储器,20 世纪 80 年代中期研制成光盘检索系统。除了单机光盘检索系统,目前国内普遍采用光盘网络检索系统,它是由光盘服务器、计算机局域网、光盘库或光盘塔、检索软件等组成。

根据光盘刻写次数,光盘可分为只读光盘(Compact Disc-Read Only Memory,D-ROM)、可写式光盘(Compact Disc-Recordable,CD-R)和可擦写磁光盘(Compact Disc-Rewritable,CD-RW)三大类。

与手工检索相比,光盘检索的可检信息量大,一套《四库全书》印刷版有 3000 多册,而光盘版 10 多张盘片即可容纳。光盘检索功能强大,检索入口多,检索速度快,检索及输出灵活方便。与联机检索相比,光盘检索价格低廉,检索方法简单容易,规格统一,容易复制,便于保存。其缺点是时效性不够,检索范围受光盘数据库的限制,更新不够及时,一般是定期更新(快者 1 个月,慢者 1 年),因此信息的获得比国际联机检索慢。

2) 联机检索系统

联机检索(Online Retrieval)是 20 世纪 60 年代发展起来的一种提供人机对话的检索技术,是指用户利用终端设备(包括检索终端、调制解调器和打印机),通过国际(卫星)通信网络,与本地计算机检索系统或远程计算机检索系统的主机连接,从而检索世界各地存储在计算机数据库中的信息资料。联机检索系统是一个典型的计算机检索系统,能完成数据收集、分析、加工处理、存储、传递通信和检索信息的全过程,由联机服务中心的主计算机、检索终端、通信网络、联机数据库、检索软件等组成。我国国内用户采用该方法查找国外计算机检索系统中的信息被称为国际联机检索。目前国际联机检索系统大约有 600 多个,其中著名的国际联机检索系统有 Dialog 系统、STN 系统、ORBIT 系统、ESA 系统等。我国自 1980 年首次开通国际联机情报检索业务起,目前已经在 50 多个城市建立了 130 个国际联机检索终端,并通过国际卫星与国外 12 个国际联机情报检索服务系统联机。

联机检索系统主要有以下四种服务方式。

(1) 回溯检索(Retrospective Search,RS)是用户对检索系统中积累多年的文献信息数据库进行检索,查找一定时间范围内或特定时间以前的文献信息的一种联机检索方式。通过 RS 进行专题检索或情报调研,可全面系统地了解有关文献信息的线索。

(2) 定题检索(Selective Dissemination of Information,SDI)是指在回溯检索的基础上,定期从文献数据库中检索出回溯检索日之后出现的新的文献信息的一种联机检索方式。具体地说,是由检索人员将用户的信息需求转换成一定的检索提问式,存入计算机中,检索系统定期从新的文献信息中为用户检索,并按用户指定的格式加以编排和打印的过程。利用 SDI 服务,用户可定期获得所需要的最新信息,及时掌握同类专题的动态和进展。

(3) 联机订购。联机检索的结果通常是一些文摘或题录形式的二次文献。联机检索系统可以为用户提供原始文献的联机订购服务。

（4）电子邮件。联机检索系统为用户提供 E-mail 和电子邮政的功能。用户输入 E-mail 地址码和通信内容，就可以在几秒内接收到本需耗时几天的信件投递。电子邮件功能可以满足用户与系统之间、用户与各机构之间、用户与用户之间发送、接收、存储各种信息的需要。

联机检索系统的优点是数据库数量大、检索全面，检索功能强大，检索速度快、检索途径多、方便灵活，内容新、实时性强，可共享性好、安全性强，完善的检索辅助功能（人机对话、检索结果输出方式灵活、输出格式多样并可以联机订购原文）。其缺点是检索系统及其文档（数据库）的收录、标引等规则较为复杂，检索技术和技巧不易掌握，设备要求高，检索费用昂贵。

3）网络检索系统

网络检索是指通过 Internet 检索和获取网上电子信息。网络检索系统是通过 Internet 提供网络数据库、出版物、书目、动态信息等网上信息资源查询和利用的检索系统。一般由计算机服务器、用户终端、通信网络、网络数据库等组成，其特点是方法简单、灵活、方便、时效性强、费用低。网络检索系统与联机检索系统最根本的不同在于网络信息检索是基于客户机/服务器（Client/Server）的网络支撑环境的，这是目前计算机网络运行的主流支撑环境。客户机/服务器请求与响应示意图如图 2-5 所示。

图 2-5　客户机/服务器请求与响应示意图

早期的网络检索工具主要是基于传输和下载网上信息，包括远程登录（Telnet）、文件传输服务（FTP）、电子邮件（E-mail）、电子公告栏（BBS）、新闻组（USENET）等。FTP 获取信息资源的最大问题是查找需要的资料必须预先知道这些资料存放在哪个文件服务器中，随着 FTP 服务器的增多，这个问题变得越来越严重，于是人们就开发出 Archie、WAIS、Gopher 系统，以解决寻找 FTP 资源的困难。

Archie Server 又称为文档查询服务器，是检索匿名 FTP 资源的工具。为了从匿名 FTP 服务器上下载一个文件，用户必须知道这个文件的所在地，即必须知道该文件存放在哪台服务器的哪个目录上。Archie 就是帮助用户在 Internet 的 FTP 服务器上寻找文件的工具，用户只要给出所要查找文件的全名或部分名字，Archie Server 就会查找在哪些 FTP 服务器上存放着这样的文件，然后用户可以使用 FTP 软件下载该文件。WAIS（广域消息服务）是一种数据库索引查询服务。Archie 所处理的只是文件名，而 WAIS 则可以对文件内容进行查询。Gopher 是基于菜单驱动的 Internet 文本信息检索工具，提供的信息仍然有限。

具有 WWW 检索功能的检索系统是随着网上巨量信息的出现而开发的，常用的如网络数据库检索系统、搜索引擎、多媒体信息检索系统等。

思考题

1. 简述信息的概念、特征及类型。
2. 简述信息资源的含义和类型。
3. 计算机信息检索中常用的检索技术有哪些? 简述逻辑运算符、截词运算符的种类和作用。
4. 数据库记录中的常见字段有哪些? 限定字段检索有什么好处?
5. 自选课题,确定检索词以及各检索词之间的逻辑组配关系,并制定该课题的检索策略。

第3章
图书、期刊信息检索

本章要点

- 图书信息的检索工具。
- 期刊论文的检索途径及全文资料的利用。

通过图书的检索工具的介绍,了解和掌握图书信息的检索方法,并能够利用电子图书数据库检索出专业学习参考书;期刊论文的检索要求掌握基本的检索途径,能够在检索过程中控制检索结果,并能够运用不同的工具进行全文资料的合理利用。

3.1 图书信息检索

3.1.1 概述

1. 图书的概念

"图书"一词最早出现于《史记·萧相围世家》,刘邦攻入咸阳时,"何独先人收秦丞相御史律令图书藏之。沛公为汉王,以何为丞相……汉王所以具知天下厄塞,户口多少,强弱之处,民所疾苦者,以何具得秦图书也"。这里的"图书"指的是地图和文书档案,它和我们今天所说的图书是有区别的,今天的图书是以传播知识为目的,将文字、符号或图形记载于某种载体上并有一定形式的著作物,它不受时间与空间的限制,行使宣告、著述、保存与传播知识的职能。图书是对人类生活、精神面貌、风俗习惯、经济形态、科学文化的重要记录,对人类文明历史与智慧的记录与传承是其最根本的功能,依赖图书的繁衍与传播,人们获得最经济、最简便、最系统的知识,个人学习得以增长,人类经验得以接受、人类谋求的文明之进步与社会福祉得以梦想成真,因此人类在以非凡能力与勇气改造着自然的同时也创造着自己自身发展的图书。图书以其出版量大,质量稳定、系统,便于存放、携带等优点成为人类社会最主要的信息交流媒介之一。据统计,仅 2002 年我国出版图书就达 170 962 种。全世界投放市场的图书品种更是浩如烟海。如何在图书的汪洋大海中获取自己所需要的图书已成为现代人的重要技能之一。

2. 图书的检索

1) 图书信息的检索途径

从图书的内容特征出发有分类检索与关键词检索两种途径。在利用数据库检索图书信息时,这些内外表特征均形成相应的检索途径选择项,并与各种检索技术相互支持配合,完成对复杂主题的检索。

2) 图书的检索工具

根据检索工具对图书信息揭示深度的不同,一般有两种类型的工具:一是可以获得图书全文信息的一次工具,这包括光盘版的全文图书库和网络全文数字图书网,国内的如超星数字图书馆、书生数字图书馆、世纪顶新外文数字图书馆(CDFL)和方正数字图书系统,国外的如 OCLC 的 Netlibrary、Spring-Link,以及 Ebrary 外文电子图书数据库;二是可通过目录、索引及光盘和网络的目录数据库等二次检索工具首先获得有关图书的相关信息,再继续查找全文,这包括印刷的书目工具、各种信息机构的图书馆藏目录数据库、地区性的或国际性的联机图书目录查询系统,以及专业出版机构的图书书目查询系统,如出版机构、网上书店、读书俱乐部、图书的论坛和书评网站的相关书目信息。

3.1.2 中文图书及其检索

1. 联机馆藏目录检索系统

联机馆藏目录主要有两大类,包括单一馆藏目录与联合目录,其共同特点是均有提示性良好的人机对话界面,按照这些目录查询系统的规定提供需要的检索条目即可获得相应的馆藏内容。

1) 单一馆藏目录与查询系统

在网络环境下,每一个图书馆都有自己的馆藏目录与查询系统。例如,进入清华大学图书馆联机书目系统(http://www.lib.tsinghua.edu.cn/new/home4.htm)可以查到 1977 年之后的中、西文图书,1966 年之后的中、西文期刊,1995 年之后的大部分媒体资源和部分电子期刊。其余早年书刊以及俄、日文书刊可通过卡片目录查询。单击 INNOPAC 系统联机书目检索(http://innopac.1ib.tsinghua.edu.cn/search.chi),出现如图 3-1 所示界面,这里提供了从作者、题名、主题、关键词、索书号、文献号和 ISSN 或 ISBN 号的检索途径。若单击"题名"链接,在输入框中输入所需要的条目,如"法律",选择在全部馆藏中查找,得到如图 3-2 所示的结果,对结果可选择简要显示与详细显示两种方式;单击"较详细显示"按钮,再选择第 4 条链接可获得如图 3-3 所示界面,结果显示了该书收藏的馆藏地点、索书号及馆藏状态等信息。

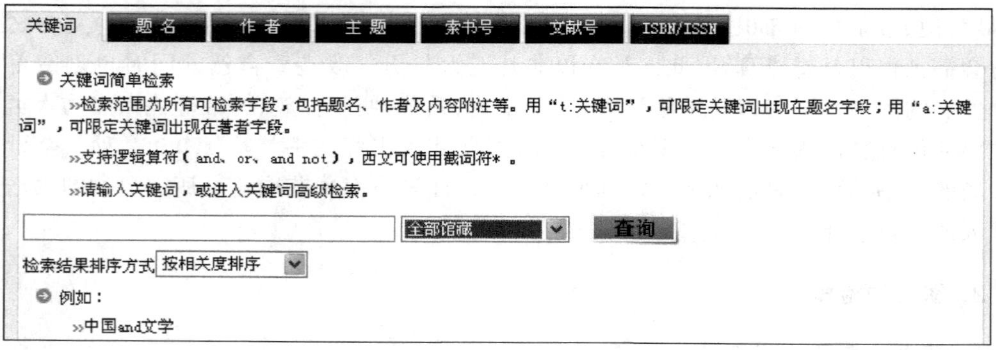

图 3-1 清华大学图书馆联机书目系统检索界面

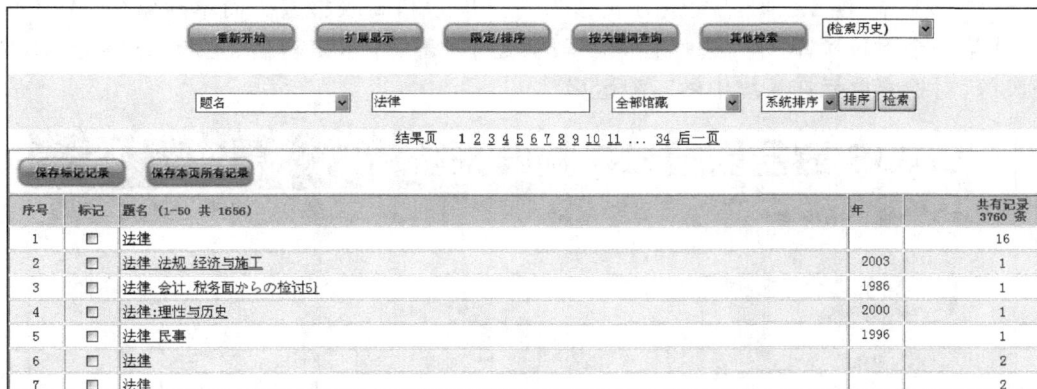

图 3-2　清华大学图书馆联机书目系统题名检索结果

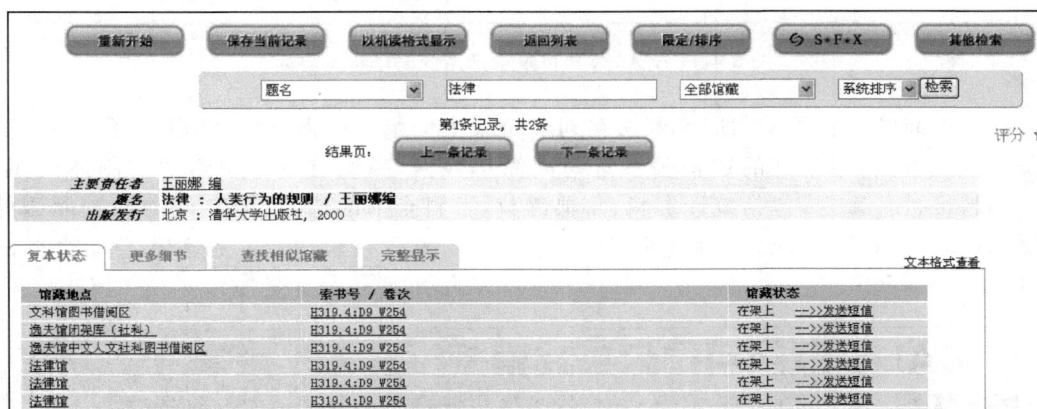

图 3-3　清华大学图书馆联机书目系统馆藏信息

2) 联合目录(Union Catalog)

联合目录一般是某个较大的机构,与某一类相近或有共性的图书馆结合形成统一界面的检索目录。例如,国内教育部开展的高校文献资源共享系统 CALIS 首先对全国部分高校进行的联合书目建设,国外的 WorldCat、WebPac 等。这些系统可以对多家馆藏进行统一高效的检索。

(1) CALIS 联合书目。CALIS 联合书目数据库(http://202.115.40.18:8081/gwpt/jsp/index.jsp)是全国"211 工程"100 所高校图书馆馆藏联合目录数据库,是 CALIS 在"九五"期间重点建设的数据库之一。它的主要任务是建立多语种书刊联合目录数据库和联机合作编目、资源共享系统,它为全国高校的教学科研提供书刊文献资源网络公共查询,支持高校图书馆系统的联机合作编目,为成员馆之间实现馆藏资源共享、馆际互借和文献传递奠定基础。其中截至 2002 年 4 月 9 日,中外文书刊联合目录数据库完成 196 个成员馆的书目记录 130 万条,馆藏记录 300 万条。该数据库包括了中文、英文、德文、日文等多个语种的书目记录,还包括中文古籍(繁体)书目记录。联合目录主页:http://www.calis.edu.cn/calis/1hml,联合目录库查询主页:http://opac.calis.edu.cn。

CALIS 联合书目数据库检索方式分为简单检索和高级检索。简单检索(如图 3-4 所示),在第一个下拉菜单中可选择检索字段有题名、著者、丛编题名、主题、订购号、ISBN、ISSN 等,对检索单元在系统中做匹配运算。

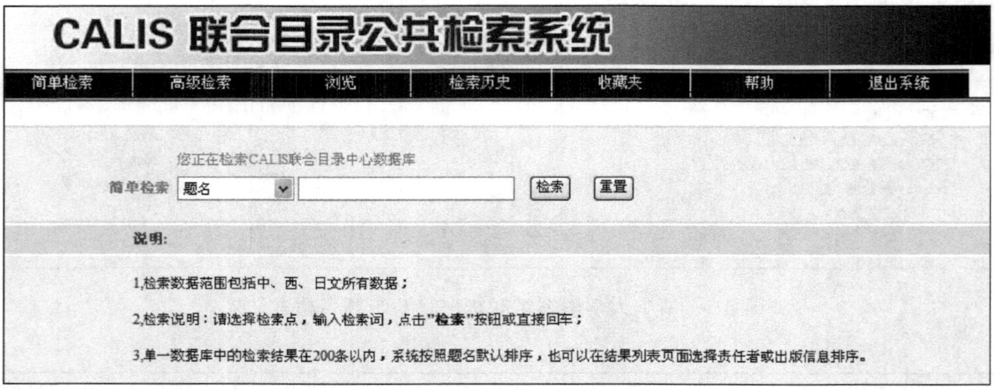

图 3-4　CALIS 公共目录检索系统简单检索界面

高级查询界面如图 3-5 所示,最多可对 3 个检索词组合检索,检索字段选择、检索词的匹配模式选择、检索条件的逻辑关系选择同简单检索,高级查询对检索的控制体现在可对内容特征进行限定,包括统计资料、字典辞典、百科全书的选择;同时可对数据库语种,中文、日文、俄文加以限定,并能限定出版年代。选择完成,输入关键词,单击"查询"即可。

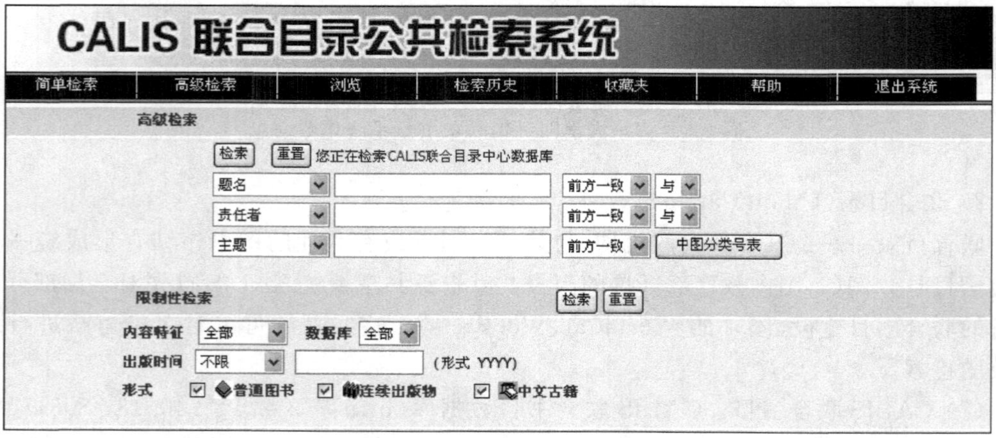

图 3-5　CALIS 公共目录检索系统高级检索界面

执行检索后,命中结果中将显示包括题目、作者、出版年等信息。继续单击想要查看的某条记录,系统将显示详细书目信息及 CALIS 院校的收藏馆藏信息。

(2) WebPac。WebPac(http://ipac.library.sh.cn)是美国 Expitch 公司推出的遵循 Z39.50(网络信息传输协议)协议的网上书目查询系统。目前上海图书馆、上海交通大学图书馆、复旦大学图书馆、华南理工大学图书馆等均使用该产品。利用 WebPac 用户可以查询到世界上任何 Z39.50 服务器上书目数据库。通过上海图书馆的 WebPac,在其统一界面下

（如图 3-6 所示），可查询到上海交通大学图书馆、复旦大学图书馆、香港科技大学图书馆（Hong Kong Univ. S&T）、美国国会图书馆（Library of Congress）等其他图书馆的书目信息和馆藏信息。

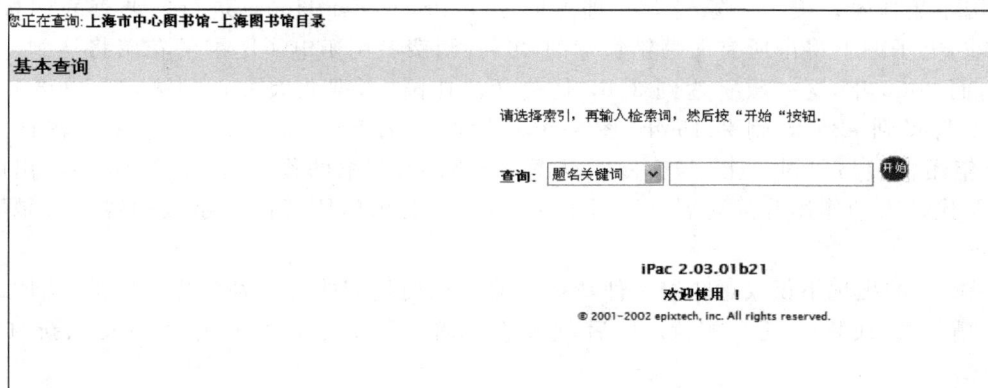

图 3-6　WebPac 检索界面

　　上海图书馆的 WebPac 提供了著者、题名、关键词、主题、标准书号 5 个检索点，精简查询、关键词、字顺浏览 3 种检索方式，支持著者精简查询、题名精简查询、著者字顺浏览、题名字顺浏览、著者关键词、提名关键词、一般关键词等 12 种检索途径。执行检索后，在简要书目界面上，显示检索途径、检索提问词、检索结果数，以及包括题名、著者、出版地、出版时间在内的简要书目信息。单击"查询记录"链接，则进入书目信息的详细结果显示页面，在此页面上，可以查询到该书刊的提要等详细书目信息，以及索书号、所在馆、在库中还是已归还等当前流通状态、可否借阅等馆藏信息。

　　此外，中外均有许多机构联合共同组建区域性或行业性的联合目录，国内如上海教育网络图书馆提供上海 19 所高校图书馆图书目录数据库和上海 19 所高校图书馆外文期刊目录数据库；国外如剑桥大学图书馆（Cambridge University Library，CUL，http://www. Lib. cam. ac. uk），有剑桥大学联机目录（有通过网络和通过 telnet 两种方式）和日文图书联合目录外，还提供大学研究图书馆联合体联机公共目录，提供对若干大学图书馆全部馆藏的目录，包括爱丁堡、哥拉斯高、里兹、伦敦、牛津和剑桥等大学，并可通过链接 http://www. Lib. cam. ac. uk/catalogues/查询英国国内外的其他馆藏目录。

2．电子图书检索

1）电子书

　　图书虽具有出版量大，质量稳定、系统，便于存放、携带等优点，但其传统的印刷方式制约了对其内容信息的深度与加工，其出版周期长、内容更新慢等弊病在网络传播与交流中暴露得更加彻底。随着数字化技术与存储技术的发展，出现了一种新型的电子图书（Electronic Book，简称 eBook，E 书）。

　　电子书是存储在光、电、磁等载体之上的数字图书，具有价格成本低、出版周期快、可按需出版、绿色环保等优点，附带的音频、视频等内容可与网络相连选取、下载、阅读并通过超链接进行加工处理。它是以互联网为流通渠道、以数字内容为流通介质、以网上支付为主要交换方式的一种崭新的信息传播方式。有着"恐怖小说之王"美誉的美国著名畅销书作家斯蒂芬·金抛开传统出版社,借助于国际互联网发表了他66页的新作《骑弹飞行》,并成功创下了24小时之内被下载40万次的惊人纪录,从而成为第一位尝试网络出版发行作品的美国主流作家。美国一家经营管理顾问公司Pricewater House进行的调查表明,2004年之前,电子图书将占所有图书销售额的26%,消费者用于电子图书的花费将达到54亿美元,而2000年,这一数字达到3.67亿美元。在国内,据北大方正预测,到2008年,随处可以购买到eBook,到2015年,图书馆新增图书的50%将是eBook。在伦敦召开的2010年图书贸易研讨会上,与会专家就图书与网络、图书的作用、图书零售模式、出版技术以及代理人的作用等问题展开了激烈讨论,并认为由印刷版向数字版的转化将是不可逆转的。

eBook的出现不仅仅意味着一种新技术的出现使我们能将各种各样油印的、铅印的平装书、精装书、线装书、毛边书置之脑后,它更预示着一种新的观念、新的生活方式、新的世纪的到来。

早期的电子书大都以光盘形式发售;在网络出版时期,电子书格式就是其出版物形式。E书阅读需借助专用的阅读器(即Electronic Reader,eReader),每种专用阅读器都有一个独立格式,如SoftBook格式、RocketBook格式、eBookman格式等。电子书阅读器有软、硬件之分。软件形式的阅读器主要应用于PC、PDA(Personal Digital Assistant,个人数字助理)等数字处理设备上。PC上最常见的是微软LIT格式和Adobe公司的PDF文件;PDA则主要采用PRC文件格式。电子书阅读器硬件又称为专用阅读器,其提供相应格式电子书的阅读环境。

电子图书目前只有依靠DOI(Data Object Identifier,数字对象识别符)这一尚未完全成熟的系统管理,电子书格式的混乱与管理标准的不统一,需要阅读者具备电脑或PDA等硬件设备支持以及显示屏精度方面的限制等问题都在一定程度上阻碍了其推广与普及,但这不能阻挡数字化发展势头向前推进。

2)网上主要中文电子图书系统

(1)超星数字图书馆

2000年1月,超星数字图书馆(http://www.ssreader.com/,如图3-7所示)在互联网上正式开通。超星数字图书馆是国家"863"计划中国数字图书馆示范工程项目,由北京世纪超星信息技术发展有限责任公司投资兴建,为目前世界最大的中文在线图书馆,提供24小

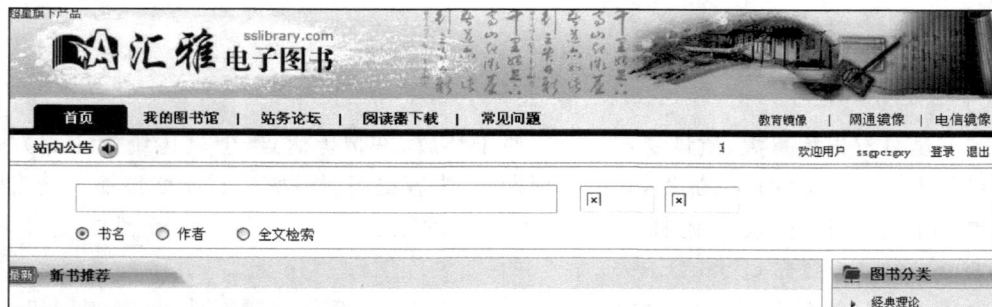

图3-7　超星数字图书馆检索界面

时在线服务。超星数字图书馆包括计算机、教育、文化理论科学、数学、物理、化学、生物科学、力学、文学类、航空、航天类、环境、财政、金融、法律类、建筑科学、工业技术、工程技术、建筑、年鉴等五十余大类的图书,全文总量 4 亿余页,论文 300 万篇,数据总量 30 000GB,并且每天都在不断地增加与更新。

超星数字图书馆的使用方法。目前有两种方式利用超星资源:一是个人直接购买超星读书卡,成为其注册用户;二是通过集体设置的镜像站点使用。新用户使用的步骤如下:

① 下载安装阅读器。超星阅览器(SSReader)是超星公司拥有自主知识产权的图书阅览器,是专门针对数字图书的阅览、下载、打印、版权保护和下载计费而研究开发的。经过多年不断改进,SSReader 现已发展成为国内外用户数量最多的专用图书阅览器之一。

② 注册新用户。在使用超星资料之前新用户必须经过主页或超星阅览器软件的主菜单"注册/新用户注册"申请注册,获得注册后的会员名和密码,一个会员名只属于一个读者,同一时间只能在一台机器上使用,并且一周内不能在超过 7 台不同的机器上注册(同一台机器多次注册仅视为一台机器,两台机器多次反复注册仅视为两台机器)。通过阅览器下载的图书资料是加密数据,与会员名相关,只有注册该会员名的阅览器才能阅读。如果将下载资料移动到其他机器,需要用同一用户名重新注册才能阅读。会员分为付费的读书卡会员和非读书卡会员两种。进行注册成为会员后可阅读免费的超星图书,用户不但可获得免费图书的目录信息,还可单击"快速版阅读"阅读全文,但不可下载离线阅读,要想下载到本地计算机上必须购买超星读书卡。

③ 购买超星读书卡。超星读书卡是超星数字图书馆会员注册卡,一旦购买超星读书卡就可以为"会员名"充值交费成为读书卡会员并可获得相应会员使用期限。超星读书卡按使用期限分为:季卡(有效期 3 个月)、年卡(有效期 1 年)、两年卡(有效期 2 年),从注册之日算起。期满之前或之后均可为读书卡充值。多张读书卡同时充值注册时,将自动累加有效期时间。购买超星读书卡可通过邮购、短信订购、在线购买等方式进行。作为集团用户的个体可通过各自的局域网内建立的超星数字图书馆镜像站,在 IP 地址范围内或注册用户管理下使用超星数字图书馆资料。

超星的服务。除提供图书全文的下载和阅读服务外,超星还提供由全国各大图书馆专家联合为用户导航找书的网上参考咨询服务、最新的图书资讯和书评信息服务,图书专题以及数字化图书检索服务。

超星的检索功能。在检索表达式的构造上,超星支持用通配符"?"表任意的一个字符串,用％表示一个或多个任意的字符串的截词检索,构造表达式中的 AND、OR、NOT 运算分别可以用逻辑关系符 ＊、＋、－代替实现;高级检索可以根据文献的题名、作者、目次、关键词、分类号,利用逻辑运算 AND、OR、NOT 进行组配检索;同时提供从分类途径进行检索,这时只需要单击各级类目名层层展开就可实现。

(2) 书生之家数字图书馆

书生之家数字图书馆(http://www.21dmedia.com)于 2000 年 4 月 7 日试运行,5 月 8日正式开通,由北京书生科技有限公司创办,是一个全球性的中文书报刊网上开架交易平台,下设中华图书网、中华期刊网、中华报纸网、中华 CD 网等子网,集成了图书、期刊、报纸、论文、CD 等各种出版物的书目信息、内容提要、精彩章节、全部全文,目前有 8000 种中文图书,其中 7000 余种可全文在线浏览。书生之家数字图书馆收录的基本上是 1999 年以后的图书,提供 4 级目录导航,可以和目前国内大部分图书馆自动化系统衔接。

① 书生之家的检索功能。

第一,分类检索:书生之家数字图书馆将全部电子图书按中图法分成 31 个大类,每一大类下又划分子类,子类下又有子类的子类,共 4 级类目,用户可逐级检索。

第二,一般检索:根据图书名称、ISBN 号、出版机构、作者、图书提要、丛书名称 6 种途径进行查询。

第三,高级检索:提供了图书名称、ISBN 号、出版机构、图书作者、图书提要、丛书名称 6 种途径的复合式检索,读者可以同时对多个检索项进行选择。

② 书生之家数字图书借阅步骤。书生数字图书借阅系统使用之前必须安装书生阅读器 4.10 以上版本(可以在书生之家数字图书馆主网站 www.21dmedia.com 或镜像站点上进行下载)。打开书生阅读器,单击"文件"→"性能参数设置"→"网络设置"命令,对用户服务器进行设置。互联网用户将其设置为(www.21dmedia.com),局域网用户设置为局域网服务器的地址。第一次使用者运行 reader 文件夹中的 borrowbook.exe 申请用户名。申请页面有新用户申请、原有用户、移机用户三项。单击"新用户申请"按钮,填写相关信息进行申请,等待管理员认证及分配权限。老用户单击原有用户填写用户名和密码。移机用户为管理员授权,省略申请程序。

(3) 中国数字图书馆

中国数字图书馆有限责任公司是经国务院批准成立,隶属于中国国家图书馆,服务于中国国家图书馆二期工程暨国家数字图书馆工程的高新技术企业,于 2000 年 4 月 18 日正式运营,注册资本 8860 万元。公司率先在全国建立起完整的数字图书馆建设与服务体系,专注于数字资源核心技术研发与应用推广、数字版权管理、数字化加工、专业信息提供、电子政务及电子商务服务、数字内容整体解决方案及数字图书馆整体解决方案提供,数字图书馆综合服务平台建设。

读者既可通过目录导航方式直接查找所需图书,也可利用数图搜索进行高级检索,如图 3-8 所示。对于书名、作者、分类号、出版社等检索途径,可利用"任意一致"、"前方一致"、"后方一致"和"等于"来构造表达式,也可利用"同时"、"或者"进行逻辑运算,并能对出版时间加以限制。除提供对图书的搜索外,中国数字图书馆还设立了专题资源库、书海导航、出版社、作者、书店和读书论坛,尤其是书海导航下有热点专题、书讯、书评、书摘、经典书目、新书推荐等与图书相关的信息。

首先下载中国数图浏览器,其支持中国数字图书馆有限责任公司的所有格式电子资源,包括网页、专题数据库、数字图书等。中国数字图书馆设立会员机制,只有通过注册获得会员资格的读者,才能够使用浏览网站上的数字资源(包括免费资格)。用户也分为购买读书卡和不购买读书卡的用户两种。购买读书卡的用户可以通过中

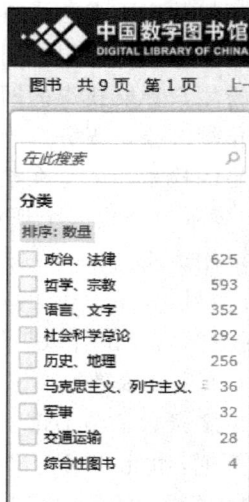

图 3-8   中国电子图书网检索界面

国数图浏览器界面上的"会员服务"图标,进入"会员登录"界面进行注册,获得会员资格。未购买读书卡的用户在进入数图网站(www.d-library.com.cn)后在"登录注册"栏中选择"我要注册",填写用户注册表格后,单击"提交"按钮完成注册。注册为会员后,即可使用网站上的免费数字资源,并可参加读书论坛的讨论。

(4) 方正中文电子书网

方正中文电子书网(http://www.Apabi.com)收集有教材教辅、工业技术、自动化技术、计算机技术、文化、科学、教育、体育、数理化学、综合性图书、外语等20多种类别,共计上万册电子图书。用户可以根据分类、书名和作者等途径查找图书。提供电子书城、出版社电子书专卖店和免费下载等服务,其中免费电子书下载方法为:登录方正中文电子图书网主页,单击"免费电子书下载"按钮,进入到Apabi图书馆,提供分类、快速查询和高级检索三种方式。

① 快速查询。提供书名、责任者、出版社、年份、全面检索和全文检索的字段选择查询。

② 分类检索。单击"显示分类"按钮,页面左边出现按中图法分类的多级目录,逐级单击进入子目录。右侧将显示属此分类目录下的电子书外表特征项,可选择在线浏览、借阅或下载。

③ 高级检索。单击"高级检索"按钮进入高级检索页面。高级检索可利用"并且"、"或者"进行书名、责任者、出版社、出版地、版次、价格、中图法分类号、语种等33个字段内和字段间的组配检索。经快速分类检索或高级检索后,若检索结果很多,可使用"结果中查"在检索结果中反复多次进行二次检索。

Apabi是由北大方正公司研制推出的用于阅读电子书(eBook)、电子公文等各式电子文档的浏览阅读工具,支持CEB、XEB、PDF、HTML、TXT多种文件格式。ApabiReader电子书阅读器界面友好,是一个为中文电子图书环境设计的阅览软件,可阅读CEB格式的书籍或文件,在阅读电子图书的同时,能方便地在电子图书上作圈注、批注、画线、插入书签,还具备书架管理功能。

3. 网上图书检索

网上书店及销售出版书目举要。

1) 当当网上书店(http://book.dangdang.com/)

当当网是北京当当网信息技术有限公司营运的一家中文购物网站,以销售图书、音像制品为主,兼具发展小家电、玩具、网络游戏点卡等其他多种商品的销售,总部设在北京。当当网1999年11月开通,目前是全球最大的中文网上图书音像商城,面向全世界中文读者提供近30多万种中文图书和音像商品,在库图书达到60万种。2010年12月8日,当当网首次登陆美国股市,吸引了全球投资者的目光。目前每年有近千万顾客成为当当网新增注册用户。

2) 800图书网(http://www.book800.com/)

800图书网(八维在线书店)是一家从事图书、音像、软件等商品网上在线销售的专业电子商务网站,也是北京市新闻出版局批准备案的第一家网上书店,由北京八维在线电子商务公司创办,于2000年4月开通。它以先进网络技术将数据库、电子商务系统以及多媒体展示结合起来,向全球中文读者展示、评介和销售国内500多家出版社每年出版的数万种新书。该书店的特色有：快速而全面的新书资讯、数据化的图书质量评价、实用而全面的特色专卖店、品种丰富的特价书、完善的电子商务配套体系、方便实用的图书市场信息共享平台。

3) 开拓远景网上书店(http://www.kaituoyuanjing.com/index.php)

开拓远景网是经国家工业和信息化部备案,北京开拓远景文化传播中心所主办。主要经营图书、音像、礼品,是一家专业从事图书馆装备、图书批发、新农村书屋建设等图书馆配项目。公司拥有多年的专业图书配送经验及良好的业绩,每天有上万人在开拓网浏览、购物。公司常备图书10万余种,拥有大型的图书现采基地,并与全国众多知名出版社、图书出版公司签署了长期供货协议,能够独立完成任何规模馆配项目的实施。

4) 中国图书网(http://www.bookschina.com/)

中国图书网创建于1998年,是国内最早的网上图书销售平台之一。在多年的发展过程中,中国图书网已经成为国内图书品种最全的网上书店。拥有85万种现货图书,基本包含了国内各大出版社的所有图书品种,是目前图书可供品种最多的中文网上书店。

5) 亚马逊网上书店(http://www.amazon.cn)

亚马逊网上书店开办于1995年7月,总部设在美国华盛顿州的西雅图市,是美国纳斯达克证交所上市公司。起初,经营网上图书销售,现在,从事各种物品网上交易,如各种电子贺卡、网上拍卖以及上百万种图书、CD、视盘、DVD、玩具、游戏和电子产品等,拥有网上最大的物品清单。其特色不仅仅是查询快捷、订购简便,还刊载各种媒介上的书评、作者的访谈录、读者撰写的读后感,在网站上还能找到许多书的节选及相关材料的链接,亚马逊网上书店通过这些途径分析读者的购书习惯并向他们推荐书目。

6) 中华读书网(http://book.china.com/index.html)

中华读书网于2000年6月开始运营,由光明日报报业集团成员《中华读书报》和泰德时代集团合作建设,是集出版资讯、图书宣传推广、电子图书发行销售为一体的服务平台,目前已成为国内重要的图书出版类网站。

3.1.3　外文图书及其检索

1. 联机馆藏目录检索系统

1) 美国国会图书馆(LC)联机目录数据库

美国国会图书馆(The Library of Congress,LC,http://www.Loc.gov)是美国的四个国家图书馆之一,也是世界上最大的图书馆之一,其联机目录数据库(http://catalog.Loc.gov)拥有馆藏书目记录约1200万条,包括图书、期刊、计算机文档、手稿、音乐、录音及视频资料,可通过主题、著者(个人、团体和会议)姓名、题名、图书登记号或关键词等途径检索。该网站还提供了大量通往其他机构联机目录的链接。

2) WorldCat

该库是OCLC的一个联机的联合目录数据库,是一个全球统一目录,目前包括4100多万条记录,这些记录来自370多种语言的文献,覆盖了从公元1000年到现在的资料,主题范畴广泛,堪称同类数据库中最大最全面的一个,基本上反映了世界范围内的图书馆所拥有的图书和其他资料。

利用 OCLC FirstSearch 的在线参考咨询服务，可以检索 5200 WorldCat、PAIS 和其他相关数据库中关于书籍、期刊等资料的书目信息。进入"FirstSearch 首页"，在"跳至高级检索:"栏选择 WorldCat 数据库即可查询。

2. 电子图书检索

1) OCLC Net Library 电子图书

NetLibrary 是 OCLC 的一个部门，也是世界上著名的电子图书数据库系统，链接地址是 http://www.netlibrary.com（专线）。目前收录了全球 312 家出版社的近 5 万种电子图书，涉及自然科学和人文科学各个领域，其中 90% 是 1990 年后出版的，每月可增加几千种。由复旦大学图书馆和上海图书馆、其他高校图书馆、研究机构图书馆组成的上海地区集团，联合引进了 NetLibrary 电子图书。目前集团正式采购的电子图书近 1000 种，学科主题覆盖了社会科学和科学技术的各个领域，每种书为一复本；另可阅读 3400 种无版权限制的电子图书，没有复本限制，主要是美国历史、小说、诗歌、人物传记、哲学宗教等主题。NetLibrary 采用 IP 地址控制访问，校园网用户可直接访问提供了 Advanced search（高级检索）和 Command Search（命令检索）两种检索方式。

2) SpringerLink

德国施普林格（Springer-Verlag）是世界上著名的科技出版集团，通过 Springer Link（http://link.springer-ny.com）系统提供学术期刊及电子图书的在线服务。该系统分为 11 个学科数据库，由此构成了 11 个全文电子图书馆，覆盖生命科学、化学、地球科学、计算机、数学、医学、物理与天文学、工程学、环境科学、经济学和法律等学科。通过 Springer Link 可以免费查阅文摘，但获取全文必须是注册订阅用户和期刊订购用户。

3) John Wiley

John Wiley 作为知名的学术和专业出版机构，是出版化学、生命科学和医学以及技术领域的图书、期刊和电子出版物的最主要的领导者。Wiley 电子图书提供 4 个专业领域的近 500 个题目，是一个集科学、技术、生命科学和医学等内容于一身的学术性数据库。涉及领域包括化学、电子工程和通信、生命科学和医学、数理和统计。链接地址为 http://www.interscience.wiley.com/onlinebooks。

4) Ebrary 外文电子图书数据库

Ebrary 公司将 150 多家出版社的图书以电子方式提供给用户，大部分内容都是近 3 年最新出版的。学科覆盖商业经济、计算机、技术工作、语言文学、社会科学、医学、科技、哲学等主要科目，目前已有近 20 000 种图书。链接地址为 http://igroup.ebrary.com，需计国际流量费。

5) 世纪顶新外文数字图书馆

世纪顶新外文数字图书馆（http://www.3xebooks.com/help/faq.jsp）（CD-FL）由世纪教育集团开创，于 2003 年 10 月 1 日试运行，11 月 1 日正式开通，是集支持普遍存取、分布式管理和提供集成服务于一身的基于 Intranet 和 Internet 环境下的数字图书馆系统平台，是迄今为止中国第一家原版引进外文图书的数字图书馆。

世纪顶新数字图书馆借集团优势同国外各高校建立了良好的合作关系，包括美国的席勒大学、渥太华大学、美斯特大学、南阿尔巴马州立大学，英国的格林尼治大学、伦敦商务计算机学校以及新西兰的奥克兰教育学院等。因此,世纪顶新数字图书馆有着得天独厚的条件,可在第一时间内将原版的外文教科图书引进国内高等院校,有助于改善高校图书馆外文文献资源匮乏的现状,为国内高校用户利用外文资源打开了一道方便之门。世纪顶新外文数字图书馆从建立到现在已经与全国范围内的许多高等院校建立了友好的业务合作关系,包括中国农业大学、中国青年政治学院、上海复旦大学、中国人民大学、中央财经大学、北京语言大学、北京工商大学等。

目前世纪顶新外文数字图书馆(CDPL)有两种服务模式可供选择：一是成为会员,每年交纳规定的会员费,并按照会员用户提供的 IP 地址范围开通资源共享服务,对接到其服务器上即可在线阅读数字图书;二是直接购买世纪顶新的数字图书,在本地校园网中心做镜像。

世纪顶新提供世界经典文学、哲学、经济学、世界史、财政金融、法律政治、计算机、人物传记、环境保护、信息科学、电子商务等 14 个大类外文图书的分类浏览(Catalog)检索和图书检索(Book Search)方式检索。在图书检索中提供了从图书名称、出版机构、作者、丛书名称、ISBN 和提要检索的途径。可选择逻辑"且"或 OR 构造表达式,读者可通过 http://www.3xebooks.com/help/index.jsp 了解怎样使用顶新阅读器。

3. 网上图书检索

1) 约翰·威利父子公司(http://as.wiley.com/WileyCDA/Section/index.html)

1807 年由 C.威利在纽约创立。初期出版文学书,兼营售书。1848 年后,以出版科技书为主。1875 年 J.威利的两个儿子参与经营,1904 年改用现名。经百年发展,现为世界五大科技出版公司之一。出版范围包括科学、技术、教育、医学、商业、法律等。公司下设法律书出版部、医学书出版部、国内图书部、国际部、发行中心。主要出版教育、职业培训、科技、医药类和实用类图书、期刊和电子产品,并提供订阅服务。目前该集团的在版图书大约有22 700 种,在版期刊 400 种,每年出版 2000 种新书与电子出版物。

2) 麦克米伦出版公司(http://www.mcp.com/)

英国麦克米伦出版公司(Macmillan Publishers Limited)1834 年成立于英国伦敦,是一家具有一百余年历史的大型综合性出版社。百余年来,麦克米伦出版公司以其高质量的图书和期刊服务于社会并因此赢得了来自世界各国、各界读者的拥戴。目前,其业务已遍及世界各大洲,分设在各国的子公司和销售部达四十余个,是世界三大英语语言教学(ELT)出版机构之一。作为全球最大、最知名的国际性出版机构之一,麦克米伦出版公司一直以其高质量的教育、学术、研究和文学类图书产品而蜚声于世。

3) 施普林格出版社(http://www.springer.com/)

德国施普林格出版社(Springer-Verlag)出版的网络版丛书内容覆盖化学、计算机科学、工程学、环境科学、地理学、生命科学、数学、医学、物理和天文学等学科并包含了很多跨学科内容,丛书间的配合性较好。Springer-Ebook 是 2007 年推出的电子书项目,涵盖科技、医学和社会科学等多个学科,每年收录约 3000 种新出版的专业图书,供读者在线阅读和使用。该资源特点如下：① 和印刷版图书同步出版;② 与 Springer 电子期刊等资源整合于SpringerLink 平台,充分实现链接功能;③ 提供到章节层面的 DOI,按章节呈现检索结果;④ 提供 MARC 21 编目格式和完整的使用统计数据;⑤ 订购单位对所购买的电子书拥有永久使用权。

4）巴诺网上书店（http://www.barnesandnoble.com/）

巴诺网上书店创办于 1997 年 3 月，主要销售图书、音乐制品、软件、杂志、印刷品及相关产品，现为网上第二大书店，是网上图书销售增长最快的书店。按 Media Metrix 统计，巴诺网上书店是全世界最大网站之一，电子商务排行第四。巴诺网上书店现可搜索上百万种新版和绝版图书、16 大类 1000 个子类的音乐制品、几万本相册、20000 多本艺术家自传等。根据季节，还提供上千种折扣图书，最大让利 91%。巴诺网上书店现货图书有 75 万种，是世界上现库存种数最多的书店。

5）鲍德斯网上书店（http://www.borders.com/）

鲍德斯网上书店于 1971 年成立于美国密西根州，经过多年的发展，在世界上许多国家建有数百家连锁店，是国际上著名的精品书店。1997 年，推出了其网络版。2001 年，与亚马逊网上书店联手，开发了更为先进的鲍德斯网络版。

6）沃兹沃思网上书店（http://www.wordsworth.com/）

沃兹沃思网上书店于 1976 年创建于美国麻省哈佛，是最早使用计算机管理书业事务的书店。该书店早在 20 世纪 80 年代早期就开始使用电子邮件，其网站始建于 1993 年。现该在线书店收有约百万数据，可以帮助用户获得任一本在美国出版过的图书，也可以检索到任一本已绝版的图书的信息。

3.2 期刊文献及其检索

3.2.1 概述

1. 印刷型期刊

期刊又称为杂志，一般是指定期或不定期出版的有固定名称的连续出版物（一般有固定的名称、统一的出版形式和一定的出版规律）。以纸张为载体，它们有连续的卷、期或年、月顺序号。其特点是出版周期短、反映新成果及时、内容新颖、信息量大等，能及时反映科学技术中新成果、新水平、新动向。期刊发表的论文大多数是一次文献，许多新的成果、新的观点、新的方法往往首先在期刊上发表。期刊是交流学术思想最基本的文献形式，因而成为利用率最高的文献类型。期刊文献约占整个信息源的 60%～70%，由此科技期刊受到科技工作者的高度重视，大多数检索工具也以科技期刊为主要报道的对象，对某一问题需要了解时，最普遍的办法是查询期刊论文。期刊按内容性质可分为学术性期刊、通报性期刊、技术性期刊、科普性期刊、动态性期刊、综述和述评性期刊和检索性期刊。其中学术性期刊、技术性期刊、综述和述评性期刊对科研生产的直接参考价值较大，而通报性期刊、科普性期刊、动态性期刊和检索性期刊出版周期短，对掌握发展情况和查找信息有帮助作用。

2. 电子期刊

电子期刊是以数字形式出版发行，存储在光、磁等介质上，并可通过计算机设备本地或远程读取、使用的连续出版物。电子期刊包括以光盘、磁盘为载体的电子期刊和网上电子期刊。其特点是传递速度快、内容丰富、使用方便、交互性强、功能强大。

3．核心期刊

核心期刊是指刊载某学科学术论文较多的、论文被引用较多的、受读者重视的、能反映该学科当前研究状态的、最为活跃的那些期刊。核心期刊能集中该学科的大部分重要文献，能反映该学科当前的研究状况和发展方向，其学术性强，研究成果新颖，专题集中、系统，因此是获得专业领域前沿信息的主要信息源。核心期刊的作用如下。

（1）可以为图书馆期刊采购提供依据。

（2）可以为图书馆导读工作和参考咨询提供依据。

（3）可以为数据库建设提供支持。

（4）可以为期刊扩大影响，提高学术水平服务。

（5）可以为我国学术论文统计分析提供依据。

（6）可以为科研绩效评价，专业职务评定提供依据。

（7）可以为读者投稿的提供参考。

要了解各专业领域的核心期刊可查阅 2011 年由中国知网、中国学术期刊网和北京大学图书馆期刊工作研究会联合推出的《中文核心期刊目录总览（第六版）》及其他相关资料。

4．期刊影响因子——期刊质量的测评指标

期刊影响因子（Impact Factor，IPF）是从引文角度测度期刊重要性及影响的一项指标，通常表示为某种期刊中论文的平均被引用次数。某年度某刊的影响因子（IPF）等于源期刊（统计来源期刊）引用该刊前两年论文的次数（S）除以该刊前两年发表论文的总篇数（M），其具体计算公式为 $IPF = S/M$。一般来说，期刊的影响因子数值越大，就表明期刊被引用的程度越高，它的影响力和学术作用也就越大。

3.2.2　国内期刊论文及其检索

1．中国学术期刊网络出版总库

1）数据库概述

中国学术期刊网络出版总库是世界上最大的连续动态更新的中国学术期刊全文数据库，是"十一五"国家重大网络出版工程的子项目，是《国家"十一五"时期文化发展规划纲要》中国家"知识资源数据库"出版工程的重要组成部分。以学术、技术、政策指导、高等科普及教育类期刊为主，内容覆盖自然科学、工程技术、农业、哲学、医学、人文社会科学等各个领域。截至 2011 年 6 月，收录国内学术期刊 7700 多种，包括创刊至今出版的学术期刊 4600 余种，全文文献总量 3200 多万篇。核心期刊收录率 96％；特色期刊（如农业、中医药等）收录率 100％；独家或唯一授权期刊共 2000 余种，约占我国学术期刊总量的 30％。产品分为十大专辑：基础科学、工程科技Ⅰ、工程科技Ⅱ、农业科技、医药卫生科技、哲学与人文科学、社会科学Ⅰ、社会科学Ⅱ、信息科技、经济与管理科学。十大专辑下分为 168 个

专题。

2）文献检索

（1）标准检索

标准检索如图 3-9 所示。

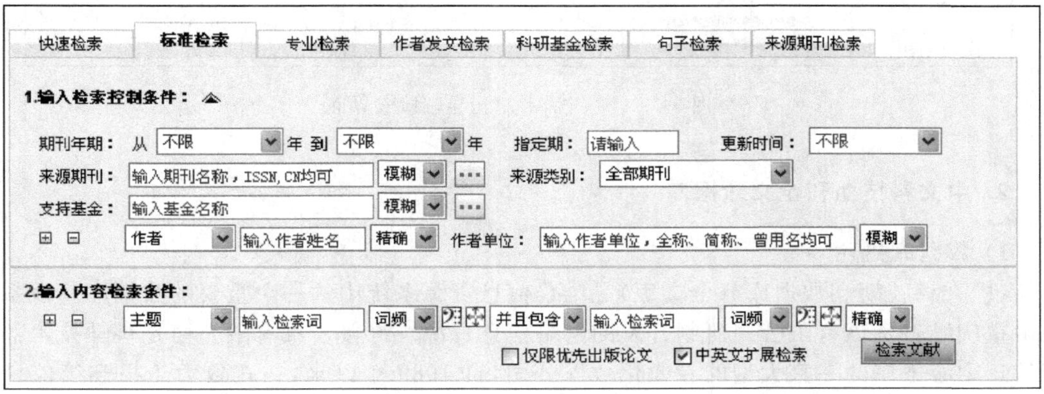

图 3-9 中国学术期刊标准检索界面

① 检索控制条件

可以从期刊年期、来源期刊、支持基金、作者、作者单位等方面对检索结果进行控制。可以选择在一段时间内进行检索（例如，选择从 1999 年到 2003 年）；文献来源指的是想要检索的文献的来源，有 4 个选项可供选择：全部、EI 来源刊、SCI 来源刊及核心期刊；模式选项分为两种：模糊匹配和精确匹配。

② 检索内容

可在下拉列表框选择一个将要检索的项目名，检索项为主题、篇名、摘要、关键词、全文、参考文献、中图分类号。可通过逻辑组配实现二次检索，对检索结果进行词频控制。可通过逻辑组配实现二次检索，对检索结果进行词频控制、模糊匹配和精确匹配。

③ 检索

单击"检索文献"按钮，可进行中英文扩展检索。

（2）其他检索方式

在文献检索模块中还有快速检索、专业检索、作者发文检索、科研基金检索、句子检索、来源期刊检索等检索方式，检索方法基本相同，不再赘述。

3）期刊导航

期刊导航如图 3-10 所示。可按期刊名的第一个字的首字母字顺进行查找；可按学科分类进行查找，单击学科分类名称即可查看该学科涵盖的所有期刊；可输入刊名直接检索。

4）检索结果处理

如果用户想要浏览、下载和打印检索到的文章的全文，需要预先下载 CNKI 提供的专用全文浏览器软件 CAJ 或者是 AdobeReader。系统对检索结果提供 CAJ 和 PDF 两种格式供选择。

图 3-10 中国学术期刊导航检索界面

2. 中文科技期刊全文数据库

1) 数据库概述

《中文科技期刊数据库》(全文版)是维普信息资源系统中的一个重要的数据库。该系统是由重庆维普资讯有限公司研制开发的网络信息资源。维普资讯有限公司是科学技术部西南信息中心下属的一家大型的专业化数据公司,自 1989 年以来,一直致力于报刊等信息资源的深层次开发和推广应用,集数据采集、数据加工、光盘制作发行和网上信息服务于一体;收录有中文报纸 1000 种、中文期刊 12 000 种、外文期刊 4000 种。维普信息资源系统中的三个重要数据库是《中文科技期刊数据库》(全文版)、《中文科技期刊引文数据库》、《外文科技期刊文摘数据库》。其中《中文科技期刊数据库》(全文版)是国内目前收录期刊最多的数据库,它收录了 1989 年以来国内自然科学、工程技术、农业、医药卫生、经济、教育、图书情报和社会科学等学科 12 000 余种期刊刊载的 3000 余万篇文献。

2) 检索方式

(1) 基本检索

基本检索如图 3-11 所示。

图 3-11 中文科技期刊全文数据库基本检索界面

① 检索内容

可实现对题名、关键词、题名或关键词、文摘、刊名、作者、第一作者、参考文献、分类号、机构和任意字段等 11 个字段进行检索,并可实现各个字段之间的组配检索。

② 检索控制条件

可实现二次检索、逻辑组配检索、精确检索、模糊检索,可限制检索年限、期刊范围、学科等。

(2) 传统检索

传统检索如图 3-12 所示。

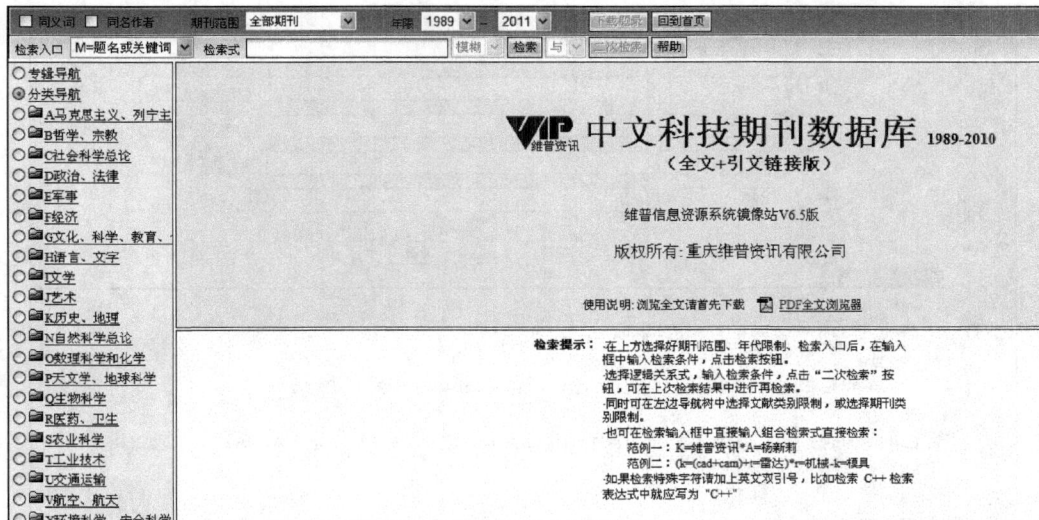

图 3-12 中文科技期刊全文数据库传统检索界面

① 同义词检索

勾选页面左上角的"同义词",选择关键词字段进行检索,可查看到该关键词的同义词。检索中使用同义词功能可增加检全率。注意事项:同义词功能只适用于三个检索字段:关键词、题名或关键词、题名。

② 同名作者检索

勾选页面左上角的同名作者,选择检索入口为作者(或第一作者),输入检索词"张三",单击"检索"按钮,即可找到作者名为"张三"的作者单位列表,用户可以查找需要的信息以做进一步选择。注意事项:同名作者功能只适用于两个检索字段:作者、第一作者。

(3) 高级检索

高级检索如图 3-13 所示。

① 向导式检索

向导式检索为读者提供分栏式检索词输入方法。可选择逻辑运算、检索项、匹配度外,还可以进行相应字段扩展信息的限定,最大程度地提高了检准率。

② 直接输入检索式检索

读者可在检索框中直接输入逻辑运算符、字段标识等,单击"更多检索条件"并对相关检索条件进行限制后,单击"检索"按钮即可。

(4) 期刊导航

期刊导航如图 3-14 所示。可按期刊名的第一个字的首字母字顺进行查找;可按学科分类进行查找,单击学科分类名称即可查看该学科涵盖的所有期刊;可输入刊名直接检索。

3) 检索结果处理

《中文科技期刊数据库》全文数据全部采用国际通用的 PDF 标准格式。需要 PDF 阅读器才能打开维普 PDF 全文数据。建议使用 Adobe reader 5.0 以上版本的阅读器,以支持更好的功能。在 PDF 阅读器中,可以对一篇或多篇同路径下的全文文本进行"全文搜索",只

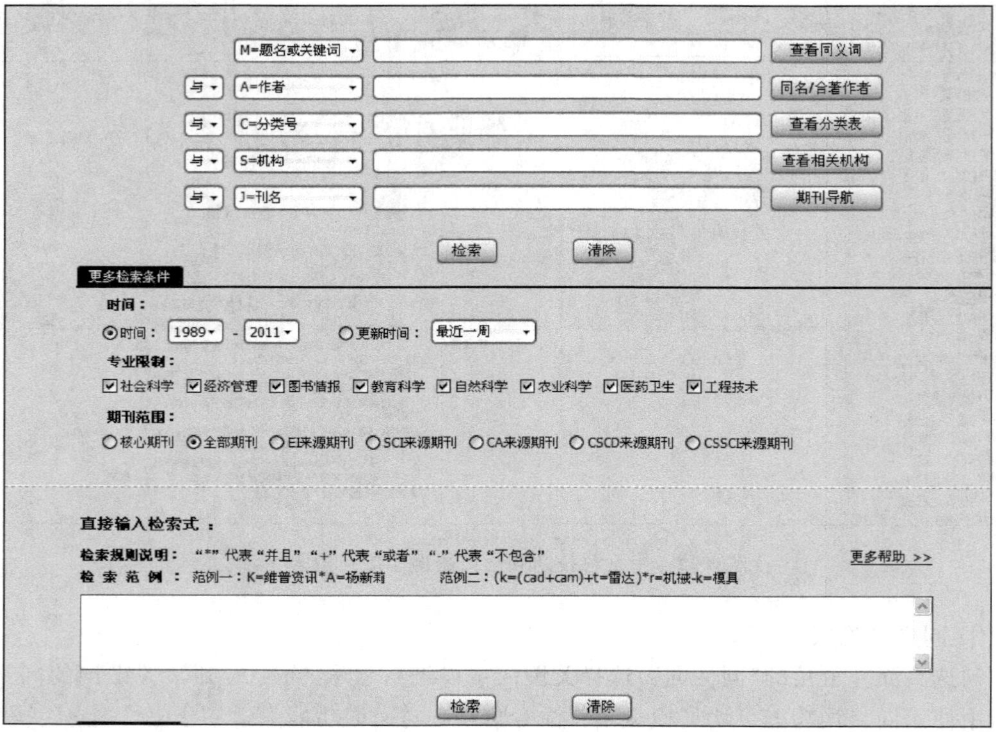

图 3-13   中文科技期刊全文数据库高级检索界面

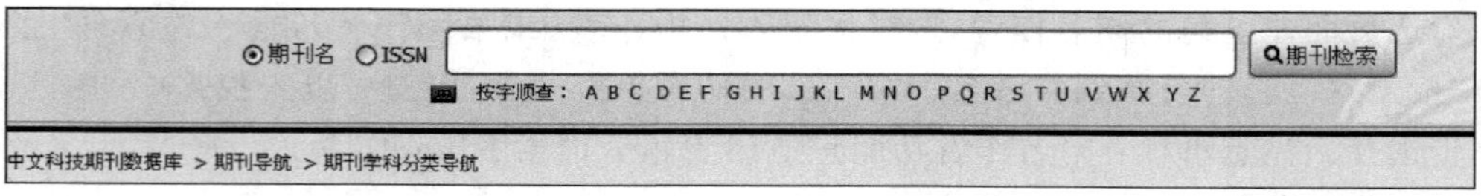

图 3-14   中文科技期刊全文数据库期刊导航检索界面

需单击"文件"工具栏上的"搜索"按钮,即可实现。可对文章内容进行注释,或在某处插入书签等。

3. 万方数据资源系统数字化期刊全文数据库

1) 数据库概述

万方数据资源系统是 1997 年 8 月由中国科技信息研究所、万方数据集团公司联合开发的网上数据库联机检索系统,目前该系统主要包括 5 个子系统的数据库:科技信息子系统、商务信息子系统、数字化期刊子系统、学位论文全文子系统、学术会议全文子系统。数字化期刊子系统以刊为单位上网,保留了刊物本身的浏览风格和习惯。期刊全文内容采用 HTML 和 PDF 两种国际通用格式,方便读者随时阅读和引用。所有期刊按理、工、农、医、人文等五大类划分,共集纳了 70 个类目的 2500 多种期刊(其中绝大部分是进入中国科技论文统计源的核心期刊)。其主要产品有中华医学会系列杂志、大学学报、中国科学系列杂志、科学普及期刊以及英文版期刊。

2）检索方式

（1）分类检索

分类检索如图 3-15 所示。

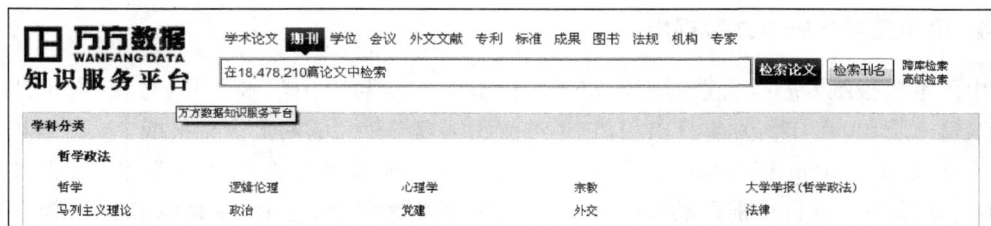

图 3-15　万方数据资源系统期刊检索界面

系统将所有期刊分为哲学政法、社会科学、经济财政、科教文卫、基础科学、医学卫生、农业科学、工业技术八个大类，每个大类又细分若干个小类。检索时，在相关类目下找到所需刊物名称。

（2）刊名检索

通过页面上方的"检索刊名"按钮，可在此系统全部期刊名录中检索出所要查看的期刊，可列出期刊名称或主办单位名称中含有这一词语的所有期刊，以便进一步按刊浏览。

（3）期刊论文检索

在检索词输入框中，输入所需的检索词，通过页面上方的"检索论文"按钮，可完成期刊论文的检索。

（4）高级检索

高级检索如图 3-16 所示。

图 3-16　万方数据资源系统高级检索界面

检索字段有标题、作者、刊名、关键词、摘要、全文、来源期刊；标题、作者、关键词、摘要字段支持模糊匹配；系统默认为多字段间为逻辑与的组配方式；可通过发表日期、被引次数来对检索结果进行控制。

3）检索结果处理

可通过查看全文、下载全文、导出的方式对检索结果做相应处理。

4. 中国重要报纸全文数据库

中国重要报纸专题全文数据库(CCND)，由清华大学与中国学术期刊(光盘)电子杂志社共同编辑出版，2001 年 1 月 1 日出版，它是目前我国规模较大的网上中文报纸全文数据库。

该库收录了 2000 年以来我国公开发行的 430 多种重要报纸刊载的学术性、资料性文献、每年精选 80 万篇，目前已达 230 多万篇。内容覆盖文化、艺术、体育及各界人物、政治、军事与法律、经济、社会与教育、科学技术、恋爱婚姻家庭与健康等范畴，分六大专辑，36 个专题数据库。网上数据每日更新，光盘每月更新。

该库的检索方法同中国期刊全文数据库，这里不再赘述。

3.2.3　国外期刊论文及其检索

1. Elsevier Science(SDOS)期刊全文数据库

1）数据库概述

SDOS(Science Direct Onsite)是由荷兰著名的学术期刊出版商 Elsevier Science 公司推出的名为 Science Direct 的电子期刊，该公司出版的全部印刷版期刊转换为电子版，并使用基于浏览器开发的检索系统 Science Server，通过互联网向用户提供检索和全文服务，如图 3-17 所示。该数据库提供 1995 年以来 Elsevier Science 公司 1700 余种电子期刊的全文，包括数学、物理学、生命科学、化学、计算机科学、临床医学、环境科学、材料科学、航空航天、工程与能源技术、地球科学、天文学及经济、商业管理、社会科学等学科领域。

图 3-17　SDOS 期刊全文数据库网页

2）检索方式

（1）期刊浏览

在 SDOS 主页，单击"进入 SDOS"按钮，即进入了 SDOD 浏览的主页，如图 3-18 所示。

① 字顺浏览途径。

将所有期刊按 A～Z 的字顺排列，用户可根据所需期刊的首字母进入相应的期刊浏览

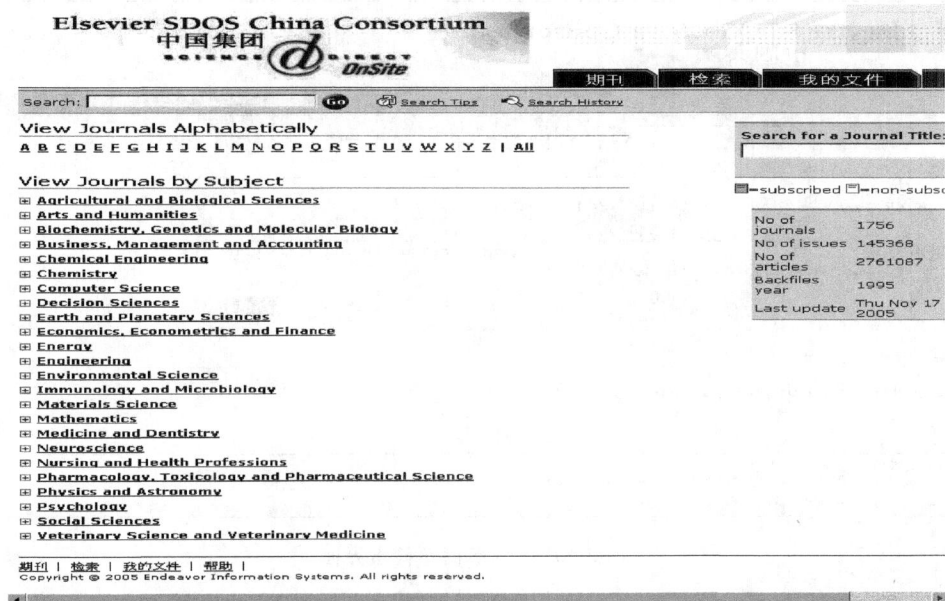

图 3-18　SDOS 浏览检索主页

页面,进而选中某一种期刊进行逐期逐篇的浏览。

② 分类浏览途径。

将所有期刊按数学、物理等 12 个类目分类,每个类目下再按字母顺序排列。这种方法供全球读者从分类角度查询期刊,用户可以首先进入相应的学科类目,进而选择感兴趣的期刊进行浏览。

(2) 快速检索

SDOS 在各种浏览界面上都提供了快速检索功能,用户可以利用其提供的不同检索选项,快速找到感兴趣的文章。检索结果会根据查询的内容相关性自动排序,其检索技术如下。

① 逻辑运算。即在同一检索字段中,可以使用逻辑算符确定检索词之间的关系。

② 截词检索。"!"用在词尾,表示检索相同词根和所有词尾变化的词;" * "用在词当中,代表任意变化的字符,但不能用在词的前方。

③ 位置算符。W/nn 两词用 W 和数字(1～255)连接,表示两词之间的间隔不超过该数字,两词出现的顺序可以颠倒;PRE/nn 两词用 PRE 和数字(1～255)连接,表示两词之间间隔的词数不超过该数字,两词出现的顺序与输入一致;W/SEG 两词用 W/SEG 连接,表示两词应出现在同一字段中。

(3) 简单检索

在 SDOS 主页,单击 Basic Search 标签即可进入简单检索界面,如图 3-19 所示。

检索过程如下。

① 在检索框中输入检索词或检索式。

② 在检索项下拉菜单中选择检索字段,系统共提供了 8 个检索字段:Any Field(任意字段)、Title(标题)、Abstract(文摘)、Author's Name(作者姓名)、ISSN(期刊 ISSN 号)、PII

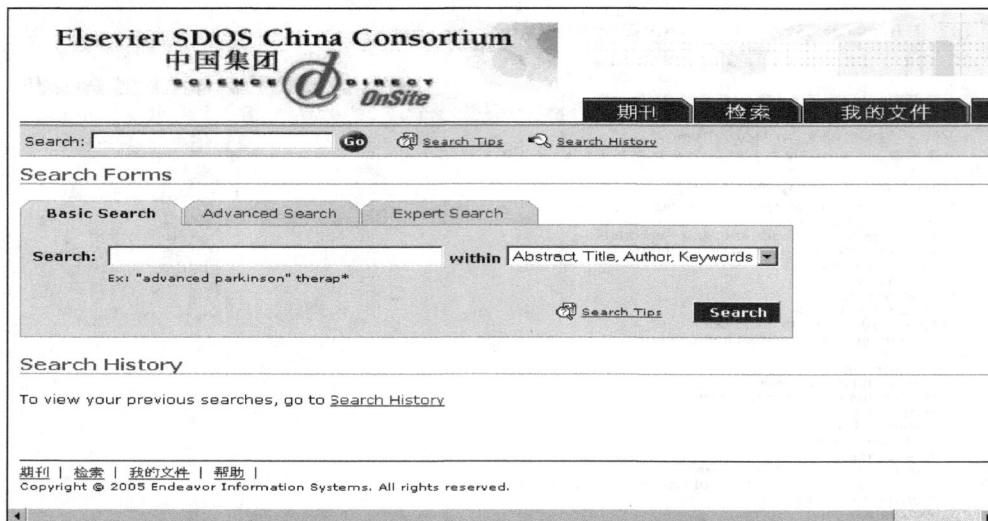

图 3-19　SDOS 简单检索界面

（出版信息）、Journal Title（期刊名）和 Author Key Words（作者关键词）。

③ 进行检索。

（4）高级检索

在 SDOS 主页，单击 Advanced Search 标签即可进入高级检索界面，如图 3-20 所示。

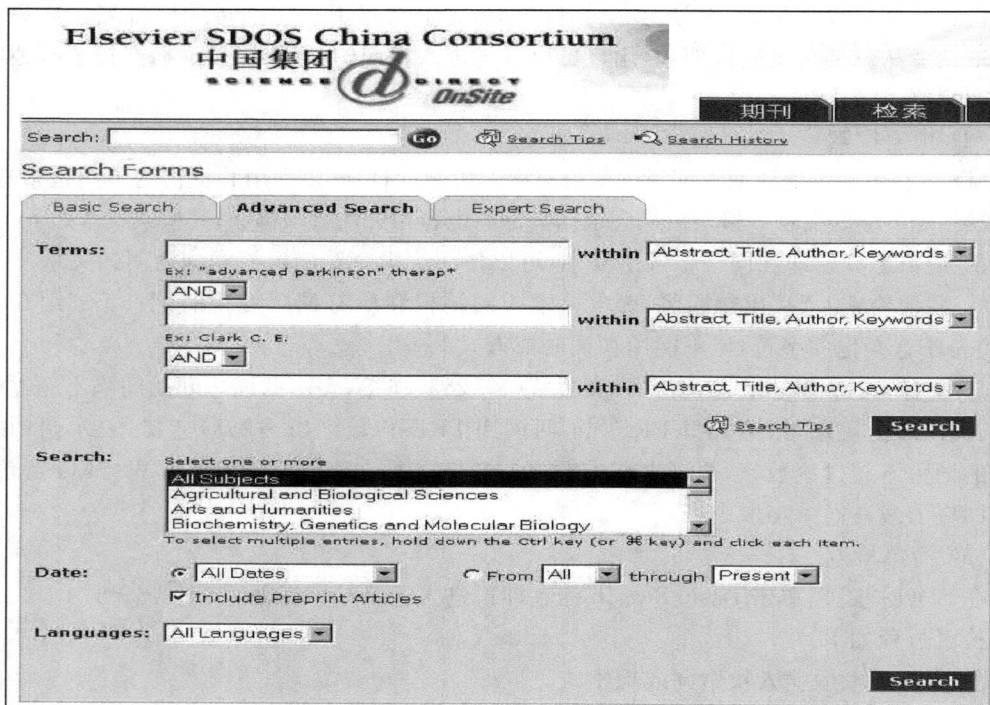

图 3-20　SDOS 高级检索界面

高级检索界面提供了两个检索框和两个字段选择的下拉菜单,从而可以进行两个检索式的组配检索。除此以外它还提供了一些辅助功能,以进一步限定检索特定和精简用户的检索。

① 期刊类目:可以限定特定类目下的期刊文献。

② 文献类型:可以选择限定在 All Types(所有类型)、Article(文章,表示只显示论文)、Contents(内容,表示只显示期刊目次)或 Miscellaneous(其他,表示只显示其他题材的文章,如社论、报告等)。

③ 语言:可以限定为检索所有语种或中、英、德等 9 种语言之一。

④ 年代限制:可以限制检索的时间范围。

⑤ 每页显示的记录数:允许用户设置每一结果页显示多少条记录。

⑥ 排序方法:可以选择检索结果的显示方法,分为按相关度、日期或作者等顺序排序。

检索过程如下。

① 输入检索词。

② 选择相应的检索字段。

③ 选择逻辑运算符。

④ 确定检索限制条件。

⑤ 进行检索。

(5) 专业检索

在 SDOS 主页,单击 Expert Search 标签即可进入简单检索界面。

专业检索界面类似于高级检索,它提供了一个检索框和一个字段选择的下拉菜单,同时也有辅助功能选项,还允许用户使用各种运算符构造各种复杂而精确的检索表达式,因此比较适合专业人员使用。

3) 检索结果显示与下载

不管采用哪种检索方式,检索后都会得到检索结果一览表,首先显示的是检索结果的数量和目录页,包括篇名、刊名、卷期、日期、页数、作者、文摘、相关分和查找相关文件按钮,如图 3-21 所示。

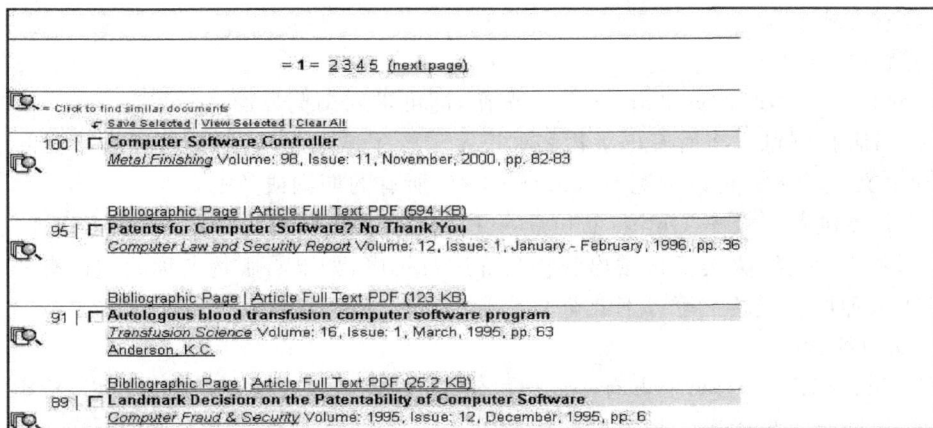

图 3-21　SDOS 检索结果显示界面

单击每篇文章篇名前面的复选框进行标记,选择结果后,单击 Display Marked 按钮,显示标记过的记录。

单击每篇文章后的 Bibliographic Page 按钮,即可看到该文章的文摘、关键词、作者单位、出版物识别码、国际统一刊号、引文等信息。单击 Article Full Text PDF 按钮,可以看到用 PDF 格式显示的该文全文,用户可以对它进行保存和打印。

2. Springer LINK 全文电子期刊数据库

1) 数据库概述

德国施普林格(Springer-Verlag)是世界上著名的科技出版集团,通过 Springer LINK 系统提供学术期刊及电子图书的在线服务。Springer 公司和 EBSCO/Metapress 公司已开通 Springer LINK 电子期刊服务,共包含 500 种学术期刊,其中近 400 种为英文期刊。Springer LINK 所提供的全文电子期刊按学科分为 11 个"在线图书馆":生命科学、医学、数学、化学、计算机科学、经济、法律、工程学、环境科学、地球科学、物理学与天文学,是科研人员的重要信息源,如图 3-22 所示。

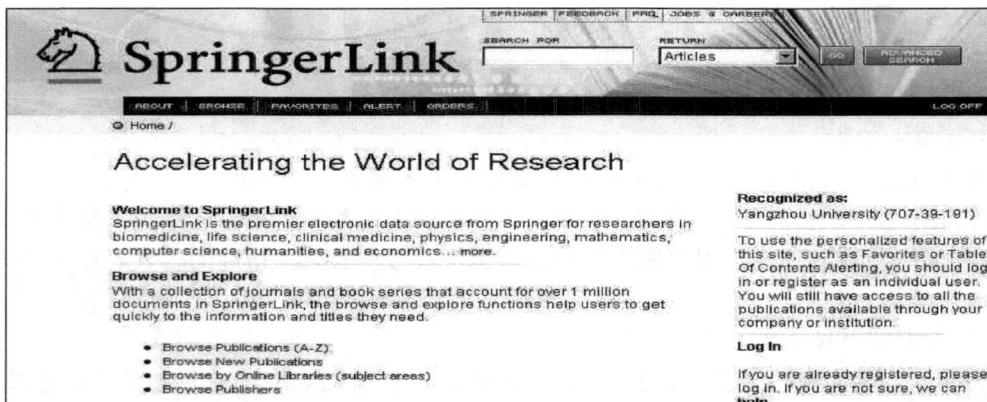

图 3-22　Springer 系统主页

2) 检索方式

(1) 浏览检索

在 Springer LINK 首页单击 Browse 按钮,即可进入浏览界面。

① 按出版物浏览。将所有出版物名称按字母顺序排列起来,用户可以直接逐卷逐期地浏览期刊论文或丛书。可以浏览 Springer LINK 所有的期刊或丛书。

② 按分类浏览。单击 Online Libraries 按钮,可以按类浏览 Springer LINK 的所有期刊或丛书,共 11 大类,大类下再按出版物名称进行排序,如果出版物名称的左边有一个眼镜图标,说明这种期刊或丛书可以下载全文。

(2) 简单检索

在 Springer LINK 首页上方有一简单检索框,可直接输入检索词进行检索,检索结果可以是文章、出版物或出版者。相关检索技术如下。

① 布尔逻辑检索。多个检索词之间可以使用逻辑算符 AND、OR 和 NOT。

② 截词检索。检索词尾用一个"＊",表示检索出所有相同词根的词;检索词尾用一个"＊＊",表示检索出一个词的所有形式。

③ 位置检索。用位置算符 NEAR 连接检索词,表示两个检索词相互邻近,返回的检索结果按邻近的程度排序。

(3) 高级检索

单击 Springer LINK 首页上方的 Advanced Search 按钮,即可进入高级检索界面,如图 3-23 所示。

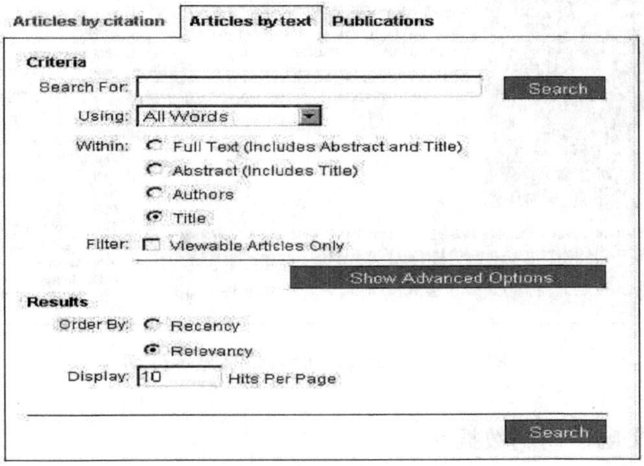

图 3-23　Springer 高级检索界面

① 输入检索词。在 Search For 后的文字框中输入检索词。检索词可以是一个词,也可以是多个词。

② 选择检索词之间的逻辑关系。如果输入了多个检索词,可在 Using 后的下拉列表框中选择检索词之间的逻辑关系。

③ 选择检索字段。在 Within 后的选项区域中,可选择检索字段,Fulltext 为在文章全文中检索,Abstract 为在文章摘要中和标题中检索,Title 为在文章标题中检索。

④ 设置检索结果的排序方式和每页显示条数。Order By 选项用于设置排序方式,如出版时间、相关度等。在 Display 选项后,可填数字,以设置每页显示的条数。

⑤ 进行检索。

(4) 期刊检索。

期刊检索和文章检索类似,不再重复介绍。

3) 检索结果

(1) 检索结果列表显示

执行检索后,首先显示的是检索结果的数量和篇名目录项,每一条记录包括篇名、作者、刊名、出版年月、卷期、命中的相关度、部分文摘,如果这篇文章可以浏览或下载全文,则在文章题名左边有一个眼镜的图标。

(2) 详细记录

单击篇名,将显示该论文的详细记录,包括作者单位和全部文摘。

（3）显示全文

在详细记录显示页面，如图 3-24 所示，单击 Open Fulltext 按钮即可打开论文的全文显示。Springer 电子期刊的全文全部采用 PDF 文件格式，可以存盘、打印，但使用前必须下载安装 Adobe Acrobat Reader 软件。

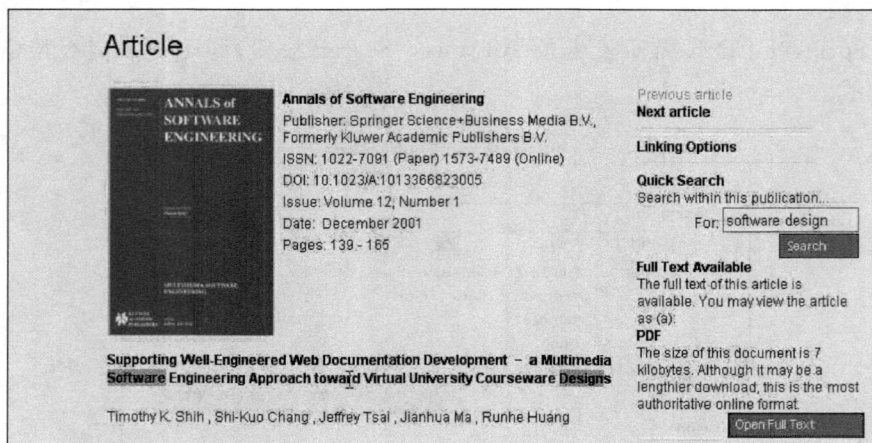

图 3-24　Springer 检索结果显示界面

3. Kluwer 全文电子期刊数据库

1）数据库概述

荷兰的 Kluwer Academic Publisher 是具有国际性声誉的学术出版商，它出版的图书、期刊一向品质较高，备受专家和学者的信赖和赞誉。Kluwer Online 是 Kluwer 出版的 800 余种期刊（其中被著名检索工具"科学引文索引"收录的核心期刊有 237 种）的网络版，覆盖 24 个学科，专门基于互联网提供 Kluwer 电子期刊的查询、阅览服务，如图 3-25 所示。24 个学科分别为材料科学、地球科学、电气电子工程、法学、工程、工商管理、化学、环境科学、计算机和信息科学、教育、经济学、考古学、人文科学、社会科学、生物学、数学、天文学/天体物理学/空间科学、物理学、心理学、医学、艺术、语言学、运筹学/管理学和哲学。

2）检索方式

（1）期刊浏览检索

登录 Kluwer 电子期刊检索系统首页，即可进行期刊浏览和检索。

① 按字母顺序浏览检索。将所有期刊按字母顺序排列起来，用户可以按刊名逐卷逐期地直接阅读。

② 按学科浏览检索。将期刊按 24 个学科类目分类，每一类目下的刊名，再按字母顺序排列。

③ 刊名检索。可以在检索条件输入框中输入刊名关键词，按刊名进行简单检索，然后再选择想浏览的期刊按卷期浏览。

（2）篇目检索

① 简单查询。

单击"简单查询"按钮，即可进入简单查询页面，如图 3-26 所示。

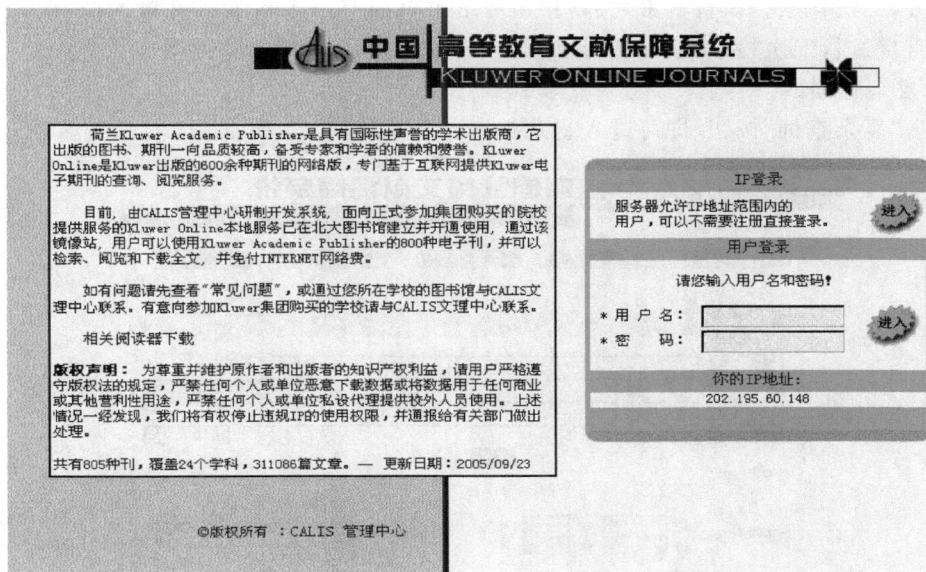

图 3-25 Kluwer 系统主页

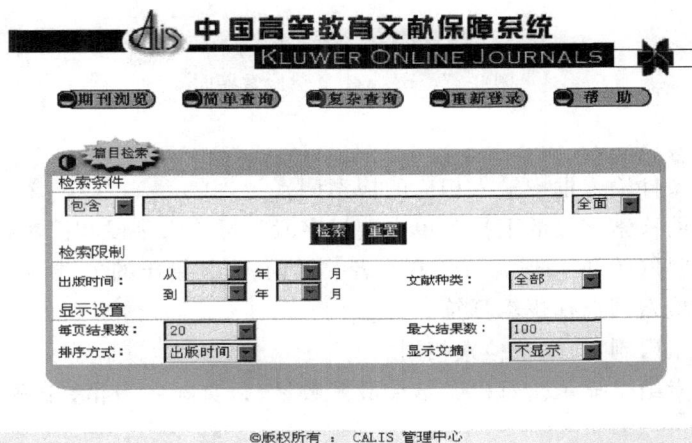

图 3-26 Kluwer 简单检索界面

检索过程如下。

第一,在检索框中输入检索词,在后面的检索字段的下拉菜单中选择相应的字段。可选择的字段包括篇名、作者、文摘和刊名。

第二,在检索限制中,可对出版日期、文献种类(包括论文、目次、书评、索引及其他)进行限制,可以把检索结果限制在一定范围内,从而达到快速查准的目的。

第三,根据需要,还可以在显示设置中对检索结果最大数量、每页显示数量、排序方式以及是否显示文摘进行设置。

第四,进行检索。

第五,二次检索。执行检索之后,在显示结果页面有一个检索条件输入框,允许在检索结果中直接进行二次检索,或者选择重新检索。

② 复杂查询。

单击"复杂查询"按钮,即可进入复杂查询界面,如图 3-27 所示。

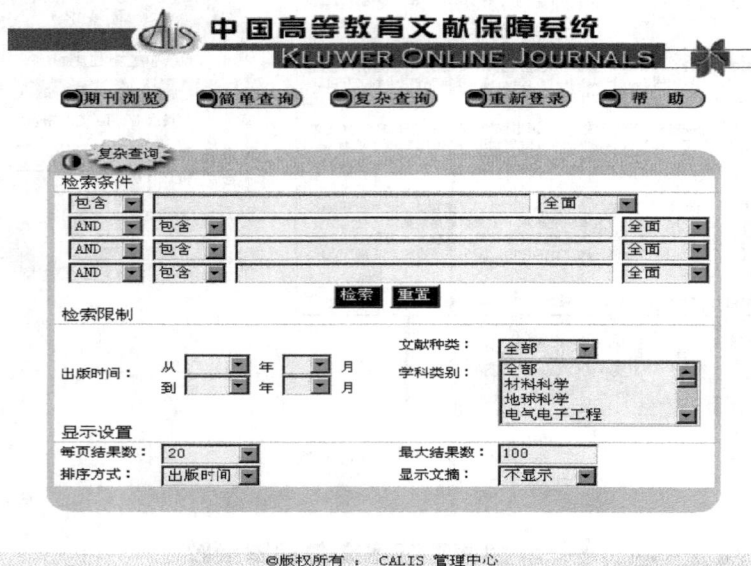

图 3-27　Kluwer 复杂检索界面

检索过程如下。

第一,在检索条件输入框中输入相应的检索词。

第二,在后面的检索字段的下拉菜单中选择字段。可检索字段和简单检索基本相同,但增加了国际统一刊号(ISSN)、作者单位和作者关键词(作者给出的关键词)三个检索入口。

第三,对多个检索词选择逻辑算符。

第四,进行检索限制,与简单检索相同。

第五,设置检索结果显示。对检索结果最大数量、每页显示数量、排序方式以及是否显示文摘进行设置。

第六,进行检索。

③ 作者检索。

输入作者的姓名,姓氏在前,名字在后,中间加逗号间隔,这样系统可以快速准确地查询特定的作者姓名。

3) 检索结果

不管采用哪种检索方式,执行检索后,显示的是检索结果的数量和篇名目录页,每一条记录包括篇名、作者、刊名、ISSN 号、出版年月、卷期、起止页码以及连到全文的链接。网上浏览、存盘、打印期刊全文需要采用 PDF 格式文件,使用前需下载安装 Adobe Acrobat Reader 软件。

实　验　1

实验目的：掌握图书和期刊论文的检索方法。

实验要求：根据对课题的分析，选择检索工具和检索途径，并对检索结果进行分析。

实验1：检索出工业设计方面的电子参考书3～5种。

课题分析：

实验要求检索电子图书，在国内比较著名的电子图书数据库主要有超星数字图书馆、书生之家数字图书馆、中国数字图书馆、方正数字图书馆等，其中方正数字图书馆的教学参考书较有特色，选择方正数字图书馆作为检索工具，检索结果更具代表性。

检索工具：方正数字图书馆

检索策略：

以"工业设计"作为检索词，从书名途径检索；也可从分类途径进行工业设计方面的电子参考书的检索。

检索结果：

(1) 书名：《工业设计专业英语》　出版社：北京理工大学出版社
　　作者：何人可　张兵　江建民
　　价格：6.71元
　　ISBN号：7-81045-601-6

(2) 书名：《工业设计英语》　出版社：东南大学出版社
　　作者：薛澄岐　裴文开　钱志峰
　　价格：7.5元
　　ISBN号：7-81089-726-8

(3) 书名：《工业设计理念与方法》　出版社：北京理工大学出版社
　　作者：张宪荣等
　　价格：4.57元
　　ISBN号：7-81045-132-4

(4) 书名：《工业设计概论》　出版社：东北大学出版社
　　作者：李奎贤
　　价格：3.25元
　　ISBN号：7-81054-706-2

(5) 书名：《工业设计模型制作工艺》　出版社：北京理工大学出版社
　　作者：周忠龙
　　价格：2.57元
　　ISBN号：7-81045-022-0

检索综述：

工业设计是在人类社会文明高度发展过程中，伴随着大工业生产的技术、艺术和经济相结合的产物。检索到的电子参考书介绍了工业设计的发展简史，工业设计的基本原则，工业设计师应具有的综合知识和技能，工业设计的程序与方法，产品设计表现图技法等内容。

思考题

1. 查询图书的途径有哪些？
2. 中外文电子图书数据库有哪些？
3. 《中国期刊全文数据库》的检索方法有哪些？
4. 《中文科技期刊全文数据库》的简单检索与复合检索有哪些异同？
5. Springer 电子期刊包括哪些学科范围？

第4章

特种文献信息检索

本章要点

- 专利信息的检索。
- 标准信息的检索。
- 学位论文、会议文献和科技报告的检索。

通过对专利、标准、学位论文、会议文献和科技报告基础知识的介绍,了解特种文献的体系和相应文件号的构成,掌握特种文献的检索途径和检索方法,使特种文献在传递科技信息方面发挥更大的作用。

4.1 专利信息及其检索

4.1.1 专利基础知识

1. 专利的基本概念

专利的英文名称 Patent 源自于拉丁文。广义上讲,人们现在所讲的"专利"一词包括 3个方面的含义。

(1) 从法律角度可理解为专利权,即专利申请人就某一项发明创造向专利局提出专利申请,经依照专利法审查合格后,由专利局向专利申请人授予在规定期限内对该发明创造享有的专有权。

(2) 从技术角度理解,是指受法律保护的技术,也就是受专利法保护的发明创造。

(3) 从文献角度理解,是指记录发明创造内容的专利文献。狭义上讲,"专利"即专利权。

专利权是一种产权或财产权。这种产权的所有者可以使用和处理其财产,别人未经专利权人许可,不得制造、使用和销售该项发明创造,否则就侵犯专利权,将受到法律的制裁。

2. 专利权的特点

1) 专有性

专有性也称独占性、排他性。即专利权人对其发明创造所享有的独占性的制造、使用、销售的权利,其他任何单位或个人未经专利权人许可不得为生产经营目的而制造、使用、许诺销售、销售、进口其专利产品或者使用其专利方法,以及使用、许诺销售、销售、进口依照该方法直接获得的产品。而且专利权是唯一的,对同样内容的发明创造,国家只授予一次专利权。

2) 地域性

专利的地域性是指一个国家依照本国专利法授予的专利权,仅在该国法律管辖范围内有效,对其他国家没有任何约束力,外国对其专利权不承担保护的义务。

3) 时间性

所谓时间性,是指专利权人对其发明创造所拥有的法律赋予的专有权只在法律规定的时间内有效,期限届满后,专利权人对其发明创造不再享有制造、使用、销售的专有权,其发明创造成为社会的公共财产,任何单位或个人均可无偿使用。

专利权的期限,各国专利法保护期限长短不一,一般来说,发明专利自申请日或批准日起为 15～20 年,实用新型和外观设计专利为 5～10 年。我国专利法规定的专利权期限自申请日起计算,发明专利为 20 年,实用新型和外观设计专利为 10 年。

3. 专利的类型

从被保护的发明创造的实质内容来看,专利的种类包括发明专利、实用新型专利和外观设计专利 3 种。

1) 发明专利

发明是专利法保护对象之一。按照我国专利法的规定,发明是指对产品、方法或者其改进所提出的新的技术方案。所谓的产品是指工业上能够制造的各种新制品,包括有一定形状和结构的固体、液体、气体之类的物品;所谓的方法是指对原料进行加工,制成各种产品的方法,如药品的制造方法等。

2) 实用新型专利

与发明专利相比,实用新型专利也被称为“小发明”。它是对产品的形状构造或者其结合所提出的适于实用的新的技术方案。

实用新型专利的保护范围要比发明专利窄得多。发明专利对所有新的产品和方法都给予保护,而实用新型专利只保护有一定形状和结构的产品。如果是无确定形状的产品,如气态、液态、粉末状颗粒状物质或材料以及工艺、方法等技术发明则不属于实用新型专利的保护范围。

3) 外观设计专利

外观设计是指对产品的形状、图案、色彩或者其结合所作出的具有美感并适用于工业上应用的新设计。

与发明和实用新型以技术方案本身为保护对象不同,外观设计注重的是产品的形状、图案、色彩或者组合,它是对产品的装饰性或艺术性的外表设计。一件外观设计专利只用于一类产品,若有人将其用于另一类产品上,不视为侵犯外观设计专利权。

4. 授予专利权的条件

授予专利权的发明和实用新型,必须具备新颖性、创造性、实用性,也称专利“三性”。

1) 新颖性

新颖性是指申请专利的发展或实用新型必须是新的、前所未有的。我国专利法规定:

"新颖性是指在申请日之前没有同样的发明或者实用新型在国内外出版物上公开发表过,在国内公开使用过或者以其他方式为公众所知,也没有同样的发明或实用新型由他人向专利局提出过申请并且记载在申请日以前公布的专利申请文件中。"

2)创造性

创造性也称非显而易见性。我国专利法规定:"创造性,是指同申请日以前已有的技术相比,该发明有突出的实质性特点和显著的进步。该实用新型有实质性特点和进步。"

3)实用性

实用性是指申请专利的发明或者实用新型能够制造或者使用,并且能够产生积极效果。实用性要求发明或实用新型必须具有多次再现的可能性。

新颖性、创造性、实用性是一项发明创造获得专利权的必要条件。并不是只要符合专利"三性"的发明创造都可获得专利权。对于违反国家法律、社会公德或者妨害公共利益的发明创造,不授予专利权。

5. 专利制度

专利制度就是依据专利法,以授予发明创造专利权的方式来保护、鼓励发明创造,促进发明创造的推广应用,推动科学技术进步和经济发展的一种法律制度。专利制度的核心是专利法。

1)专利制度的特点

(1)法律保护。专利制度的核心是专利法,专利法的核心是专利权的保护。专利权是一种财产权、专有权,对这种无形财产所拥有的专有权不是自然产生的,是由国家主管机构依照专利法的规定,经审查合格后授予的。发明人、设计人依法取得这种权利后,其发明创造的专有权就受到法律的保护。

(2)科学审查。专利权的获得要经过国家专利主管机关对专利申请的全面、严格的审查,尤其是对发明创造的实质性技术内容是否具备专利性条件进行审查。

(3)公开通报。是指专利局依法将申请专利的发明创造的技术内容通过专利文献向社会公开。专利文件的公开,一是起了法律文件的作用,公开宣告专利技术归谁所有;二是起了技术情报信息的作用,通过相互通报、相互交流、相互启发、相互促进,推动科学技术更快进步。

(4)国际交流。专利法虽然仅在指定国的领域内有效,但是,通过国与国之间的双边协议以及共同参加的国际条约,使得专利这一无形资产可以突破国家的界限而在世界范围内进行交流。专利制度对国际技术交流起到了重要的推动作用。在上述特点中,法律保护是专利制度的本质特征。

(5)国际交流。各国专利法虽然只在本国范围内有效,但随着专利制度的国际化发展,各国技术往来就可以采取互惠的办法。实行了专利制度,有专利保护,就可以消除技术拥有方因输出技术得不到保护的顾虑,促进相互间的技术交流与合作。我国专利制度的实行,为我国对外开展技术交流与合作创造了良好的环境和条件。

2)专利申请与审查

(1)专利申请文件

一项发明创造完成之后,并不能自动获得专利权,还必须由申请人向专利局提交专利申请文件。各国专利法对专利申请文件的形式和内容都有比较严格的规定。我国专利法规定,申请发明或实用新型专利的申请文件包括请求书、说明书及其摘要、权利要求、附图等文件,申请外观设计专利的申请文件包括请求书以及外观设计的图片或者照片等文件。

请求书是申请人请求专利局授予其发明创造专利权的书面文件。请求书是以表格的形式由专利局统一印制的,申请人可以根据情况按照规定要求,有选择地填写表上的项目。

说明书是专利申请文件中最长的部分,其目的是为了具体说明发明或者实用新型的实质内容。说明书起着公开发明或者实用新型的作用。它要求对发明或者实用新型作出清楚完整的说明,使任何一个具有该专业一般技术水平的技术人员能够根据说明书的内容实现该发明或者实用新型,必要时应当有附图。

摘要是发明或者实用新型说明书的简明文摘。它包括发明或者实用新型的名称,所属技术领域,需要解决的技术问题,主要技术特征和用途。它要求短小精悍,全文不得超过200字。

权利要求书是专利申请文件的核心部分。专利制度的特征之一就是给予专利权人一定时间内对其发明创造的独占权,而确定这一权利范围,主要是依据权利要求书所表述的发明或实用新型的技术特征范围。因此,权利要求书是确定专利保护范围的重要法律文件。

权利要求书与说明书有着密切的关系。我国专利法规定:"权利要求应当以说明书为依据,说明要求专利保护的范围",说明书中叙述过的发明或者实用新型的技术特征,只有在权利要求书中体现出来,才能得到专利保护,如果说明书阐明的关键技术特征在权利要求书中没有反映出来,就不能得到专利保护。而权利要求书中说明的发明或者实用新型的技术特征,必须在说明书中找到依据,才能成为有效的权利要求,在说明书中没有公开的发明或者实用新型内容,不能成为权利要求而得到保护。

(2) 专利申请的审查和批准

专利局接受专利申请后,须依照专利法规定的程序进行审查,对符合专利法规定的申请才授予专利权。世界各国对专利申请案的审批制度,主要有以下3种形式。

① 形式审查制。

形式审查制又称登记制,专利局只对申请文件是否齐备,文件的格式是否符合规定要求,是否交纳了申请费等形式上的条件进行审查,而不涉及发明的技术内容。只要形式审查合格后,即授予专利权。形式审查的优点是审批速度快,专利局不需要设置庞大的审查机构及大量文献资料。缺点是批准的专利质量不能保证,专利纠纷与诉讼案多。

② 实质审查制。

实质审查制又称完全审查制。专利申请案经形式审查合格后,还要进行实质审查,即审查该发明的内容是否具备新颖性、创造性、实用性,以确定是否授予专利权。经过实质审查批准的专利,质量较高,可以减少专利争议和诉讼。但实质审查要花费较多的人力和时间,往往造成申请案的积压。

③ 延迟审查制。

延迟审查制也称请求审查制或早期公开、延迟审查制。专利申请经形式审查合格后,不立即进行实质审查,而是先将申请文件予以公开,并给予临时保护,自申请日起一段时间内,待申请人提出实质性审查请求后,专利局才进行实质审查。逾期不提出请求的,该申请被视为撤回。实行延迟审查制可以加快专利信息交流,减轻专利局的审查工作量。因为延迟审查期间可以淘汰一部分不成熟或者实用价值不大及另有新技术代替的专利申请。

我国对发明专利申请采用延迟审查制,对实用新型和外观设计专利申请采取形式审查制。

6. 专利文献及其分类

1) 专利文献

广义的专利文献是各国专利局及国际专利组织在审批专利过程中产生的官方文件及其出版物的总称。作为公开出版物的专利文献主要有:专利说明书、专利公报、专利索引等。狭义的专利文献仅指专利说明书。

(1) 专利文献的特点

① 数量巨大,内容广博,集专利技术法律经济信息于一体。

每年各国出版的专利文献已超过150万件,全世界累积可查阅的专利文献已超过6000万件;专利文献涵盖了绝大多数技术领域,从小到大,从简到繁,几乎涉及人类生活的各个领域;专利文献不仅记录了发明创造内容,展示发明创造实施效果,同时还揭示每件专利保护的技术范围,记载了专利的权利人、发明人、专利生效时间等信息。

② 传播最新技术信息。

申请人在一项发明创造完成之后总是以最快速度提交专利申请,以防竞争对手抢占先机。德国的一项调查表明,有2/3的发明创造是在完成后的一年之内提出专利申请的,第二年提出申请的接近1/3,超过两年提出申请的不足5%。

③ 完整而详细揭示发明创造内容。

专利申请文件一般都依照专利法规中关于充分公开的要求对发明创造的技术方案进行完整而详尽的描述,并且参照现有技术指明其发明点所在,说明具体实施方式,并给出有益效果。

④ 格式统一规范,高度标准化,具有统一的分类体系。

专利文献有统一的编排体例,采用国际统一的专利文献著录项目识别代码(INID码),专利说明书有法定的文体结构,从发明创造名称、所涉及的技术领域和背景技术到发明内容、附图说明和具体实施方式等,每项内容都有具体的撰写要求和固定的顺序,并严格限定已有技术与发明内容之间的界线;WIPO工业产权信息常设委员会为使专利文献信息出版国际统一,制定了一系列专利文献信息推荐标准;各国出版的发明和实用新型文献采用或同时标注国际专利分类号,外观设计文献采用或同时标注国际外观设计分类号。

专利文献也存在某些不足之处。比如保留技术秘密(Know How),不交代技术关键点,诸如机械、电路图只给出示意图而没有具体数值;化学配方只给出最佳配比范围等。重复量大,每年100多万件专利文献出版物中,重复比例约占60%。各国专利法都规定"一发明一申请",因此,整体设备往往被分成各种零部件,人们很难从一篇文献中获取完整的技术资料。

(2) 专利说明书

专利说明书是专利文献的主体。专利说明书由扉页和正文两部分组成。

扉页著录项目包括全部专利信息特征。有表示法律信息的特征,如专利申请人、申请日期、申请公开日期、审查公告日期、批准专利的授权日期、专利号等;有表示专利技术信息的特征,如发明创造的名称,发明所属技术领域的专利分类号,发明创造技术内容摘要和典型附图等。

正文包括序言、发明细节描述和权项三部分。序言通常指出发明或实用新型名称、所属技术领域、发明背景和目的。发明细节内容包括技术方案、效果、最佳实施方式和实例,并用附图加以说明。附图为原理图或示意图,一般不反映真实的尺寸比例。权项是专利申请人要求法律保护的范围。权项部分我国以权利要求书的形式单独公布。

2) 国际专利分类法

国际专利分类法(Internation Patents Classification,IPC)是根据欧洲理事会 16 个成员国于 1954 年 12 月在巴黎签订的"关于发明专利国际专利欧洲协定"而制定的。1968 年 2 月诞生了第一版国际专利分类法,并于 1968 年 9 月 1 日起公布生效。IPC 诞生后,许多非欧洲理事会国家也全部或部分采用,其在国际专利信息活动中的使用价值也随着时间的推移愈加明显。1971 年 3 月 24 日,在世界知识产权组织和欧洲理事会共同主持下的保护工业产权巴黎联盟成员国外交会议上,签订了"关于国际专利分类法的斯特拉斯堡协定",即 IPC 协定,该协定于 1975 年生效,确定由世界知识产权组织负责执行国际专利分类协定的各项业务。至今已有 70 多个国家和 4 个国际组织采用这种分类方法。国际专利合作条约(PCT)、欧洲专利公约(EPC)及我国等国家和组织一开始就采用 IPC。美国和英国目前虽然仍用本国专利分类法,但在专利文献上同时标注与本国专利分类相应的国际专利分类号。

(1) 国际专利分类法的分类原则

各国的专利分类法主要有两种原则,一是按功能分类,二是按应用分类。国际专利分类法则综合这两种分类原则的优点,确定采用按功能分类为主,功能与应用相结合的原则,既考虑发明的功能,又兼顾发明的实际应用,而以发明的功能为主。

(2) 国际专利分类表及其结构

1968 年第一版国际专利分类表面世以来,国际专利分类表每 5 年修订一次。现在使用的是第 7 版国际专利分类表。

在专利文献上表示国际专利分类及版次时,简写成 Int. cl^n,n 为表示分类表版次的阿拉伯数字(第 1 版没有数字表示)。例如,Int. cl^7 表示使用的是第 7 版国际分类表。

国际专利分类表中的内容包括了与发明专利有关的全部技术内容,其分类方法是以等级层叠形成,将发明的技术内容按部、大类、小类、大组、小组,以及小组中的小圆点的个数逐级分类,组成一个完整的分类体系。

部(Section)是分类系统的一级类目,分为 8 个部,用大写字母 A～H 表示。部下面还有分部(Sub-Section),分部只有类目,不设类号,是"部"下的一个简单标题划分。下面是 8 个部和相应分部的类目名称(见表 4-1)。

表 4-1　国际专利分类表部与分部类目名称

部	分　部
A 人类生活必需品	农业、食品与烟草、个人和家庭用品、健康与娱乐
B 作业、运输	分离和混合、成型、印刷、运输
C 化学、冶金	化学、冶金
D 纺织、造纸	纺织和其他类不包括的柔性材料、造纸

续表

部	分　部
E 固定建筑物	建筑物、挖掘、采矿
F 机械工程、照明、加热、武器、爆破	发动机与泵、一般工艺、照明与加热、武器、爆破
G 物理	仪表、核子学
H 电技术	

大类(Class)是分类系统的 2 级类目,类号由部的字母符号加两位阿拉伯数字组成。小类(Subclass)是分类系统的 3 级类目,类号由大类号加上一个大写英文字母组成。大组(Group)是分类系统的 4 级类目,类号由小类号加上 1~3 位阿拉伯数字(通常 3 位数字为奇数),然后是一条斜线"/",斜线后再加 2 个 0 表示。小组(Subgroup)是分类系统的 5 级或 5 级以上类目,类号是在大组的类号斜线"/"后换上"00"以外的至少 2 位阿拉伯数字组成。

由此可见,一个完整的国际专利分类号由部、大类、小类、大组、小组的符号结合构成,类号的结构特点是字母—数字—字母—数字相间。如:

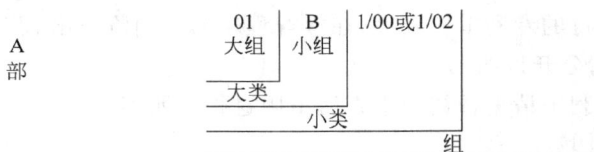

```
                    01    B    1/00或1/02
                    大组  小组
              A
              部         大类
                              小类
                                       组
```

小组的等级随组号后的小圆点"·"的数目递增而递增,第 5 级为 1 个小圆点(·),第 6 级为 2 个小圆点(··)等。

由于国际专利分类法使用等级层叠结构,因此下一级类目的技术内容必然包含在上一级类目的技术内容之中。

下面以分类号 B64C25/30 为例,说明各级类目之间的等级结构关系。

部	B	作业;运输
大类	B64	飞行器;航空;宇宙航行
小类	B64C	飞机;直升机
大组	B64C25/00	起落装置
一级小组	25/02 ·	起落架
二级小组	25/08 ··	非固定的;如可抛弃的
三级小组	25/10 ···	可收放的;可折叠的或类似的
四级小组	25/18 ····	操作机构
五级小组	25/26 ·····	操纵或锁定系统
六级小组	25/30 ······	应急动作的

所以分类号 B64C25/30 的内容是指飞机或直升机上的起落装置,是一种可收放或折叠的、用于应急的操纵或锁定系统。

从上例可以看出,不是所有小组都处于同一等级,小组的组号数字不能表明小组的等级水平,而是取决于组号后小圆点的多少。分类等级中的主题名称是按照小组编号及小圆点的递减顺序往前逐级组合确定。例如,小组 25/30 的组名应由较高组号 25/26、25/18、

25/10、25/08、25/02逐级隶属来确定。小圆点除表示等级细分外,还有代替紧挨着它的上一级组的组名,避免重复的作用。

国际专利分类表第7版共9册,即《使用指南》和8册《部分类表》。《使用指南》指出IPC的产生、发展与作用,阐述分类表的编制指导思想、分类体系及特点,规定分类结构、分类原则、使用方法、标识方法、术语含义,并简明通过具体例子说明如何使用分类表对专利文献进行分类和检索。《部分类表》按部以等级逐级展开,对技术内容充分细分。

4.1.2　中国专利文献及其检索

1. 中国专利说明书的种类

自我国于1985年4月1日专利法实施以来,截至2005年12月,中国专利局共受理专利申请2 761 196件。在专利申请受理后的审查程序的不同阶段,出版了大量专利说明书。

中国专利局出版发明专利和实用新型专利说明书。外观设计专利没有说明书和权利要求书,外观设计的图片或者照片及其简要说明,在《外观设计专利公报》中予以公告。

根据我国现在实行的专利审查制度,在审查程序的不同阶段出版3种类型说明书。

1) 发明专利申请公开说明书

专利局对发明专利申请进行初步审查后出版这种说明书。

2) 发明专利说明书

专利局对发明专利申请进行实质性审查并批准授权后出版这种说明书。

3) 实用新型专利说明书

专利局对实用新型专利申请进行初步审查并批准授权后出版这种说明书。

1993年1月1日以前,我国实行授权前的异议程序,因此出版经实质审查的《发明专利申请审定说明书》和经初步审查的《实用新型专利申请说明书》,经异议后如无重大修改,一般不再出版《发明专利说明书》和《实用新型专利说明书》。

2. 中国专利说明书的编号

中国专利说明书的编号体系包括:

申请号——在提交专利申请时给出的编号。

专利号——在授予专利权时给出的编号。

公开号——对发明专利申请公开说明书的编号。

审定号——对发明专利申请审定说明书的编号。

公告号——对实用新型专利申请说明书的编号;对公告的外观设计专利申请的编号。

授权公告号——对发明专利说明书的编号;对实用新型专利说明书的编号;对公告的外观设计专利的编号。

为了满足专利申请量的急剧增长的需要和适应专利申请号升位的变化,国家知识产权局制定了新的专利文献号标准,从2004年7月1日起启用新标准的专利文献号如表4-2所示。

表 4-2　2004 年 7 月 1 日以来的编号体系

专 利 种 类	编 号 名 称	编 号
发　　明	申请号 （专利号）	200310102344.5
实用新型		200320100001.1
外观设计		200330100001.6
发　　明	公开号	CN 1 00378905 A
	授权公告号	CN 1 00378905 B
实用新型	授权公告号	CN 2 00364512 U
外观设计	授权公告号	CN 3 00123456 S

3 种专利的申请号由 12 位数字和 1 个圆点以及 1 个校验位组成，按年编排，如 200310102344.5。其前 4 位表示申请年代，第 5 位数字表示要求保护的专利申请类型：1 代表发明，2 代表实用新型，3 代表外观设计。第 6～12 位数字（共 7 位数字）表示当年申请的顺序号，然后用一个圆点分隔专利申请号和校验位，最后 1 位是校验位。

自 2004 年 7 月 1 日开始出版的所有专利说明书文献号均由表示中国国别代码 CN 和 9 位数字以及 1 个字母或 1 个字母加 1 个数字组成。3 种专利按各自的流水号序列顺排，逐年累计；最后一个字母或 1 个字母加 1 个数字表示专利文献种类标识代码。3 种专利的文献种类标识代码如表 4-3 所示。

表 4-3　3 种专利的文献种类标识代码

专 利 类 型	代　　码	代 码 标 识 含 义
发明专利	A	发明专利申请公布说明书
	A8	发明专利申请公布说明书（扉页再版）
	A9	发明专利申请公布说明书（全文再版）
	B	发明专利说明书
	B8	发明专利说明书（扉页再版）
	B9	发明专利说明书（全文再版）
	C1～C7	发明专利权部分无效宣告的公告
实用新型专利	U	实用新型专利说明书
	U8	实用新型专利说明书（扉页再版）
	U9	实用新型专利说明书（全文再版）
	Y1～Y7	实用新型专利权部分无效宣告的公告
外观设计专利	S	外观设计专利授权公告
	S8	预留给外观设计专利授权公告单行本的扉页再版
	S9	外观设计专利授权公告（全部再版）
	S1～S7	外观设计专利权部分无效宣告的公告

3．中国专利检索工具

1）国家知识产权局专利检索（http://www.sipo.gov.cn/zljs/）

（1）基本概况

该网站提供多种与专利相关的信息服务。包括概况、要闻动态、法律法规、专利管理、政策理论、国际合作、信息化工作、教育培训、公告、统计信息等栏目。该网站提供了有关专利申请、专利审查、专利保护、专利代理、PCT 介绍、集成电路布图设计、文献服务、图书期刊、专利信息产品、专利培训、专利知识与专利工作问答等方面的详细信息,并建立了与知识产权相关政府网站、国内政府网站、地方知识产权局网站、知识产权服务网站、国外知识产权网站、知识产权司法网站的链接,是用户通过 Internet 查找专利信息的重要途径。专利数据库收录了 1985 年中国专利法实施以来公开的全部中国发明专利、实用新型专利、外观设计专利的题录、文摘、说明书全文和法律状态信息,是检索中国专利的权威数据库。该数据库每周三更新一次。

(2) 专利检索

专利检索如图 4-1 所示。

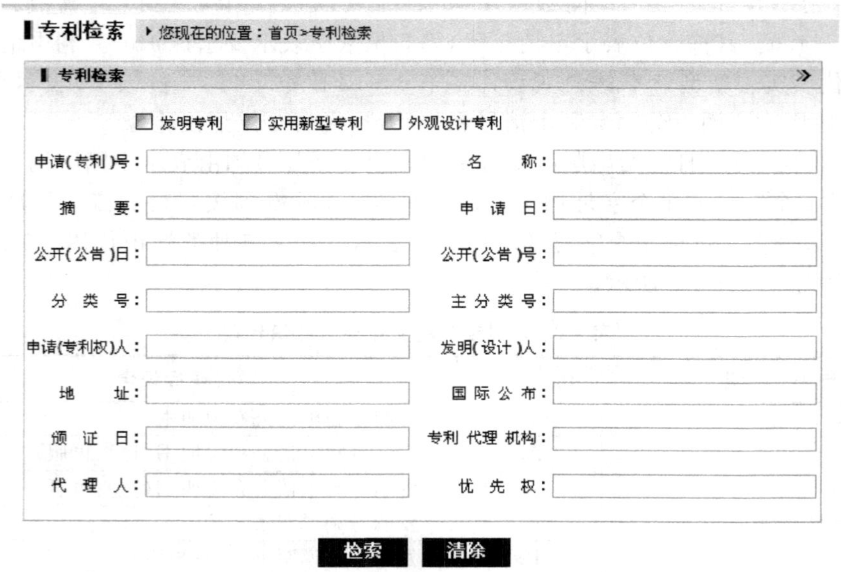

图 4-1　国家知识产权局专利检索界面

数据库提供 16 个检索字段,分别是申请(专利)号、名称、摘要、申请日、公开(公告)日、公开(公告)号、分类号、主分类号、申请(专利权)人、发明(设计)人、地址、国际公布、颁证日、专利代理机构、代理人和优先权。检索时可选择一个或多个检索字段,在对话框中输入相应的检索词,有些检索字段还允许进行复杂的逻辑运算。各检索字段之间全部为逻辑"与"运算。在检索界面输入框的上方有"发明专利"、"实用新型专利"、"外观设计专利"三种选择。检索时首先根据需要选择检索范围,缺省时将在"全部专利"范围内进行检索。

(3) 检索结果显示输出

① 专利题录、摘要信息显示。

在检索结果显示页,根据检索条件,列出该检索式在相应数据库中命中的记录数。检索结果按发明、实用新型、外观设计专利的顺序显示专利申请号及专利名称信息。单击相应的专利类型可直接进入命中的相应类型专利的显示页面。每页最多显示 10 条记录。在显示页的下方,可以查看目前所在页码及总页数,还可以快速跳转到指定页码或直接回到检索结果的首页、上一页、下一页。单击任一条记录的专利名称项,将进入专利题录和摘要信息显示页。

② 专利说明书全文显示。

在题录、摘要显示页的左侧列出专利申请号、申请公开说明书全文总页数。单击说明书页码的链接,就可以看到该专利说明书的全文。

专利说明书全文(如图 4-2 所示)为 TIF 格式文件,查看全文应安装相应的浏览器。在数据库检索界面下方有全文浏览器安装工具条。也可以使用操作系统自带的图像浏览软件或其他可阅读 TIF 格式文件的软件阅读说明书全文。

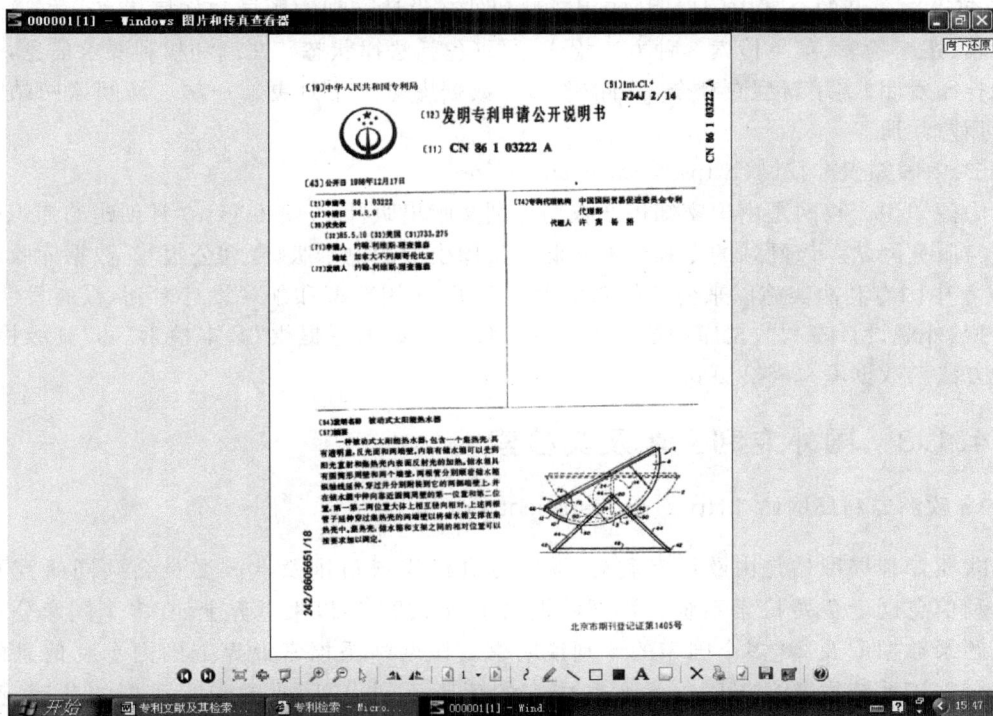

图 4-2　中国专利说明书全文显示页面

2) CNKI 专利数据库

CNKI 专利数据库收录 1985 年中国专利法实施以来公开的中国发明、实用新型、外观设计专利的题录、文摘信息。登录 CNKI 镜像站的中国专利数据库,数据库提供初级检索、高级检索两种检索方法。在初级检索界面左侧的检索字段选择下拉式菜单提供 16 个检索字段,分别是发明名称、发明人、法律状态、通讯地址、申请人、申请号、公告号、审定公告号、申请日、公告日、审定公告日、授权日、授权公告日、代理人、代理机构地址、文摘。在检索对话框中输入相应的检索词即可获得相应专利的文摘信息。高级检索界面提供 6 个检索对话框,每个对话框同样提供 16 个检索字段选择,各对话框之间可进行"与"、"或"、"非"的布尔逻辑运算。用户也可以按照专利分类逐级获得所需的专利信息。

3) 万方数据资源系统专利数据库

万方数据资源系统专利数据库收录了 1985 年中国专利法实施以来公开的中国发明、实用新型、外观设计专利的题录、文摘信息。登录万方数据资源系统专利数据库，在检索界面上方提供发明专利、实用新型专利、外观设计专利及全选四种数据库选择。数据库提供 3 个检索对话框，每个对话框提供包括全文、专利名称、申请人、发明人、通讯地址、申请号、申请日期、审定公告号、审定公告日、分类号、主权项、文摘、代理机构、机构地址、代理人等 15 个检索字段选择，各对话框之间可进行"与"、"或"、"非"的布尔逻辑运算。

4）中国专利信息网（http://www.patent.com.cn）

中国专利信息网由国家知识产权局专利检索咨询中心于 1997 年 10 月开发建立，是国内最早通过互联网向公众提供专利信息服务的网站。该网站的中国专利数据库收录了 1985 年以来公开的全部中国发明、实用新型和外观设计专利的题录和文摘信息。可通过简单检索、逻辑检索、菜单检索 3 种方法检索题录（包括法律状态）、文摘和权利要求信息，并浏览和打印发明、实用新型专利全文扫描图形。数据库每三个月更新一次。访问该网站需先进行用户注册。

5）中国知识产权网（http://www.cnipr.com）

中国知识产权网是由国家知识产权局专利文献出版社于 1999 年 10 月创建的知识产权信息与服务网站。该网站的专利数据来源于每周出版的电子版《专利公报》。数据库收录了 1985 年中国专利法实施以来公开的全部中国发明、实用新型和外观设计专利，设有发明、实用新型、外观设计专利数据库和法律状态数据库。该数据库提供"基本检索"和"高级检索"两种方法。数据库每周三更新。

4.1.3   国外专利文献及其检索

1. 欧洲专利局网站（http://ep.espacent.com）

欧洲专利局网站是由欧洲专利局、欧洲专利组织成员国及欧洲委员会共同研究开发的专利信息网上免费检索系统。该网站提供了自 1920 年以来世界上 50 多个国家公开的专利题录数据库及 20 多个国家的专利说明书。该网站是检索世界范围内专利信息的重要平台。该系统中各数据库收录专利国家的范围不同，各国收录专利数据的范围、类型也不同。

1）数据库收录范围

EPO 各成员国数据库，收录欧洲各成员国最近 24 个月公开的专利。

EP 数据库，收录欧洲专利局最近 24 个月公开的专利。

WO 数据库，收录世界知识产权组织最近 24 个月公开的专利。以上数据库使用原公开语言检索近两年公开的专利，提供有专利全文扫描图像。在此之前的专利文献可通过世界范围专利数据库检索。

JP 专利数据库，收录 1976 年 10 月以来的日本专利，首页扫描图像始于 1980 年。专利名称和文摘为英文。由于翻译方面的原因，数据库的更新较慢，一般在专利公开 6 个月内上载到数据库中。

世界范围专利数据库，收录 71 个国家 5000 多万件专利。在世界范围专利数据库所收录专利的国家中，收录题录、摘要、全文扫描图像、IPC 及 Ecla 分类信息的只有英、德、法、美少数几个国家，大部分国家只收录题录数据而未提供全文扫描图像。

2) 数据库检索方法

通过网址进入页面(如图 4-3 所示)。该页面左侧列出了以下几种检索方法:快速检索(Quick Search)、高级检索(Advanced Search)、号码检索(Number Search)和欧洲专利分类检索(Classification Search)。可检索 4 个数据库收录的专利信息:世界范围专利数据库、日本专利文摘数据库、欧洲专利数据库和世界知识产权组织数据库。

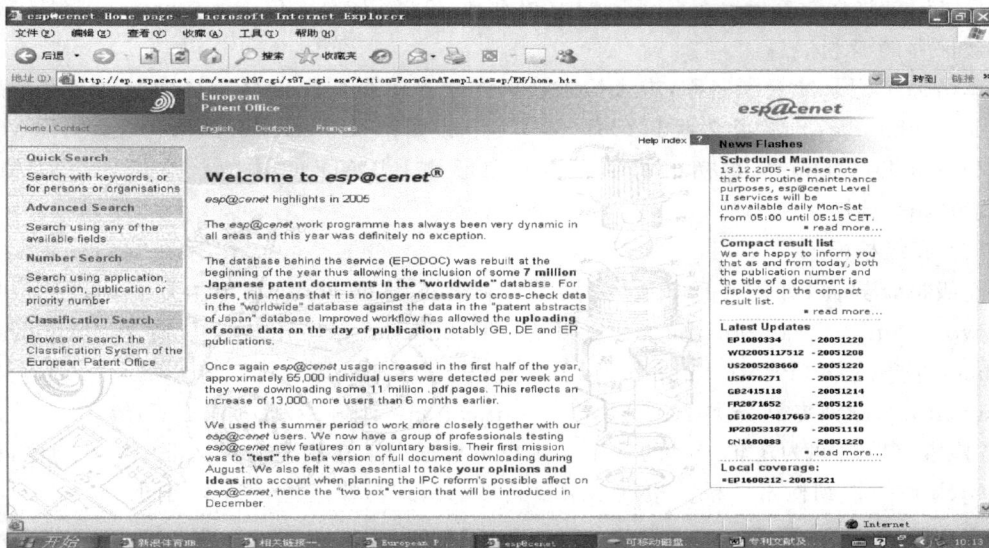

图 4-3 欧洲专利局数据库主页页面

(1) 快速检索

单击 Quick Search 按钮,进入快速检索界面(如图 4-4 所示)。

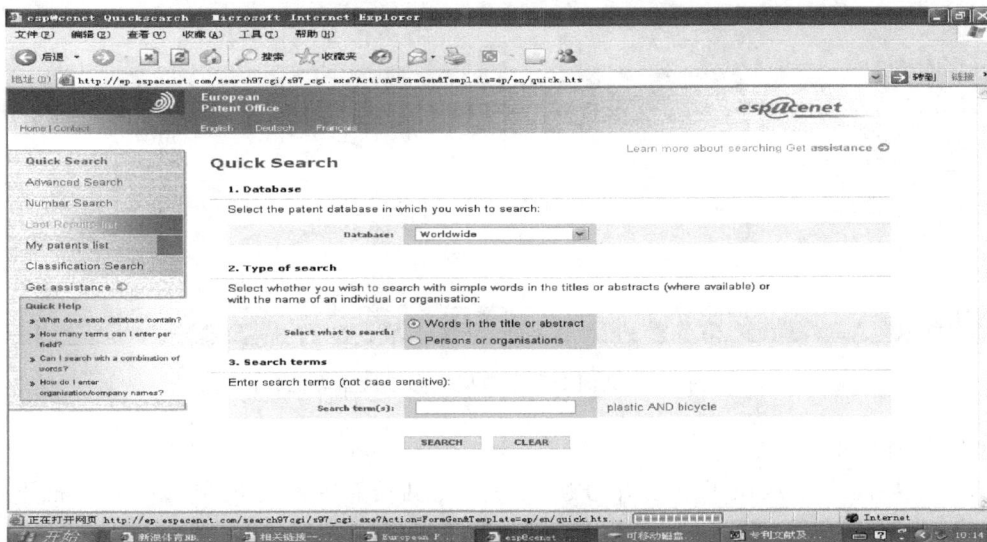

图 4-4 欧洲专利局数据库快速检索界面

在快速检索界面上提供了下拉式菜单选择数据库,可选择在世界范围专利、日本专利文摘、欧洲专利局专利、世界知识产权组织专利四个数据库中检索。检索字段提供了在专利名称或摘要、人名或机构名称两个选项。

检索结果列出命中专利的名称、发明人、申请人、公开日期、公开号、IPC 及 EC 分类号等信息。单击专利名称即可查看该专利的详细信息。选中专利名称右侧的 in my patent list,所选记录将保存在 my patent list 中(可存放 20 条记录)。单击 my patent list 链接,可查看被保存的专利信息。

单击命中记录的专利名称,进入检索结果题录显示页面。该显示页面上方有获取题录(Bibliographic date)、参考文献 HTML 格式专利说明书(Description)、参考文献 HTML 格式权利要求书(Claims)、最初申请说明书的图形和 INPADOC 法律状态信息(INPADOC Legal status)的链接。

(2) 高级检索

高级检索界面(如图 4-5 所示)提供了专利名称(Keywords in title)、专利名称或摘要(Keywords in title or abstract)、公开号(Publication number)、申请号(Application number)、优先权号(Priority number)、公开日(Publication date)、申请人(Applicant)、发明人(Inventor)、欧洲专利分类(European Classification)、国际专利分类(IPC)等 10 个检索字段,各检索字段之间为逻辑"与"的关系。用户可根据需求在相应的对话框中输入检索词,单击 Search 按钮得到检索结果。检索结果及其显示格式与快速检索结果相同。

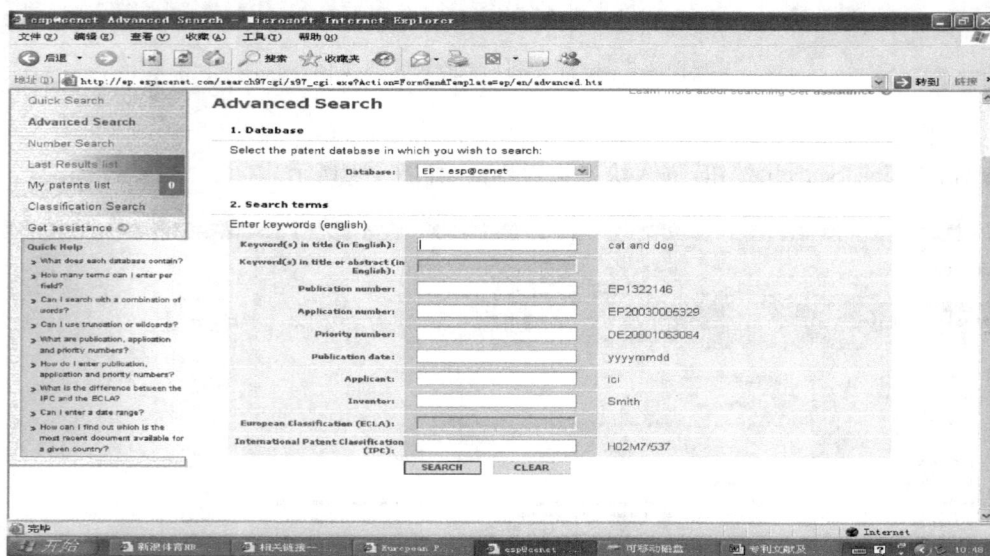

图 4-5　欧洲专利局数据库高级检索界面

(3) 号码检索

该检索界面专门提供了从公开号途径检索专利信息。其特色是选中对话框下面的 including family 选项,将同时检索出该专利的同族专利信息。

(4) 分类检索

分类检索界面提供了欧洲专利分类的浏览及通过关键词检索欧洲专利分类信息的功

能。其使用方法与中国专利数据库的分类检索相似。

2. 美国专利商标局网站(http://www.uspto.gov)

美国专利商标局网站是美国专利商标局建立的政府性官方网站,收录美国自 1790 年实施专利法以来至最近一周的所有美国专利。其中,1976 年 1 月至目前的专利提供全文检索功能,可获得 HTML 格式的专利说明书及权利要求书,并提供专利全文扫描图像链接。1790 年—1975 年 12 月的专利只能通过专利号和美国专利分类号检索,并通过链接查看专利全文扫描图像。

1) 数据库检索方法

单击网站首页左侧 Patent 下的 Search 选项,进入数据库检索主页面(如图 4-6 所示)。

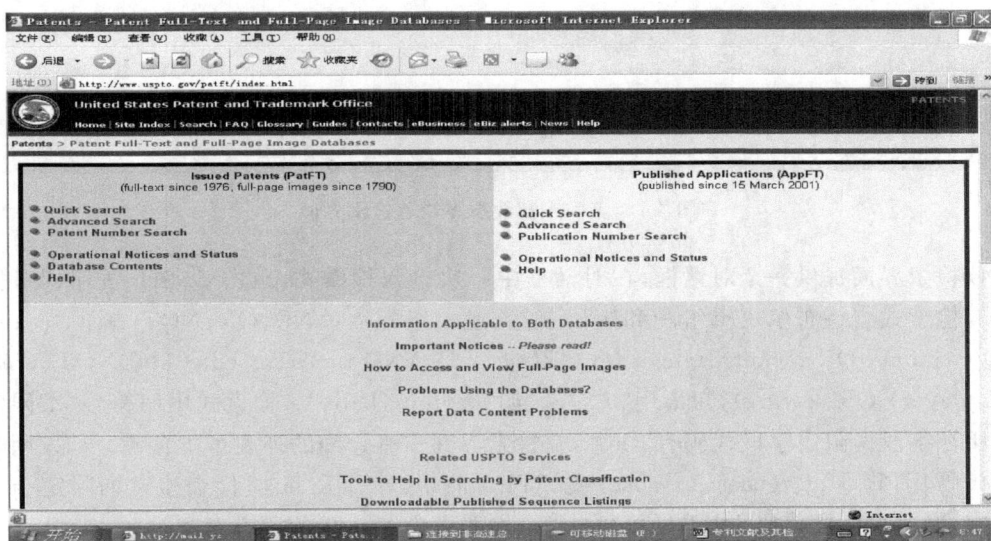

图 4-6 美国专利商标局专利检索主页面

检索主页面分左右两部分,左侧检索的是 1790 年以来授权的美国专利信息,右侧检索的是 2001 年 3 月 15 日以来公开的美国专利申请。左右两侧均提供 3 种检索方法:快速检索(Quick Search)、高级检索(Advanced Search)和专利号检索(Patent Number Search)。

(1) 快速检索

单击 Quick Search 选项,进入快速检索界面(如图 4-7 所示)。

该检索界面提供两个对话框,在对话框 Term1 和 Term2 中输入检索词,两者之间的逻辑关系有 AND、OR、NOT,由下拉式菜单控制。检索字段选择下拉式菜单提供包括全文、专利名称、文摘、专利号、申请号、权利要求、说明书、美国专利分类法、国际专利分类法、发明人、代理人、审查人、申请日、出版日、国外优先权等多达 30 个检索字段,年代选择下拉式菜单选择检索时间范围。单击 Search 按钮即可获得检索结果,一次可显示 50 条记录。单击记录中下划线部分,即可获得专利全文,检索结果可打印或下载。

(2) 高级检索

单击 Advanced Search 选项,进入高级检索界面。

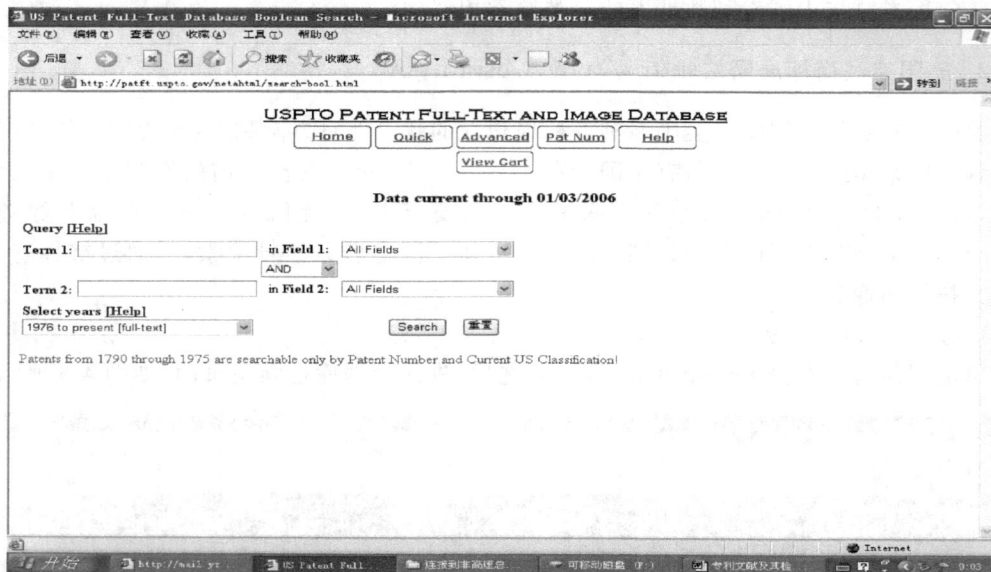

图 4-7　美国专利数据库快速检索界面

该检索界面提供一个对话框,在对话框中一次输入检索式,单击 Search 按钮即可完成检索。检索式支持布尔逻辑组配和短语表达,逻辑组配用 AND、OR、NOT 表示,如 tennis AND(racqunet OR racket)、television OR(cathode AND tube)、meedle ANDNOT((record AND player) OR sewing),短语用" "表示,如"bawling balls"。检索式中用符号"/"限定检索词所在字段。限定字段代码有 31 种,在检索界面中有详细的列表可供参考。如发明名称字段代码 TTL、TTL/(nasal or nose)或 TTL/nasal or TTL/nose 代表检索词限定于发明名称中,发明人字段代码 IN,IN/Dobbs 代表发明人为 Dobbt 的所有专利等。

(3) 专利号检索

单击 Patent Number Search 选项,进入专利号检索界面。

该检索界面提供一个对话框,在对话框中输入专利号,单击 Search 按钮即可完成检索。因美国专利分为发明、外观设计、植物、重颁、防卫等类型,对话框下面给出各种专利的专利号表达方式。

2) 检索结果显示

检索结果一次可显示 50 条记录。单击记录下划线部分,即可得到该项专利 HTML 格式的说明书全文。

单击 HTML 格式说明书全文页面上部的 Image 按钮,即可得到该项专利的图像格式说明书全文(如图 4-8 所示)。该格式文件与纸质载体说明书完全一致。下载图像格式的美国专利说明书全文需在本地机上安装 TIFF 软件。

3. 世界知识产权数字图书馆网站(http://ipdl.wipo.int)

世界知识产权数字图书馆(Intellectual Property Digital Library,IPDL)由世界知识产权组织于 1998 年建立,主要收录有 PCT 国际专利公报数据库、PCT 国际专利全文图形数

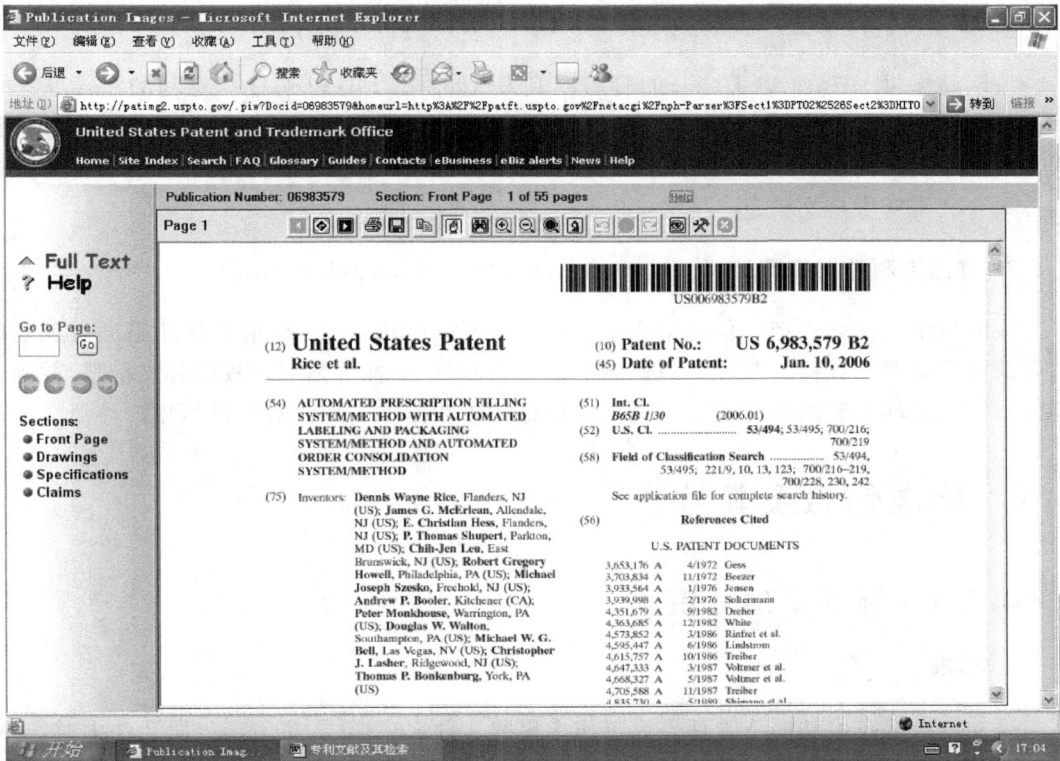

图 4-8 美国专利图像格式说明书全文

据库、马德里快报数据库、海牙快报数据库、健康遗产测试数据库和专利审查最低文献量科技期刊数据库。系统中不同信息的更新时间有的每天更新,有的每周更新,有的每月更新。

4. 加拿大专利数据库网站(http://patentsl.ic.gc.ca/pntro-e.html)

该网站是由加拿大国家知识产权局(http://cipo.gc.ca)建立的政府官方网站,可通过英语、法语免费检索加拿大专利信息。该数据库收录了 1920 年以来的加拿大专利说明书文本及扫描图形信息。

1978 年 8 月 15 日以前授权的专利未收录文摘和权利要求信息,只能通过专利号、标题、发明人、分类号进行检索。

5. 澳大利亚知识产权局网站(http://ipaustralia.gov.au)

该网站提供澳大利亚 1975 年以来公开的专利申请的免费检索。单击网站主页上的 Search Database,可得到系统提供的 4 个数据库:新专利方案数据库(New Patent Solution Datebase)、专利主机题录数据库(Patents mainframe bibliographic datebase)、澳大利亚公开专利数据库(AU Published Patent Date Searching)和专利说明书全文数据库(Patent specifications)。

6. 日本特许厅工业产权数字图书馆(http://www.jpo.go.jp)

该网站提供 1976 年以来公开的日本专利及 1993 年 1 月以来日本专利的法律状态信息。专利信息每月更新,专利法律状态信息每两周更新。通过关键词、公开号等字段进行检索。数据库支持英、日两种语言检索。英文界面提供日本专利的英文摘要信息,日文界面提供日本专利说明书全文信息。

7. 韩国专利数据库网站(http://kipris.or.kr/englisn/index.html)

该网站由韩国知识产权信息中心于 1998 年开始建立,于 2000 年 1 月开始通过互联网向公众提供免费专利检索服务。数据库提供韩国专利、商标等知识产权的韩文信息,并提供美国、日本、欧洲专利的英文摘要信息。首次访问该数据库的用户需要进行用户注册。

4.2　标准信息及其检索

4.2.1　标准基础知识

1. 标准

标准是科学技术和经济管理研究工作成果的一种表现形式,是生产科研活动中对产品、工程及其他技术基础上的质量、品种、检验方法及技术要求等所做的统一规定,是有关方面共同遵守的技术依据和准则。

1983 年我国的国家标准 GB 3935.1—83 对标准定义为:"为重复性事物和概念所作的统一规定。它以科学、技术和实践经验的综合成果为基础,经有关方面协商一致,由主管机关批准,以特定形式发布,作为共同遵守的准则和依据。"

2. 标准文献

标准文献一般是指由技术标准、管理标准及其他具有标准性质的类似文件所组成的特种科技文献体系。广义的标准文献是指包括除标准原始文件以外的一切标准化的书刊、目录和手册等。狭义的标准文献是指"标准"、"规范"、"技术要求"等。构成标准文献有 3 个条件:

(1) 标准是经过有关方面的共同努力所取得的成果,它是集体劳动的结晶。

(2) 标准必须经过一个公认的权威机构或授权单位的批准认可。

(3) 标准必须随着科学技术的发展而更新换代,即不断地进行补充、修订或废止。

3. 标准文献的类型

1) 按使用范围划分

(1) 国际标准。是指国际通用的标准,如国际标准化组织标准(ISO)、国际电工委员会标准(IEC)等。

(2) 区域标准。是经世界某一地区的若干国家标准化机构协商一致颁布的标准,如全欧标准(EN)、欧洲计算机制造商协会标准(ECMA)等。

（3）国家标准。是指一个国家的全国性标准化机构颁布的标准，如我国国家标准（GB）、美国国家标准（ANSI）、英国国家标准（BS）等。

（4）专业标准。是指某一专业团体对其所采用的零部件或原材料、完整的产品及有关工艺设备所制订的标准，如美国材料与试验协会标准（ASTM）、美国石油学会标准（APl）。

（5）企业标准。由公司企业自己规定的统一标准，在该公司企业内施行，如美国波音飞机公司标准（BAC）。

2）按标准内容划分

（1）基础标准。是标准的标准，一般包括术语、符号、代号、机械制图、公差与配合等。

（2）产品标准。规定产品的品种、系列、分类、参数、形式尺寸、技术要求、试验等。

（3）方法标准。包括工艺要求、过程、要素、工艺说明等，还包括使用规程。

（4）辅助产品标准。包括工具、模具、量具、夹具、专用设备及其部件的标准等。

（5）原材料标准。包括材料分类、品种、规格、牌号、化学成分、物理性能、试验方法、保管验收规则等。

此外还有安全标准、卫生标准、环保标准、管理标准和服务标准等。

3）按标准成熟程度划分

（1）法定标准。也称为正式标准，是指具有法律性质的必须遵守的标准。

（2）推荐标准。是制定和颁布标准的机构建议优先遵循的标准。

（3）试行标准。指内容不够成熟，尚有待在使用实践中进一步修订、完善的标准。

（4）标准草案。指审批前由草拟者或提出机构供讨论并征求有关方面修改意见的标准稿件。

标准文献除了以标准命名外，还常以规范、规程、建议等名称出现。国外标准文献常以 Standard（标准）、Specification（规格、规范）、Rules、Instruction（规则）、Practice（工艺）、Bulletin（公报）等命名。标准文献与一般的科技文献不同，主要表现在以下几个方面：首先，发表方式不同。它是各级主管标准化工作的权威机构主持制定和颁布的，通常以单行本形式发行，一项标准一册；其次，检索工具不同，查找技术标准主要靠专门的工具——标准目录；再次，分类体系不同，一般采用专门的技术分类体系；最后，性质不同，它是一种具有法律性质或约束力的文献，有生效、未生效、试行、失效等状态之分，未生效和失效过时的标准没有使用价值。

4.标准文献的分类

1）国际标准文献的分类

1991 年 ISO 组织完成了国际标准分类法的编制工作，《国际标准分类法》（简称 ICS）是由信息系统和服务委员会（INFCO）制定的，它主要用于建立国际标准、区域性标准、国家标准及其他标准文献的目录结构，并作为国际标准、区域性标准和国家标准的订购系统的基础，也可用作数据库和图书馆中标准及标准文献的分类。ICS 的制定将促进信息和有关工具（如目录、选择清单、数据库等）的协调，以及国际标准、区域性标准、国家标准及其他标准文献的传播。

ICS 采用三级分类，第一级由 41 个大类组成，第二级分为 405 个二级类目，第三级为 884 个三级类目，分类法采用数字编号，第一级和第三级采用双位数，第二级采用三位数表示，各级类目之间以实圆点（中文版采用短横线）相隔。

我国自 1995 年开始对 ICS 进行分析，将其与中国标准分类法进行了对照，于 1996 年出版了 ICS 的中文版，该版本是在 ICS 的结构下，根据我国国情适当补充形成的。至今为止，我国在标准分类上仍采用 ICS 与中国标准分类法并行的办法，随着我国标准化工作与国际的接轨，ICS 将最终取代中国标准分类法。

2）我国标准文献的分类

1984 年国家标准局编制了适合我国国情的标准文献专用的《中国标准文献分类法》（试行），它用于除军工标准外的各级标准和有关标准文献的分类。其分类体系结构以专业划分为主，由一级类目和二级类目组成：一级类目设有 24 个大类，先从人类基本生产活动排序，后划分工业生产和人类生活需要，其大类序列如表 4-4 所示。

表 4-4　标准文献分类大类序列

类　别	类　名	类　别	类　名
A	综合	N	仪器、仪表
B	农业、林业	P	建筑
C	医药、卫生、劳动保护	Q	建材
D	矿业	R	公路与水路运输
E	石油	S	铁路
F	能源、核技术	T	车辆
G	化工	U	轮船
H	冶金	V	航空、航天
J	机械	W	纺织
K	电工	X	食品
L	电子技术、计算机	Y	轻工、文化与生活用品
M	通信、广播	Z	环境保护

5. 标准文献的作用

（1）通过标准文献可了解各国经济政策、技术政策、生产水平、资源状况和标准水平。

（2）在科研、工程设计、工业生产、企业管理、技术转让、商品流通中，采用标准化的概念、术语、符号、公式、量值、频率等有助于克服技术交流的障碍。

（3）国内外先进的标准可供推广研究、改进新产品、提高工艺和技术水平借鉴。

（4）它是鉴定工程质量、检验产品、控制指标和统一试验方法的技术依据。

（5）可以简化设计、缩短时间、节省人力、减少不必要的试验、计算，能够保证质量、减少成本。

（6）进口设备可按标准文献进行装备、维修配置某些零件。

（7）有利于企业或生产机构经营管理活动的统一化、制度化、科学化和文明化。

4.2.2　国内标准及其检索

1. 概况

我国的标准化工作从 1956 年制定全国统一的国家标准开始，1978 年 5 月国家标准总局成立和 1979 年 7 月《中华人民共和国标准管理条例》的颁布,标志着我国标准化工作进入了一个新的发展时期。1978 年 9 月中国标准化协会(CAS),加入了国际标准化组织(ISO),并参加了其中的 103 个技术委员会。1975 年参加了国际电工委员会(IEC)。信息产业部代表中国于 1978 年参加了国际电信联盟(ITU)。中国曾任 ISO 理事会、技术管理局、IEC 执委会和管理局的成员。中国每年派出几百名专家出席 ISO、IEC 组织的各种技术会议,并与许多国家进行了标准化交流和学习,承办 10 多个 ISO、IEC 技术委员会会议。

2. 我国标准的等级及编号

1) 标准的等级

我国的标准分为国家标准、行业标准、地方标准和企业标准 4 级。

(1) 国家标准。这是对全国经济、技术发展有重大意义的,必须在全国范围内统一和实施的标准。

(2) 行业标准。指行业的标准化主管部门发布的在某一行业范围内统一和实施的标准。

(3) 地方标准。指在没有国家标准和国家标准不能满足需要的情况下,依据某地区的特殊情况在该地区范围内统一的标准。目前地方标准很少,绝大部分都下放给企业。

(4) 企业标准。指由企业或上级有关机构批准发布的标准,是为了不断提高产品质量、强化竞争能力、适用企事业单位的标准。

2) 标准编号

根据规定,我国国家标准及行业标准的代号一律用两个汉语拼音大写字母表示,编号由标准代号+顺序号+批准年代组成。

(1) 国家标准。其代号有以下 3 种。

- GB XXXX—XX 代表强制性国家标准。
- GB/T XXXX—XX 代表推荐性国家标准。
- GB/﹡XXXX—XX 代表降为行业标准而尚未转化的原国家标准。

(2) 行业标准。一般用该行业主管部门名称的汉语拼音首字母表示,如机械行业标准用 JB 表示,轻工行业标准用 QB 表示等。例如,QB 1007—90 是指轻工行业 1990 年颁布的"罐头食品净重及固形物含量的测定标准"。

(3) 地方标准。由 DB(地方标准代号)加上省域、市域编号,再加上专业类号(以字母表示)及顺序号和标准颁布年份组成地方标准编号。例如,DB/3204—G24—87,其中 32 表示江苏省,04 表示常州市。

(4) 企业标准。其代号规定以 Q 为分子,以企业名称的代码为分母表示,在 Q 前冠以省、市、自治区的简称汉字。例如,京 Q/JB 1—79 是指北京机械工业局 1979 年颁布的企业标准。

3. 我国标准文献的检索

1) 万方数据资源系统的中外标准信息数据库(www.wanfangdata.com.cn)

科技信息子系统提供中、外标准信息检索。其中,外标准由国家技术监督局等单位提供,包括中国国家标准、行业标准、国际标准、欧洲以及美、英、德、日等国家的标准共 14 个数据库,23 万多条记录。其中,国内标准提供 1964—1999 年发布的全部国家标准和行业标准,涉及机械、冶金、电子、化工、石油、轻工、纺织、矿业、土木、建筑、建材、农业、交通、环保等行业的近 9 万条记录;国际标准包括国际标准化组织(ISO)发布的所有标准,以及国际电工委员会(IEC)制定的国际电工标准,总数为 1.5 万条记录;其他各国标准包括英、美、德、法、日各国发布的标准及欧洲区域标准,总数近 10 万条记录。

2) 中国标准服务网(http://www.cssn.net.cn)

中国标准服务网是国家级标准信息服务门户,是世界标准服务网(www.wssn.net.cn)的中国站点。中国标准化研究院标准馆负责网站的标准信息维护、会员管理和技术支持。中国标准服务网以种类齐全、信息权威、更新及时、服务快捷为服务宗旨。

中国标准服务网的标准信息主要依托于国家标准化管理委员会、中国标准化研究院标准馆及院属科研部门、地方标准化研究院(所)及国内外相关标准化机构。中国标准化研究院标准馆收藏有 60 多个国家、70 多个国际和区域性标准化组织、450 多个专业学(协)会的标准以及全部中国国家标准和行业标准共计约 60 多万件。此外,还收集了 160 多种国内外标准化期刊和 7000 多册标准化专著,与 30 多个国家及国际标准化机构建立了长期、稳固的标准资料交换关系,还作为一些国外标准出版机构的代理,从事国外和国际标准的营销工作。每年投入大量经费和技术人员,对标准文献信息进行收集、加工并进行数据库和信息系统的建设、维护与相关研究。

网站采用会员制服务形式,非会员用户只能查到相关的题录信息。只有填写相关信息进行缴费注册后才能浏览到全文信息。

检索实例:利用中国标准服务网站,检索关于“电信传输单位”的标准。

打开浏览器,进入 http://www.cssn.net.cn/index.jsp,选择主页面上的标准检索,则打开一个关于各种方式查询标准的界面,其中包括标准分类检索、标准高级检索、电子资源检索、地方标准库检索、期刊检索、图书检索,如图 4-9 所示。

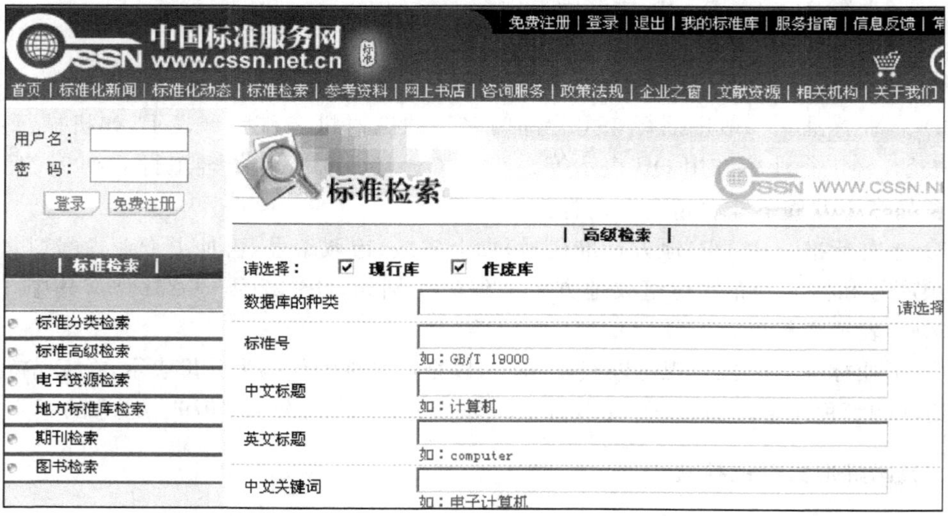

图 4-9　中国标准服务网站标准检索界面

按照给出的查询标准条件和查询界面提示,在“中文标题”栏输入“电信传输单位”,并选择相关的逻辑关系,核对无误后,单击“检索”按钮进行检索,得到查询结果,如图 4-10 所示。再打开标准号的链接,就可得到关于此标准的摘要信息。

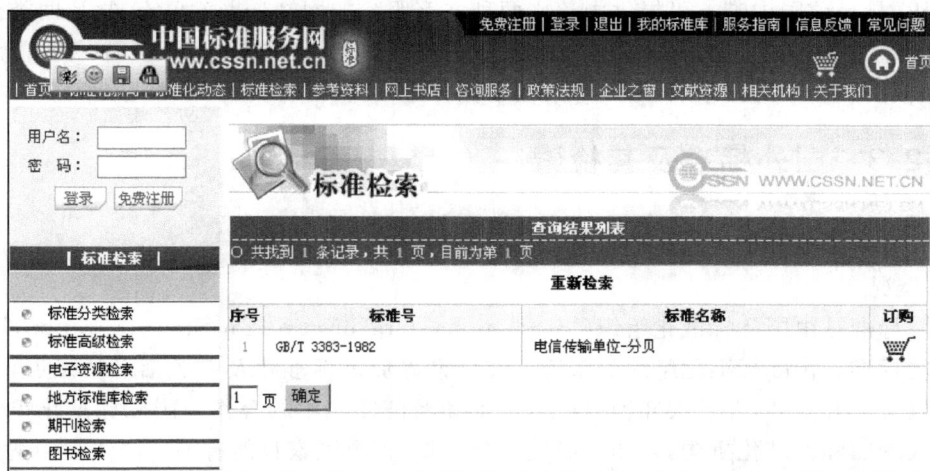

图 4-10　"电信传输单位"的查询结果

3）中国标准化研究院网站(http://www.cnis.gov.cn)

中国标准研究院是国内唯一的国家级标准化研究机构,是我国重要的标准化研究和开发基地,肩负着发展和开拓中国的标准化科学事业的重要责任。该研究院是在原中国标准化与信息分类编码研究所、中国技术监督情报研究所和国家质量技术监督局管理所的基础上,经国家质量技术监督局同意并报中央机构编制委员会办公室批准于 1999 年 10 月 12 日组建,同年 12 月 27 日正式挂牌成立。中国标准研究院设有质量与环境研究室、基础标准化研究室、术语标准化研究室、能源与资源标准化研究室、信息技术标准化研究室、信息分类编码标准化研究室、计算机辅助技术标准化研究室、技术监督理论研究室和情报研究室 9 个研究部门;设有生产许可证审查中心、全国组织机构代码管理中心、中国物品编码研究中心、国家质量技术监督局信息中心和标准馆。丰富的标准信息为用户提供了极大的方便。

4）中国国家标准咨询服务网(http://www.chinagb.org)

中国国家标准咨询服务网是国际国内专业化标准咨询服务性网站,旨在宣传国家、行业及国际标准方面的发展动态和最新咨询信息,全面、快速、准确地为社会和企业提供国内外标准化信息服务,以满足中国加入 WTO 后,国际国内对标准透明度及标准查询方面的需求。本网站以丰富的栏目内容,雄厚的标准资源为全国的各行各业标准需求者提供最快捷、准确的标准资讯。网站现已完成了自建国初期到目前为止国家出版发行的各类国家标准(含废止与修订)29 000 多个,行业标准约 90 000 多个,地方标准 12 000 个,企业标准 50 多万个,国际及国外先进国家颁布发行的 10 万多个标准的收集、分类、整编工作;并且采用 Web 技术制成系统、全面的标准数据资源库,如《中国国家标准题录总览》、《中国国家标准文本 Web 数据库》、《中国行业标准题录总览》等光盘产品已由中国标准出版社正式出版。由国家标准化管理委员会授权批准,西安大东国际数据股份有限公司与中国标准化研究院联合编著的《中国行业标准题录总览(1949—2003)》一书也将由中国标准出版社正式对外出版发行。同时公司还对美国军事标准进行了全面、专业、系统地采集、翻译和整理工作,通过相关数据资源采集和数据对比分析等多种信息处理手段,具有极大的研究和实用价值。到目前为止,是目前国内唯一可提供中英文两种文字服务的网站。网站已有 A、B 两类企业级会员 68 000 多个,并且以每月 2000 个新会员的速度递增。已被国际上 51 个著名门户网站收编,并被国际著名的搜索引擎 Google 列为国标查询的首位网站。

4.2.3　国外标准及其检索

1. 国际标准化组织(ISO)及其标准文献检索

1) 概况

国际标准是由国际标准化组织(International Organization for Standardization,ISO)统一颁布的标准。国际标准化组织的宗旨是在全世界促进标准化及有关活动的发展,以便于国际物资交流和服务,并扩大知识、科学、技术和经济领域中的合作。国际标准化组织是世界上最大的国际标准化机构,是非政府性国际组织,每个国家只能有一个团体被接纳为该组织成员。ISO 总部设在瑞士日内瓦。

ISO 标准每 5 年重新修订审定一次。使用时要注意选用最新标准版本。

ISO 标准号的结构形式为标准代号＋顺序号＋年份,如 ISO 3347—1976 表示 1976 年颁布的有关木材剪应力测定的标准。

ISO 标准的分类按制定标准的技术委员会(TC)的名称设立类目。现分为 146 个大类,分类号由字母加数字组成。

2) 国际标准检索工具

(1) 国际标准化组织网站(http://www.iso.org)

ISO 官方网站于 1975 年开通,网站设置了 12 个栏目,包括 ISO 简介、ISO 的成员、ISO 的技术工作、ISO 的联系方式、标准和世界贸易、世界标准服务网络、ISO 标准目录、ISO 9000 和 ISO 14000、新闻与商务等。

"ISO 标准目录"栏目包含有 ISO 国际标准数据库,该库收录了有关基础科学、社会科学、自然科学、农业、医学、土木工程、环境工程等方面计 2 万多条国际标准的题录,包括已发布的 ISO 标准信息、ISO 作废标准和其他 ISO 出版物以及订购信息;另外,"ISO 9000 和 ISO 14000"栏目专门介绍基于 ISO 9000 系列标准的质量管理和质量认证的详细出版信息,以及基于 ISO 14000 系列标准的环境管理方面的信息。

"ISO 在线"有英、法 2 种语言版,其英文版网址为 http://www.iso.org/iso/en/ISOOnline.frontpage。

(2) 检索方法

ISO 国际标准数据库有"基本检索"、"高级检索"两种方式,其中"基本检索"只需在其主页上部 Search 后的检索框内输入检索要求即可。

为了既快又准地找到所需标准,提高检索效率,应采用"高级检索"方式。单击 ISO 主页中的 Advanced Search 即进入"高级检索"界面。"检索区"内设置了若干检索字段,用户可检索其中某个字段,也可进行多字段组合检索,此时系统默认在字段间作"与"运算。

① 关键词或词组(Find Keyword or Phrase)。

该字段供用户输入单词或词组进行检索,而词组必须置于双引号("")中;如果在该字段中一次输入 2 个或 2 个以上检索词,系统默认各词之间以 OR 算符相连;若希望检索结果中同时含有所输入的全部检索词,应在检索词之间加上 AND,如 copper and coating;如果在输入的某个检索词使用了 NOT 算符,则检索结果中不会出现含有这个检索词的记录。该字段支持截词检索,采用"x"为截词符,例如,输入 electroplatx,可检出含有 electro-plated、electroplating 等词的标准文献。

选中本字段下方 Titles、Abstracts 或 Full Text or Standards 前面方框中的 1 个或多个,可指定在标准名称、摘要或全文中进行检索。

② 标准号(ISO Number、ISO Partnumber)。

ISO 标准的编号由"ISO+标准顺序号+制定或修改年份"构成,如 ISO 9001—2000。按标准号检索时,输入标准顺序号即可,例如,检索前述标准只需输入 9001。若检索标准中的某一部分,例如,ISO 9000 第 4 部分,可在 ISO Number 后输入 9000,再在 ISO Partnumber 后输入4,也可直接在 ISO Number 后输入 9000—4。需要一次检出多项标准时,应分别情况处理:如果待检标准号是连续的,可输入起、止标准号,中间以":"相连,如 1:400;如果标准号是间断的,应将待检标准号分别输入,中间以","分隔,如 9000,14001,14004;如果标准号既有连续的,又有间断的,则应将上述方法结合使用,如 1:400,9000,14001,14004。

③ 文献类型(Document Type)。

单击该字段的下拉菜单,可以选择检索的文献类型,如 International Standard(标准)、Guide(指南)、Technical Specification(技术准则)等。

④ 国际标准分类号(ICS)。

在该字段输入 ICS 分类号,可检索出相应类别的标准。采用在标准号字段检索时相似的方法,可一次检出多个类别的标准,如 87.020;87.060;87.100。

⑤ 阶段代码(Stagecode、Datecurrent Stagereached)。

该字段供用户使用"阶段代码"进行检索。有关阶段代码的详细信息。

⑥ 技术委员会(Committee、Subcommittee)。

该字段供用户按技术委员会分类进行检索。单击该字段的下拉菜单,选择需要检索的技术委员会的英文代码,如 TC 107(金属和其他无机覆盖层技术委员会),便可检索出该技术委员会所在学科领域的全部标准。若对某技术委员会下设的分技术委员会进行检索,应先选定技术委员会代码,然后输入分技术委员会的编号,例如,先在 Committee 下拉菜单中选定 TC 207,再在 Subcommittee 中输入。

ISO 系统执行用户的检索指令后,将反馈检索结果的清单,包括标准号和标准名称,单击标准号,则会显示标准的订购信息,选择电子文档(PDF 格式)或印刷文本,以及文献的语种(英文或法文),便可获得所需标准。

2. 国际电工委员会(IEC)及其标准文献检索

1) 概况

国际电工委员会(http://www.iec.ch)简称 IEC,是 International Electron Technical Commission 的缩写。它也是非政府性国际组织,是联合国社会经济理事会的甲级咨询机构,正式成立于 1906 年 10 月,是世界上成立最早的专门国际标准化机构。

IEC 的宗旨是促进电气、电子工程领域中标准化及有关问题的国际合作,增进国际的相互了解。为此,IEC 出版包括国际标准在内的各种出版物,并希望各成员国在本国条件允许的情况下,在本国的标准化工作中使用这些标准。

IEC 标准的编号为 IEC+顺序号+制订(修订)年份。例如,IEC 434(1973)为飞机上的白炽灯的 IEC 标准。

IEC 网站提供电力、电子、电信和原子能方面的工程技术信息。

2) 检索工具及其检索

IEC 标准的主要检索工具是《国际电工委员会标准目录》(IEC Catalogue of Publications),该目录为年刊,由 IEC 中央办公室以英法文对照的形式编辑出版。它由两大部分组成:

(1) 标准序号目录(Numerical List of IEC Publications)。该目录按标准号顺序排列。不仅包括现行标准,而且包括作废标准,现行标准用黑体印刷,废弃标准均给出替代标准。

(2) 主题索引(Subject Index),按主题词字顺排列,主题词分两级。

IEC Catalogue of Publications 对应的中文版检索工具是《国际电工标准目录》,该目录正文按 IEC 技术委员会(TC)号排列,后附有标准序号索引,其检索方法与 *IEC Catalogue of Publications* 相仿。

3. 美国标准(http://www.ansi.org)

1) 概况

美国国家标准是由美国国家标准协会(American National Standards Institute,ANSI)颁布的标准。该协会建于 1918 年,和其他国家不同,协会本身很少制订标准,大部分是该协会从本国 72 个专业团体所制订的专业标准中择取对全国具有重要经济意义的标准,经 ANSI 各专业委员会审核后作为国家标准,并给出 ANSI 标准代号及分类号,目前 ANSI 标准有 1 万多条。

ANSI 标准采用字母与数字相结合的混合标记分类法,目前共分为 18 个大类,每个大类下再细分若干个小类,并用一个字母标记一个大类,用数字表示小类。

ANSI 自行制订的国家标准:ANSI+分类号+小数点+序号+年份,如 ANSIK 61.1—81。专业标准经审批后提升为国家标准:ANSI+断开号+原专业标准号+制定年份+(修订年份),如:ANSI/AWWAB 406—87。

2) 检索工具

(1)《美国国家标准协会目录》(ANSI Catalogue) 该目录由美国国家标准协会编辑出版,每年出版一次。目录列举了现行美国国家标准,内容包括两个主要部分,即"主题目录"(List by Subject)和"标准序号目录"(Listing by Designation)。在各条目下列出标准主要内容,标准制订机构名称、代码和价格,可供读者从主题和序号途径查找。

(2)《95 美国国家标准目录》(中文版) 中国标准化综合研究所编,科学文献出版社出版,不定期。报道了截至 1994 年底的美国国家标准,按标准号编排。

4. 日本工业标准(http://www.jsa.or.jp)

1) 概况

日本工业标准(Japanese's Industrial Standards,JIS),是由成立于 1949 年的日本工业标准调查会(Japanese Industrial Standards Committee,JISC)负责制定,由日本标准协会发

行。现行 JIS 标准近万条,每隔 5 年审议一次。

日本工业标准为国家级标准,除药品、食品及其他农林产品另制订专业技术规范或标准外,内容涉及各个工业领域,包括技术术语及符号,工业产品的质量、形状及性能;试验、分析与测量,设计、生产、使用及包装运输等方面。

日本工业标准采用字母与数字相结合的混合标记分类法,用一个字母表示一个大类,共 17 个大类,大类下面用数字细分为 146 个小类。标准号的构成为:标准代号(JIS)+字母类号+数字类号+标准序号+制定年份,如 JISD 68 02—90(自动输送车辆的安全标准)。

2) 检索工具

(1)《日本工业标准总目录》(JIS 总目录)由日本标准协会编辑出版,每年出一版。供读者从分类途径和主题途径进行检索。

(2)《日本工业标准年鉴》(JIS Yearbook)由日本标准协会出版,它实际上是一本英文版的年度总目录。我国有不定期的中文译本。

5. 英国标准(http://www.bsi-global.com/index.xalter)

1) 概况

英国标准(British Standard,BS),由创建于 1901 年的英国标准学会(British Standards Institution,BSI)负责制订。英国标准(BS)在世界上有较大影响,因为英国是标准化先进国家之一,并为英联邦国家采用,所以英国标准受到国际上的重视。英国标准 5 年复审一次,现行标准近万条。

BS 标准的标准号构成为:标准代号(BS)+顺序号+分册号+制订(修订)年份,如 BS 6912pt.2—93(土方机械安全)。

2) 检索工具

(1)《英国标准学会目录》(BSI Catalogue)年刊,该目录由英国标准学会编辑发行。刊登现行英国标准及其他英国标准协会的出版物。

(2)《英国标准目录》1992(中文版),按《中国标准分类法》分类编排,共收录标准 11 000 多条,是检索英国标准的必备工具,由目录和索引两部分组成,供读者从分类标准号途径进行检索。

6. 德国国家标准(http://www.beuth.de)

1) 概况

德国标准化学会的主要工作是从事制订德国标准 DIN。

DIN 标准编号的构成为:DIN+顺序号+年份,如 DIN13208-85。

2) 检索工具

(1) *DIN-Katalog for Teehnische Regcln*,德英文对照,每年出版一次,目录正文按专业分类编排,目录后附有顺序号索引和德文、英文的主题索引。

(2)《德国标准目录 1990》(中文版),北京技术监督情报研究所出版。该目录分 75 个大类,在目录前有中文分类表,为读者查阅提供了方便。

7. 法国标准(http://www.afnor.fr/portail.asp)

1) 概况

法国标准有正式标准(NF)、试行标准(EXP)、标准化参考文献(RE)和标准分册(FD)4种。一般而言,法国标准是自愿采用的,但约有 200 条标准是强制性的。

NF 标准编号的构成为:NF＋字母类号＋数字小类号＋顺序号＋年份,如 NF A 45313—1984。

2) 检索工具

(1) *Catalogue des Normes Francaises*,每年出版 1 次,报道法国现行标准,其正文按大类伪字母顺序排列。

(2)《法国标准目录》(中文版),科学技术文献出版社出版。

8. IEEE 标准组织(http://standards.ieee.org)

IEEE 标准组织提供美国电气电子工程师学会和英国电气工程师学会出版的近 900 种标准的全文信息。用户可以检索、浏览、下载或打印与原出版物版面完全相同的文字、图表、图像和照片的全文信息。IEEE 于 1963 年由美国电气工程师学会(AME)和美国无线电工程师学会(IRE)合并而成,是美国规模最大的专业学会,由 17 万名从事电气工程、电子工程和有关领域的专业人员组成,分设 10 个地区和 206 个地方分会,设有 31 个技术委员会。IEEE 提供的标准内容包括电气与电子设备、试验方法、元器件、符号、定义以及测试方法等。

9. 美国印刷电路协会(IPC)(http://www.ipc.org)

美国印刷电路协会由 300 多家电子设备与印刷电路制造商,以及原材料与生产设备供应商等组成,下设若干技术委员会。IPC 主要制订与发展规格、标准,它还积极参加 IEC 的电子元件标准的制订。IPC 的一些标准已为美国国家标准所采用,其网站提供 IPC 标准等其他产品的目录、IPC、ANSI 标准和规格的制订和批准的程序文献、IPC 标准化的地位论述、标准文件、手册的免费下载服务。

10. 国际电信联盟(ITU)(http://www.itu.ch)

国际电信联盟于 1865 年 5 月在巴黎成立,1947 年成为联合国的专门机构。ITU 是世界各国政府的电信主管部门之间协调电信事务的一个国际组织,它研究制订有关电信业务的规章制度,并提出推荐标准。

11. 美国材料与试验协会(ASTM)(http://www.astm.org)

美国材料与试验协会成立于 1902 年,在美国及国外设有许多分会,拥有会员 291 000 个,其中近 17 155 名会员在其各个委员会中担任技术专家工作,他们代表 81 540 个参加单位。ASTM 下设 138 个技术委员会,每个委员会又下设 5～10 个小组委员会。ASTM 主要致力于制订各种材料的性能和试验方法的标准。从 1973 年起,扩大了业务范围,开始制订关于产品、系统和服务等领域的试验方法标准。标准包括标准规格、试验方法、分类、定义、操作规程以及有关建议。

4.3 学位论文、会议文献和科技报告及其检索

4.3.1 学位论文及其检索

学位论文(Thesis/Dissertation)是指高等院校或学术研究机构的学生为获得某种学位而撰写的科学论文,包括学士(Bachelor)论文、硕士(Master)论文、博士(Doctor)论文等。学位论文是伴随着世界上学位制度的实施而产生的,是高等院校或科研单位的毕业生为获取学位资格递交的学术性研究论文。学位论文是经审查的原始研究成果,具有内容专一、阐述详细、见解独到、参考文献比较系统等特点,因此广为科研人员所重视。

学位论文一般分为两大类型。一类是理论研究型的,作者通常在搜集、阅读了大量资料之后,依据前人提出的论点和结论,再通过自己的深入研究或大量实验,进一步提出自己的新论点和新假说。另一类是调研综述型的,作者主要是以前人关于某一主题领域的大量文献资料为依据,进行科学的分析、综合和核实后,对其专业领域的研究课题做出概括性的总结,提出自己独特的论点和新见解。

学位论文大多不正式出版,而是以打印本的形式保存在规定的收藏地点,因此其传播和交流受到一定的限制。在我国,只有北京图书馆、中国科技信息研究所、中国社会科学院文献情报中心这三家单位有责任根据相关使用规定向公众开放。随着网络技术的发展,学位论文逐步以二次文献的形式对外开放,这不仅为获取学位论文的信息提供了便利,而且为进一步获取学位论文的全文提供了可能。目前,国内学位论文数据库主要有CALIS高校学位论文文摘及全文数据库、万方数据资源系统中国学位论文数据库(CDDB)、CNKI中国优秀博士/硕士学位论文全文数据库(CDMD)等。

1. 国内学位论文的检索

1)《CALIS高校学位论文文摘与全文数据库》

由中国高等教育文献保障系统(CALIS)全国工程文献中心——清华大学图书馆牵头组织,协调高校合作建设的文摘与全文数据库。截至2002年5月21日,全国已有97所高校申请加入学位论文数据库的建库工作,学位论文数据库的上网数据量已达到97 000余条,内容覆盖自然科学、社会科学、医学等各个学科领域。

2)《中国优秀硕士学位论文全文数据库》

《中国优秀硕士学位论文全文数据库》(CMFD)是国内内容最全、质量最高、出版周期最短、数据最规范、最实用的硕士学位论文全文数据库。覆盖基础科学、工程技术、农业、哲学、医学、哲学、人文、社会科学等各个领域。截至2011年6月,收录来自598家培养单位的优秀硕士学位论文115多万篇。重点收录985、211高校、中国科学院、社会科学院等重点院校高校的优秀硕士论文,重要特色学科,如通信、军事学、中医药等专业的优秀硕士论文。产品分为十大专辑:基础科学、工程科技Ⅰ、工程科技Ⅱ、农业科技、医药卫生科技、哲学与人文科学、社会科学Ⅰ、社会科学Ⅱ、信息科技、经济与管理科学。十大专辑下分为168个专题,收集从1984年至今的硕士学位论文,如图4-11所示。

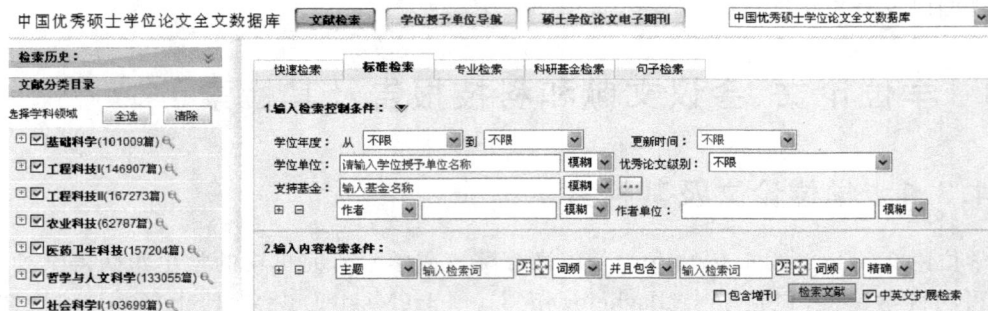

图 4-11　《中国优秀硕士学位论文全文数据库》检索界面

3)《万方博硕学位论文全文数据库》

《万方博硕学位论文全文数据库》由国家法定学位论文收藏机构——中国科技信息研究所提供,并委托万方数据加工建库,收录了自 1980 年以来我国自然科学领域博士、博士后及硕士研究生论文,其中全文 80 余万篇,每年稳定新增 15 余万篇,是我国收录数量最多的学位论文全文库。

2. 国外学位论文的检索

1)《国际学位论文文摘》(DAI)

美国《国际学位论文文摘》(Dissertation Abstracts International,DAI),是查找国外博士论文的主要检索工具,由美国大学缩微品国际出版公司出版。它主要收录美国和加拿大的约 500 所大学的博士论文摘要。目前,该刊分了 3 个分册。

(1) A 辑。人文与社会科学,月刊。主要报道美国和加拿大的 400 多所大学的人文和社会科学方面的博士论文。

(2) B 辑。科学与工程,月刊。主要报道美国和加拿大 400 多所大学的自然科学和工程技术方面的博士论文。

(3) C 辑。欧洲学位论文文摘,季刊。主要收录世界范围各学科领域的博士后学位论文,但仍以报道奥地利、比利时、德国、瑞士、法国、西班牙、英国、荷兰等西欧国家的学位论文为主,内容既包括人文和社会科学领域,也包括自然科学和工程技术领域。

3 个分辑的结构基本相同,都包括文摘和辅助索引两大部分。对工程技术人员而言,B 辑最有用,B 辑各篇论文摘要的著录项目内容是论文题目、订购号、著者姓名、颁发的学位名称、授予学位的大学名称、授予学位的年份、总页数、导师姓名、论文内容摘要。B 辑每期后附有两种索引。

(1) 关键词索引。从每篇论文的题名中选出若干个关键词,按字母顺序编排。关键词下列出论文题名和著者姓名,以及论文文摘在该期中的页码。

(2) 著者索引。按著者姓名字顺排列,其下著录论文文摘在该期中的页码,不著录论文题名。

每卷卷末出版年度的 A、B、C 这 3 辑共同的累计著者索引。

DAI 的检索途径有分类、关键词和著者三种途径。通过三种途径查出的文摘,若想阅读原文,可根据订购号等信息与 UMI 联系复制和通过国际互联网订购,或通过我国国内的收藏单位,如北京图书馆(收藏有自然科学和社会科学方面的博士论文),中国科技信息研究所和社会科学信息所(分别收藏自然科学和社会科学方面的博士和硕士论文)等单位借阅或复制。

2)《美国博硕士学位论文文摘与全文数据库》(PQDD)

PQDD(ProQuest Digital Dissertations)是美国 UMI(University Microfilms Int.)公司开发的博硕士论文文摘与全文数据库。该公司自 20 世纪 30 年代开始专门报道美国重点大学博士/硕士学位论文的题目与文摘,并提供全文复制服务。它所提供的博士/硕士学位论文缩微平面产品一直是外界获取学位论文的主要途径之一。PQDD 是 UMI 公司博士/硕士学位论文的网络版形式。

PQDD 是学术研究中十分重要的参考信息源。该数据库收录了 1861 年以来欧美 1000余所大学和著名研究机构的 150 万篇博士/硕士学位论文的摘要与索引,其中,博士论文摘要 350 字左右,硕士论文摘要 150 字左右。每周更新,内容涉及商业管理、社会与人文科学、科学与技术、金融与税务、医药学等广泛领域。UMI 公司在其提供的 Web 版数据库中,将二次文献与一次文献实行"捆绑"销售,为最终用户提供文献获取一体化服务。用户在检索文摘索引时就可以实时获取 image(图片)全文信息。检索结果能以 HTML 格式或 PDF 格式显示,用户可选择浏览该文献的目录、引文、文摘或全文。

2002 年底,CALIS 与 ProQuest 公司合作,正式引进 ProQuest 博士/硕士学位论文文摘与全文数据库。CALIS 的各高校成员图书馆和研究所均可共享 ProQuest 的信息服务。

(1) PQDD 文摘库的检索

PQDD 文摘库提供基本检索和高级检索两种检索方式。

① 基本检索方式。

提供关键词(Keyword)、作者(Author)、题名(Title)、文摘(Abstract)、授予学位(Degree)、导师(Advisor)、语种(Language)等 12 个可检字段,通过逻辑"与"、"或"、"非"进行匹配,并可实现年代限制检索。

PQDD 文摘库的基本检索窗口如图 4-12 所示。

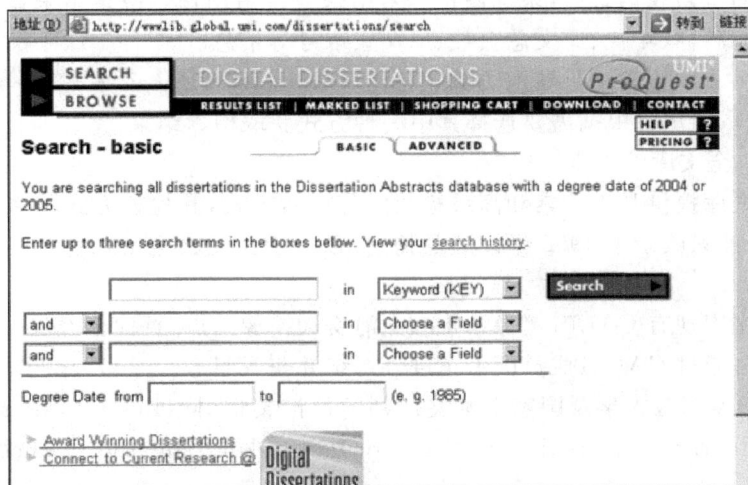

图 4-12 PQDD 文摘库检索界面

② 高级检索方式。

PQDD 文摘库的高级检索方式支持字段限制检索、布尔逻辑运算、位置运算、截词检索、词组/短语检索、嵌套检索以及自动忽略噪音词等功能。其检索界面分为检索式输入框和检索式构造辅助提问窗口两部分。可以在检索式输入框中输入用户自己构造的检索式，也可以通过检索式构造辅助提问窗口构造检索式。

第一，选择 Keywords＋Fields 按钮提供基础的检索界面。在此窗口中的各检索条件中输入关键词，选定其逻辑关系以及要求检索的字段和时间范围。

第二，选择 Search History 可帮助用户根据检索经验调整检索式。PQDD 保存用户该次登录后的全部检索过程，单击此按钮便可以查看检索表达式、检索步骤及其检索命中的结果数量，并可以利用已构造好的检索表达式与其他检索条件重新组合进行检索，从而得到进一步的检索结果。

第三，单击 Subject Tree 按钮提供从学科范畴角度对检索进行限制。PQDD 将所收录的学位论文划分为 12 个大类，分别为人文与社会科学(The Humanities and Social Sciences)、交流与艺术(Communications and the Arts)、教育(Education)、语言、文学与语言学(Language，Literature and Linguistics)、哲学、宗教与神学(Philosophy，Religion and Theology)、社会科学(Social Sciences)、科学与工程(The Sciences and Engineering)、生物科学(Biological Sciences)、地球与环境科学(Earth and Environment Sciences)、保健科学(Health Sciences)、物理学(Physical Sciences)、心理学(Psychology)。

PQDD 赋予每一大类一个 4 位数字的学科代码，并对所收录的每篇学位论文进行标引，给出其学科范畴，因此可以用学科名称或学科代码进行检索。此外，数据库还可显示每一个学科大类所收录的学位论文数量。

第四，School Index 是关于入库论文的授予学位单位的索引。只要在输入框中输入被检索学校名称的一部分，即可查看数据库中是否收录有该学校的学位论文，还可以查看该学校的全称。

③ 检索结果的输出。

输入正确的检索表达式后，系统便将检索结果呈现给用户。检索结果显示命中的论文题目、作者、学校名称、年代、原文总页数、原文索取号等信息。

PQDD 提供 3 种检索结果获取方式：打印(Print List)、E-mail 发送(E-mail List)和下载(Down Load)，用户可根据需要选择其中一种方式获取检索结果。

(2) PQDD 全文库的检索

PQDD 全文库提供基本检索和高级检索两种检索方式，其检索方式与文摘库检索方式基本相同，但目前只收录了 1998 年以后的博士/硕士学位论文全文，且只能以 PDF 格式显示原文。

PQDD 全文库现有 CALIS 镜像站点和上海交大镜像站点，页面已经汉化，如图 4-13 所示。高校用户可通过 CALIS 成员图书馆进入系统并获取服务。

3)《英国和爱尔兰大学及国家学术奖评判学位论文索引》(Index to these accepted for higher degree in the Universities of Great Britain-Ireland and the Council for National Academic Awards)

年刊，1950 年创刊，主要报道英国和爱尔兰重要大学的学位论文。按分类编排，著录有

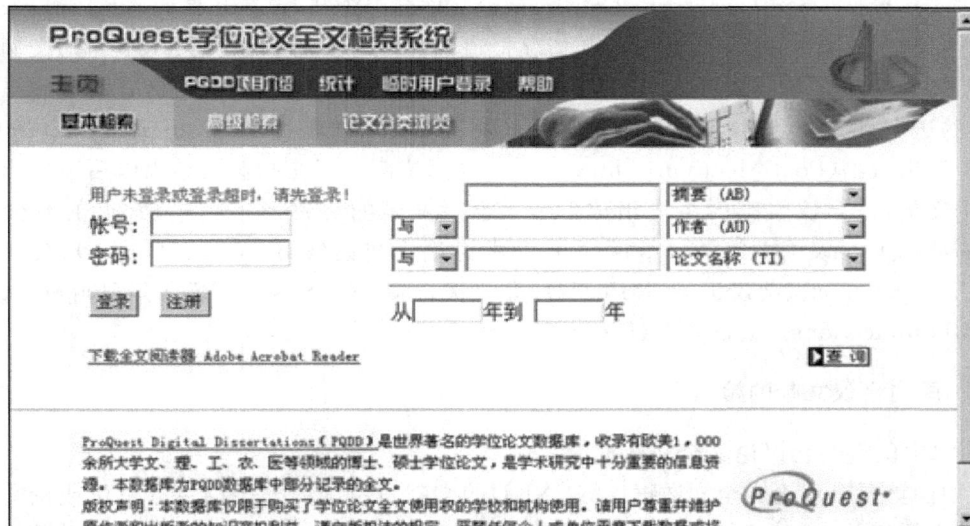

图 4-13 PQDD 全文库检索界面

著者、学位名称、论文名称、英国国家图书馆外借部的馆藏号等,并附有著者索引和主题索引。

4)《德国高等学校出版物目录》(Jahresverziechins der Deutschen Hochschul Schriften)

年刊,1985 年创刊,实为德国的博士论文通报,按分类编排,同一大类下按大学名称排。著录项目有著者、论文名称、学位授予时间、页数、开本等,并附有著者索引和主题索引。

5)《法国高等院校博士论文目录》(Catalgue des These de Doctoral Soutenues Devant les Universities Francaised)

年刊,1884 年创刊,主要报道法国各大学和研究机构的博士论文,先按学科编排,同一学科内再按各大学的论文作者字顺排列。著录项目有著者姓名、论文名称、出版地、出版社、学位授予年份、开本、页数等,并附有著者索引和主题索引。

4.3.2 会议文献及其检索

随着科学技术的迅速发展,各个国家的学会、协会、研究机构及国际学术组织越来越多,为了加强科学家之间的信息交流,各学术组织每年都定期或不定期地召开学术会议。会议文献是学术会议的副产品,是各种学术会议上所发表的论文、报告、演讲等的统称。其主要特点是直接迅速,时效性强,反映新成果较快,质量较高,专业性较突出,许多学科中的新发现、新进展、新成就以及所提出的新研究课题和新设想,都是以会议论文的形式向公众首次发布的。因此,会议文献是重要的科技信息来源之一。

会议文献的发表时间有先有后,出版形式多种多样。按出版时间的先后,大致有 3 种。会前文献(Preconference Literature)一般是指在会议进行之前预先印发给与会代表的论文、论文摘要或论文目录,这类资料包括会议通知书、程序单、会议论文预印本(Preprints)、会议论文摘要(Advance Abstracts)、议程和发言提要(Program and Summary)以及会议近期通信或预告(Current Program/Forthcoming Conference/Future Meeting)等。会间文献

(Literature Generated During the Conference)又称会中资料,包括开幕词、闭幕词以及其他讲话、会议记录、会议决议、行政事务和情况报道性文献等。有些论文预印本和论文摘要在开会期间发给与会者,也成为会间文献。其中,会议决议是会中重要材料,有的会后立即发表,有的送交有关学会鉴定,许多还在期刊上发表。会后文献(Post Conference Literature)也称会后出版物(Post Meeting Publication)。会后文献主要是指会议结束以后正式出版的会议论文集,是会议文献的主要组成部分。会后文献的名称形形色色,常见的有会议录(Proceeding)、会议论文集(Symposium)、学术讨论论文集(Colloquium Papers)、会议论文汇编(Transactions)、会议记录(Records)、会议报告集(Reports)、会议文集(Papers)、会议出版物(Publications)、会议辑要(Digest)等。

1. 国内会议文献的检索

1)《中国重要会议论文全文数据库》

《中国重要会议论文全文数据库》(CNKI)的文献是由国内外会议主办单位或论文汇编单位书面授权并推荐出版的重要会议论文。由中国学术期刊(光盘版)电子杂志社编辑出版的国家级连续电子出版物专辑。重点收录 1999 年以来,中国科协系统及国家二级以上的学会、协会,高校、科研院所,政府机关举办的重要会议以及在国内召开的国际会议上发表的文献。其中,国际会议文献占全部文献的 20% 以上,全国性会议文献超过总量的 70%,部分重点会议文献回溯至 1953 年。截至 2011 年 6 月,已收录出版国内外学术会议论文集近 16 300 本,累积文献总量 150 多万篇。产品分为十大专辑:基础科学、工程科技Ⅰ、工程科技Ⅱ、农业科技、医药卫生科技、哲学与人文科学、社会科学Ⅰ、社会科学Ⅱ、信息科技、经济与管理科学。十专辑下分为 168 个专题。收录自 1953 年至今的会议论文集。检索界面如图 4-14 所示。

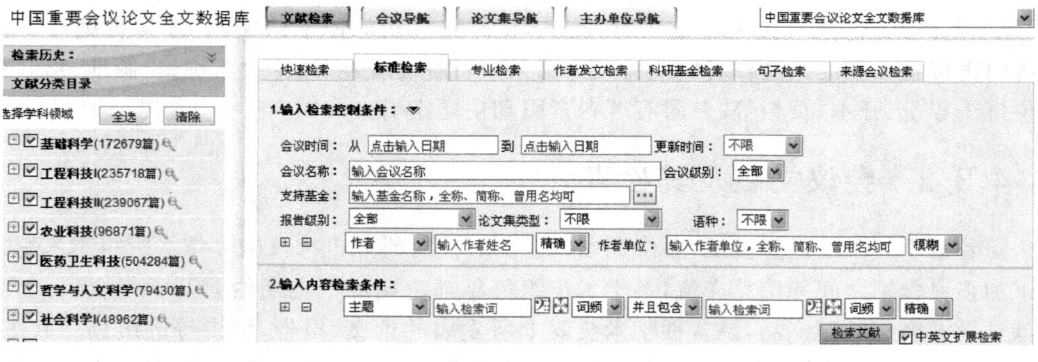

图 4-14　《中国重要会议论文全文数据库》检索界面

2)《万方学术会议论文全文数据库》

《万方学术会议论文全文数据库》是国内最具权威性的学术会议论文全文数据库,收录了 1998—2007 年国家一级学会在国内组织召开的 7000 余个全国性学术会议、近 50 余万篇会议论文全文,是目前国内收录会议数量最多,学科覆盖最广的数据库,是掌握国内学术会议动态必不可少的权威资源。

2．国外会议文献的检索

1)《世界会议》(WM)

《世界会议》(World Meetings，WM)由美国世界会议情报中心(世界会议数据集中公司)编辑,专门预报两年内将要在全世界 100 多个国家和地区召开的学术会议消息。其报道的学术会议涉及自然科学、工程技术、医学和社会学等多个领域。共分 4 辑,按季度报道。

- *World Meetings*：*United States and Canada*,1963 年创刊,预报美国和加拿大两国当年或次年将要召开的各种世界性会议。
- *World Meetings*：*Outside United States and Canada*,1968 年创刊,预报美国和加拿大以外其他国家和地区召开的各种学术会议。
- *World Meetings*：*Medicine*,1978 年创刊,预报两年内医学方面的世界会议。
- *World Meetings*：*Social & Behavioral Science*,*Human Services & Management*,1971 年创刊,预报两年内将要召开的社会科学、行为科学、教育与管理方面的国际会议。

World Meetings 每辑的编辑方法、著录格式、索引类型都相同,均由正文和索引构成。正文部分按会议登记号顺序编排,著录有会议地点、主办单位、参加人数、截止日期、论文出版情况、联系人等会议基本信息。正文前附有关键词索引、日期索引、会议地点索引、出版物索引、论文截止期限索引,正文之后附有主办单位索引。可根据索引查找会议登记号,再按登记号查阅正文。

(1) 索引部分(Index)

《世界会议》共有以下 6 种索引。

① 关键词索引(Keyword Index)。按会议名称和内容的关键词或词组字顺排列而成,著录有会议地点、会议召开时间及会议登记号。

② 会议日期索引(Date Index)。按会议召开时间的顺序排列而成,并列出会议召开地点、关键词及会议登记号。

③ 会议地点索引(Location Index)。按会议召开地点的国名和城市名称字顺排列,其后列出关键词、会期及会议登记号。

④ 会议文集索引(Publication Index)。按会议关键词或词组字顺排列,著录有出版情况及会议登记号。

⑤ 会议截止日期索引(Deadline Index)。按向会议提交论文全文或摘要截止期限的时间顺序排列,著录有主要关键词及会议登记号。

⑥ 会议主办单位索引(Sponsor Directory and Index)。按会议主办单位的名称字顺编排,其后列出会议主持者、主办单位地址和该单位近两年内将要举办的各种会议的登记号。

(2) 检索途径与方法

《世界会议》提供关键词、会议日期、会议地址、出版物、截止日期、主办单位 6 种检索途径。利用《世界会议》检索最新国际会议消息时,首先选择所需分册,然后通过每一个检索途径,都能得到会议登记号,再根据登记号,即可在正文中找到所需要的会议款目。

2)《会议论文索引》(CPI)

美国《会议论文索引》(Conference Papers Index,CPI),1973 年创刊,由剑桥科学文摘社 (Cambridge Scientific Abstracts,CSA)编辑出版,是查找全世界刚召开不久或即将召开的 学术会议的重要检索刊物,主要报道化学、物理、地球科学、工程技术以及生命科学、医学等 方面的会议文献,每年报道量约为 12 万篇。

CPI 由会议文献题录与索引两部分组成。正文部分收录的内容包括航天学与工程、动 植物学、生物化学、普通生物学、化学与化工、建筑与机构工程、临床医学、电子工程、实验医 学、一般工程技术、地球科学、材料科学与工程、数学与计算机科学、跨学科文献、药物学、物 理学与天文学、核动力工程、专题资料等。CPI 将每一大类的文献题录按顺序号编排,每一 会议文献的著录格式包括世界会议登记号(年代＋季度代号＋顺序号)、会议名称、会议召开 地点与日期、主办会议单位名称、订购情况的说明、论文题目等。

CPI 除正文题录之外,还有按专业排列的会议名称索引(Conference Locator)、主题索 引(Subject Index)和著者索引(Author Index)。提供了主题、著者、会议日期、会议议题 4 种检索途径。

目前,CSA 已经开发了自己的网络平台 CSA Internet Database Service,网址为 http://www.csa.com,其中收录了 1982 年以来的会议文献。该网站提供多库检索及相关 Internet 资源的浏览,可以记录检索历史,保存检索策略,每日更新,可帮助用户及时了解最 新的研究成果。

目前国内已有多所大学引进该数据库,可通过校园网进入 CSA 系统进行检索。

3)《科技会议录索引》(ISTP)

《科技会议录索引》(Index to Scientific & Technical Proceedings,ISTP),是一种综合性 的科技会议文献检索月刊,由美国费城科学信息情报所(ISI)编辑出版,于 1978 年创刊年 报道量约 4000 个会议、14 万篇论文,约占全世界出版会议录的一半。该检索工具收录包 括自然科学、技术科学以及历史与哲学等,覆盖的学科范围广,收录的会议文献齐全,而 且检索途径多,出版速度快,已成为了检索全世界正式出版的会议文献的主要的和权威 的工具。

(1)正文

ISTP 的全部内容分为 7 个部分(Section),主要由正文(会议录目录)和 6 种辅助索引组 成。其中会议录目录是 ISTP 的主体部分,按会议录顺序号编排。

(2)索引

ISTP 主要有 6 种索引,提供了 6 种检索途径,即分类途径、主题途径、会议主办单位途 径、会议地址途径、著者/编者途径、机构途径。

① 类目索引(Category Index)。按会议内容的学科主题字顺排列,每期约分 200 个类 目,每个类目下列出会议名称和会议录顺序号。

② 著者/编者索引(Author/Editor Index)。按论文著者或会议录编者的姓名字顺排 列,每一条目下列出著者或编者的姓名、会议录顺序号和论文的起始页码。

③ 会议主办单位索引(Sponsor Index)。按照会议主办者、主持者的姓名缩写字顺排 列,参加排列的会议主办者可多达 10 个单位。每一条目包括主办单位、会议地点和会议录 顺序号。

④ 会议地址索引(Meeting Location Index)。按照会议召开地点的所在国国名字顺排列,国名下再按城市名称字顺排列。

⑤ 轮排主题索引(Permuterm Subject Index)。该索引的主题词选自论文篇名,是表达文章主题内容的一些"实质"性的词语。主题词有两级,即主题词和副主题词,它们共同构成一篇会议文章的主题。编排顺序是主题词＋副主题词,即先按主题词,再按副主题词顺序排列。

⑥ 团体索引(Corporate Index)。该索引包括地理索引和机构索引两部分。地理索引按论文第一著者的工作单位所在国家的名称字顺排列,同一国家,再按城市名称的字顺排列,同一城市,再按机构(公司、院校等)名称字顺排列。

(3) 网络版概况

ISI Proceedings(WOSP)是美国科学情报研究所(ISI)基于 ISI Web of Knowledge 检索平台开发的网络书目数据库产品,包括 ISTP(科学技术会议录索引)和 ISSHP(社会科学及人文科学会议录索引)两个子库。WOSP 汇集了世界上最新出版的会议录资料,包括专著、丛书、预印本以及来源于期刊的会议论文,是唯一能够通过网络检索国际著名会议、座谈会、研讨会及其他各种会议中发表的会议录论文的多学科数据库。和印刷版相比,它增加了会议论文的摘要信息和社会科学及人文科学会议录索引部分。

ISI Proceedings 通过 ISI Web of Knowledge 平台进行检索,相关文献可以直接链接到 Web of Science。

4) OCLC 检索系统中的有关会议数据库

(1) Papers First(国际学术会议论文索引数据库)

该数据库收录世界范围内各类学术会议上发表的学术论文的索引信息,每两周更新一次。其内容覆盖了自 1993 年以来在"大英图书馆资料中心"会议文库中所收集的所有大会、专题讨论会、博览会、讲习班、学术报告会上以及其他会议上所发表的论文。可查阅各领域最新会议文献,还可以通过 First Search 获取联机订购服务,向"大英图书馆"订购在本数据库中收录的会议文献的论文。

(2) Proceedings First(国际学术会议录索引数据库)

Proceedings First 是 Papers First 的相关库,收录了世界范围内举办的各类学术会议上发表的论文的目次表。可通过该库检索"大英图书馆资料提供中心"的会议录。此外,还可根据所列出的某一学术会议所提交的论文了解各次会议的概貌和当时的学术水平。Papers First 数据库中的每条记录对应着 Proceedings First 数据库中的某个会议记录,可以根据其记录中的数据库号在 Proceedings First 中检索出该会议完整的目次表。

4.3.3　科技报告及其检索

科技报告(Scientific and Technical Reports)是指科研成果的最终报告或研究过程中的实际记录,一般由科研机构、政府机构所属的科研单位、专业学术团体及高等院校附设的研究所提供。许多最新的研究成果,尤其是尖端学科的最新探索往往出现在科技报告中。随着科技和经济的发展,科技报告数量迅速增长,1945—1950 年间年产量在 7500～100 000 件,至 20 世纪 70 年代增至每年 5 万～50 万件,到 20 世纪 80 年代每年约达百万件,成为宝贵的科技信息源。

目前,世界上许多国家都出版有自己的科技报告,例如著名的美国政府 4 大科技报告、英国航空委员会报告(ARC)、欧洲空间组织报告(ESRO)、法国国家航空研究报告(RNEAR)、法国原子能委员会(CEA)等。全世界每年出版的科技报告达上百万份,其中,又以美国的科技报告数量最大,约占总数的 80%。

科技报告按专业名称和内容,可分为科学报告、技术报告、工程报告、调查报告、研究报告、试验报告、生产报告、交流报告等。

按科技报告的形式,可分为报告书、技术札记、备忘录、论文、通报、技术译文等。

按科技报告所反映的研究进展,可分为初步报告、预备报告、进展报告、中间报告、终结报告等。

此外,科技报告还可按密级分为绝密报告、机密报告、秘密报告、非密限制发行报告、非密报告、解密报告。

科技报告不同于图书、期刊和其他类型出版物的资料。它通常以单册形式出版,册数不限,篇幅不等,数量难以掌握;由于保密性强,往往内部发行,且在尖端技术领域有一定的密级限制,有的解密公开之后又在期刊上发表;生产技术报告的单位有个人公司,有学术团体,机构编号多,往往一件报告书有好几个号码,给检索带来一定的难度。由于科技报告常常反映前沿科技和正在进行中的研究项目,内容专深、具体,并经主管部门审定,成熟可靠,因此对科技工作者进行科学研究具有重要的借鉴和参考价值。

1. 国内科技报告的检索

1) 国研网及系列研究报告

国务院发展研究中心信息网(http://www.drcnet.com.cn)简称国研网,是由国研网公司开发的中国著名的大型经济类专业网站。国务院发展研究中心是直属国务院的政策研究和咨询机构,主要职责是研究国民经济、社会发展和改革开放中的全局性、综合性、战略性、长期性问题,提供政策建议和咨询意见,而国研网则以国务院发展研究中心丰富的信息资源和强大的专家阵容为依托,由国务院发展研究中心的专家不定期发布有关中国经济和社会诸多领域的调查研究报告。

目前,国研网公司已推出了"国研报告数据库"、"宏观经济报告数据库"、"金融中国报告数据库"、"行业经济报告数据库"、"世界经济金融评论报告数据库"和"财经数据库——十余种行业统计数据库"等一系列专业经济信息产品。其中,"国研报告"每年 200 期,100 万字左右,不定期出版,网络版每天在线更新,印刷版每月初出版,具有很高的权威性和预见性;"宏观经济报告数据库"是多视角展示中国经济发展的转型氛围和内外部环境的研究报告库,由月度分析报告、专题研究报告、决策参与三个子库构成;"金融中国"数据库是对我国金融整体运行状况和政策导向进行深入跟踪研究分析形成的一系列研究报告库,由月度分析报告、季度分析报告、专题研究报告、金融决策参考等系列子数据库组成;"世界经济与金融评论"收录国研网编译的国际知名经济研究机构和媒体(如 IMF、高盛公司、摩根斯坦利、野村证券、法国 CDC IXIS、德意志银行、《经济学家》杂志)的最新研究报告,内容包括这些机构对全球经济、金融形势的分析判断与预测,各国经济发展热点问题的研究评论,以及最新的经济理论研究。这几个数据库是政府、企业、金融机构领导、决策人士和经济研究人员观察了解国内外经济风云变幻的窗口,均以光盘版、网络版等多种形式出版。

　　同时，国研网提供了从行业、书名、作者和关键词等途径对深度报告进行的查询，并提供报告的目录与摘要信息，如图 4-15 所示。

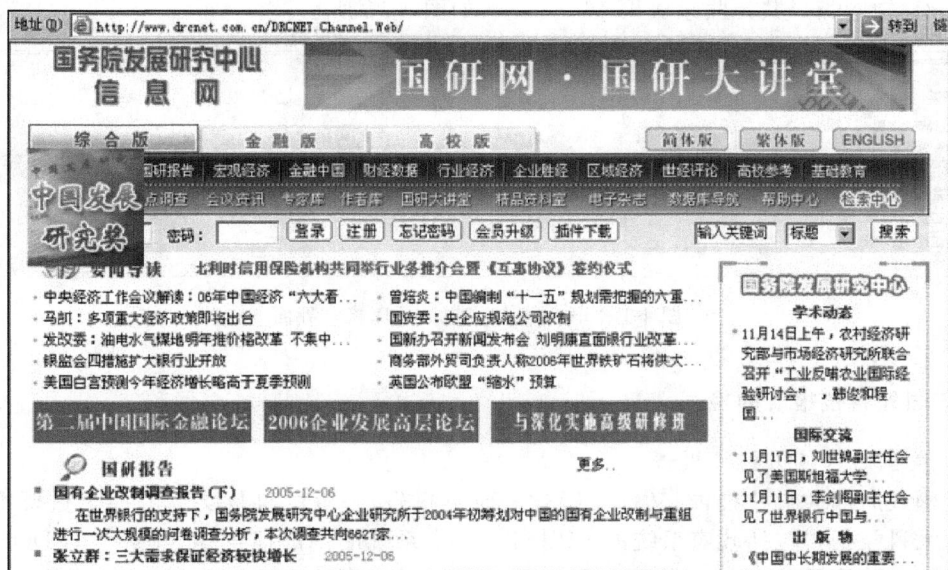

图 4-15　国研网检索界面

　　2）国防科技报告文摘库

　　国防科技报告文摘库（http://home.cetin.net.cn：8080/cdsticpaper/account/signin.do）由中国国防科技信息中心提供的数据建立，从 1978 年至今共收录了 14 万篇该单位搜集的科研报告、会议录及译文等，专业范围包括航空、航天、电子、兵器、船舶等科学技术领域。该库提供了 17 个数据项供检索与显示，分别是文献号、源记录、载体类型、馆藏单位、文献代码、书号刊号、报告号、题名、责任者、会议项、出版项、母体文献、日期标识、分类标识、主题标识、自由词与文摘。

　　3）中国航空科技报告文摘数据库

　　中国航空工业发展研究中心下属的信息资源部（http://www.adr.org.cn/）可向用户提供科技查新与科技报告查询服务。其中《航空科技报告文摘数据库》收录了国内航空企事业单位航空科研、生产、管理等方面的技术报告和研究成果的文摘。现收录了 1981—2003年数据达 5000 多条，公开发布的比例约为 50%。

　　4）《国家科技成果数据库（知网版）》

　　《国家科技成果数据库（知网版）》主要收录正式登记的中国科技成果，按行业、成果级别、学科领域分类。每条成果信息包含成果概况、立项、评价，知识产权状况及成果应用，成果完成单位、完成人等基本信息。唯一收录专家组对该项成果的推广应用前景与措施、主要技术文件目录及来源、测试报告和鉴定意见等内容的鉴定数据。与通常的科技成果数据库相比，《国家科技成果数据库（知网版）》每项成果的知网节集成了与该成果相关的最新文献、科技成果、标准等信息，可以完整地展现该成果产生的背景、最新发展动态、相关领域的发展趋势，可以浏览成果完成人和成果完成机构更多的论述以及在各种出版物上发表的文献。按照《中国图书资料分类法（第四版）》和 GB/T 13745《学科分类与代码》进行学科分类。收录从 1978 年至今的科技成果，部分成果回溯至 1920 年。截止 2011 年 06 月，《国家科技成果数据库（知网版）》共计收录成果 46 万多项，如图 4-16 所示。

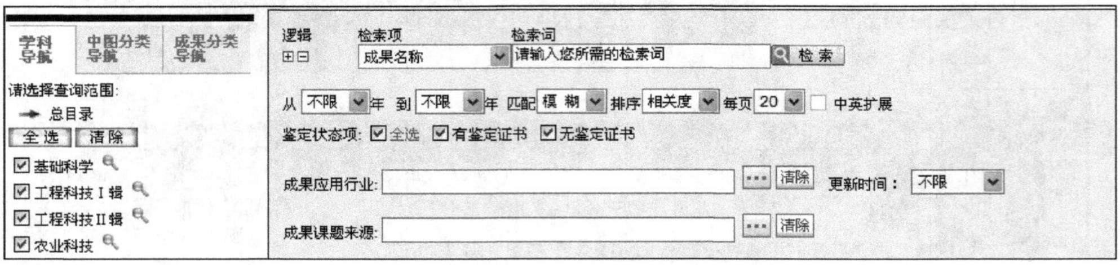

图 4-16　国家科技成果数据库检索界面

2．国外科技报告的检索

1）美国政府四大科技报告

美国政府四大科技报告，又称美国政府研究报告，是美国科技文献的一个重要组成部分。四大科技报告包括政府系统的 PB 报告、军事系统的 AD 报告、能源系统的 DOE 报告和航空航天系统的 NASA 报告。这些报告是美国政府科学研究、研制、实验和鉴定工作的记录与成果总结，学科内容丰富，涉及工业、农业、能源、交通、国防、军事、航空航天、电子、天文、地球、环境保护、数学、物理、化学、生物、医学、卫生及工程技术等各个领域。

（1）PB 报告

美国 1945 年 6 月成立了商务部出版局（Office of the Publication Board），专门负责整理从德国、日本、意大利等国收集的科技资料，并在这些资料上冠以 PB（Publication Board）字样，即 PB 报告。这批资料编至 10 万号就已编完，之后的 PB 报告，主要涉及美国国内政府科研机构、公司企业、高等院校、研究所以及部分国外科研机构的科技报告。自 1970 年 9 月起，美国国家技术情报服务局（National Technical Information Service，NTIS）负责收集、整理、报道和发行美国研究单位的公开报告，并继续使用 PB 报告号。

PB 报告内容侧重于民用工程方面，如土木建筑、城市规划、生物医学、航空、电子、原子能利用和军械等。

（2）AD 报告

AD 报告产生于 1951 年，原为美国军事技术情报局（Armed Services Technical Information Agency，ASTIA）的报告文献，有 ASTIA 统一编号，称为 ASTIA Documents，即 AD 报告。1963 年 ASTIA 改组为国防科技情报文献中心（Defense Documentation Center for Scientific and Technical Information，DDC），1979 年又改为国防技术情报中心（Defense Technical Information Center，DTIC），继续收藏、报道美国国防研究与发展成果的报告，仍用 AD 编号，但此时 AD 的含义引申为 Accession Document。其公开报告由 NTIS 发行，保密报告和一部分限制发行报告在《技术文献通报》（Technical Abstracts Bulletin）半月刊上内部刊登。

AD 报告来源于美国陆海空三军科研单位、公司企业、大专院校，以及国外一些科研机构和国际组织。出于保密考虑,早期的 AD 报告往往加编 PB 字样发行,致使两种报告有交叉现象。自 AD 254980 号报告之后,AD 报告不再以 PB 号码字样出现。AD 报告的编号与本身的密级有着直接的关系,因此其编号较复杂。1975 年之后,AD 报告的编号中加入 A、B、C、D、E 等字母,以表示 AD 报告的性质。

（3）DOE 报告

DOE 报告是美国能源部(Department of Energy,DOE)及其所属科研机构、能源情报中心、公司企业、学术团体发表的技术报告文献。

DOE 报告内容包括能源保护、矿物燃料、环境与安全、核能、太阳能与地热能、国家安全等方面。

（4）NASA 报告

美国国家航空航天局(National Aeronautics and Space Administration,NASA)成立于1958 年 10 月,其前身是美国国家航空咨询委员会(National Advisory Committee for Aeronautics,NACA)。NASA 是专门研究宇宙航行火箭技术的机构。在工作过程中,所属机构或合同用户会产生大量的研究报告,这些科技报告的编号分别冠有 NASA(或 NACA)字样,故称 NASA 报告。

NASA 报告的内容主要包括地球大气层内、外飞行问题的研究,宇宙飞船的试验研究,空间开发活动研究等,同时也涉及民用基础学科。

2)《美国政府报告通报与索引》(GRA & I)

《美国政府报告通报与索引》(Government Reports Announcements & Index,GRA&I)是系统地检索美国政府四大科技报告的主要工具。

GRA&I 于 1946 年创刊,现由美国商务部国家技术情报处(National Technical Information Services,NTIS)编辑出版,双周刊,它不仅报道美国政府四大科技报告、政府研究机构和合同户的研究报告,也报道搜集到的其他国家的科技报告。

（1）GRA&I 的编排及著录格式

GRA&I 每年出版发行一卷,每卷 24 期,每期由使用说明、分类表、文摘和索引四个部分组成。每卷汇编出版《政府报告年度索引》(Government Reports Annual Index)。

文摘(正文)部分按照分类编排。1987 年以后采用新的 NTIS 主题分类体系,分为 38个大类、350 个小类,而且只有类目名称,没有类号。大类及小类均按类名字顺排列。同一小类下的文摘,1984 年以前按订购号顺序排列,1984 年以后按文摘号顺序排列。

（2）GRA&I 的索引体系

GRA&I 每期正文后附有五种索引,关键词索引、个人著者索引、团体著者索引、合同号/资助号索引、订购号/报告号索引。每卷汇编的(Government Report Annual Index)的五种索引与期索引相同,只是在每条文摘号前增加期号,在文摘号后列出价格代码。

① 关键词索引(Key Word Index)。1980 年以前该索引为主题索引(Subject Index)。索引中关键词虽为非规范词,但其中许多也选自 NTIS 词表。关键词按字顺编排,同一词下按订购号顺序排列。在每一关键词下列出报告篇数、NTIS 订购号及文摘号。

② 个人著者索引(Personal Author Index)。该索引按个人著者姓名字顺排列,在每一个著者下列出报告篇数、NTIS 订购号及文摘号。

③ 团体著者索引(Corporate Author Index)。该索引按报告来源机构名称字顺排列,

同一机构名称下按报告顺序号排列,每一机构名称下列出报告号、报告篇名、NTIS 订购号及文摘号。

④ 合同号/资助号索引(Contract/Grant Number Index)。该索引的合同号/资助号下列出执行本合同的全部报告。在一项合同的执行过程中会产生涉及诸多方面的技术报告,使用该索引都可查出。该索引按合同号/资助号字顺及数字顺序排列,每一合同号下列出执行机构名称、有关报告的 NTIS 订购号及文摘号。

⑤ 订购号/报告号索引(NTIS Order/Report Number Index)。1980 年以前为入藏号/报告号索引(Accession/Report Number Index)。该索引将执行机构报告号、NTIS 订购号及主管机构报告号等合在一起,按字顺混排。在每一个报告号或 NTIS 订购号下,列出报告篇名、NTIS 订购号、文摘号及价格码。

(3) GRA&I 的检索途径与方法。

GRA&I 期索引和年度索引的检索方法及途径完全相同,现分别以分类、主题、号码途径介绍 GRA&I 的检索方法。以查找有关"换热器制造"的课题为例:

① 分类表(NTIS Subject Category and Subcategory Structure)。分析课题,确定类目,按分类目录字顺查到 Manufacturing Technology 大类下的有关小类,然后逐篇阅读并选取所需文献。根据选定文摘中 NTIS 订购号,索取报告原文。

② 关键词索引(Keyword Index)。分析课题,确定关键词,从课题中选出关键词 Heat Exchange。然后按字顺查索引,得到符合课题的文摘号,按文摘号查阅文摘,得到 NTIS 订购号,按 NTIS 订购号索取报告原文。

③ 个人著者索引(Personal Author Index)。按著者姓名字顺查著者索引,得到符合课题的文摘号,按文摘号查阅文摘,得到 NTIS 订购号,按 NTIS 订购号索取报告原文。

④ 团体著者索引(Corporate Author Index)、合同号/资助号索引(Contract/Grant Number Index)及 NTIS 订购号/报告号索引(NTIS Order/Report Number Index)3 个索引的使用较简单,此处不再赘述。

3) NTIS 数据库(http://www.ntis.gov.au)

美国政府四大科技报告一直为我国自然科学、工程技术领域的研究人员所重视,从 20 世纪 60 年代起就引进了 NTIS 主办的系统报道美国政府科技报告的主要检索工具《美国政府报告通报与索引》(Government Reports Announcements and Index,Texas:NTIS,1964—,GRA&I)。Internet 的应用为我国提供了通过网络来检索、利用美国政府科技报告的便捷方法和途径。

NTIS 是美国商务部国家技术情报服务局(National Technical Information Service)的简称,它是编辑、出版、收集、管理和销售美国政府及其机构生产的科学、技术、工程以及相关的商业信息资料的核心机构,收藏和提供近 300 万件各种形式的信息产品,包括印刷型出版物、缩微胶片、磁带版和声像资料、CD-ROM 光盘版、联机数据及网络数据库等。NTIS 近年来推出了自己的网络平台。该网站提供按学科分类(农业、商业、能源、卫生、军事等)的综合导航服务,同时对其最大型的收藏——科技报告提供免费检索。其数据库收录了自 1990 年以来由美国政府或国际组织机构资助的各研究项目产出的 35 万件印刷出版物和技术报告,内容涉及管理学、行为与社会学、科学技术、工程、建筑和有关的商业领域。用户输入 1~3 个关键词进行检索,输出的检索结果包括命中文献目录(用户可选择按相关度或按字顺排列)及各篇文献的书目著录,含题目、提出单位、机构、著者、文献类型、NTIS 订购号、页数、价格和所属主题分类范畴,内容关键词和原报告号等各项,同时提供联机订购服务。NTIS 主页如图 4-17 所示。

图 4-17 NTIS 主页

NTIS 数据库可以通过多个检索系统,如 CSA、IDS、DIALOG 等进行检索。

4) 英国科技报告

英国每年出版大量科技报告,用户可向政府有关部门索取公开发行的科技报告。较著名的有"英国航空委员会"的 ARC 报告,较系统并有连续编号的以"英国原子能局"的 V-KAEA 报告最有代表性,收录范围包括生物、医学、化工、地质、物理、冶金与材料、数学与计算机等学科领域。

5) 日本科技报告

多为日本本国的研究成果或调查结果,其报告来源主要是国立、私立的研究机构、企业及大学。如国家航空航天研究所的技术备忘录等。

6) 其他国家的科技报告

如瑞典的"国家航空研究报告"(FFA),加拿大的"原子能公司报告"(AECL)和法国"原子能委员会报告"(CEA)等。

实 验 2

实验目的:掌握专利、标准、学位论文等特种文献的检索方法。

实验要求:根据对课题的分析,选择检索工具和检索途径,并对检索结果进行分析。

实验课题:检索国内汽车儿童安全坐椅的有关专利。

课题分析:

(1) 现有的儿童汽车安全坐椅是否设置电子传感器动态检测汽车加速度的不正常变化,由控制装置激发预拉紧装置动态调节儿童汽车安全带的束缚力。

（2）现有的儿童汽车安全坐椅是否配有下列装置。

① 自带五点式充气安全带。

② 儿童安全背心。

（3）现有的儿童汽车安全坐椅是否具有多段式可调节坐椅可调节（倾斜角度）、升降式头枕、随动调节式肩带、宽度可调式肩背护垫、拆卸式双层坐垫等功能。

检索工具：中国专利全文数据库　2000—

检索策略：

（1）检索词为

① 儿童汽车安全坐椅；

② 充气安全带；

③ 动态束缚力智能调节。

（2）检索式为

1 and 2

1 and 3

1 and 2 and 3

检索结果：

1. 申请（专利）号：02237734.4

申请日：2002.07.05

名称：儿童安全坐椅

公开（公告）号：CN2550206

公开（公告）日：2003.05.14

主分类号：B60N2/26

分案原申请号：

分类号：B60N2/26

申请（专利权）人：陈应；王少坤

地址：100011 北京市朝阳区安定门外馆后身 1 号王少坤转

发明（设计）人：陈应

摘要：

本实用新型涉及一种儿童安全坐椅，它是由坐椅、转盘、底座、前后倾角控制器、360°旋转控制器、高度可调五点式坐椅安全带及固定器等部件构成。其特点是：主体结构均用钢管、钢板，采用冲压、焊接工艺加工由螺栓组合而成，确保牢固安全；内衬为泡沫、海绵、提花布，乘坐舒适、外观漂亮；可调高度的五点式安全带将儿童保护在坐椅中，20°的前后升降，使儿童可坐可卧，360°的旋转可适用车内前后位置上的安装，它具有使用方便，结构简单，容易制造等。

2. 申请（专利）号：200420090432.8

申请日：2004.09.24

名称：可调式车用儿童安全坐椅

公开（公告）号：CN2732538

公开（公告）日：2005.10.12

主分类号：B60N2/26

分案原申请号：

分类号：B60N2/26

申请(专利权)人：宁波均胜工业有限公司

地址：315104 浙江省宁波市鄞州投资创业中心下应北咱 299 号

发明(设计)人：刘盼军

专利代理机构：宁波诚源专利事务所有限公司

代理人：胡志萍

摘要：

本实用新型涉及一种安装于汽车坐椅上的儿童安全坐椅,包括一个适合儿童乘坐的有椅背和底座的坐椅、一副由安全带和安全带扣具组成的安全带系统装置以及一个可调节椅背相对底座倾斜角度的倾角可调装置。其中倾角可调装置包括一个将椅背与底座相连接的滑动连接装置,该装置包括连接在底座两侧的左、右下滑轨以及连接在椅背两侧可沿下滑轨滑动的左、右上滑轨,在左、右下滑轨之间设有一个可将椅背锁定于某一倾角位置的调节装置。本坐椅具有使用方便、乘坐安全舒适等优点。

3. 申请(专利)号：01238834.3

申请日：2001.04.12

名称：车用儿童安全坐椅

公开(公告)号：CN2494289

公开(公告)日：2002.06.05

主分类号：B60N2/26

分案原申请号：

分类号：B60N2/26；B60R22/00

申请(专利权)人：宁波均胜塑料儿童用品有限公司

地址：315051 浙江省宁波市江东福明戚隘桥宁波均胜塑胶有限公司

发明(设计)人：徐立宏

专利代理机构：宁波诚源专利事务所有限公司

代理人：胡志萍

摘要：

本实用新型涉及一种车用儿童安全坐椅,它包括一个整体吹塑成形的增高垫、一个安全带系统和布套。其特征是增高垫上装有可拆卸的靠背、底部转动连接一个支撑板,支撑板和增高垫间设有一个可局部转动的可调节增高垫和靠背倾斜角度的支架。本坐椅具有造型美观、组装使用方便、乘坐舒适安全、适用范围广等优点。

检索综述：

在国内的专利文献中,已见涉及儿童汽车安全坐椅五点式安全带和可自由调节倾斜角度的坐椅背的研究内容,及儿童安全坐椅设有安全带导向装置研究的内容报道。在现有的儿童汽车安全坐椅中未见有五点式充气安全带和儿童安全背心的装置,也未见有升降式头枕、随动调节式肩带、宽度可调式肩背护垫、拆卸式双层坐垫的装置。

思考题

1. 中国专利文献检索途径有哪些？
2. 怎样利用国内外标准检索工具检索标准文献？
3. 试述学位论文的特点和检索方法。
4. 何谓科技报告？科技报告有哪些种类？
5. 会议文献有哪几种出版类型？ISTP 属于哪种类型的检索工具？

第5章 国外有关重要检索工具

本章要点

- 美国《工程索引》及其检索。
- 英国《科学文摘》及其检索。
- 美国《科学引文索引》及其检索。
- 美国《化学文摘》及其检索。
- 美国《剑桥科学文摘》等其他检索工具。

本章主要介绍了美国《工程索引》等国外重要检索工具印刷版和电子版的编排及检索方法，旨在让学生通过本章的介绍，掌握国外这些重要检索工具的使用方法。

5.1 美国《工程索引》及其检索

5.1.1 《工程索引》概况

工程索引公司始建于 1884 年，作为世界领先的应用科学和工程学在线信息服务提供者，一直致力于为科学研究者和工程技术人员提供专业化、实用化的在线数据信息服务。《工程索引》(The Engineering Index, Ei)是世界上著名的检索工具之一，在世界的学术界、工程界、信息界中享有盛誉。它是检索工程技术领域文献的最主要的工具之一。Ei 创刊于 1884 年 10 月，由美国工程情报公司(The Engineering Information Inc.)编辑出版。Ei 最初发端于美国工程学会会刊的索引专栏。后来该协会把 1884—1891 年所发表的索引汇集起来出版了第一卷，定刊名为《近期工程文献叙述索引》(Descriptive Index of Current Engineering Literature)，把 1892—1895 年所发表的索引汇集起来出版了第二卷，并改刊名为《工程索引》。从 1906 年起，由美国工程杂志工程公司出版，并将 Ei 改为年刊，刊名改为《工程索引年刊》。从 1919 年起，美国机械工程师学会(American Society of Mechanical Engineer)购买了《工程索引》的所有权，以工程科学图书馆(The Engineering Science Library)定期收到的工程技术出版物作为收录报道的来源文献。从 1934 年起，由工程情报公司负责编辑出版至今。1962 年，创办了《工程索引月刊》(The Engineering Index Monthly)，每月一期，每年一卷，同时每年年终又集中月刊内容出一套年刊。

《工程索引》主要有以下 3 个特点：

(1) 收录文献质量要求高。收录了工程技术类期刊、会议录、技术报告、科技图书等

4500 多种出版物。专业覆盖应用物理、光学技术、航空航天、土木、机械、电工、电子、计算机、控制、石油化工、动力能源、汽车船舶、采矿冶金、材料等领域。它不但是一种大型和著名的工程类检索工具,同时也是工程类科技论文的一种评价性工具,中国大部分高校和研究单位都将 Ei 核心版(印刷版)收录的文献认定为高质量科技论文。

(2) Ei 一般不收录纯理论研究的文献和专利文献。

(3) 出版形式多样化。除印刷版年刊、月刊外,1969 年开始编制计算机检索磁带,供给 Dialog 等大型联机信息服务公司进行国际联机检索服务;20 世纪 70 年代开始出版光盘;1995 年开始,工程索引公司推出基于 Web 方式的网络信息集成服务产品系列,称为 Ei Village。

5.1.2 印刷版《工程索引》介绍

Ei 年刊和月刊的内容及编排格式完全相同,只是月刊报道及时,年刊到年底才能编辑出版。年刊是全年度的文献累积本。同一条文摘在年刊与月刊中的文摘号并不相同。在年度索引中年刊文摘号前加字母 A(Annual),月刊文摘号前加字母 M(Monthly)。

Ei 印刷版年刊全年共 10 本左右,分文摘正文和索引两大部分。文摘正文以 Ei 使用的规范主题词字顺排列,所有文摘按其内容排在某一最恰当的一个主题词(叙词)下。Ei 文摘正文中的每条文献内容无论涉及多少个主题词,其文摘在正文中均只出现一次,不重复。对于存在多个主题的文献记录,将在年度主题索引中得以体现,它们的题目及文摘号会重复出现在相关主题词之下。

1. 文摘正文著录格式

文摘正文著录格式如下(以 Ei 年刊为例):

DIGITAL FILTERS[①]

041037[②]**Completely parallel realizations for multi-dimensional digital filters.**[③] This paper proposes a new method for realizing the general form multi-dimensional(M-D)digital filters as the combination of parallel sections consisting of cascaded one-dimensional(1-D)digital filters. First,we use the coefficients of an M-D filter to construct an M-D efficient array... and VLSI implementation. (Author abstract)[④]6Refs.[⑤]English.[⑥]

Deng,Tian-Bo(Toho Univ,Chiba,Jpn).[⑦]*Digital Signal Process Rev J v7n3 Jul 1999 Acad Press Inc ,San Diggo ,CA ,USA ,p188-189*[⑧]

说明:①主题词。②文摘号。③论文题名。④文摘正文。⑤参考文献数。⑥原文语种。⑦第一作者姓名和所属机构。⑧文献来源:会议文献的简称、卷期、发表年月、会议信息和原文所在页码。

2. 辅助索引

(1) 主题索引(Subject Index):Ei 主题索引是 1987 年开始建立的,该索引采用受控词和自由词作为主题词,受控词来自《工程标题词表》或《工程情报叙词表》。1993 年前,主题词分为主标题词和副标题词两级;1993 年后,主题词不再分级,而是将规范化的主题词和未规范化的自由词按字顺编排,并以重黑体和浅黑体印刷加以区别。

年刊主题索引著录格式如下。

① SOFTWARE DEVELOPMENT

COSTS

② Managing software products and process.   A030395③

     M044723③

① SOFTWARE ENGINEERS

Managing software products and process.   A030395

     M044723

④ **TELECOMMUNICATION LINES**

A 2. 3 ps time—doman refectometer for

milimenter—wave network analysis.   A077796

     M127191

Advanced analog subscriber line interface circuit LSis.   A077652

     M076647

⑤ **Analysis**

Analysis of bilateral fin-lines on anisotropic substrates.   A151406

     M082901

New identity in Jacobian function and its application.   A151407

     M095171

Grounding

Time doman perturbation created by a nonunform electromagnetic field

on multiconductors cables.

⑥ (French. English)   A151410

     M161671

说明：①非正式标题词,即关键词。用非黑体大写字母印刷词取自文献题名和文摘。②文献题名。注意在同一关键词或主、副标题词下如果有多篇文献,则按文献题名的字母顺序排列。③文摘号。其中 A 代表年刊文摘号,M 代表月刊文摘号。④正式主标题词。用黑体大写字母印刷。⑤副标题词。用首字母大写的黑体字印刷。⑥非英语文献的语种说明。本例表示为正文为法文,带英文摘要。

(2) 著者索引(Author Index):月刊和年刊本中都有著者索引,凡是文摘部分出现过的著者都编入著者索引。著录时姓在前,名在后,按著者姓名的英文字母顺序排列。非拉丁语系著者,著录其音译名。

月刊本中的著者索引格式如下:

① Khan,M. M. ,   ② 000564

Khandkar,A,   000600

Khandkar,Ashok C. (Ed),   001275

Kharaka,Y. K. ,   000242

说明:①著者姓名(姓在前、名在后)。②文摘号

(3) 著者单位索引(Author Affiliation Index)是 1974 年开始增设的。它按照著者单位的

名称字顺排列,后面附有文摘号。利用著者单位索引可了解国外某一机构的研究动态和水平。

著者单位索引的格式如下:

① Xian Jiaotong Univ. Xian,China 　②114792

　Xian Jiaotong Univ. 　032938　032970

　Xian Jiaotong Univ. China 　011168　013394　032793　047247

　047248　047249　049013　050606

　062546　067253

　Xian Jiaotong Univ,Dep of Power Machinery 054184

　　　Engineering,China

　Xian Jiaotong Univ,Xi'an,China 015570 032709

　Xian Jiaotong,Univ,China 125244

　Yankee Group. Boston,MA,USA 024780 058321 058463 0953218

　YARD Ltd,Glasgow,Scot1 023635

说明:①著者单位名称及简单地址。按原文著者给出的著录。在本例中,西安交通大学及其地址有不同拼法,Ei 将它们逐一按字顺排列。注意加以比较。②文摘号。

(4) 工程出版物索引(Publications Indexed for Engineering,PIE)收录了 Ei 在本年度所引用的全部出版物名称,其中包括期刊、会议录、研究报告、图书等。该索引在 1968 年以前刊载在 Ei 年刊的前面,只按字顺列出出版物的名称和出版地点 2 项;1969 年起改为出版物的计算机代码、出版物名称、出版物的名称缩写、出版物的引用程序代码 4 项;随后 PIE 格式几经变化,取消了"出版物的引用程序代码",又新增了"编码出版物索引"和"新编码和编码更改的出版物索引"。

(5) 会议出版物索引收录了本年度的 Ei 中摘录的会议录、论文、学术报告和其他会议出版物,按出版物的名称字顺进行排列。

(6) 文摘号对照索引是 Ei 月刊和年刊的文摘号对照索引。

(7) 机构名称字首缩写表是 Ei 收录的出版物机构名称简称与全称对照表。

(8) 缩语、单位和略语表 Ei 中应用了大量的简写、缩语和略语。为了帮助读者阅读,该表按字顺列出了缩写与全称的对照表。

3. Ei 的检索途径和步骤

Ei 提供了著者与主题两种检索途径。从著者途径检索可以通过著者索引获得文摘号,再利用文摘号查阅文摘。从主题途径检索在利用 SHE 核对主题词后有两种方式检索,一种是直接按主题词的字顺查阅文摘;一种是利用主题索引获得相关文摘号,再查阅文摘。在获得所需文摘后利用 PIE 得出出版物全称。检索步骤如图 5-1 所示。

5.1.3　Ei 光盘数据库介绍

Ei 光盘(Ei Compendex Plush Dialog on Disc)是工程信息公司与 Dialog 信息服务公司于 1989 年推出 Compendex Plus 数据库的只读光盘产品。由 Ei Compendex 和 Ei Engineering Meeting 两个数据库组成,每月更新,收录了自 1970 年以来的《工程索引》数据,有 DOS 版、Windows 版等多种版本。DOS 版《工程索引》光盘与通过 Dialog 远程终端

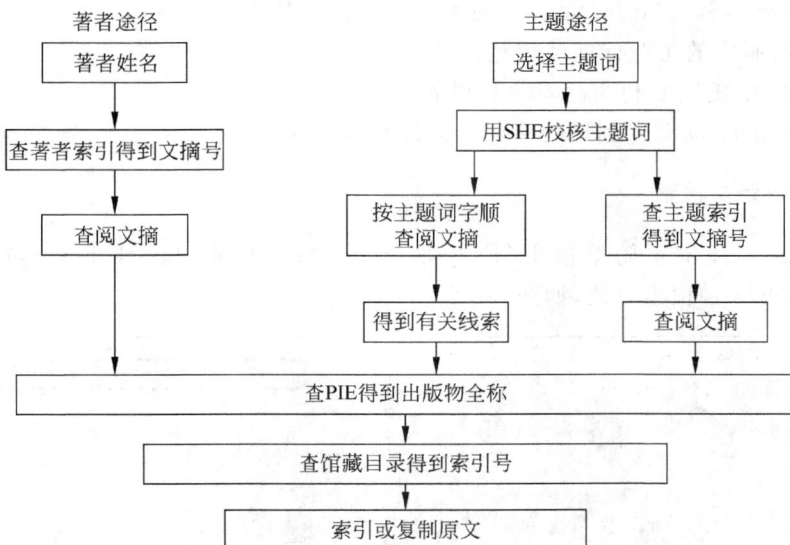

图 5-1 Ei 的检索途径

访问系统或 telnet 登录到 Dialog 联机检索系统时的检索界面、检索方法相同,有 Dialog 命令式检索(Dialog Command Search)和菜单式检索(Easy Menu Search)两种方式检索。

Windows 3. x/Windows 9x 版提供的检索途径有:关键词、主题词、著者姓名、著者单位、题名、期刊名称、会议信息等。

为适应网络化发展,工程索引还推出了更加方便的网络版 Ei Compendex Web。

5.1.4 Ei Compendex Web 介绍

1. 概况

Compendex 是目前全球最全面的工程领域二次文献数据库,侧重提供应用科学和工程领域的文摘索引信息,涉及核技术、生物工程、交通运输、化学和工艺工程、照明和光学技术、农业工程和食品技术、计算机和数据处理、应用物理、电子和通信、控制工程、土木工程、机械工程、材料工程、石油、宇航、汽车工程以及这些领域的子学科。其数据来源于 5100 种工程类期刊、会议论文集和技术报告,含 700 多万条记录,每年新增约 25 万条记录,可在网上检索 1884 年至今的文献。1995 年 Ei 公司推出了称为 Village 的一系列产品,Ei Village 就是其中的主要产品之一。1998 年在清华大学图书馆设立了镜像服务器,开始向国内高校提供基于 Web 方式的 Ei Village 信息服务。2002 年 Engineering Village 2 取代 Ei Village 提供 Compendex Web 服务。在 Ei Compendex Plus 数据库基础上增加了 INSPEC、CRCENGnetBASE、TechstreetStandards、USPTO、Espacenet 以及最大的科技搜索引擎 Scirus 等多种工程数据库,检索方法也有所改进。Engineering Village 2 包含数据库的简介如下。

- Compendex:美国工程信息公司的核心产品,即《工程索引》网络扩展版内容。
- INSPEC:英国《科学文摘》电子版。
- CRC ENGnetBASE:由 CRC 出版的世界一流工程手册,共包含 145 部此类手册。

- TechstreetStandards：世界上最大的工业标准集之一，收集 350 多个主要标准制定机构所制定的工业标准及规范。
- USPTO：美国专利商标局的专利全文数据库。
- Espacenet：欧洲专利局的专利全文数据库。

2. Ei Village 2 检索

Ei Village 2 提供了简单检索（Easy Search）、快速检索（Quick Search）和专家检索（Expert Search）3 种检索方式，如图 5-2 所示。

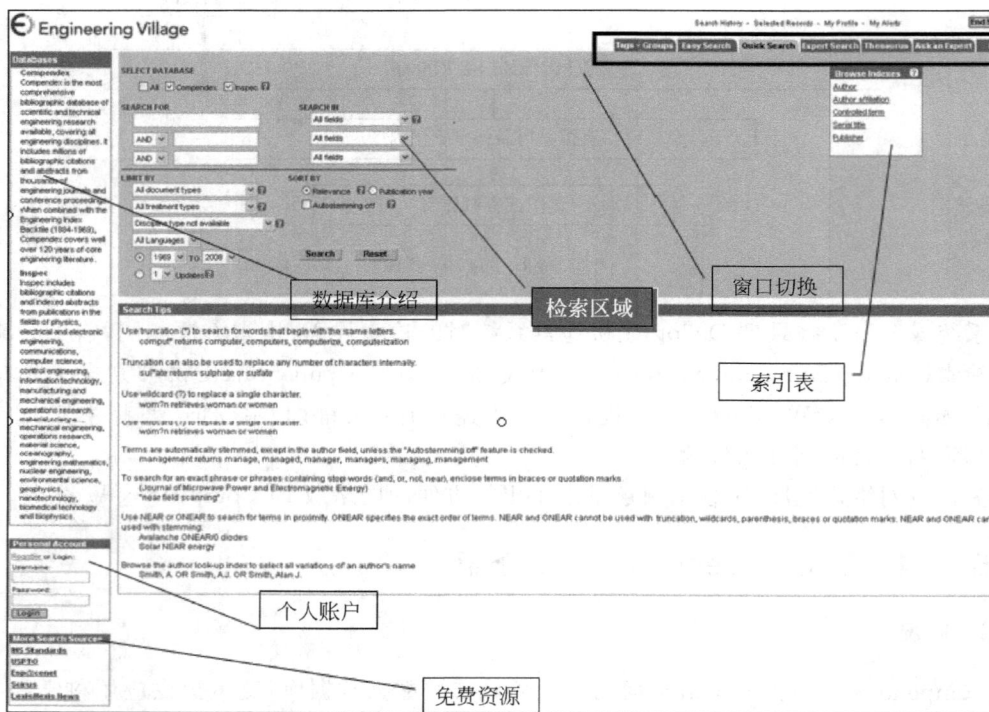

图 5-2　Ei Village 2 检索界面

（1）简单检索（Easy Search）：在 Search 检索条件输入框中输入一个简单的关键词，便可以进行检索，检索范围为所有的数据库，搜索区域为全记录字段。检索词可以是词或词组，也可采用布尔逻辑算符进行组配检索。

（2）快速检索（Quick Search）：提供了 3 个检索条件输入框（SEARCH FOR），每个输入框可以输入单词或词组进行检索，如图 5-3 所示。

检索规则如下：

输入规则：检索词书写不分大小，输入框按顺序输入。

逻辑算符：逻辑算符用 AND、OR、NOT 表示。

邻近算符：NEAR、ONEAR。

Laser NEAR/4 diode：两词之间可以插入 0～4 个字母或词语，词序可颠倒。

Laser ONEAR/5 diode：两词之间可以插入 0～5 个字母或词，词序不可颠倒。

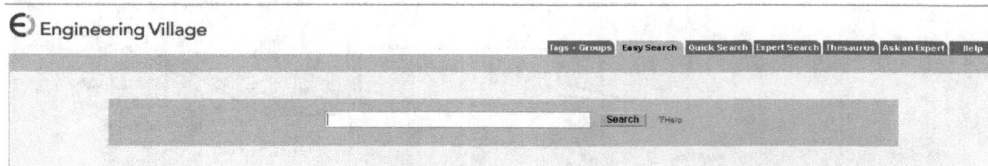

图 5-3 Ei Village 2 快速检索界面

space NEAR/0 stations：两词之间紧密相连。

Laser NEAR diode：系统默认为 Laser NEAR/4 diode。

注：邻近算符不能与截词符、通配符、括号、引号等混合使用。

词干检索：在快速检索中，系统自动执行词干检索（除作者字段）。例如，输入 management 后，系统会将 managing，manager，manage，managers 等视为检索词。取消该功能，需单击 autostemming off。

截词符：用星号（＊）表示，放置在词首或词尾，例如，comput＊表示 computer，computerized，computation 等均为检索词。 ＊sorption 可检索到 adsorption，absorption，desorption。

通配符："?"可替代一个字母；例如，wom? n 可检索到 women，woman。" ＊"可替代零或多个字母，例如，h＊emoglobin 可检索到 hemoglobin，haemoglobin。

精确检索：检索词做精确检索时，词组或短语需用引号或括号标引。例如，"international space station"也相当于 international ONEAR/0 space ONEAR/0 station。

特殊字符：除了 a—z，A—Z，0—9，?，＊．♯，（）或｛｝等符号外，其他符号均视为特殊符号，检索时将被忽略。除非用引号或括号将其括起，如｛n＜7｝，此时特殊字符将被一个空格所代替。

停用词：用短语检索时，允许句中使用停用词（and，or，not，near）。但该语句必须用引号或括号括起。如：

｛block and tackle｝

"water craft parts and equipment"

（3）专家检索（Expert Search）如图 5-4 所示。

① 快速检索中的规则适用于专家检索。

② 使用专家检索时，应在检索词后加入字段说明，否则系统默认在全字段检索。

③ 在检索式中，可以同时完成各种限定。高级检索界面右边的 Browse Indexes 中，比快速检索多了 Treatment Type、Document Type 和 Language 三种索引方式。

3．检索结果的显示

检索结果显示格式：输入结束后单击 Search 按钮后，系统将显示检索结果，它是命中文献题目、作者、原文出版的题录列表。

结果显示中作者姓名链接可检索到所有该作者或同名作者发表的文献，Abstract/Links 可链接到文摘显示，Detailed Record/Links 链接到详细记录格式。

所有显示格式下的文献信息前均有一个小方格，作标记用，使用界面最上方的 Selected Record 链接或 View Selections 按钮可查看已选择的各条记录，也做打印标记记录使用。

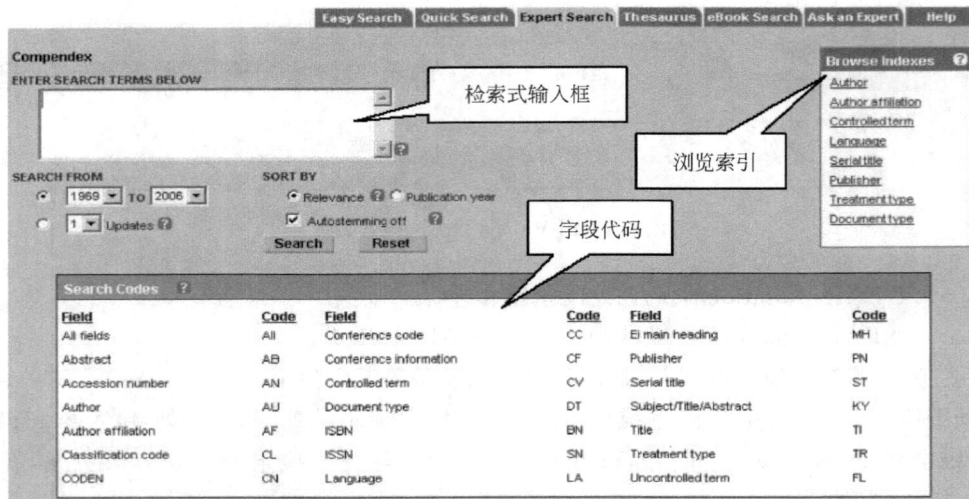

图 5-4　Ei Village 2 专家检索界面

结果输出：

（1）保存检索式。对于较长和有保存价值的检索式，系统在 Search History 界面提供检索式的保存功能。单击界面最上方的 Search History 链接，系统显示检索历史，根据系统提示可以在此界面进行检索式的保存以及检索式之间的合并运算。如需用曾保存过的检索式时，使用 Saved Searches 链接即可。

（2）保存打印。系统提供将检索结果下载保存（Download）、发送 E-mail、打印（Print）、存入文件夹（Save to folder）几种输出方式。使用 Save to Folder 必须预先在基本检索界面下按提示进行注册。检索结果的界面如图 5-5 所示。

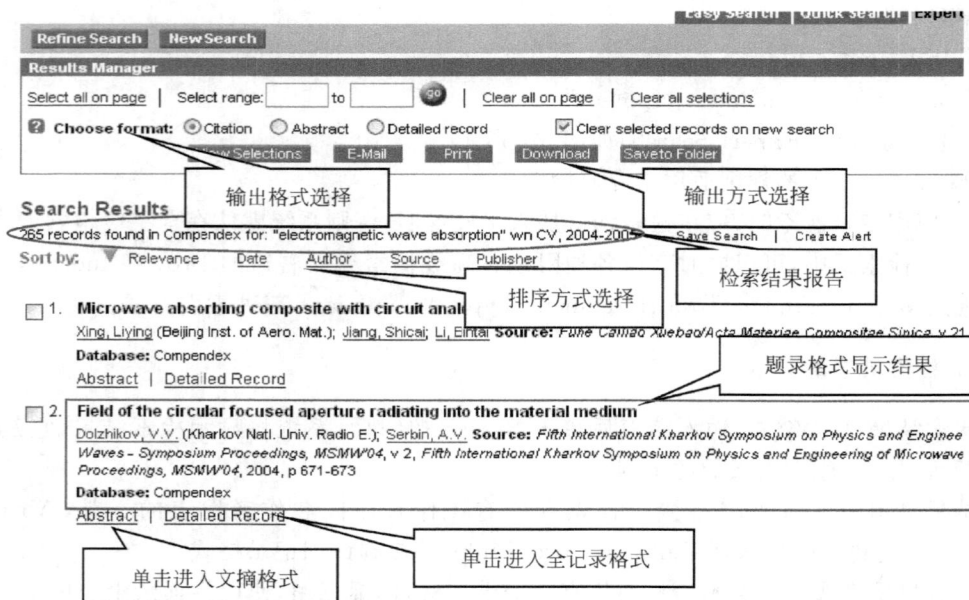

图 5-5　Ei Village 2 检索结果显示

5.2　英国《科学文摘》及其检索

5.2.1　《科学文摘》概况

Science Abstracts,简称 SA,创刊于 1898 年,是由英国电气工程师学会下属的"国际物理与工程信息服务部"(International Information Services for the Physics and Engineering Communities)编辑出版,故又称为 INSPEC。它是关于物理学、电气与电子学、计算机与控制、信息技术领域的综合性的检索工具。覆盖的学科范围包括:原子物理及分子物理,数学和数学物理,凝聚态物理,气体、流体、等离子体,光学和激光,声学,热力学,磁学,生物物理和生物工程,原子物理,基本粒子,核物理,仪器制造与测量,半导体物理,天文学与大气物理,材料科学,水科学与海洋学,环境科学,电路、电路元件和电路设计,电信,超导体,电子光学和激光,电力系统,微电子学,医学电子学,计算机科学,控制系统及理论,人工智能,软件工程,办公室自动化,机器人,情报学,信息技术等。其信息来源包括相关学科领域的 8000多种期刊、会议录、科技报告、学位论文、图书等,其中期刊论文占整个数据库的 70％左右。收录的文献来源于 80 多个国家和地区,涉及 29 种语言,其中英语占 94％。中国出版的期刊有 120 多种被其收录。

《科学文摘》的出版形式主要有如下几种:

(1) 印刷版:目前《科学文摘》印刷版有 4 个分册。

- A 分辑:《物理学文摘》(Physics Abstracts,PA)。
- B 分辑:《电气与电子学文摘》(Electrical & Electronics Abstracts,EEA)。
- C 分辑:《计算机与控制文摘》(Computer & Control Abstracts,CCA)。
- D 分辑:《信息技术文摘》(Information Technology,IT)。

(2) 联机数据库:联机版 INSPEC 数据库,收录自 1969 年至今的《科学文摘》所有分辑的记录数据,每周更新。该数据库目前通过 DIALOG、BRS、DATA-STAR 等著名的国际联机检索系统提供服务。

(3) 光盘数据库:光盘版 INSPEC 数据库(INSPEC Ondisc),收录时间从 1989 年至今,季度更新,每年累积制作一张光盘。

(4) 网络数据库:到目前为止,网络版 INSPEC 数据库可通过 OVID、ProQuest、Web of Knowledge、INSPEC-China 等网络检索系统提供网上检索,其数据库内容范畴如图 5-6 所示。

5.2.2　SA 印刷版介绍

SA 各辑各分册的基本结构和编排均相同,均由文摘和辅助索引和各种附表 3 部分组成,SA 出版月刊本、半年索引和多年累积索引 3 种。月刊本 SA 由分类目次表、主题指南、文摘正文、著者索引和辅助索引(包括参考书目索引、图书索引、会议索引、团体著者索引)组成。每卷第一期还有学科分类表。

1. 分类目次表和主题指南

(1) 分类目次表(Classfication and Contents):SA 文摘在 1960 年以前,是按《国际十进

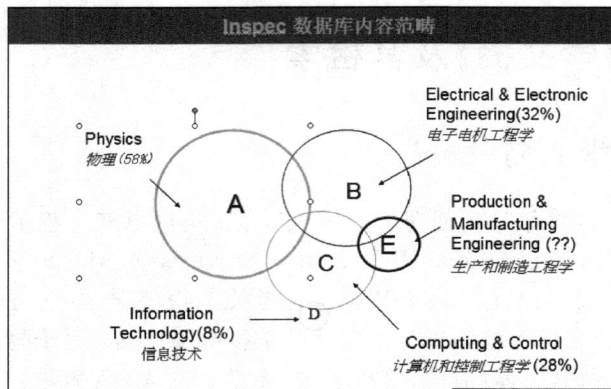

图 5-6　INSPEC 数据库内容范畴

分类法》编排的,1961 年改为 INSPEC 自编的分类体系进行编排,分类表经过多次修改,1977 年第 80 卷采用新编分类表。每期最前面设有分类目次表,它仅列出本辑本期报道的类目,含有类号、类名及其对应页码 3 栏,类目分 4 级,下级类从属上级类。类号分 4 级,前 3 级类号由 4 位数字组成类号,第 4 级类号由 4 位数字与 1 位拉丁字母表示。各级类名采用不同的印刷体形式加以区分。

分类目次表片段

6000 **COMMUNICATIONS**①		4705⑤
6100　INFORMATION AND COMMUNICATION THEORY②		4705
6110→Information theory③		4705
6120→Modulation methods		4708
6120B→*Codes*④		4711
⋮　　⋮		⋮
6210C　Network design and planning		4807

说明:①一级类目。由后 3 位数字为 0 的 4 位阿拉伯数字表示的一级类号和类名构成。类名采用大写黑体印刷。②二级类目。由后 2 位数字为 0 的 4 位阿拉伯数字表示的二级类号和类名构成。类名采用普通大写字体印刷。③三级类目。由后 1 位数字为 0 或不为 0 的 4 位阿拉伯数字表示的三级类号和类名构成,类名采用首字母大写体,并向右缩位方式印刷。④四级类目。由三级类号加一个英文大写字母构成类号,类名采用首字母大写体,并向右缩斜体印刷方式。⑤页码。指相对应的类目所属文摘在正文中的起始页码。

(2) 主题指南(Subject Guide):附在各辑各期"分类目次表"之后,它是将"分类目次表"中各类目表达主题概念的词抽出,并按主题词的字顺编排,同时给出相应的分类号。

主题指南片段

B-ISDN①	6210M,6220F,6230F②
Backplane buses	6210L
Backscatter	5210,6310
Backward-wave tubes	2350D

说明:①主题词,用首字母大写普通印刷方式。②分类号。

2. SA 文摘正文著录格式

SA 文摘正文著录格式大体一致,但因不同文献类型特征上的差异而稍有不同。例如:

61.50 SYSTEMS SOFTWARE①

61.50J Operating systems①

(*inc. supervisory and executive programs*; *for network operating systems*, *see also* $61.50N$) ②

16637③**The operatinf system kernel as a secure programmable machine.** ④R. Engler, M. F. Kaashoek, J. W. O'Toole, Jr. ⑤(Lab. For Comput. Sci,. MIT, Cambridge, MA, USA) ⑥*oper. Syst. Rer.* (USA), vol. 29, no. 1, p. 78-82(Jan. 1995). ⑦

To provide modularity and performance, operating system kernels should have only minimal embedded functionality. To enable applications to befit from full hardware functionality and performance, they are allowed to download additions to the supervisor-mode execution environment. ⑧(34 refs.)⑨

说明:①类号与类名。②参见项。引出相关的类号和类目。③文摘号:每辑每年从00001号开始连续编至年终,最后一期的最末一号即为该辑当年文摘报道量。④文献篇名。首字母大写黑体印刷,非英文篇名意译成英文篇名后编入。⑤著者姓名。名在前,姓在后,名用缩写,姓用全称。非拉丁语系姓名按音译成拉丁语字母著录。⑥紧跟著者后的圆括号是著者工作单位名称、地址及国别。⑦文献出处,又称文献来源项。此项另起一行。原刊物名用斜体印刷,国别置于括号内。卷、期起止页码(出版年、月)。⑧文摘正文。⑨参考文献条数。

3. SA 的索引

SA 附有完善的索引系统,为检索者从多角度、多途径查找文献提供了方便。

(1) 主题索引(Subject Index)。主题索引有半年度和多年度累积索引两种。该索引按主题词的字母顺序排列。主题词均选自《INSPEC 叙词表》。

期主题索引格式如下。

Subject Index

- **Database management systems**①

  Machine tools guided unit CAD syst. ②(Polish)③35534④

  Secure database develop. Methodology 16755

- **Information science**

  Information science and technology, book 17559

- **Load balancing**(**computers**)see resource allocation ⑤

说明:①主题词(黑体印刷)。②说明语,由说明文献核心内容的词组成的短语,它不是文献的篇名,只是限制主题范围。说明语的排列规则为:先排阿拉伯数字,再按英文字母、罗马数字、希腊字母的顺序排,化学分子式排在最后。③对于非英文文献,在后面的圆括号内注明文种。④文摘号。⑤有时主题词有"参见"主题词,表示还可以从 see 后面的主题去检索,查到相关文献。

（2）著者索引（Author Index）。著者索引有期著者索引和累积著者索引两种。

期著者索引如下：

Brody,D. ＋① 56652

Broekaert,T. P. E. ＋58233②

Broeke,D. Van Den　　see Van Den Broeke,D.

Broer,D. J. ＋62281

＋Brofman,P. J. 55732

＋Broggi,A. 60275

Broker,C. ＋64320

＋Broman,H. 60018

说明：①著者姓名。其后有"＋"号表示该著者为第一著者。其前有"＋"号表示该著者为合著者。复姓著者用"See"指引到正确著者姓名。没有"＋"号表示该著者为独著者。②文摘号。

累积著者索引由著者、篇名、文摘号组成。只有第一著者款目下才有文献篇名。合著者用参见引见到第一著者。

（3）其他小索引及附表。SA 除了上述索引外,还有很多"小索引",供检索者查找特殊类型的文献。小索引包括如下内容：

① 参考书目索引（Bibliography Index）：将附有 40 篇以上的参考文献的文献篇名和稀有课题论文的篇名抽出编成参考书目索引。

② 图书索引（Book Index）：将所报道的图书抽出单独编排成图书索引,按书名字顺排列。

③ 会议文献索引（Conference Index）：将所报道的会议文献抽出编排成会议文献索引,按简化会议名称字顺排列。

④ 团体著者索引（Corporate Author Index）：将报道的以团体名义发表的论文抽出编排成团体著者索引,按团体著者名称及其地址的字母顺序排列。

SA 为了增加其功能,还编制了几种各具特殊功能的附表。

⑤ 缩语和略语表（Abbreviations and Acronyms）：该表附在年度和多年度累积本的前面,按缩略语的英文字顺排列,并给出相应的全称。

⑥ 引用期刊一览表（List of Journals）：该表只出现在 7～12 月的半年度累积索引中,附在"小索引"之后。按缩写刊名的字顺排列。

⑦ 引用期刊增补表（Supplementary list of Journals）：该表附在 SA 各辑每期的文摘本后面和 1～6 月的半年度累积索引中,为读者提供某期所摘引的新的期刊。

4. SA 检索途径和步骤

由于 SA 的索引较多,所以检索途径也较多,主要有分类途径、主题途径和著者途径。检索途径和步骤如图 5-7 所示。

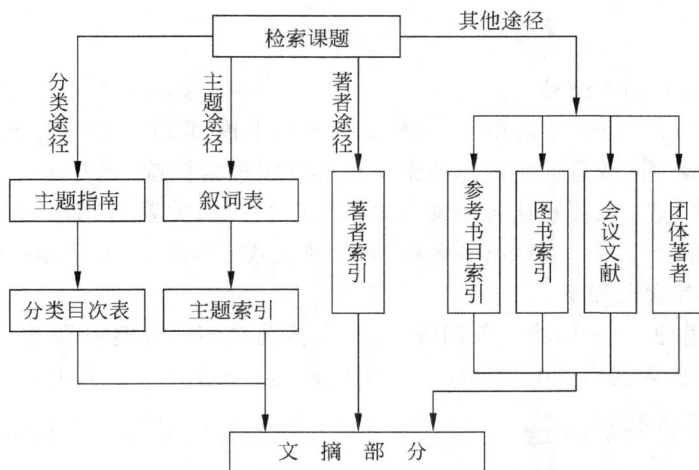

图 5-7　SA 检索途径示意图

5.2.3　SA 的网上数据库 INSPEC 检索

计算机网络的迅猛发展，为网络信息服务公司利用 Internet 提供 INSPEC 数据库检索服务带来了便利，各信息服务公司提供不同检索界面和检索方式，INSPEC 数据库的网络版检索系统平台已有 OVID、ProQuest、INSPEC-China、Web of Knowledge 等。在此，主要介绍 Web of Knowledge 检索平台上的 INSPEC 数据库使用方法和技巧，如图 5-8 所示。

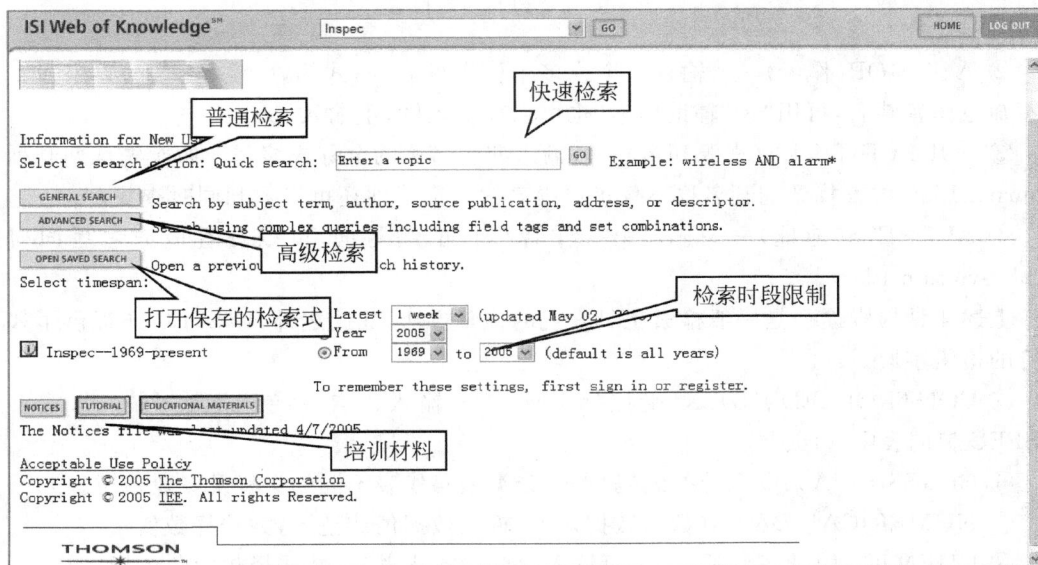

图 5-8　INSPEC 开始检索界面

1．检索方法

检索方法一般有如下两种。

(1) 一般检索(General Search)。一般检索界面中提供 11 个检索字段,用户可以在各检索字段里输入检索词或者词组进行检索。也可以用逻辑算符 AND、OR、NOT、SAME 对多个检索词进行组配。系统默认各检索字段框之间为逻辑关系 AND。系统还可以对语种(Languages)、文献类型(Document Types)和处理类型(Treatment Types)进行检索限制。11 个检索字段及其含义如下。

① TOPIC(主题)——即输入单词或短语,在标题、摘要、分类编码、控制词和非控制词范围内进行检索,如果选中 Title Only 即限定检索词必须出现在题名上,如图 5-9 所示。

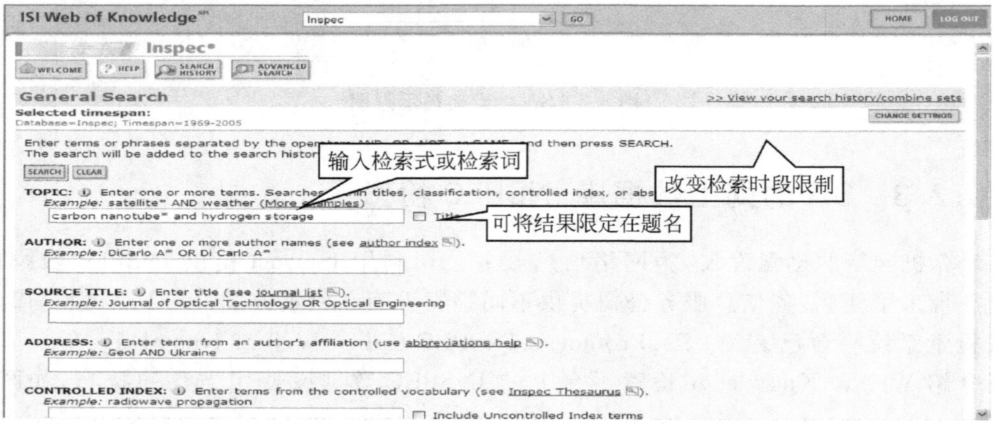

图 5-9　INSPEC 主题检索

② AUTHOR(作者)——输入一个或多个作者姓名,格式为姓、空格、名的首字母。如果不知道作者姓名,可用"＊"辅助检索,也可以仅输入姓,不输入名。

③ SOURCE TITLE(来源刊名)——输入期刊名称的全称或缩写。如能先从期刊列表(Journal List)中查找到期刊名称不仅可以提高检索准确性还可以数刊同时查找。

④ ADDRESS(地址)——输入第一作者单位的缩写词,可以查看地址缩写词列表(Abbreviation List)。

上述 4 种检索途径是一般检索工具常规的检索方法,除此之外,INSPEC 还提供了如下独特的检索字段。

⑤ CONTROLLED INDEX(受控标引词)——输入来自受控词汇表中的词,或者从INSPEC 叙词表中选词。

⑥ CLASSIFICATION(分类编码)——分类编码代表不同的学科及专业领域。

⑦ NUMERICAL DATA(数值数据)——输入数据值或范围,并选择数值量。

⑧ CHEMICAL(化学物质)——可输入化合物或化学基,并选择化学角色指示符。

⑨ ASTRONOMICAL OBJECT(天文对象)——包括源文献中涉及的天文对象的名称、种类号,银河系坐标或位置信息。

⑩ MEETING INFORMATION(会议信息)——包括会议名称、地点、主办机构和召开

日期。

⑪ IDENTIFYING CODE(识别编码)——包括国际标准刊号(ISSN)、国际标准书号(ISBN)、期刊标准代号(CODEN)、报告号、合同号或 SICI。

(2) 高级检索(Advanced Search)。用户可以在文本框中输入一个较为复杂的检索提问式。检索提问式可由前置字段代码的检索词或前次结果的集合号组成,检索词之间可用逻辑算符连接,检索词中也可用截词符,各种检索限制设置与一般检索方式相同,如图 5-10所示。

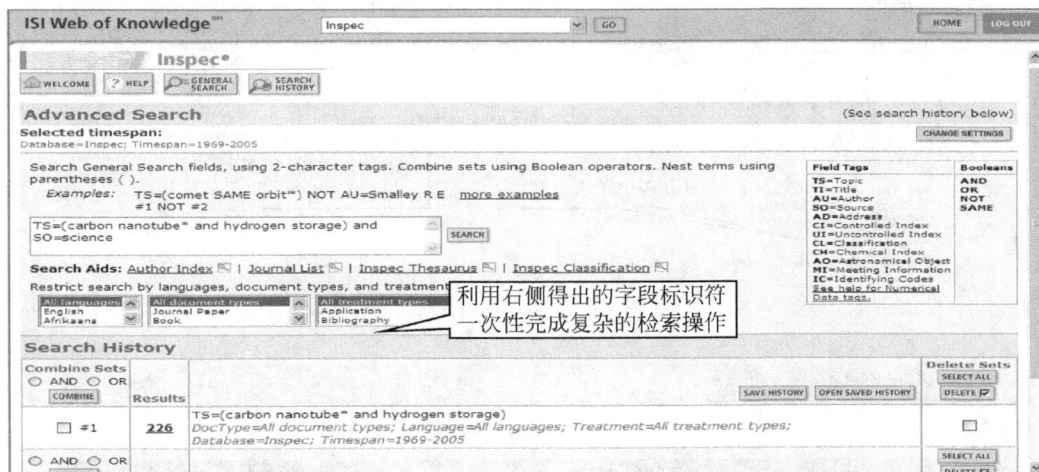

图 5-10　INSPEC 高级检索界面

2. 检索技术

(1) 逻辑检索。在各个检索字段框中,都可以使用逻辑算符来连接检索词。该系统提供 AND、OR、NOT、SAME 共 4 种算符,SAME 算符表示前后两个词必须出现在同一字段中。

(2) 截词检索。"＊"可用于前方一致的检索,用在检索词的中间或末尾,代替任意变化的字符。"＊"所在位置前至少应有 3 个字符。"?"用在检索词当中,只代替一个字符。

(3) 字段限定检索。仅限于在高级检索方式中使用,格式为:字段代码＝检索词,如TI＝Distance Education。

3. 检索结果

(1) 对检索结果进行列表显示。检索后命中的文献以简单格式显示。每条记录包含著者、文献篇名、来源期刊名称、卷期、页码等。单击简单格式显示中的文献篇名,则可以浏览该篇文献的详细记录,如图 5-11 所示。

(2) 对结果进行分析。在检索结果的简单格式显示页面右边,设有"分析结果"(Analyze Results)按钮,选取分析的字段,单击该按钮,系统将分析出该字段不同内容所命中的记录数。还可以通过做标记,对检中文献中更加切题(即符合检索要求)的内容进行题录、文摘及其相关链接内容的浏览、复制和打印,如图 5-12 所示。

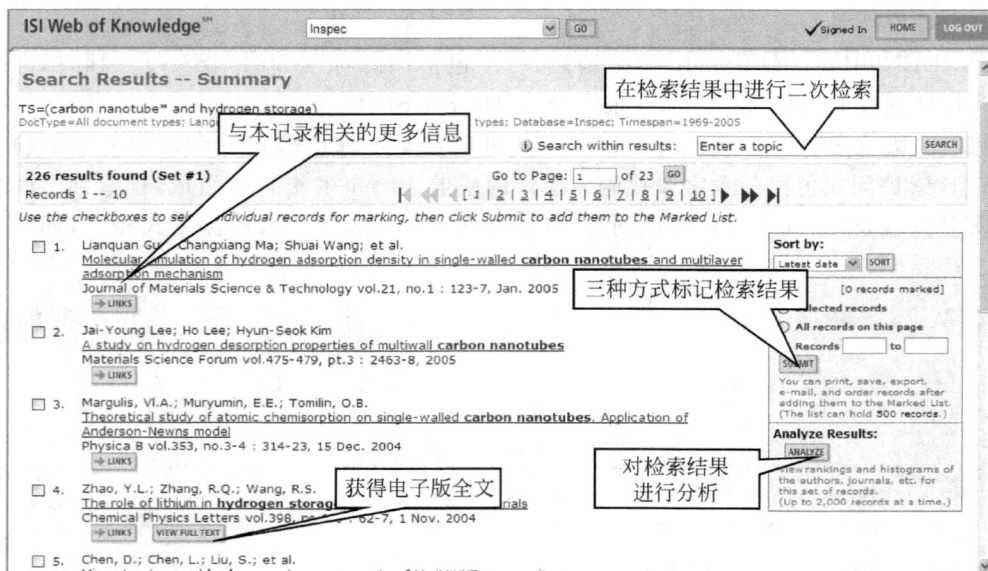

图 5-11　检索结果显示

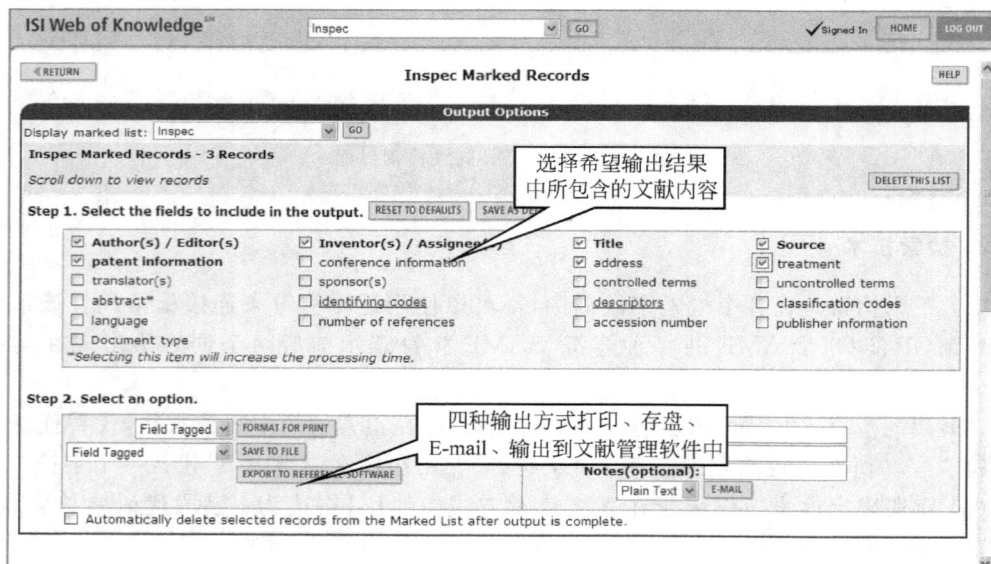

图 5-12　对检索结果进行处理

5.3　美国《科学引文索引》及其检索

5.3.1　概况

SCI 是美国《科学引文索引》的英文简称,其全称为 Science Citation Index,创刊于 1961 年,它是根据现代情报学家加菲尔德(Engene Garfield) 于 1953 年提出的引文思想而创立的。时至今日加菲尔德仍是 SCI 主编之一。SCI 是由美国科学情报所(Institute for Scientific Information Inc. , ISI)出版,现为双月刊。ISI 除了出版 SCI 外,还有联机型数据库 SCISEARCH。ISTP(Index to Scientific & Technical Proceeding)也由其出版。

SCI 是一部国际性的检索刊物,包括自然科学、生物、医学、农业、技术和行为科学等,主要侧重基础科学。所选用的刊物来源于 94 个类、40 多个国家、50 多种文字,这些国家主要有美国、英国、荷兰、德国、俄罗斯、法国、日本、加拿大等,也收录了一定数量的中国刊物。

SCI 就其本身而言,最重要的功能是帮助科技人员获取最需要的文献信息。这也是编辑该部索引的主要意图。SCI 最大的优点是引文功能,在这里读者能很快地了解到某一作者的某篇论文是否被他人引用过,通过引文次数可以了解某一学科的发展过程。另外,使用 SCI 还可以了解到科学技术发展的最新信息,如:有没有关于某一课题的评论,某一理论有没有被证实,某方面的工作有没有被扩展,某一方法有没有被改善,某一提法是否成立,某一概念是否具有创新性等。因此,SCI 也具有反映科技论文质量和学术水平的功能。

SCI 的这些优点对科技工作者查阅最新文献、跟踪国际学术前沿、科研立项以及在具体的课题研究时及时了解国际动态都有很大帮助。

SCI 对期刊的选择比较科学,它运用引文数据分析和同行评估相结合的方法,充分考虑了期刊的学术价值,在选用的 3400 余种期刊里包含了国际上较为重要的期刊。它所择取的 80 万条论文,可以说是集合了各学科的精粹。因而,它成为国际公认的反映基础学科研究水准的代表性工具。并将其收录的科技论文数量的多寡,看做是一个国家的基础科学研究水平及其科技实力指标之一。SCI 检索系统历来是世界学术界密切注视的中心,世界公认的文献统计源。

SCI 选用来源期刊是以著名科学情报专家、ISI 前所长加菲尔德(Garfield)博士首创的引文分析法为理论依据,认为精选 20% 有代表性的刊物可以获取 80% 的有用信息,只要选刊正确就可以做到以部分代全体,花少量精力,得到尽可能多的信息。ISI 依据上述理论,制定了一套严密的选刊技术体系,统一选刊条件。选刊主要依据下面 3 方面的信息综合决定。

1. 引文数据

ISI 选刊依据的引文数据是期刊的影响因子(Impact Factors),即被引次数与发文量之比,影响因子=前两年所发论文在第三年被引用次数/该刊前两年所发论文总数。期刊影响因子越大表明受重视程度越高,影响越大。ISI 每年出版的《期刊引证报告》(Journal Citation Report,JCR)上刊载着全部选录期刊的影响因子。

2. 期刊出版标准

期刊应该遵循国际通用的编辑规范,具有富含信息的刊名,描述性的论文题目,每位作者的详细通讯地址,所有引用参考文献应有完整的书目信息,按时出版。还必须有英文题目、作者姓名与地址、引用参考文献、论文摘要与关键词。

3. 专家评审

ISI 编委会 21 名成员中有 2 名是诺贝尔奖得主,编委会每年根据订户、期刊编辑、出版者等各方面的意见,对期刊进行综合评审。专家评审意见也作为 ISI 收录期刊标准中的又一重要指标。

SCI 产品有以下 6 种版本:

- SCI Print 印刷版。1961 年创刊至今,双月刊,现在拥有 3700 余种期刊。
- SCI-CDE 光盘版。季度更新,现在拥有 3700 余种期刊。
- SCI-CDE with Abstracts 带有摘要的光盘版。逐月更新,现在拥有 3700 余种期刊。
- Magnetic Tape 磁带数据库。每周更新,现在拥有 5700 余种期刊。
- SCI Search Online 联机数据库。每周更新,现在拥有 5700 余种期刊。
- The Web of Science SCI 的网络版。每周更新,现在拥有 9000 余种期刊。

5.3.2　SCI 印刷版介绍

SCI 的编排方法与一般检索工具不同,它是根据文献之间的相互引证关系组织文献的。利用 SCI 不但能了解何人何时在何处发表了哪些文章,而且可以了解这些文章被哪些人在哪些文章中引用过。所以 SCI 并非用分类或主题方式排列,而是以被引文献作者和来源文献作者姓名字顺排列,SCI 全年 6 期,每期有 6 本之多,分别以 A、B、C、D、E、F 示之。A、B、C 这 3 本是引文索引(Citation Index);D 本是来源索引(Source Index)、机构索引(Corporate Index);E、F 这 2 本是词对照关键词轮排索引(Permuterm Subject Index,PSI)由引文索引、来源索引、轮排主题索引 3 部分组成。

1. 引文索引(Citation Index)

该索引是 SCI 的核心部分。它由全部引文款目组成,分 3 种索引。

(1) 引文索引(Cited Index):以引文著者作为检索标识,按被引文献的第一著者姓名字顺排列。姓在前,名在后,并用缩写。如果某一著者的多篇论文同时被多人引用,则论文按发表年代的先后顺序排列。来源文献的著者也按他们的姓名字顺排列其后。引文索引的作用就是从被引著者出发去寻找引用的著者及相应的文献标题、文献来源等。

(2) 匿名引文索引(Citation Index:Anonymous):如果被引文献著者不详,则编入匿名引文索引,按刊载被引文献的刊物名称缩写的年代的字顺排列。

(3) 专利引文索引(Patent Citation Index):如果被引文献为专利,编入该索引,按专利号顺序排列。在专利号下,依次列出专利申请年份、专利发明人、专利发明书类型以及国别、引用者姓名及其著作的出处(出版物名称缩写、卷号、页码和年份)。

2. 来源索引(Source Index)

它由全部来源款目构成,分两种索引。

(1) 机构索引(Corporate Index):分成两部分,即地理部分(Corporate Index:Geographic Section)和机构部分(Corporate Index:Organization Section)。地理部分按引用著者所属机构所在地地名的字母顺序编排,在编排次序上,先排美国州名,再排其他国家国名;在美国州名和其他国家名之下,依次列出城市名称和机构名称及其下属部门。

(2) 来源索引(Source Index):以来源文献第一著者的姓名作为款目,按姓名的字顺编排。可以用来源索引检索到某一著者所著文献的题名、出处和发表年份。来源索引只在第一著者下作详细著录,合著者可作为款目的标目,但其著录内容简单,只指引读者见第一著者。

3. 轮排主题索引(Permuterm Subject Index)

它是一种篇名关键词索引,即将篇名关键词轮流组配,每个篇名内的关键词轮流作主要词,与其余的篇名关键词组配,可用于查找多主题文献。轮排主题索引由两级关键词组成,即主要词为检索的入口词,其他词进一步表征文献主题。

4. SCI 的检索方法

SCI 一般有 5 种检索方法,检索示意图,如图 5-13 所示。

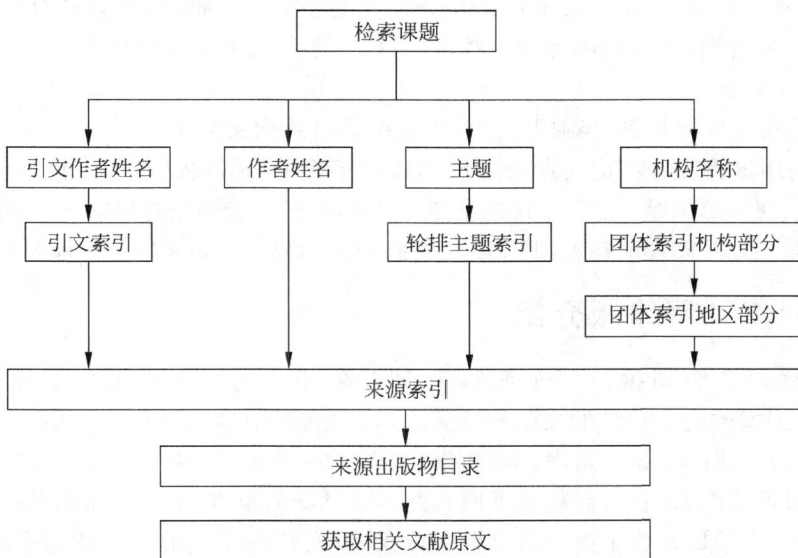

图 5-13　SCI 检索示意图

1) 引文检索法

目的:查某作者在某一年内(或某 5 年、10 年内)有哪些文献引用了他(她)的著作。

方法:以该作者的姓名字顺查该年(或某 5 年、10 年累积本)SCI 的引文索引。可查到该作者该年内(或 5 年、10 年内)被引用过的历年著作的出处(刊名缩写、卷、页次、出版年),以及引用作者和来源文献的出处。据来源文献作者可转查来源索引,进一步查到来源文献的篇名、合作者、出处及第一作者单位和地址。

2) 作者检索法

目的:查某作者某年有什么著作被 SCI 作为来源文献摘用。

方法:从作者姓名字顺查来源索引。

3) 主题检索法

目的:了解某研究领域的来源文献作者(群)及来源文献出处。

方法:根据需要确定关键词,查轮排主题索引(Permuterm Subject Index,PSI),即可查到一系列引用作者及来源文献的出处。根据这些作者的姓名可转查来源索引,进一步查得来源文献的篇名、合作作者、出处及第一作者的单位地址。

4）机构检索法

目的：了解某机构内的作者(群)发表专业文献的状况。

方法：

第一步,已知机构名称,查机构索引的机构部分,查到其所在国家和城市。

第二步,查地理部分,例如,查汕头大学有哪些作者的文献被 SCI 作为来源文献摘用?因已知该机构的地点(中国,广东汕头),故直接查机构索引的地理部分。先按字顺查到"Peoples R China",再按字顺分别查"GuangDong"和"Shantou"(两者都查以免漏检),即可找到"Shantou Univ",其下列有各学院、研究室、实验室或附属医院的某些来源文献作者,及来源文献的出处(刊名缩写、卷次、页次、出版年)。

第三步,在来源索引(Source Index)中分别查上述来源文献,即可查到合作作者、篇名、出处(刊名缩写、卷期、页次)、参考文献数,以及第一作者的单位(机构)和地址。

5）循环检索法

目的：检索与早期某篇"经典"论文内容有关的一系列文献。

方法：使用该篇"经典"论文发表之后的较早年份的 SCI,从引文索引中查到引用了该篇文献的一系列来源文献;然后以这些来源文献作者姓名,查晚些时候的 SCI 的引文索引,又查到一些引用了这些文献的来源文献,如此循环,则可查到越来越多的有引证关系的文献。

5.3.3　SCI 网络版介绍

1997 年底,ISI 公司推出了全面基于 WWW 环境的引文索引数据库 ISI Web of Science,该数据库改变了传统的文献检索方式,将引文索引独特的研究功能与 Web 技术相结合,构筑了新一代的文献数据库。应当指出,Web of Science 并不仅仅是引文索引的 Web 版。例如从报道范围看,它已经超越了原自然科学领域的范围,而将其报道范围扩展到社会科学、文学和艺术领域。除了提供信息资料,还提供通往许多其他信息数据库的链接,把高质量的学术文献信息和 Internet 的诸多特性结合起来,构成了一个不断完善、不断充实的信息体系。它本身所独具的反映信息间内在联系的能力以及开放扩展的结构,使其成为一个非常重要的研究工具,而为全球研究人员所重视。目前,Web of Science 已经成为世界各国政府、高校、研究机构在科技信息资源建设领域最重要的战略资源之一。

1. Web of Science 检索方法

主题范围：自然科学、工程技术、社会科学、艺术与人文。

时间范围：1898 年—至今

数据库特色：

- 涵盖自然科学、工程技术、生物医学、社会科学、艺术与人文领域。
- 四十多年严格一致的选刊标准,精选 9000 多种核心学术期刊。
- 数据回溯至 1900 年,追溯 100 多年的科技文献及其影响。
- 独特的引文检索,可轻松地追溯课题的起源、发展和相互关系。
- 强大的信息分析和引文报告功能,分析绩效,把握趋势。
- E-mail 和 RSS 定制主题及引文跟踪服务,随时把握最新研究动态。

- 一次单击链接全文、馆藏。
- 基于 ISI Web of KnowledgeSM 平台，提供有效的研究工具——全文链接、结果分析、信息管理、格式论文，提高效率，激励创新。

Web of Science 包括 5 个引文数据库和 2 个化学数据库。

5 个引文数据库为：

- Science Citation Index Expanded（SCIE，1899 年至今）（科学引文索引）；
- Social Sciences Citation Index（SSCI，1898 年至今）（社会科学引文索引）；
- Arts & Humanities Ciation Index（A&HCI，1975 年至今）（艺术、人文科学引文索引）；
- Conference Proceedings Citation Index-Science（CPCI-S，1997 年至今）（科学技术会议录索引）；
- Conference Proceedings Citation Index-Social Science & Humanities（CPCI-SSH，1997 年至今）（社会科学和人文科学会议录索引）。

2 个化学数据库为：

- Current Chemical Reaction（CCR，1985 年至今），包括 Institut National de la Propriete Industrielle（化学结构数据，可回溯至 1840 年）；
- Index Chemicus（IC，1996 年至今）。

检索技术：

该数据库实行统一的检索界面，既可一库检索，也可以多库联检。记录中包含由作者本人撰写的、未经删节的原文摘要。数据周更新。数据更新时，整个系统中的所有链接都一并更新，确保及时反映全球科学研究的最新动态。

（1）系统默认为词、词组检索。若想查找与输入的检索词完全匹配的记录，在检索词上加上""引号即可。

（2）检索词之间可采用布尔逻辑算符：AND、OR、NOT、SAME 进行组配。

（3）通配符：＊、?、$。

＊ = 一个或多个字符；

? = 一个字符；

$ = 0 或一个字母。

检索方法：

Web of Science 分一般检索（Search）、被引参考文献检索（Cited Reference Search）、高级检索（Advanced Search）、化学结构检索（Structure Search）四种检索方式，如图 5-14 所示。

（1）一般检索（Search）

在执行检索前，还可以通过选择数据库、指定时间段、语种、文献类型等来限制检索结果，查准率和查全率高，利用价值大。

在一般检索中，既可以执行单字段检索，也可以结合主题、作者、刊名和地址进行多字段组合检索。在同一检索字段内，各检索词之间可使用逻辑算符、通配符。

① 主题字段（Topic）

通过主题来查找文献。它是在论文的题名、文摘或关键词中检索。在该字段中输入的

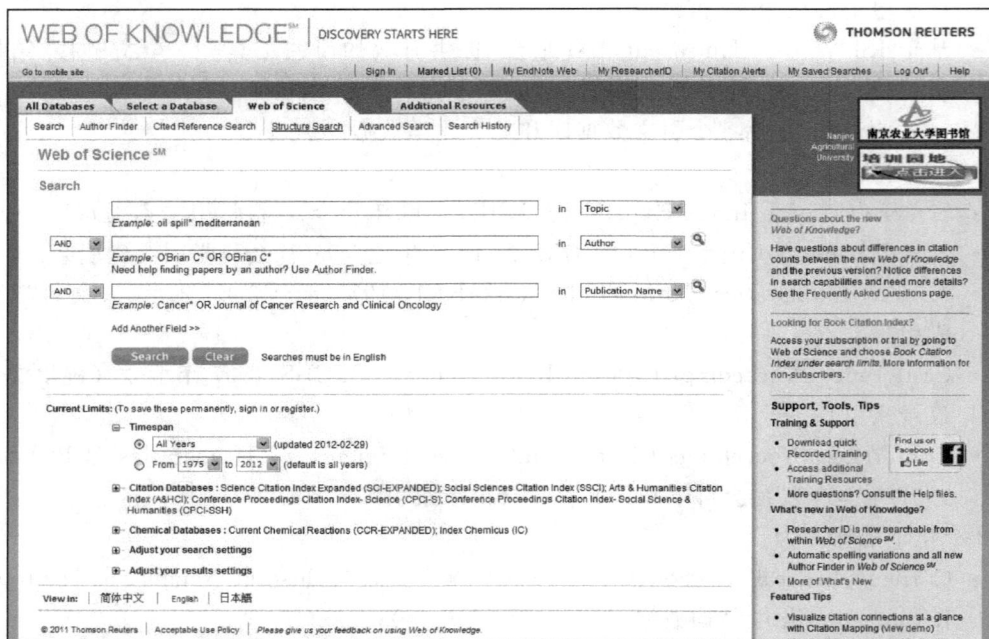

图 5-14   SCI 检索界面

检索词可以使用通配符、逻辑算符组配。

　　注意：如要进行精确的词组检索，须用引号限定，比如输入 global warming，则可找到准确的 global warming，如输入 global warming，则可找到 global warming 同时也可找到 …global climate change and ocean warming…。

　　② 标题字段(Title)

　　通过标题来查找文献。它仅在论文的题名中检索。

　　③ 作者字段(Author)

　　通过输入来源文献的作者姓名来检索该作者的论文被 Web of Science 数据库收录情况，进而了解该作者在一段时间内的科研动态。在输入姓名时，先输入"姓"，空一格，然后输入"名"的首字母缩写，如 ZHANG XW。如果不知道作者名的全部首字母，可以在输入的首字母后用星号(＊)代替。例如，在作者字段里输入 zhang x＊，检索 zhang x 或 zhang xw 的记录；人名前的头衔、学位、排行不算作姓名。

　　④ 团体作者字段(Group Author)

　　输入团体作者的姓名，应考虑其各种写法，包括全称和缩写形式，也可利用 Group Author Index，选择并添加到检索框中。

　　⑤ 编者字段(Editor)

　　通过输入来源文献的编者姓名来查找文献。在输入姓名时，先输入"姓"，空一格，然后输入"名"的首字母缩写。

　　⑥ 出版物名称字段(Publication Name)

　　在这个字段中应输入刊名的全称。如果记不全刊名的名称，可以输入刊名的前几个单词和通配符来检索，或者单击该字段右面的 🔍 链接，进入 Publication Name Index 查阅准确名称,选择并添加到检索输入框中。

⑦ 出版年字段(Year Published)

应输入论文出版的准确年份,或发表论文的时间段。

⑧ 地址字段(Address)

在该字段中可以输入一个机构、一个城市、一个国家或一个邮编等以及它们的组合。该字段所有地址都可以检索。机构名和通用地址通常采用缩写。可以单击该字段右面的abbreviations help 链接查找缩写列表。各检索词之间可以使用 SAME、AND、OR、NOT 算符组配。一条地址相当于一句,若一条地址中包含两个或多个词汇,检索时用 SAME 运算符。例如,检索复旦大学化学系发表论文被 Web of Science 数据库收录情况,可以输入FUDAN UNIV SAME CHEM。要注意复旦大学物理系和物理所的区别,FUDAN UNIV SAME PHYS SAME INST FUDAN UNIV SAME PHYS SAME DEPT。

⑨ Web of Science 提供检索的其他字段

包括会议(conference)、语种(Language)、文献类型(Document Type)、基金资助机构(Funding Agency)、授权号(Grant Number)根据已知条件多少或根据检索者的某种需要,在以上 13 个字段中输入检索词,单击 SEARCH 按钮,即出现满足检索条件的结果列表。

(2) 被引参考文献检索(CITED REFERENCE SEARCH)

被引参考文献索引是将文章中的参考文献作为检索词,它揭示的是一种作者自己建立起来的文献之间的关系链接。引文检索具有独一无二的功能,即从旧的、已知的信息中发现新的、未知的信息。该方式通过被引作者、被引文献所在期刊的刊名、被引文献发表的年份三种途径检索论文被引用情况。注意:单一字段内各检索词之间只能用逻辑算符 OR 进行组配,如图 5-15 所示。

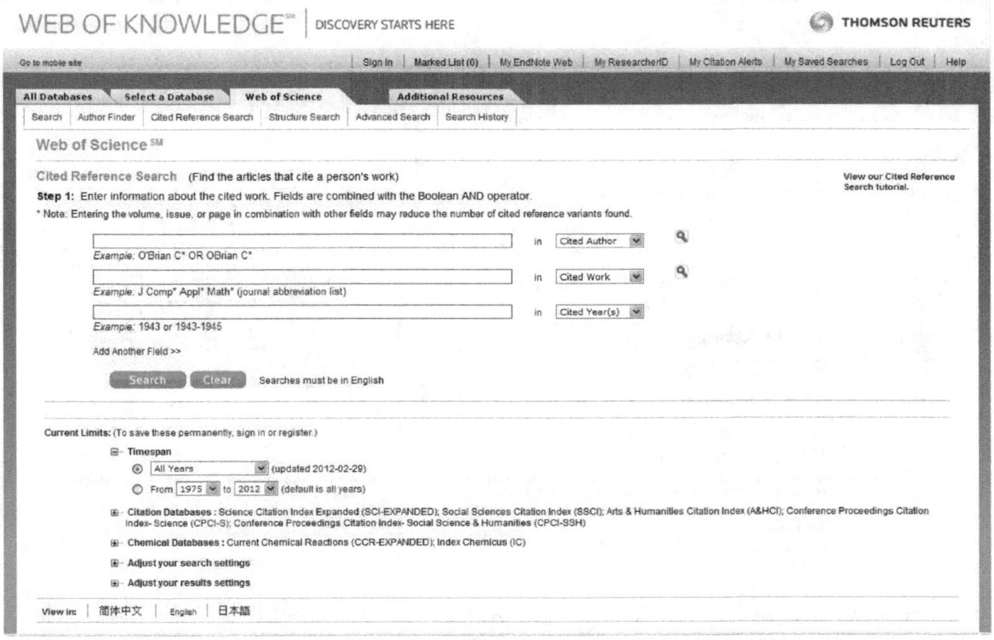

图 5-15 SCI 被引参考文献检索

① 被引作者字段(CITED AUTHOR)

在该字段中输入某篇论文的第一作者的姓名。如果该论文是被 Web of Science 数据库收录成为一条源记录,则可以输入该论文中的任何一位作者姓名。输入检索词时,作者的"姓"放在最前,空一格,输入"名"的首字母。注意:由于有时数据库录入错误或作者提供的姓名写法不同,检索不到结果。因此在输入名时应考虑采用通配符 * 避免造成漏检。

② 被引著作字段(CITED WORK)

在该字段中,可输入被引用的刊名、书名和专利号。输入被引论文的刊名时采用缩略式,为了提高查全率,要考虑被引刊名的不同写法,如果不知道准确的缩写,可以单击该字段下方的◆链接,查看期刊缩略表;输入被引书名时,应考虑词的不同拼法采用通配符;如果要查专利,可以直接输入专利号。

③ 被引文献发表的年份字段(CITED YEAR)

如果要检索某人在某个特定年份发表论文的被引情况,可以在该字段输入文献发表的年份(4 位数字表示),如果要检索几年,可以用 OR 组配,如 1998 OR 1999 OR 2000,或输入时间段。

检索词输入完后,单击 Search 按钮,出现满足检索条件的引文文献列表。

在每条记录最前面的数字就是该作者发表在某一刊物上一篇论文的被引次数,单击每条记录后的 View Record 链接,便可以看到该被引用文献的详细题录信息(即全记录)。那些不带 View Record 链接的黑色记录,则表示该期刊未被 Web of Science 收录,无法查看它的全记录信息。

(3) 高级检索（Advanced Search）

单击 Web of Science 页面上的 Advanced Search 按钮进入高级检索页面,如图 5-16 所示。

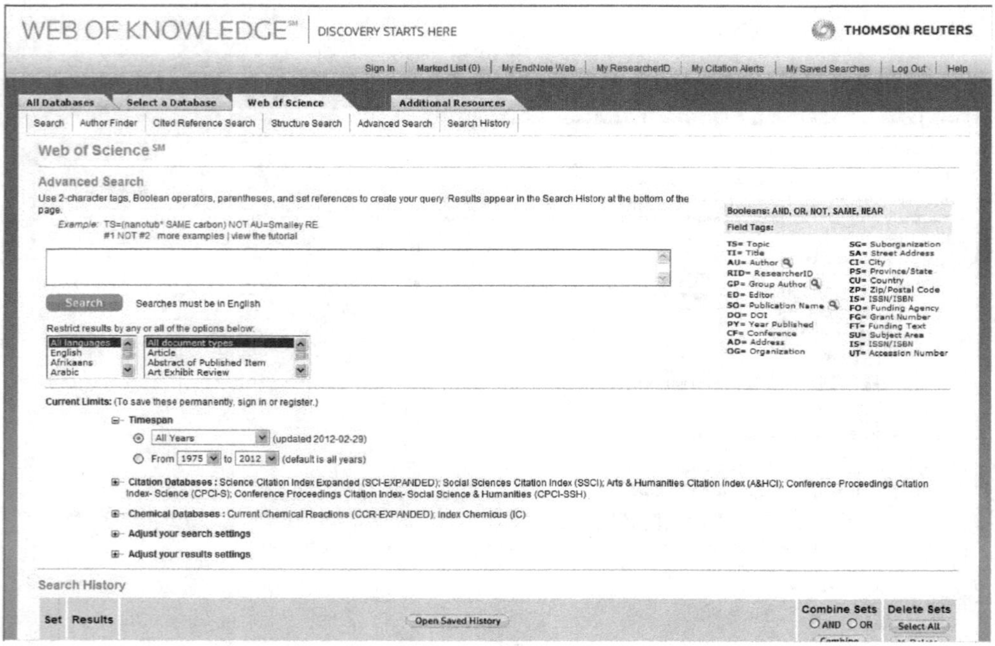

图 5-16　SCI 高级检索

　　该方式可将多个字段或历次检索步号组配检索。熟练掌握检索字段代码和检索技术的用户，可直接在检索输入框中构造检索式；不熟悉的用户也可参照页面右边上方显示的可采用的字段标识符和布尔逻辑运算符构造检索式。需要注意的是：输入带有字段的检索词，应先输入检索字段代码，然后在其后的等号后输入检索词。

　　也可在 Search History 显示框中选择不同的检索步号，选种上方的 AND、OR 组配检索。

2．检索结果处理

　　单击 Results 栏中的命中结果数，即显示检索结果列表，如图 5-17 所示。

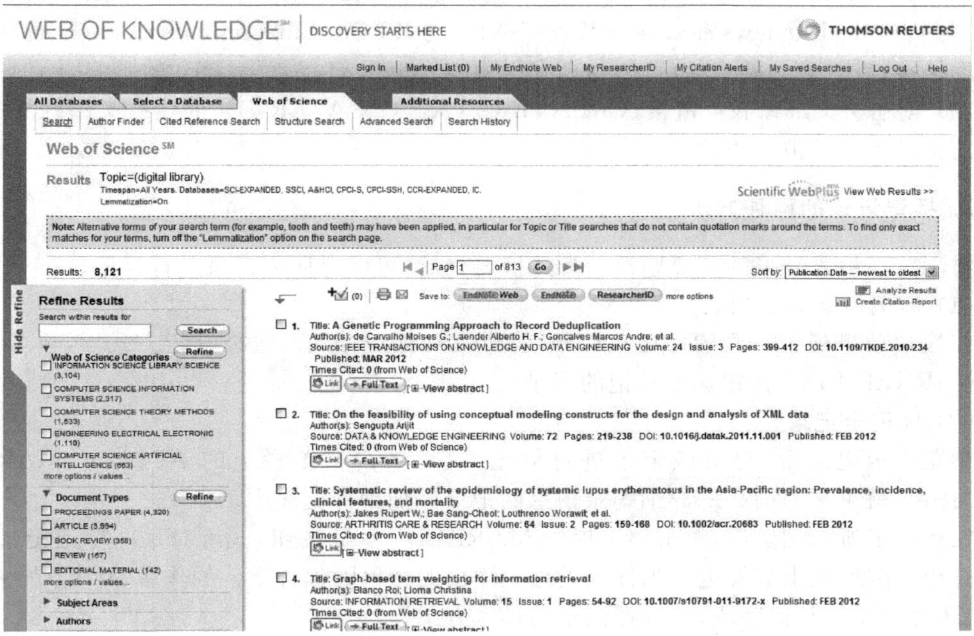

图 5-17　SCI 检索结果显示

　　进入全记录界面，不仅可以看到当前记录较为详细的包括文摘在内的题录信息，更可以利用它的特色链接功能。

　　(1) 作者链接：单击作者超链接可检索到数据库中收录的该作者发表的所有论文。注意，包括同缩写姓名的所有作者论文。

　　(2) 参考文献链接(Cited Reference)：是 Web of Science 的一个特色链接。单击该链接，系统显示当前记录所引用的参考文献列表，列表中所有带下划线的记录都是可以被激活。单击带下划线记录，可以看到该条记录的全记录及其所有链接，进行了解某一研究课题的发展历史。

　　(3) 被引次数链接(Times Cited)：也是 Web of Science 的一个独特链接之一。单击Times Cited 热链，会显示引用当前记录的所有文献列表。任意单击带下划线的记录，可查看这条引用记录的详细题录信息并允许单击其所有链接，了解某一主题的发展方向。

　　(4) 相关记录链接(RELATED RECORDS)：通过该链接，可以查看与当前记录共同引用一篇或几篇参考文献的一组论文，即相关记录，并按相关度排序。和当前记录引用的相同文献越多,该文献在列表中的位置就排在越前面。显示的记录可以不断地被激活,揭示研究课题之间的相关性。

(5) 全文链接(FULL TEXT):单击此链接,可以直接看到当前记录的一次文献,不过前提是所在的图书馆订购了该论文所在的电子版期刊。

(6) SFX 链接:用户只需单击 SFX 按钮,系统就可以通过 SFX 服务菜单,提供和该条记录相关的一系列服务,如获取全文的最佳链接等。

(7) 图书馆馆藏 OPAC 系统的链接(Holdings):单击此链接,即可迅速进入本校图书馆的馆藏 OPAC 系统,了解当前记录的期刊馆藏情况。

(8) 基于 Web of Knowledge 平台的其他数据库链接:与德温特专利文献索引数据库链接、与 BIOSIS Previews 生命科学数据库链接、与 ISI Current Contents Connect 现刊题录数据库链接,查看该刊的当期目次、与期刊引用报告 JCR 链接,了解该刊的影响因子。

(9) 创建引文跟踪服务链接(CREATE CITATION ALERT):创建引文跟踪服务,跟踪当前记录未来的被引用情况。

3. 标记记录的两种方法

在浏览了检索结果的简要题录信息或摘要之后,可以对所需记录进行标记。

(1) 标记检索结果列表

在检索结果列表右侧的标记菜单中,提供三种标记方式。选择标记方式后,单击 ADD TO MARKED LIST 按钮递交标记的记录。

(2) 标记全记录

浏览了全记录后,想对该记录进行标记,只需单击菜单栏上的 ADD TO MARKED LIST 按钮,就可把当前显示详细题录信息的记录添加到标记表中。

在标记了所需记录后,单击菜单栏中 MARKED LIST 按钮,就可对这些标记记录集中进行打印、存盘、输出或发电子邮件等处理。输出的结果除包含默认的作者、题名、来源期字段外,还可以添加其他字段,并选择记录的排序方式。

(3) 保存、打印、E-mail 记录

单击页面上相关的保存、打印、按钮对所选择的记录进行保存、打印、E-mail。如果想一次同时打印所有标记记录,则可以在标记表的状态下,单击 FORMAT FOR PRINT 按钮,显示所有标记的记录,之后,再单击页面上的"打印"按钮打印记录。

(4) 保存检索策略和创建定题跟踪服务

利用 Web of Science 数据库进行常规检索或引文检索时,如果某个检索策略(即检索式)要被经常地使用,可以将此检索策略保存起来。方法:单击检索界面上方工具栏中的 SEARCH HISTORY 按钮,打开检索历史显示框,可以将检索历史和策略保存在本地计算机或服务器上,并可创建定题跟踪服务。

5.4　美国《化学文摘》及其检索

5.4.1　美国《化学文摘》概况

《化学文摘》(Chemical Abstracts,CA)1907 年创刊,由美国化学学会下属的化学文摘服务社(Chemical Abstracts Service,CAS)编辑出版,是涉及学科领域最广、收集文献类型最全、提供检索途径最多、部卷也最为庞大的一部著名世界性检索工具。其前身为 1895 年创刊的《美国化学研究评论》和《美国化学会志》两种期刊的文摘部分。1969 年合并了具有 140年(1830—1969 年)历史的著名的德国《化学文摘》。目前收录报道 150 多个国家和地区的56 种语言出版的 17 000 多种科技期刊、学位论文、科技报告、会议、新书以及 29 个国家和地区及 2 个国际专利组织发表的专利。内容覆盖化学、化工、生物化学、生物工程、生物遗传、农业和食品化工、医用化学、地球化学和材料科学等领域。它收录报道的化学化工文献占全世界化学化工文献总量的 98%,其中 70%的文献来自美国以外的国家和地区,每年报道的文献约 50 万条。因此《化学文摘》是科技工作者查找化学化工及其相关学科文献的重要信息源。

1. CA 主要有以下几种出版形式

(1)印刷版:CA 印刷版为周刊,每年出版 2 卷,每卷 26 期,全年共出 52 期。

(2)联机数据库:CA 联机数据库通过 DIALOG、ORBIT 和 STN 等著名国际联机检索系统提供联机检索服务。在 DIALOG 中的数据库是 CASEARCH,包括 308、309、310、311、312、399 号文档。数据起始于 1967 年,内容与印刷版《化学文摘》相对应。

(3)光盘数据库:CA 光盘数据库目前有由 Compact Cambridge 科学文献服务社制作的《化学文摘累积索引及文摘》光盘和美国化学学会制作的 CAONCD 光盘 2 种。前一种对应印刷版的"第 12 次累积索引"及文摘正文的 106～115 卷,后一种则与当年的印刷版相对应,文摘号也一致,只是内容编排有些区别,提高了可检索性。

(4)网络数据库:CA 网络数据库称为 SciFinder,是美国化学文摘服务社(CAS)提供的化学文献网上数据库。该数据库是目前全世界最大最全面的化学和科学信息数据库。它可以通过互联网直接检索《化学文摘》自 1907 年以来的所有期刊文献和专利摘要,以及 2000多万条化学物质记录和 CAS 注册号。利用 SciFinder 可检索多个数据库,其中包括书目参考资料数据库、化学反应数据库、化学物质数据库、商业化学物质数据库、化合物目录数据库和医学数据库等。

2. CA 的分类及类目

CA 分类以化学主题内容为依据。创刊分为 30 大类,几经更改调整,1967 年起 66 卷分为 5 部 80 大类,后又经调整。目前 CA 采用 5 部 80 大类类目(见表 5-1)。

表 5-1　CA 类目表

序号	分　　类	类目名称
一	Biochemistry Sections	生物化学部
1	Pharmacology	药理学
2	Mammalian Hormones	哺乳动物激素
3	Biochemical Genetics	生物化学遗传学
4	Toxicology	毒物学
5	Agrochemical Bioregulators	农业化学生物调节剂
6	General Biochemistry	普通生物化学

序号	分　类	类目名称
7	Enzymes	酶
8	Radiation Biochemistry	放射生物化学
9	Biochemical Methods	生物化学方法
10	Microbial，Algal，and Fungal Biochemistry	微生物生物化学
11	Plant Biochemistry	植物生物化学
12	Nonmammalian Biochemistry	非哺乳动物的生物化学
13	Mammalian Biochemistry	哺乳动物的生物化学
14	Mammalian Pathological Biochemistry	哺乳动物的病理生物化学
15	Immunochemistry	免疫化学
16	Fermentation and Bioindustrial Biochemistry	发酵及生物工程学
17	Food and Feed Chemistry	食品及饲料化学
18	Animal Nutrition	动物营养学
19	Fertilizers,Soils,and Plant Nutrition	肥料、土壤及植物营养学
20	History,Education,and Documentation	历史、教育及文献工作
二	Organic Chemistry Sections	有机化学部
21	General Organic Chemistry	普通有机化学
22	Physical Organic Chemistry	物理有机化学
23	Aliphatic Compounds	脂肪族化合物
24	Alicyclic Compounds	脂环族化合物
25	Benzene,Its Derivatives,and Condensed Benzenoid Compounds	苯及其衍生物和稠苯化合物
26	Biomacromolecules and Their Synthetic Analogs	生物分子及其合成类似物
27	Heterocyclic Compounds(One Hetero Atom)	杂环化合物(一个杂原子)
28	Heterocyclic Compounds(More Than One Hetero Atom)	杂环化合物(多个杂原子)
29	Organometallic and Organometalloidal Compounds	有机金属与有机准金属化合物
30	Terpense and Terpenoids	萜烯与萜类
31	Alkaloids	生物碱
32	Steroids	卤族化合物
33	Carbohydrates	碳水化合物(糖类)
34	Amino Acids,Peptides,and Proteins	氨基酸、肽和蛋白质
三	Macromolecular Chemistry Sections	大分子化学
35	Chemistry of Synthetic High Polymers	合成高聚物化学
36	Physical Properties of Synthetic High Polymers	合成高聚物的物理性质
37	Plastics Manufacture and Processing	塑料制造及加工
38	Plastics Fabrication and Uses	塑料制品及用途
39	Synthetic Eastomers and Natural Rubber	合成弹性体与天然橡胶
40	Textiles and Fibers	纺织品及纤维
41	Dyes，Organic Pigments，Fluorescent Brighteners，and Photographic Sensitizers	染料、有机颜料、荧光增亮剂及光敏剂
42	Coatings，Inks，and Related Products	涂料、油墨及有关产品
43	Cellulose，Lignin，Paper，and Other Wood Products	纤维素、本质素、纸及其他木材产品
44	Industrial Carbohydrates	工业碳水化合物
45	Industrial Organic Chemicals，Leather，Fats，and Waxes	工业有机化学晶、皮革、脂肪及醋
46	Surface-Active Agents and Detergents	表面活性剂与洗涤剂

续表

序号	分 类	类 目 名 称
四	Applied Chemistry and Chemical Engineering Sections	应用化学与化学工程部
47	Apparatus and Plant Equipment	仪器与工厂设备
48	Unit Operations and Processes	单元操作与工艺过程
49	Industrial Inorganic Chemicals	工业无机化学制品
50	Propellants and Explosives	推进剂和炸药
51	Fossil Fuels，Derivatives，and Related Products	矿物燃料、衍生物及有关产品
52	Electrochemical，Radiational，and Thermal Energy Technology	电化学能、辐射能和热能技术
53	Mineralogical and Geological Chemistry	矿物和地质化学
54	Extractive Metallurgy	萃取冶金学
55	Ferrous Metals and Alloys	黑色金属及合金
56	Nonferrous Metals and Alloys	有色金属及合金
57	Ceramics	陶瓷
58	Cement，Concrete，and Related Building Materials	水泥、混凝土和有关建筑材料
59	Air Pollution and Industrial Hygiene	空气污染和工业卫生
60	Waste Treatment and Disposal	废物处理与处置
61	Water	水
62	Essential Oils and Cosmetics	香精油和化妆品
63	Pharmaceuticals	药物
64	Pharmaceutical Analysis	药物分析
五	Physical，Inorganic，and Analytical Chemistry Sections	物理化学、无机化学与分析化学
65	General Physical Chemistry	普通物理化学
66	Surface Chemistry and Colloids	表面化学与胶体
67	Catalysis，Reaction Kinetics，and Inorganic Reaction Mechanisms	催化、反应动力学和无机反应机理
68	Phase Equilibriums，Chemical Equilibriums，and Solutions	相平衡、化学平衡和溶液
69	Thermodynamics，Thermochemistry，and Thermal Properties	热力学、热化学和热性质
70	Nuclear Phenomena	核现象
71	Nuclear Technology	核技术
72	Electrochemistry	电化学
73	Optical，Electron，and Mass Spectroscopy and Other Related Properties	光谱、电子光谱、质谱及其他有关性质
74	Radiation Chemistry，Photo-chemistry，and Photographic and Other Reprographic Processes	放射化学、光化学、显影法和其他复制过程
75	Crystallography and Liquid Crystals	结晶学和液晶
76	Electric Phenomena	电现象
77	Magnetic Phenomena	磁现象
78	Inorganic Analytical and Reactions	无机分析及反应
79	Inorganic Analytical Chemistry	无机分析化学
80	Organic Analytical Chemistry	有机分析化学

5.4.2 CA 印刷版介绍

CA 每期内容由文摘和索引两大部分组成的。

1. 文摘的编排及著录

CA 每期文摘正文按 80 大类顺序编排,每一类文摘在其类号及类名之下有简单注释,用以说明该类文摘所属学科范围。每一大类的文摘按论文(来源于期刊、科技报告、会议文献、专题综述、档案资料等)、新书介绍、专利、参见目录 4 大部分依次编排,每一部分用"——"分开。编排时,内容相近的编排在一起,而涉及 2 个或 2 个以上类目时,将文摘置于主要内容所属类目之下,涉的其他类目用 see also 指引。下面以期刊论文为例说明 CA 文摘正文的著录格式:

104:**727u**① **Poly[1-(trimethylsily1)-propyne]**:**A new high polymer synthesized with transition-metal catalysts and characterized by extremely high gas permeability.**②Masuda,Toshio;Isobe,Eiji;Higashimura,Toshinobu;Takada,Koichi③(Dep. Polym. Chen.,Kytoto Univ,Kyoto,Japan 606).④

Jam. Chen. Soc. ⑤**1983**⑥,105(25)⑦,**7473-4**⑧(Eng).⑨

说明:①文摘号(黑体字),冒号前为卷号。②论文题目(黑体字),一律采用英文,非英文种均译为英文。③著者姓名,姓在前名在后,合著者之间用冒号分开。④著者工作单位或论文发送单位、地址及国别。⑤刊名缩写(斜体字印刷)。⑥期刊出版年份(黑体字)。⑦卷期号,括号内为期号。⑧论文起讫页码。⑨论文文种采用缩写形式。会议录、专利、科技报告等其余 6 种类型的著录格式跟期刊论文类似,主要在来源项上有所区别。

2. CA 的索引及编排

CA 有 3 种索引形式:期索引、卷索引和累积索引。此外,CA 还按年出版一些辅助性索引,如索引指南(Index Guide)、登记号索引(Registry Number Index)、资料来源索引(Chemical Abstracts Service Source Index,CASSI)。期索引附于每期文摘之后,是检索该期文摘的索引;卷索引是将每卷中每一期期索引累积之后单独出版,是检索每卷各期全部文摘的索引;累积索引基本上每隔 10 年单独出版一次,累积索引包括的索引种类与卷索引相同,是卷索引的累积本。下面分别介绍期索引和卷索引。

(1) 期索引

期索引包括关键词索引、著者索引、专利号索引、专利对照索引。

① 关键词索引(Keyword Index):从 1963 年 V.58 卷开始编辑,该索引是从当期收录文献的篇名、文摘或正文中选择出能代表文献内容的词,不加以规范化,直接作为关键词,然后按字顺排列,仅将数个关键词简单组合在一起,不成一个独立的句子。一条文摘有时有一个关键词,有时有几个关键词,每个关键词可作为主关键词进行轮排。从 V.89 卷开始,关键词索引按主关键词的字顺排列。其他关键词作为说明语缩两格往后排列。

② 著者索引(Author Index):该索引是将各文献中的个人著者、公司和单位、专利发明人和专利权人统一按英文字顺编排,其后给出文摘号。若一篇文献有若干个著者,无论从哪个著者姓名都可以查到。

③ 专利号索引(Numerical Patent Index):该索引从 1958 年起,将 CA 所收集的各国专利按国家名称字顺编排,同一国家的专利再按专利号大小顺序排列。

④ 专利对照索引(Patent Concordance Index):专利发明者往往同时向几个国家申请

专利,因此 CA 所收录的专利文献中,有许多专利是重复发表的,而 CA 只报道首次发表的专利文献的文摘,对于同一发明又在其他国家申请,并获批准的专利,CA 不再重复报道,而将他们编入专利对照索引。专利对照索引分左、中、右 3 栏,左栏是专利国名和专利号,中栏是对照专利的国别和专利号(国别均为简写),右栏是 CA 首次报道的专利文摘号。

⑤ 专利索引(Patent Index):该索引自 1981 年第 94 期起,由专利号索引和专利对照索引合并而成。专利索引内容包括文摘专利、等同专利和相关专利。

(2) 卷索引

卷索引包括主题索引、普通主题索引、化学物质索引、著者索引、专利号索引、专利对照索引、专利索引、分子式索引、环系索引、杂原子索引。

① 主题索引(Subject Index):该索引始于 1907 年 V.1,1971 年 V.75 停刊,主题索引是将全卷报道过的文献进行主题分析,根据文献内容的主题概念给予经过规范化的主题词,并依照主题词之间的关系组成索引标题,按标题英文字顺排列。后 CA 将主题索引分为普通主题索引和化学物质索引分别出版。

② 普通主题索引(General Subject Index):CA 将成分未定、没有 CAS 登记号的物质和不涉及具体化学物质的主题都编入普通主题索引。

③ 化学物质索引(Chemical Substance Index):CA 将组成元素的原子数目已知,价键和立体化学结构明确,有化学文摘社编的登记号的各种化学物质都编入化学物质索引。

④ 著者索引(Author Index):卷著者索引的编排与期著者索引的编排基本相同,不同之处在于卷著者索引在第一著者名称之下著录有文献篇名。

⑤ 专利号索引。

⑥ 专利对照索引。

⑦ 专利索引。

⑧ 分子式索引(Formula Index):分子式索引从 1920 年开始编辑,该索引将全卷所报道的各种化学物质的分子式按分子符号的英文字顺编排,在分子式下列出化学物质名称、登记号和文摘号。对于一些常见的化合物,在分子式索引中不注明文摘号,而用 see 引导检索查阅化学物质索引。对于一些分子式确定,但结构尚不清楚或未正式命名的化学物质,使用该索引可获得化学物质的准确名称。分子式索引可以单独使用,也可作为化学物质索引的辅助工具使用。

⑨ 环系索引(Index of Ring System):环系索引始于 1916 年 V.10,该索引将 CA 报道过的环状化合物以环状骨架为主,氢原子和取代基不计,根据环的数目大小进行编排。在相同的环系之下,按环状骨架的原子数目从小到大排列,原子数目相同,再按组成环的元素符号的字母顺序排列。

⑩ 杂原子索引(HAIC Index):杂原子是指碳、氢以外的原子。该索引是将全卷已报道的,除含碳、氢原子的化合物和聚合物以外的,含有杂原子的化合物集中编排的索引。该索引分左、中、右 3 栏,把杂原子放在中栏显著位置加以突出。

3. CA 的检索途径与方法

CA 的检索途径与方法,如图 5-18 所示。

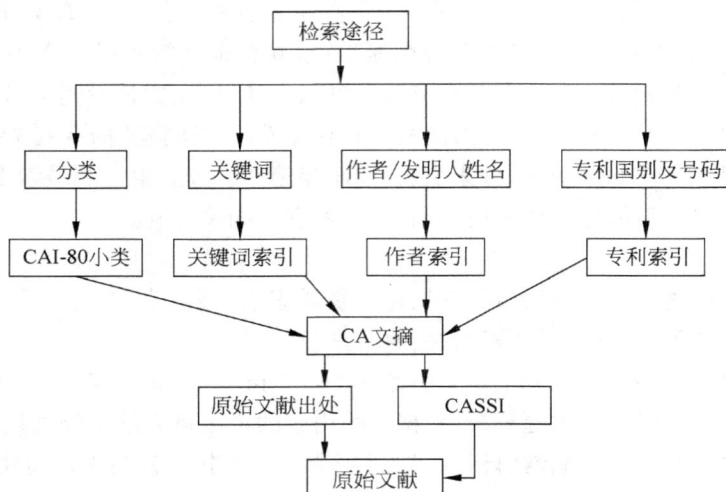

图 5-18　CA 的检索途径与方法

5.4.3　CA 光盘数据库检索

美国 CA 光盘数据库(CA on CD)由美国化学学会制作,文摘内容对应于书本式 CA。该数据库收录世界范围内有关生物化学、物理化学、无机化学、有机化学等众多化学及化工方面的科技文献,年文献量达 773 000 条,其中约 123 000 条专利。文献来源种类包括科技期刊、专利、技术报告、学位论文、会议录以及图书。数据库文献内容及索引信息按月更新。

1. CA on CD 的检索方法

CA on CD 提供了 4 种基本检索途径:索引浏览式检索、词条检索、化学物质等级名称检索、分子式检索。

1) 索引浏览式检索(Index Browse)

在检索菜单窗口,单击 Browse 命令或在 Search 命令菜单中选择 Browse 命令,即可进入索引浏览格式检索,如图 5-19 所示。

在该窗口中 Index 字段的默认值为 Word。用户可单击索引框中的箭头拉开索引菜单,选择所需索引字段。索引字段有 Word(自由词,包括出现在文献题目、文摘、关键词表、普通主题等中所有可检索词汇)、CAS RN(CAS 登记号)、Author(作者及发明者姓名)、General Subject(普通主题)、Patent Number(专利号)、Formula(分子式)、Compound(化合物名称)、CAN(CA 文摘号)、Organization(组织机构、团体作者、专利局)、Journal(刊物名称)、Language(原始文献的语种)、Year(文摘出版年份)、Document Type(文献类型)、CA Section(CA 分类)、Update(文献更新时间或书本式 CA 的卷、期号。)

输入检索词的前几个字符或用鼠标键滚动屏幕,将光标定位于所选检索词处。

单击 Search 按钮或按 Enter 键,开始检索。

在索引浏览窗口,可用 Edit→Copy 和 Edit→Paste 命令,将选定的索引条目转移到词条检索窗口来进行检索。

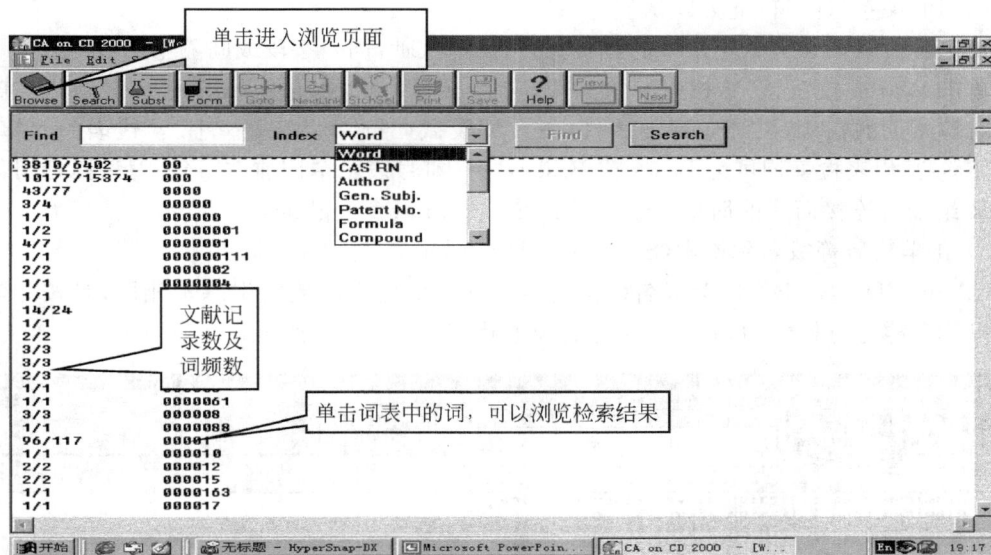

图 5-19 CA 索引浏览格式检索

2）词条检索（Word Search）

词条检索用逻辑组配方式将检索词、词组、数据、专利号等结合起来进行检索，如图 5-20 所示。

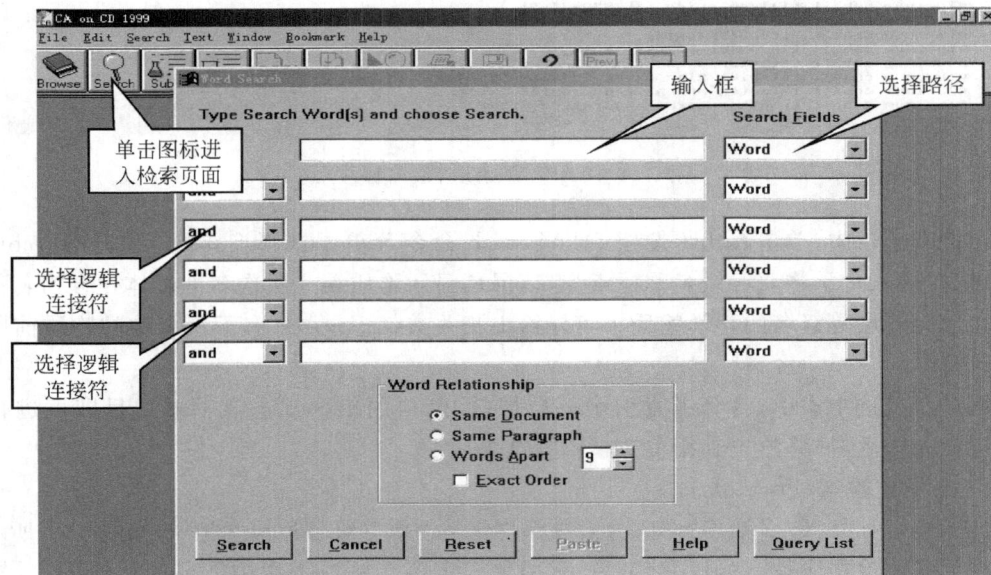

图 5-20 CA 词条检索界面

单击 Search 按钮或在 Search 命令菜单中选择 Word Search 命令。

在屏幕中部的检索词输入方框中输入检索词（词间可用逻辑组配）。

在右边字段设定方框中选定相应检索词的字段，默认值为 Word。在左边选项方框中选择词间的关系组配符,此处默认值为 AND。

设定各检索词在文献记录中的位置关系(同一文献,同一字段或间隔单词数等)。

单击 Search 按钮,开始检索。检索完毕后,屏幕出现检索结果,显示检索到的文献题目。对检索词的输入,系统允许使用代字符"?"及截词符"﹡"。每一个"?"代表一个字符,如:"Base?"代表检索词可为 Bases 或 Based,"﹡"符号表示单词前方一致。另外,还可以输入 OR 组配符连接而成的简单检索式,如:Strength or Toughness。

3) 化学物质等级名称检索(Substance Hierarchy)

CA on CD 的化学物质等级名称索引与书本式的化学物质索引基本相同,是按化学物质的母体名称进行检索的,有各种副标题及取代基,如图 5-21 所示。

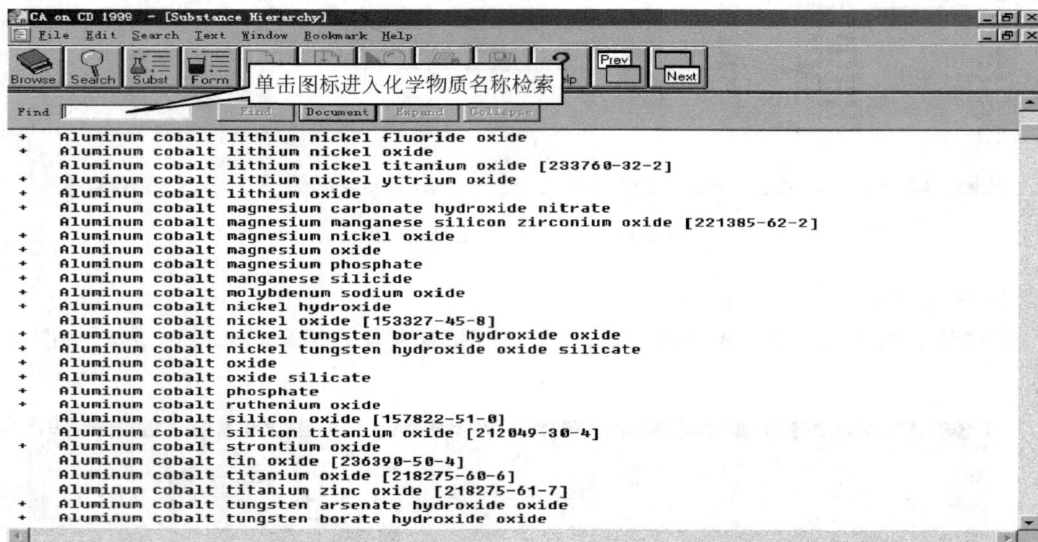

图 5-21　CA 化学物质等级名称检索

在检索窗口中,单击 Subst 按钮或从 Search 命令菜单中选择 Substance Hierarchy 命令,系统即进入化学物质等级名称检索窗口,屏幕显示物质第一层次名即母体化合物名称索引正文。无下层等级名的化学物质中直接给出相关文献记录数;有下层名称的物质前则出现"+"符号。

用户双击选中索引,将等级索引表一层层打开,再用鼠标双击该物质条目即可进行检索。检索完毕后,屏幕给出其相关文献检索结果。

4) 分子式检索(Formula)

分子式索引由 A～Z 顺序排列,检索过程与化学物质等级名称检索相似,如图 5-22 所示。

对于其他检索途径,在显示结果后,可用鼠标定位在所有字段中需要的任何词上,然后双击,系统会对所选词在所属的字段中重新检索。或选定后,从 Search 菜单中选择 Search for Election 命令,系统即对所选词条进行检索,检索完毕后,显示命中结果。

如果想从记录中选择 CAS 登记号进行检索,单击该登记号显示其物质记录,或在记录显示窗口,单击 NextLink 按钮,将光标出现在该记录的第一个 CAS 登记号处,再单击 NextLink 按钮,将光标移到下一个 CAS 登记号,用 GotoLink 来显示其物质记录,可在物质

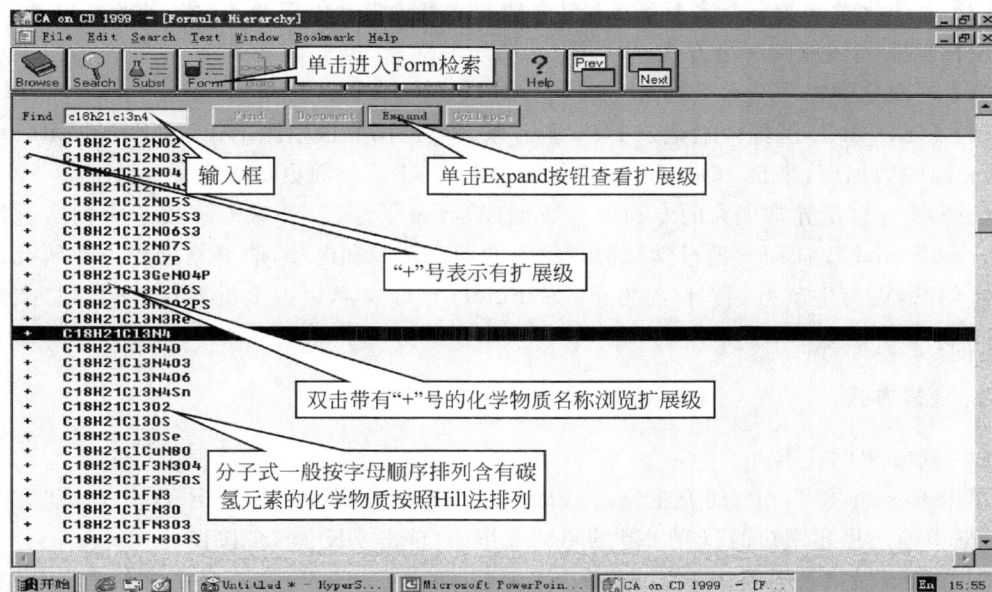

图 5-22　CA 分子式检索

记录中单击 CA 索引名称查询该物质名称的文献。

2. 检索结果显示

双击选中的文献题目,可得到全记录内容。

可对感兴趣的文献用 Mark 按钮进行标注,或用 Unmark 按钮取消标注。

单击 SaveMk 按钮存储所标注的检索结果,单击 Save 按钮存储当前屏幕显示内容。

单击 PrintMk 按钮可选打印格式来输出检索结果,单击 Print 按钮打印当前屏幕显示内容。

5.4.4　CA 网络数据库

1. CA 网络数据库简介

CA 化学文摘网络版(SciFinder Scholar)是美国化学文摘社 CAS 自行设计开发的最先进的科技文献检索和研究工具软件,SciFinder Scholar 是 SciFinder 的大学版本。SciFinder 数据库收录的文献资料来自全球 200 多个国家和地区的 60 多种语言。种类超过 10 000 种,包括期刊、专利、评论、会议录、论文、技术报告和图书中的各种化学研究成果。

具体收录范围如下:

(1) 期刊和专利记录 2300 余万条。每天更新 4000 条以上,始自 1907 年。

(2) 有机和无机化学物质 2400 余万种,生物序列 4800 余万条。每天更新约 40 000 条,每种化学物质有唯一对应的 CAS 注册号,始自 1900 年。

(3) 化学反应 850 多万条;46 万条来自文献和专利的反应记录,每周更新约 600~1300 条,始自 1840 年。

（4）商业化学物质 740 多万条；来自全球 729 家化学品供应商的 828 种产品目录,包括产品价格信息和供应商联络方式。

（5）国家化学物质清单 24 万多条,来自 13 个国家和国际性组织,每周更新 50 条以上。

（6）MEDLINE 医药文献记录 1400 多万条。美国国立医学图书馆(National Library of Medicine)的数据库,来自 4600 多种期刊,始自 1951 年。每周更新 4 次。

CAS 拥有容量异常庞大的专利信息数据库,收录了超过 50 家专利授予机构所颁发的专利。SciFinder 比任何其他科学资源有更多的期刊和专利链接,能够帮助用户在研究过程中更有创意,更有生产力。到目前为止,SciFinder 已收文献量占全世界化工化学总文献量的 98%。

2. 检索方式

（1）研究主题检索

单击 Research Topic(研究主题)开始检索,在 Explore by Research Topic(按研究主题检索)框中输入描述用户的研究主题的单词或短语,单击 OK(确定)按钮。

Scifinder 提供若干候选主题,选择合适主题,单击 Get References(获取参考文献)可以检索全部参考文献。

单击"显微镜"图标,可以查看完整的书目详情及相关参考文献的摘要。单击 Get Related(获取相关信息)查看该参考文献的更多信息。

（2）化学结构检索

要按结构检索,只需使用结构绘图窗口绘制、导入或者粘贴要查找的化学结构,然后单击 Get Substances(获取化学物质),然后选择确切的匹配项或相关结构,单击 OK 按钮。

可以通过 CAS 注册号上方显示的任何按钮,查看相关物质的更多信息。单击 A—>B 按钮,获取反应信息。选择 Product(产品),单击 OK 按钮。

Scifinder 将检索所有产品物质的候选反应。单击任何反应参与项,查看更多信息。如果选择 Reactions(反应),含有附加选项的另一屏幕将显示。

选择 Substance Detail(物质详情),将会连接到反应参与项的 CAS 注册记录。向下滚动,查看计算和实验属性的列表。单击超链接引用或记录号码,查看报告所显示实验属性的杂志参考内容。

（3）反应式检索

使用结构绘图板绘制要查询的反应式。添加反应箭头,指定反应参与项的作用,然后单击 Get reaction(获取反应)。单击任何反应参与项,获得该物质的更多详情。要确认该物质是否已经投入市场、购买地点、销售价格,请单击 Commericial Sources(商业资源),将看到供应商列表。再单击"显微镜"图标,屏幕将提供有关供应商的详细信息,包括地址、电话、传真号码、电子邮件地址等联络信息。

（4）化学名称和 CAS 注册号检索

单击 Substance Identifier(物质标识符),按化学名称或标识号进行检索。输入一个或者多个通用名称、物质别名或 CAS 注册号,然后单击 OK 按钮,Scifinder 将检索与物质标识符相对应的 CAS 注册记录。

单击 Get Reference,查看相关参考文献。选择一个或多个您要检索的主题,单击 OK

按钮。

单击任何参考文献旁的"电脑"图标,Scifinder 将通过 Chemport 链接期刊和专利原文。

(5) 作者检索

单击 Author Name 检索作者名。输入作者姓名时,请注意一定要输入姓氏。名字或中间名是可选项。然后单击 OK 按钮。Scifinder 将提供所需的作者姓名的所有形式,包括缩写。单击 Get Reference 可以检索与这些名字有关的所有参考信息。可以单击"显微镜"图标查看参考信息的更多详情。

(6) 专利检索

单击 Document Identifier 图标进行专利号检索。在 Explore by Document Identifier 框中输入专利号,单击 OK 按钮,可以检索到与专利号有关的参考信息。单击"显微镜"图标,查看详情。单击"电脑"图标,可以查看该专利的电子版。

(7) 公司名称和研究机构检索

单击 Company Name/Oragnization 进行公司或组织的检索。要查找该组织是否针对相关主题进行了研究,请使用 Refine 工具,然后单击 Research Topic,输入主题,单击 OK 按钮进行检索。

通过 Analyze 工具,进一步确定该组织中是否已有人拥有相关主题的专利,选择 Document Type,单击 OK 按钮,Scifinder 将提供与相关组织关联的所有文档类型。要查看专利参考信息的详情,请选择 Patent,然后单击 Get Reference,可以使用任何 Scifinder 选项查看不同类型的参考文献。

(8) 期刊目录检索

在期刊列表中选择需要的期刊,然后单击 View,可以找到要浏览的期刊详情,再单击 Select Issue,可以选择卷册、期刊号。可以单击"显微镜"查看书目详情和文章摘要,单击"电脑"图标,查看文章电子版。

(9) 部分结构检索

可以使用结构绘图绘制相关子结构。定义立体结合、环状构造、链锁结构、替换和取代集团。单击 Get Substances,并指定子结构,单击 OK 按钮。

如果结构绘图中包含立体结合,Scifinder 将通过与用户的查询进行比较,自动分析用户的答案。选择所需的组,单击 Get Substances。

要进一步精确查明答案,单击 Analyze/Refine。选择其中需要的项目。

5.5　其他专业检索工具简介

5.5.1　剑桥科学文摘(CSA)介绍

1. 概况

剑桥科学文摘是美国 CSA(Cambridge Scientific Abstracts)公司出版发行的综合性网络数据库。包括 60 多个数据库,覆盖的学科范围包括:航空宇宙、农业科学、水产科学、艺术与人文、生物医学、工程、地球和环境科学、计算机科学、市场研究、材料科学以及社会科学。检索结果为文献的题录文摘信息。CSA 是剑桥科学文摘（Cambrige Scientific Abstract）的简称。它创建于 1965 年前后，由美国一家著名的私人信息公司编辑出版。CAS 通过 Internet 网可提供 70 多个数据库的检索服务。覆盖的学科范围包括农业科学、生命科学、生物学与医学、环境与水科学、计算机科学、材料科学与工程、航空航天以及人文社会科学等，主要提供当前重要科学领域的最新科学技术方面的信息。CAS 数据库包括理工专业常用的 3 个数据库：金属文摘数据库（Material Science with METADEX）、航空航天与高技术数据库（Asrospace & High Tech Databases）、美国政府报告数据库（NTIS）。该公司与清华大学合作在清华图书馆设立镜像服务器，向国内购买该数据库的高校提供基于 Web 方式的信息服务。

2．检索方法

（1）简单检索（Quick Search）

选定一个主题，单击 Quick Search；左栏用于用户实施检索策略，右栏选择需要检索的一个或多个数据库。

选择检索字段：as keywords（在标题、文摘、叙词字段中检索）、in title、as author、in journal name、anywhere。

确定检索词之间的逻辑关系：

① Exact phrase 检索词作为一个词组，如 gene therapy。

② Any of the words 检索词之间相当 OR 关系，如 gene OR therapy。

③ All of the words 检索词之间相当 AND 关系，如 gene AND therapy。

限制时间范围：用 FROM 和 TO 的下拉列表框选择文献发表时间范围。

选择检索结果排序方式：两种选择，按出版时间（最新的记录排在最前）排列、按相关性排列。

选择检索结果的显示格式：题录（包括标题、著者、出处）、题录＋文摘、全记录。

（2）高级检索（Advanced Search）

选定一个主题及需要的若干数据库，实现不同字段之间的逻辑组配。

① 菜单式检索（Build your Search Strategy）

可填写四行检索式，每一行检索式选定一个检索字段，各行检索式之间可用逻辑算符（AND、OR、NOT）组配。例如：

kw = gene therapy and hemophilia b AND au = wang, l

② 命令式检索（Command-Line Search）

利用字段代码将完整的检索式输入 Command-Line 检索框，执行检索。例如：

py = (1990 or 1991) and de = (freshwater molluscs) and ab = (schistosoma mansoni)

③ 浏览索引（Browse Indexes）

CSA 只提供"作者索引"和"出版物类型索引"。使用 Database 后的下拉按钮确定要浏览索引的数据库（限于已选定的数据库），再选择 Author 或 Documentation type，然后在 Find：后输入检索词或检索词的前几个字母，单击 Display 按钮进行浏览。一般用于对作者名不确定的情况。

④ 词表检索（Thesaurus Search）

用叙词（Descriptors)作主题检索,可提高查全率和查准率。词表按字顺排列,没有检索功能。词表中列出了主题词之间的等级关系,其中 BT:后面列出概念上范围更宽的词;NT:后面列出概念上范围更窄的词;RT:后面列出意义相关的词。

3. 检索结果的显示和下载

（1）检索结果显示

在检索结果显示窗口的右边,上面部分列出了所选择的数据库,数据库后面有一个箭头和在该数据库检索命中的记录数。下面部分显示的是箭头向下的数据库对应的检索结果。用鼠标单击数据库名称右边向右的箭头或者记录数,可以查看其他数据库的检索结果。

（2）检索结果存盘、打印或 E-mail 发送

单击 Save/Print/E-mail Records 按钮,可以对多达 500 条记录做存盘、打印处理,还可以用 E-mail 发送检索结果。

4. 检索历史

（1）回顾检索历史

单击 Review Your Search History 图标,可以看到当前登录所做检索的情况（Current Searches),包括检索策略,以及在各个数据库中检索命中的篇数。

（2）保存检索式

标记需要保存的检索式,单击 Save Marked Searches? 图标,按要求输入 E-mail 地址和自己选定的个人标识代码(ID)

（3）重新检索

显示检索历史后,单击右边的 RUN 按钮,可以对任何一个检索式重新检索。还可以利用窗口左侧的 Combine marked strategies 对这些检索式进行组配。

5. 常用字段介绍

常用字段如表 5-2 所示。

表 5-2　常用字段

字 段 名 称		字段代码	字 段 名 称		字段代码
Abstract	文摘	AB	Keywords	关键词	KW
Author	著者	AU	Language	语种	LA
Author Affiliation	著者单位	AF	Patent Country	专利国	PC
Conference	会议	CF	Publication type	出版类型	PT
Corporate Author	团体作者	CA	Publication Year	出版年	PY
Descriptor	叙述词	DE	Publisher	出版者	PB
Editor	编者	ED	Report Number	报告号	RP
Identifiers	标识词	ID	Source	来源	SO
ISBN	国际标准书号	IB	Title	篇名	TI
ISSN	国际标准刊号	IS			

5.5.2 《生物学文摘》介绍

1. 概况

美国《生物学文摘》(Biological Abstracts,BA)1926 创刊,由美国生物科学情报服务社(Bioscience Information Service,BIOSIS)编辑出版,是世界上生命科学方面最大的检索工具。该刊收录了世界上 110 多个国家和地区出版的有关生物学、医学和农业科学等方面的期刊 9000 多种以及其他类型出版物。1965 年起还出版了 BA 的补充本《生物学文献/报告、评论、会议》(Biological Abstracts/Reports、Reviews、Meetings,BA/RRM)。BA 文摘包括文摘正文和索引两大部分。文摘部分包括主要概念标题等级表和文摘正文,共有 84 个主要要领标题,正文即按这 84 个类目的英文字顺排列。BA 和 BA/RRM 分别有期刊索引和半年累积索引。1985—1997 年共有著者索引、生物分类索引、属种索引和主题索引 4 种,1998 年起仅有著者索引、主题索引和生物索引 3 种。其中生物体索引(1998 年前为"生物分类索引")是 BA 专有的索引,它是按生物学等级由低等到高等的顺序排,用于检索生物分类和生物名称。BA 现为月刊,1998 年起由原来的一年两卷改为一年一卷。目前 BA 有 3 种载体形式:印刷版、光盘版和网络版。

2. 具体收录范围

生物学、医学、农学等领域的理论研究、实践研究和临床及现场研究的原始资料,生物学研究的主要成果及评论,生物学的信息理论和应用,新发现的生物属类、名称、分布情况及新名词的定义,生命科学研究中所采用的新材料、新技术、新方法、新仪器设备等。

3. 编排结构

1) 结构

BA 由主要概念标题等级表及主要概念标题字顺表、文摘正文和索引 3 部分组成。

(1) 主要概念标题等级表和主要概念标题字顺表,"主要概念标题等级表"(Hierarchical List of Major Concept Headings)是一种主题分类表。它由各不同等级的标题词和页码组成,相当于各期文摘分布的目次表。"主要概念标题字顺表"(Alphabetical List of Major Concept Headings)是将主要概念标题等级表中所有不同等级的标题词统一按字顺排列的一个表,便于读者按主要概念标题字顺表查找文献。

(2) 文摘部分即正文部分,是 BA 各期的主要内容。文摘部分由一级主要概念标题、次级主要概念标题、参见和文摘组成。文摘按"主要概念标题等级表"的顺序排列。一级类目 77 个,次级类目按字顺排列在相应的上位类下面,在不同等级的标题之下列有 See Also 参见,将内容相关标题联系起来,以便于读者扩大检索。文摘的著录格式。主要概念标题等级表、主要概念标题字顺表和文摘部分联合使用,提供了按分类检索的途径。

2) 卷索引

每年一卷,卷索引的种类、排列结构与期索引相同。在卷索引中查到的文摘号要在同卷的各期中查找相应的文摘。索引部分包括著者索引、生物体索引和主题索引。

(1) 著者索引(Author Index,AI):著者索引条目由著者姓名和文摘号组成,按著者姓名顺序排列。个人著者姓在前,名在后;团体著者名称用全称,与个人著者姓名混合按字顺编排。一篇论文有几个著者,就可以有几条索引。著者索引提供按著者姓名字顺检索文献的途径。用著者索引检索文献的方法和步骤与其他检索工具的相同,这里不再赘述。

(2) 生物体索引(Organism Index,OI):生物体索引是从生物分类名称入手检索生物体有关文献的一种索引,始于 1998 年(105 卷),由原来的"生物分类索引(Biosystematic Index,BI)"和"属类索引(Generic Index,GI)"合并而成。每期生物体索引前附有主要生物分类表(Major Taxonomic Classification)和生物体索引等级标题表(Hierarchical Headings Usedinthe Organism Index),后者是前者的详表。每期的生物体索引按当期提供的"生物体索引等级标题表"编排。生物体索引条目由生物分类等级类名、主要概念词、限制说明标目词的文本词和文摘号组成。以生物类名作为检索标目,在多级生物界(Kingdom)、门(Phylum)、纲(Class)、目(Order)、科(Family)、属(Genus)、种(Species)类名标题下列出有关的主要概念词、文本词及文摘号。

(3) 主题索引:它由关键词(主要概念标题/文本词)和文摘号组成。关键词关键词是从原文中选出的能表达文献主要内容的词。

4. 检索途径

BA 有 4 种检索途径:主要概念分类途径、生物体途径、主题途径和著者途径。

1) 主要概念分类途径

适用于课题研究范围较广的文献检索,检索标目是文摘主要概念标题中的 168 个类目。具体步骤如下。

(1) 在主要概念标题表中确定主要概念标题分类类目。

(2) 按类目后对应的页码在文摘正文中浏览文摘,选择切题文摘。

(3) 按文献出处索取原文。

2) 生物体途径

具体步骤如下。

(1) 根据"主要生物分类等级表"和"生物体索引等级标题表"确定生物体在生物分类体系中的大概位置。

(2) 在生物体索引中查到合适的标目词。

(3) 浏览标目词下的主要概念词和文本词,选取切题款目。

(4) 按文摘号查阅文摘正文,选取切题文摘。

(5) 按文献出处索取原文。

3) 主题途径

利用主题索引中的关键词作为检索标目检索文献。具体步骤如下:

(1) 分析课题,确定关键词。

(2) 在主题索引中按字顺查找到关键词,阅读主要概念标题和文本词,选取切题索引款目。

(3) 根据文摘号到正文中查阅文摘。

(4) 按文献出处索取原文。

4) 著者途径

以著者姓名作为检索标目检索特定文献的一种途径。具体步骤如下:

(1) 按字顺在著者索引中查到著者姓名。

(2) 根据著者姓名后的文摘号查阅文摘。

(3) 按文献出处索取原文。

5.5.3 《机械工程文摘》简介

美国《机械工程文摘》(ISMEC Bulletin)创刊于 1973 年,由英国机械工程师学会和英国电气工程师学会联合编辑出版,1981 年美国坎布里奇科学文摘社购买了该刊的版权,所以它目前由 CSA 编辑出版。该刊收集全世界机械类主要期刊,主要报道英文机械工程文献,期刊论文为报道重点(其中核心期刊全部报道)。

5.5.4 《金属文摘》简介

《金属文摘》(Metals Abstracts,MA)创刊于 1968 年,由英国金属学会(IOM)和美国金属学会(ASM)联合编辑出版。它收录世界上著名的科技期刊 1300 余种,还收录研究报告、会议文献、图书等各种重要文献,以报道金属冶炼、金属物理、热处理、铸造、锻压、轧制、焊接、金属保护等方面的文献为主,时差为 4～6 个月,是世界金属界的重要刊物。

5.5.5 《电子学与通信文摘》简介

英国《电子学与通信文摘》(Electronics and Communications Abstracts),月刊,1961 年创刊,由多学科出版公司(Multi-Science Publishing Co.)编辑出版,每年 9 月出版第 1 期,次年 8 月出版第 12 期作为一卷。主要收录世界各国有关电子学与通信领域方面的文献,文献来源为期刊论文、会议录、科技报告及书评等,年报导量近 1000 条。该文摘内容按分类编排,分两级类目。正文前有分类表,主要类目有辐射、电磁波技术、材料器件及现象、电路与网络、通信、控制、计算机、测量等。该文摘正文的著录项目包括文摘号、篇名、文种、著者姓名及所在工作单位、文献出版及文献摘要。

5.5.6 《美国土木工程师学会出版物情报》简介

《美国土木工程师学会出版物情报》(ASCE Publication Information)创刊于 1966 年,由美国土木工程学会(ASCE)编辑出版,双月刊,每年一卷,主要以文摘形式报导该学会出版的期刊及会刊(Civil Engineering)、图书、手册、技术报告、会议录等各种类型文献,具体内容包括建筑工程及管理、工程力学、环境工程、地质、水利工程、结构工程、运输工程、城市规划与发展、水运、港口、海岸及海岸工程等。年报道量 1000 余条。该刊主要由期刊篇名目录、文摘、索引、附表等部分组成。

5.5.7 《化学题录》

《化学题录》(Chemical Titles,CT)创刊于 1960 年,由美国化学会编辑出版,双周刊,收录各国比较重要的期刊,每期大约摘录 700 余种理论化学、应用化学和化工方面的期刊,其中俄文期刊占 1/7,每期约报道 4800 个论文题目。该刊是专门摘录题目的,又是利用计算机编排,出版速度较快,能反映最新化学化工情报信息。

实　验　3

实验目的:掌握美国《工程索引》的编排及检索方法。

实验要求:根据对课题的分析,选择检索工具和检索途径,并对检索结果进行分析。

实验课题:利用《工程索引》检索常州工学院教师所著论文的收录情况。

课题分析:根据课题内容,应把作者单位作为检索项,因为是英文检索,所以"常州工学院"的英文表示法都要列出来,一般来讲有:Changzhou Inst Technol 和 Changzhou Institute of Engineering Technology 两种。

检索工具:Ei Compendex Web。

检索策略:

检索词:

Changzhou Inst Technol

Changzhou Institute of Engineering Technology

检索式:(((({CHANGZHOU INSTITUTE OF ENGINEERING TECHNOLOGY}) WN AF) OR((({CHANGZHOU INSTITUTE OF TECHNOLOGY}) WN AF))

检索结果:

Remove 1. **Parameter tuning method of robust PID controller based on particle swarm optimization algorithm**

Xu,Zhi-Cheng(Changzhou Institute of Engineering Technology) **Source**:*Huagong Zidonghua Ji Yibiao/Control and Instruments in Chemical Industry*,v 33,n 5,October,2006,p 22-25 **Language**:Chinese

ISSN:1000-3932 **CODEN**:HZJYEZ

Publisher:Institute of Automation of Ministry of Chemical Engineering

Abstract:Aiming at a kind of uncertainties of models in complex industry processes,a novel method for tuning robust PID parameters which is stated parameter tuning for robust PID controller is reduced to solve a maximum-minimum problem,a co-evolutionary algorithm based on particle swarm optimization(PSO) is used for the maximum-minimum problem,and a PID controller with some optimal robust performance index is obtained. The continuous stirred tank reactor(CSTR) system is used for simulations,and results show that the PID controller designed by this method has better robustness and disturbance rejection in comparison with the PID controller based on other typical methods,and has a satisfactory performance in a wide range of process operations.(11 refs.)

Database：Compendex

Remove 2. **On site application in PD location of the transformer by ultrasonic**

Ge，Wei-Min（Changzhou Institute of Technology）**Source**：*Gaoya Dianqi/High Voltage Apparatus*，v 41，n 5，October，2005，p 351-353 **Language**：Chinese

ISSN：1001-1609 **CODEN**：GADIE9

Publisher：Xi'an High Voltage Apparatus Research Institute

Abstract：The working principle of PD location by ultrasonic is briefly introduced. Several ways of PD location are analyzed by examples，such as ultrasonic faulty location of neutral point insulating discharge，the screen creeping，the wiring discharge and the ultrasonic position setting of insulating plate and terminal insulating discharge. Some useful results are gained from the experience of PD location. (2 refs.)

Database：Compendex

Remove 3. **Study on corn irrigation model and optimal solution to the model by genetic algorithms**

Zhang，Bing(Changzhou Institute of Technology)；Yuan，Shouqi；Li，Hong；Cheng，Li；Jiang，Huifeng **Source**：*Nongye Jixie Xuebao/Transactions of the Chinese Society of Agricultural Machinery*，v 37，n 9，September，2006，p 104－106＋115 **Language**：Chinese

ISSN：1000-1298 **CODEN**：NUYCA3

Publisher：Chinese Society of Agricultural Machinery

Abstract：In this article，many factors are considered，including irrigation water volume，water demand of the crop，production function of the water，rainfall，hydrological balance of the soil，the sensitive index of the water depletion to output of grain in different stage of growth，market price of grain，irrigation water price，minimum output，irrigation cost，etc. Then a multi-constraints and non-linear optimization irrigation model based on the maximal profit to irrigation water value is studied，and the real number encoding of the model is searched for in solution space，using the strong searching function of genetic algorithm. The results showed that this model can solve the optimization irrigation problem of corn planted in summer，and genetic algorithm can find the optimal solution of the model within very short time. (10 refs.)

Database：Compendex

Remove 4. **Research on the characteristics of fine grain diamond during ultra-precision ELID grinding**

Jin，Weidong(Changzhou Institute of Technology)；Ren，Chengzu；Wang，Taiyong **Source**：*Jingangshi yu Moliao Moju Gongcheng/Diamond and Abrasives Engineering*，n 6，December，2006，p 56-58 **Language**：Chinese

ISSN：1006-852X **CODEN**：JMMGFU

Publisher：Science Press

Abstract：ELID(electrolytic in-process dressing) is a new technology developed on the principle of electrochemical machining and electrolytic grinding，which is being used for in-process dressing of metal-bonded fine grain super abrasive grinding wheels. Based on the study of ultra-precision grinding techniques for silicon nitride ceramic by electrolytic in-process dressing（ELID）, this paper mostly introduces some influences from the characteristics of fine grain diamond grinding wheel during the ultra-precision grinding of hard and brittle materials. During ultra-precision grinding with ELID, non-uniform distribution of various components on the surface of grinding wheel will result in heterogeneity of insulator layer state, and this will produce some bad affection on the machining process. For example, this will bring difference in the number of abrasive grain in the grinding area, thereby changing the actual cutting depth. And these will not only influence the surface roughness of the parts, but also reduce the material removal rate.（5 refs.）

Database: Compendex

Remove 5. **Parameter tuning of robust PID controller**

Xu, Zhi-Cheng（Changzhou Institute of Engineering Technology）**Source**: *Dianli Zidonghua Shebei / Electric Power Automation Equipment*, v 26, n 7, July, 2006, p 22-25 **Language**: Chinese

ISSN: 1006-6047 **CODEN**: DZSHFK

Publisher: Electric Power Automation Equipment Press

Abstract: Aiming at uncertainties of the model in complex industry processes, a method of parameter tuning for robust PID(Proportional-Integral-Derivative) controller is presented. Based on the analysis of optimization objective, the parameter tuning of the robust PID controller is converted into the minimum-maximum optimization, for which a co-evolutionary algorithm based on the PSO(Particle Swarm Optimization) is introduced to get its solution. Case simulations show that the PID controller tuned by the method has better robustness and improved performance during wide operational range change of process.（14 refs.）

Ei controlled terms: **Three term control systems** -Evolutionary algorithms -Optimization -Robustness(control systems)

Classification Code: 731. 1 Control Systems-921 Applied Mathematics

Database: Compendex

Remove 6. **Comprehensive judgment analysis about partial discharge in transformer**

Ge, Wei-Min（Changzhou Institute of Technology）**Source**: *Gaoya Dianqi/High Voltage Apparatus*, v 42, n 2, April, 2006, p 144−145+148 **Language**: Chinese

ISSN: 1001-1609 **CODEN**: GADIE9

Publisher: Xi'an High Voltage Apparatus Research Institute

Abstract: The paper has pointed out the importance of partial discharge location in transformer. The principles of multiple terminals measurement and calibration, variable voltage multiple terminals measurement, pulse polarity differentiation, and partial discharge location based on ultrasonic are sketched. Through an example, the location process and treatment method of partial discharge are analyzed. In order to locate the partial discharge more accurately, it should be made to choose different methods flexibly according to different structure and type of the transformer, and to make comprehensive analysis. (1 refs.)

Database：Compendex

`Remove` 7. **Establishment of fatigue Fractal damage evolution equation on TC11 Ti alloy welded joint**

Wu, Hua-Zhi（Changzhou Institute of Technology）；Guo, Hai-Ding；Gao, De-Ping；Xu, Kai-Wang **Source**：*Hanjie Xuebao/Transactions of the China Welding Institution*，v 26, n 12, December, 2005, p 93—95+107 **Language**：Chinese

ISSN：0253-360X **CODEN**：HHPAD2

Publisher：Harbin Research Institute of Welding

Abstract：The relationship of the maximum loading strain range with fatigue life was established. Selection of electrons microscope magnifying multiple and measuring size in fatigue fracture fractal measure were studied, and secondary electron lines scanning fractal dimension was successfully applied to measuring of Ti alloy welded joint fracture fractal dimension. The relationship is approximate direct ratio between fatigue fracture fractal dimension and fatigue life. According to established model of fatigue damage fractal evolution on welded joint, the fatigue damage fractal evolution equation of TC11 Ti alloy welded joint was analyzed. (4 refs.)

Ei controlled terms：Welds-Titanium alloys-Loading-Strain-Fatigue of materials-Fracture-Measurements

Classification Code：538. 2 Welding-542. 3 Titanium & Alloys-421 Strength of Building Materials；Mechanical Properties

Database：Compendex

思考题

1. 美国《工程索引》网络数据库(Ei Village 2)提供哪些检索模式？检索结果输出有几种方式？

2. INSPEC 的 11 个检索字段具体指什么？该数据库主要采用哪些检索技术？

3. SCI 的主要作用是什么？简述 ISI Web of Science 的检索方法。

4. CA 手工检索途径有哪些？CA on CD 光盘数据库有哪些检索模式？

第6章

网络信息资源检索与利用

本章要点

- 网络信息检索方法。
- 搜索引擎的使用。
- 网络资源的利用。

通过体验和感悟网络信息活动中的操作与应用,培养掌握利用常用网络信息搜索的方法,利用搜索引擎获取网络信息检索的策略与技巧。掌握搜索引擎的目录类搜索、全文搜索。搜索引擎的出现和应用,使得在网络中高效地获取信息成为可能,其搜索技巧的娴熟运用可以极大地提高信息获取的效率。

6.1 网络信息资源基础知识

6.1.1 网络及网络信息资源的概念

网络也就是人们所称的计算机网络。它是指将分散在各处,却具有独立功能的多台计算机终端及其附属设备,通过通信设备和线路联结起来,运用功能完善的通信软件按照网络协议进行数据通信,以实现资源共享的系统。

网络信息资源是指以电子数据的形式将文字、图像、声音、动画等多种形式的信息存放在光、磁等非印刷质的载体中,并通过网络通信、计算机或终端等方式再现出来的信息资源总和。

在实际工作中,人们与计算机和计算机网络的联系越来越密切,Internet 的出现可以说是计算机网络系统优越性的最充分的体现。互联网络通常就是我们平时所讲的因特网(Internet)。这是一种遍布全球的网络,是各个计算机信息网络平台的总网络,是成千上万信息资源的总称,简言之,就是网间之网。从技术角度看 Internet 是一个互相衔接的 IP 网,由成千上万的局域网、企业网及全球性计算机网络的实时互联,且所有的互联都是通过TCP/IP 来实现的。计算机网络一般可分为广域网(WAN)和局域网(LAN)。

广域网又称远程计算机网络,一般不受地区的限制,范围可延伸到全国或全球。它是利用公共电话网、电报网、租用线路或专用线路,把远程计算机或终端设备连接起来,实现远程计算机间的通信。

局域网一般是在一个相对较小范围的特定区域内部建立起来的通信网络。

6.1.2　网络信息资源的类型

网络信息资源包罗万象,广泛分布在整个网络之中,从不同的角度可将其划分为多种类型。由于网络检索工具都有各自的收录范围,因此了解网络信息资源的类型有助于进行检索工具的定位。

1. 按照所采用的网络传输协议划分

1) WWW 信息资源

WWW(World Wide Web)信息资源,也称为 Web 信息资源,采用超文本传输协议(Hypertext Transfer Protocol,HTTP)在 WWW 客户端和服务器端之间传输,建立在超文本、超媒体等技术的基础上,集文本、图像、图形、声音等为一体,以网页的形式存在于 Internet 上。WWW 信息资源自 20 世纪 90 年代以来,得到了迅速发展,现已成为最主要和常见的信息形式,是网络信息资源的主流。这类信息资源一般通过搜索引擎进行检索。

2) Telnet 信息资源

Telnet 信息资源是指在远程登录协议 Telnet(Telecommunication Network Protocol)的支持下,用户计算机经由 Internet 与远程计算机连接,并在权限允许的范围内检索和使用远程计算机系统中的各种硬、软件资源。Telnet 方式是实现与远程计算机连接的最快方式。通过 Telnet 方式获取的信息资源主要是政府部门、研究机构对外开放的数据库、商用联机检索系统等,如 Dialog、OCLC 目前仍然提供 Telnet 形式的联机检索方式。在 WWW 没有普及之前,许多大中型图书馆都通过 Telnet 方式提供联机公共检索目录(OPAC)的使用。

3) FTP 信息资源

FTP 信息资源是借助于文件传输协议(File Transfer Protocol,FTP),以文件方式在联网计算机之间传输的信息资源。FTP 的主要功能是实现文件从一个系统到另一个系统的完整复制。通过 FTP 可获取的信息资源的类型很广泛,可以说任何以计算机方式存储的信息均可保存在 FTP 服务器中,不过目前以应用程序软件和多媒体信息资源为主。FTP 信息资源目前仍是 Internet 上的重要信息资源,大量的机构都建有 FTP 服务器,可利用 Archie 之类的工具来查找特定信息资源所在的 FTP 主机、准确的文件名及其所处的子目录名称。

4) 用户服务组信息资源

网上各种各样的用户服务组是 Internet 上最受欢迎的信息交流形式,包括新闻组(Usenet)、电子邮件群(Listserv)、邮件列表(Mailing List)、专题讨论组(Discussion Group)等。它们都是由一组对某一特定主题有共同兴趣的网络用户组成的电子论坛,用户以邮件形式进行网上交流和讨论。用户服务组信息资源是一种最丰富、自由和最具开放性的资源,其信息交流的广泛性、直接性是其他任何类型的信息资源都无法比拟的。

2. 按照网络信息资源的组织方式划分

信息组织是将无序状态的特定信息,根据一定的原则和方法,使其成为有序状态的过程,其目的在于将无序信息变为有序信息,方便人们有效利用和传递信息。面对纷繁、无序的网络信息,人们采取了多种方式对其进行组织。目前使用较为普遍的网络资源组织方式主要有以下四种。

1) 文件方式

文件(File)是一种较为古老的信息组织方式,适用于网络信息资源。以文件方式组织网络信息资源比较简单方便。除文本信息外,还适合存储程序、图形、图像、图表、音频、视频等非结构化信息。在 Web 中,网页就属于超文本文件,FTP 类检索工具就是用来帮助用户利用那些以文件形式组织和保存的信息资源。但是文件方式对结构化信息的管理则显得力不从心,文件系统只能涉及信息的简单逻辑结构,当信息结构较为复杂时,就难以实现有效的控制和管理。而且,随着网络信息量的不断增长和用户对网络信息资源利用的普及,以文件为单位进行信息资源共享和传输会使网络负载加大。因此,文件本身只能是海量信息资源管理的辅助形式,或者作为信息单位成为其他信息组织方式的管理对象。

2) 超文本/超媒体方式

超文本/超媒体方式是一种新型的信息管理组织方式,不仅注重所要管理的信息本身,而且更加注重信息之间关系的建立与表示,是将网络信息按照相互关系非线性存储在许多的节点(Node)上,节点间以链路(Link)相连,形成一个可任意连接的、有层次的、复杂的网状结构。超文本方式以线性和静态的文本信息为处理对象,超媒体方式是超文本与多媒体技术的结合,将文字、图表、声音、图像、视频等多媒体信息以超文本方式组织。超文本/超媒体方式不仅体现了信息的层次关系,而且也符合人们思维的联想和跳跃性习惯,用户既可以根据链路的指向进行检索,也可以根据自己的需要和思维,任意选择链路进行信息的检索,从而在高度链接的各种信息库中自由航行,无须专业检索技巧就可找到所需的任何媒体的信息。正是由于上述优点,超文本/超媒体方式已成为 Internet 上占主流地位的信息组织与检索方式。但对于一些大型的超文本/超媒体检索系统,由于涉及的节点和链路太多,用户很容易出现信息迷航和知识认知过载的问题,很难迅速而准确地定位到真正需要的信息节点上。为了避免这些检索瓶颈,需要设立导航工具,并辅以搜索、查询机制,以便用户在任何位置都能到达想要去的节点。

3) 数据库方式

数据库是对大量的规范化数据进行管理的技术,它将要处理的数据经合理分类和规范化处理后,以记录形式存储于计算机中,用户通过关键词及其组配查询,就可以找到所需信息或其线索。利用数据库技术进行网络信息资源的组织可很大程度地提高信息的有序性、完整性、可理解性和安全性,提高对大量的结构化数据的处理效率。此外,数据库以字段作为存取单位,用户可根据需要灵活地改变查询结果集的大小,从而大大降低网络数据传输的负载。传统数据库方式对非结构化信息的处理难度较大,不能提供数据信息之间的知识关联,无法处理结构日益复杂的信息单元,检索界面缺乏直观性和人-机交互性。但目前随着信息处理技术的发展,数据库技术在克服上述缺点方面取得了很大进步,集 Web 技术和数据库技术于一体的 Web 数据库已经成为 Web 信息资源的重要组成部分,所存储的都是经过人工严格收集、整理加工和组织的具有较高学术价值、科研价值的信息。由于各个数据库后台的异构性和复杂性,以及对其使用的限制,利用一般性的网络信息检索工具,如搜索引擎等是无法检索出其中的信息资源,因此必须利用各个数据库的专用检索系统,如《中国学术期刊全文数据库》。

4) 网站

网站(Web Site)是网络信息资源的重要组成部分,既是信息资源开发活动中的要素,又是网络中的实体。从网络的组织结构可以看出,信息资源主要分布在网站上,网站作为网络信息与网络用户之间的中介,集网络信息提供、网络信息组织和网络信息服务于一体,其最终目的是将网络信息序化、整合,向用户提供优质的信息服务。网站由一个主页(Home Page)和若干个从属网页组成,它将有关的信息集中组织在一起。网站一般综合采用了文件方式、超文本/超媒体方式和数据库方式来组织信息和提供信息的检索。Yahoo!、Open Directory Project 之类的网络资源指南是获取网站信息的检索工具。

3. 按照网络信息资源的内容划分

1) 网络数据库

网络数据库就是借助于 Internet,以 Web 为检索平台提供信息检索服务的数据库,它是数据库技术和 Web 技术结合的产物。除了传统纸本工具书、联机数据库与光盘数据库纷纷利用网络技术改造其检索系统,加盟网络数据库行列外,还出现了大量直接依托 Web 产生的真正网络数据库。这些网络数据库内容涉及各种不同的专业领域和文献出版类型,如万方系统的数据库系列、OCLC 的数据库系列、INSPEC 网络数据库等。

2) 网络出版物

网络出版物就是以数字代码形式将文字、图像、声音、视频等信息存储在磁、光、电介质上,通过 Internet 高速传播,并通过计算机或者类似设备阅读使用的出版物,包括电子图书、电子期刊和电子报纸等。现有的电子信息技术和网络技术为出版物的出版、发行和传播创造了良好的条件,一些是传统纸本文献的电子版本,一些是借助于计算机网络,完全以电子化、数字化形式编辑、制作、出版和发布,并以网络化形式发行,而没有相应纸质印刷版或者其他类型电子版的出版物,即纯网络出版物。

3) 社会信息

社会信息主要是各种机构和个人发布的分散性的数据、资料、新闻、服务等多方面的涉及各个领域的信息,范围很广,内容庞杂,而且免费对所有的网络用户开放,如政府机构部门的政策、服务信息、社会新闻、生活娱乐信息、机构名录、产品目录、广告信息、商机信息、股市信息、专题评论等。

4) 软件资源

软件资源主要是指通过网络免费提供给用户使用的各种应用程序,它们以文件形式存在,帮助用户实现某些应用功能,如杀毒、解压、聊天、系统维护、多媒体播放、文件传输、程序编辑等。

5) 其他类型的信息

这种类型的信息包括网络论坛交流信息、电子公告、网络日志等其他存在于 Internet 上的信息。

6.1.3　网络信息检索的特点

由于网络信息检索借助于网络通信、信息处理等技术的发展,出现了许多不同于传统信息检索的特点。具体特点如下。

1. 检索范围涵盖整个 Internet

Internet 是一个全球性、开放性的网络,由分布在世界各地的主机联网构成。因此网络信息检索在检索空间上比传统信息检索大大扩宽,可以检索 Internet 上所有领域、各种类型、各种媒体的公开信息资源,远远超过了手工、联机和光盘检索可利用的信息源。

2. 传统检索方法与全新网络检索技术相结合

网络信息检索沿用了许多传统的检索方法和技术,如布尔逻辑、截词检索、限定检索等。借助于网络信息技术的发展,网络信息检索还采用了许多新的检索技术,如自然语言检索、超文本/超媒体检索等。但是这些检索技术在不同检索工具中的实现方式存在很多差异,需要用户在检索前详细了解其具体的检索规则。

3. 用户界面友好且操作方便

网络信息检索工具直接以终端用户为服务对象,一般都采用图形窗口界面,交互式作业,检索途径多,提供多种导航功能,可做书签标记,保留检索历史。检索者无须专门的检索技巧和知识,只要在检索界面按一定规则输入检索式或者"顺链而行",就可获得检索结果。

4. 用户透明度高

网络信息检索对用户屏蔽了 Internet 上的各种系统平台、应用程序、数据结构、文件格式、通信传输协议等多方面的物理差异,使用户只需一步检索就可获取多个信息源、多种类型、多种形式的网络信息,感受检索系统的透明度。

5. 信息检索效率不高

由于网络信息缺乏规范和统一管理,动态性强、雷同率高,而且存在很多的垃圾信息。而且目前的网络检索工具在信息收集、分析和标引等方面也存在许多的不足之处,极大地影响了网络信息检索的查全率和查准率,尤其是通过搜索引擎进行网络信息检索的查准率很低,信息冗余度高。不过,随着智能代理技术、数据挖掘技术、知识发现技术、自然语言理解技术等在网络信息检索中的应用,网络信息检索的效率已经大大改观。

6.1.4 网络信息检索的一般方法

要在浩如烟海的网络信息资源中找到所需的信息,可以按照以下几种方法进行。

1. 浏览方式

1)随意浏览

这是在 Internet 上发现信息和信息线索的最原始方法。当没有明确的检索目的和要求的情况下,随意查看,或者选择与所需信息相近的内容作为检索依据,"顺链而行",从一个网页"行至"其他相关的网页,一轮轮扩大检索范围,获取相关信息。这种方式适合目的性不强的检索,其检索结果具有不可预见性。网络用户可以在平时的网络漫游中将一些感兴趣的优秀网站,添加到收藏夹,以备将来使用。

2) 分类体系浏览

即通过浏览网页资源指南的分类体系获取相关信息。网络资源指南是专业人员基于对网络信息资源的产生、传递与利用机制的广泛了解,对网络信息资源分布状况的熟悉,对网络信息资源进行采集、评价、组织、过滤和控制,从而开发出的可供用户浏览和检索的多级主题分类体系,Yahoo! 就是一个综合性的网络资源主题指南。此外,网上还存在很多的专业性网络资源指南供获取特定学科领域的信息。当用户对某一类信息资源的描述不确定的时候,通过逐级浏览网页主题指南的分类体系,就可获取相关信息较为全面系统的汇总。

2. 查询方式

查询主要是指通过输入检索条件,从大量的信息集合中检索信息的方式。这种方式比较快捷、简单,能够准确、快速地在 Internet 上进行所需信息的定位,直接返回所需信息或者所需信息所在的主机名、域名或者网址等。

6.2　主要搜索引擎及其使用

在"信息的海洋"里,每个人需要的信息都只是极小的一部分,而如何在茫茫的信息海洋中找到你所需要的那一分子,就要通过搜索。在庞大的信息库中,如果没有合理的方法来搜索,就犹如大海捞针。

6.2.1　搜索引擎的概念

搜索引擎(Search Engine)实际是个专用的 WWW 服务器,它存有庞大的索引数据库,收集了全世界上百万甚至上千万个 WWW 主页的文字信息。为了收集这些信息,有个自动搜索程序沿着 WWW 的超链接,经常搜索整个 WWW 上的主页,然后为这些主页上的每个文字建立索引并送回集中管理的索引数据库,索引信息包括文档的 WWW 地址,每个文档中单字出现的频率、地址等。

因此,搜索引擎是用来对网络信息资源管理和检索的一系列软件,是一种在 Internet 上查找信息的工具。它将各站点按主题内容组织成等级结构。用户可以依照这个目录逐层深入,直至找到所需信息。

6.2.2　搜索引擎功能

搜索引擎的第一个功能是收集信息建立索引数据库,并自动跟踪信息源的变动,不断更新索引记录,定期维护数据库。

搜索引擎的第二个功能也是最主要功能是提供网络的导航与检索服务。专家从茫茫网海中挑选质量较高的网页,以某种分类法进行组织,帮助用户快速地浏览查找所需的站点。搜索引擎提供的主题检索途径,将用户需求与索引数据库匹配,显示结果及网页索引信息,进而由 URL 链接出原始信息,使用户能够从网上纷繁复杂的信息中迅速筛选出符合用户需求的信息。

另外,搜索引擎还为用户提供多种信息服务,如广告、免费的电子邮件、聊天室、地图等。

搜索引擎是 Internet 上一类很直观、很实用的搜索工具,使用它可以迅速找到所需要的信息。事实证明,网上访问最频繁的是搜索引擎的站点。通过搜索,大到一家公司的站点,小到某个人的电子信箱地址,都可以轻易找到。通过 FTP 搜索,还可以在网上轻易下载到所需的软件。到目前为止,网上的搜索引擎已经有无数种。对常用搜索引擎的搜索语法了解得越多,搜索到的结果就会越精确,查找所需信息就越快,花的费用就越少。所以了解各种语法,可以给查询工作带来事半功倍的效果。

6.2.3 用搜索引擎查阅信息的具体步骤

1. 制定信息搜索策略

(1) 首先确定提供相关信息的优秀信息源。确定信息源是很关键的一步,良好的开端是成功的一半。若起点没有找准,搜索结果可能会一无所获。

(2) 检查信息源所提供的信息是否适中,所提供的信息量是否合适。信息量太多,搜索不便;信息量太少,则搜索不到足够的信息。研究信息源所提供的搜索命令及搜索方法,制定搜索计划,然后开始进行搜索。

2. 信息搜索方法

许多搜索引擎提供搜索命令文档。当使用某一网点进行搜索时,应该先研究一下搜索引擎提供的搜索命令、搜索方法及它的特色,这样才能明确如何在其上进行搜索并充分利用该网点的优势。例如,有些搜索网点允许用户在新一轮的搜索中利用上一次的搜索条件。当第一次搜索结果中满足条件的记录很多时,可以通过增加条件进行第二次搜索,这样能够节省大量的时间和上网的费用。

在搜索过程中,输入搜索条件是最关键的一步。若用户对自己的输入条件所期望的含义与搜索网点"理解"的含义不同,则所得到的搜索结果会与自己希望得到的相差甚远。当刚开始涉足某一搜索引擎时,建议用不同的单词进行试验性搜索。然后研究搜索结果的前5~10 个记录,注意它们的信息及索引,通过这种方式可大致了解这种服务的索引项是如何组织的,下一步就清楚该用什么关键词来搜索自己想要的信息了。

各种搜索引擎通常使用 AND、OR、NOT 这 3 个布尔操作符来组合搜索项。使用 AND 操作符组合的搜索项,每项都必须出现在搜索结果中。使用 OR 操作符组合的搜索项,任一项出现在文档中,都是符合条件的。使用 NOT 操作符时一定要注意,不要把所希望查到的结果给筛选出去。

6.2.4 常用搜索引擎及其使用

搜索引擎作为探索网上资源宝库的一把金钥匙,到目前为止也发展到近千个,但由于每个搜索引擎的收录范围、查询技术、查询方法等都不尽相同,因而每个搜索引擎在查全率、查准率和易用性上也有差别。下面介绍几个常用的搜索引擎。

1. 关键词型搜索引擎

1）常用英文关键词型搜索引擎简介

（1）Google 香港（http://www.google.com.hk/）

Google（Google Inc.，NASDAQ：GOOG）是一家美国上市公司（公有股份公司），于1998 年 9 月 7 日以私有股份公司的形式创立，以设计并管理一个互联网搜索引擎。Google公司的总部称为 Googleplex，它位于加利福尼亚山景城。Google 创始人 Larry Page 和Sergey Brin 在斯坦福大学的学生宿舍内共同开发了全新的在线搜索引擎，然后迅速传播给全球的信息搜索者。Google 目前被公认为是全球规模最大的搜索引擎，它提供了简单易用的免费服务。

Google 是全球最大的并且最受欢迎的搜索引擎，主要的搜索服务有网页搜索、图片搜索、视频搜索、地图搜索、新闻搜索、购物搜索、博客搜索、论坛搜索、学术搜索、财经搜索，如图 6-1 所示。

图 6-1 Google 搜索引擎检索界面

Google 的特色功能如下。

① 检索多种类型的文件。

除了 HTML 文件外，可以支持 13 种非 HTML 文件的搜索，如 PDF、DOC、PPT、XLS、RTF、SWF、PS 等。

② 提供多元化的服务。

除了提供 Web 信息资源的检索服务外，Google 还推出许多的服务如计算器、中英文字典、天气查询、股票查询、邮编区号、手机号码、电子邮件、Google 工具栏等。此外，英文版Google 还提供了商品导航工具 Froogle，将众多商品，如数码相机、音乐播放器等，分类列出，帮助用户通过比价的方式选择。

Google 检索功能强大，主要体现在以下几个方面。

① 多样的范围限制功能。

除了高级检索提供的多种检索选择外，Google 还提供按链接和网域进行范围限制。按链接检索（Link：）将显示所有指向某一网址的网页。例如，"link：www.google.com"将找出所有指向 Google 主页的网页。按网域检索(site:)将在某个特定的域或站点中进行搜索,可以在 Google 搜索框中直接输入"site：xxxxx.com"。要在 Google 站点上查找新闻,可以输入"新闻 site：www.google.com"。

② 相关检索功能。

为了给用户提供更多的相关信息,Google 推出"类似网页"。如果用户对某一网站的内容很感兴趣,但又嫌资料不够,单击"类似网页"后,就可获取与这一网页相关的网页、资料等。

③ 快捷的检索。

为了减少用户搜索网页的时间,Google 推出了"手气不错"功能,单击该按钮将自动进入第一个检索结果所在的网页。由于 Google 的网页级别(Page Rank)技术的支持,检索结果的第一个记录往往是最相关和重要的,因此使用"手气不错"将减少搜索网页的时间。

④ 检索词纠错。

Google 的错别字改正软件会对输入的关键词进行自动扫描,如果发现用其他字词搜索可能会有更好的结果,会提供相应提示来帮助纠正可能有的错别字。该软件建立在互联网上所能找到的所有词条之上,能够提示常用人名及地名的最常见的书写方式,这是一般的错别字改正软件所不及的。

(2) Lycos(http://www.lycos.com)

Lycos 于 1994 年 8 月开始在网上运行,目前是 Lycos 集团公司 Lycos network 服务的成员之一,是一个多功能搜索引擎,如图 6-2 所示。

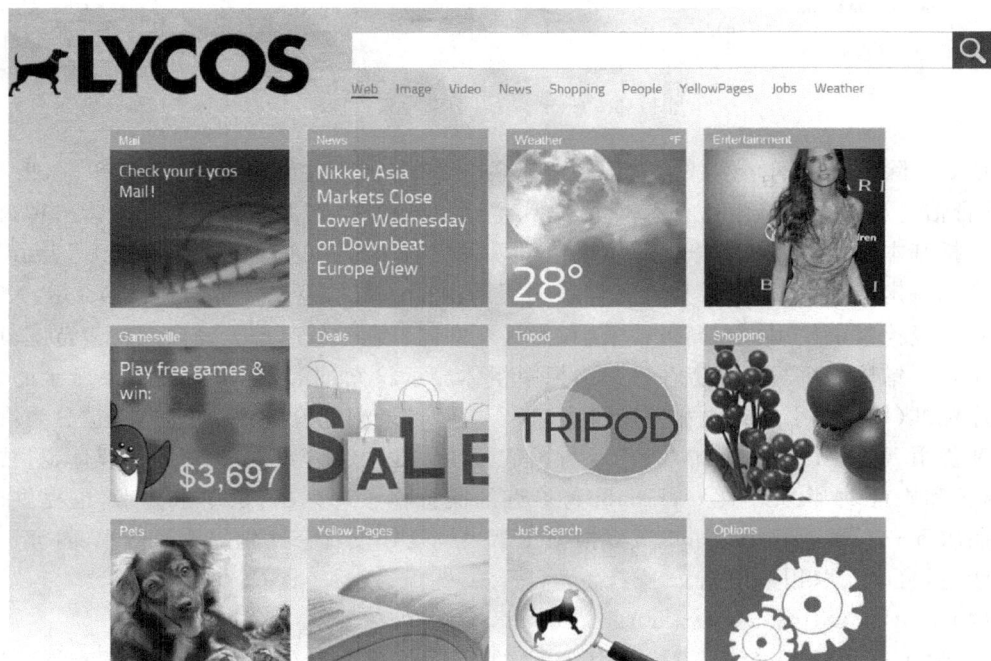

图 6-2　Lycos 搜索引擎检索界面

Lycos 借助于自动搜索软件收集多种类型的资源,如网页、人名、企业名录、多媒体、音乐/MP3、讨论组、新闻、产品信息等,搜索结果精确度较高,尤其是搜索图像和声音文件的功能很强。此外,还提供游戏、电子邮件、音乐、购物、个性化 Lycos、新闻快讯等服务。关键词检索方式下可从 Web、人物、产品、新闻、讨论、黄页、多媒体等多种途径检索,检索方式分为基本检索和高级检索。支持布尔逻辑运算符(AND、OR、NOT)、精确检索符(双引号),也可在检索词前加"＋"表示该词一定出现,检索词前加"－"表示该词一定不出现。高级检索提供强大的过滤功能,可以从检索词、URL/站点名称、语言、日期等几个方面限制检索范围。Lycos 也提供 Web 主题目录浏览检索服务。目录分类规范、类目设置较好、网站归类准确、提要简明扼要,分为艺术和娱乐、汽车、商业和职业、计算机和网络、游戏、健康、家庭、青少年、新闻、休闲、宗教、科技、社会和文化、体育、旅行等类目。个人 Lycos 主页可根据个人兴趣和爱好设置相关的检索参数。

(3) Excite(http://www.excite.com)

Excite 是由斯坦福大学几个大学生 1993 年 8 月创建的 Architext 扩展而成的万维网搜索引擎,目前属于 Ask Jeeves 公司,收录了 100 多家领先信息提供商的丰富信息资源,包括网页、新闻、体育、股票、天气、企业黄页、人名等,如图 6-3 所示。

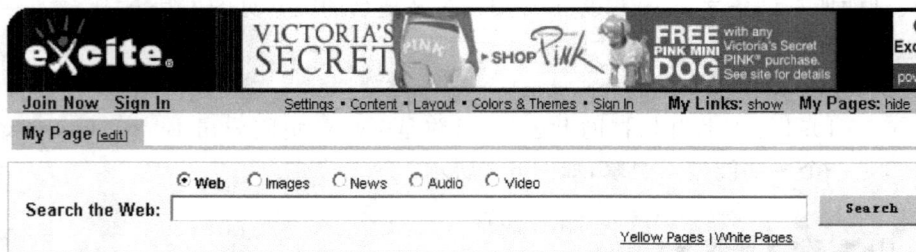

图 6-3　Excite 搜索引擎检索界面

Excite 除了提供网络信息检索服务外,还提供网上交流、免费邮件、天气预报、股票指数、体育信息等服务。检索途径有网页检索、主题目录检索、新闻检索和图片检索 4 种,检索方式包括基本检索和高级检索。基本检索可以采用双引号来进行精确检索,"＋"表示其后的检索词一定出现,"－"表示其后的检索词不能出现。布尔逻辑运算符(AND、OR、NOT)只能在高级检索中使用。在高级检索中,可从检索词、语言、域名等方面限制检索范围,可以选择是否纠错检索拼写和是否在检索结果中粗体显示检索词等,定制检索结果显示的数量和排序标准(按搜索引擎还是相关度排序)等。主题目录浏览检索较简单,站点被分为汽车、商业和货币、计算机和网络、游戏、艺术与娱乐、休闲、健康、社会、参考、新闻和媒体、科技、宗教、体育和旅行 14 大类。此外,Excite 将最近的流行检索词列出,供单击检索,也提供个性化定制服务——My Excite,用户可以根据自己兴趣爱好设置个性化的界面格式、内容、布局或者颜色,自动获取相关信息。

(4) HotBot(http://www.hotbot.com)

HotBot 建立于 1996 年 5 月,曾因"改良的界面、优秀的复杂查询、最新新闻查询及比任何网点都丰富的过滤选项"获得 PC Magazine 1997 年"编辑选择奖"。目前是 Lycos 公司 Lycos Network 的成员,收集了 1 亿多个网页。检索界面简洁直观,并有多种颜色和式样的检索界面供选择。另外还提供了 HotBot、Google 和 Ask Jeeves 这 3 个搜索引擎的检索,如图 6-4 所示。

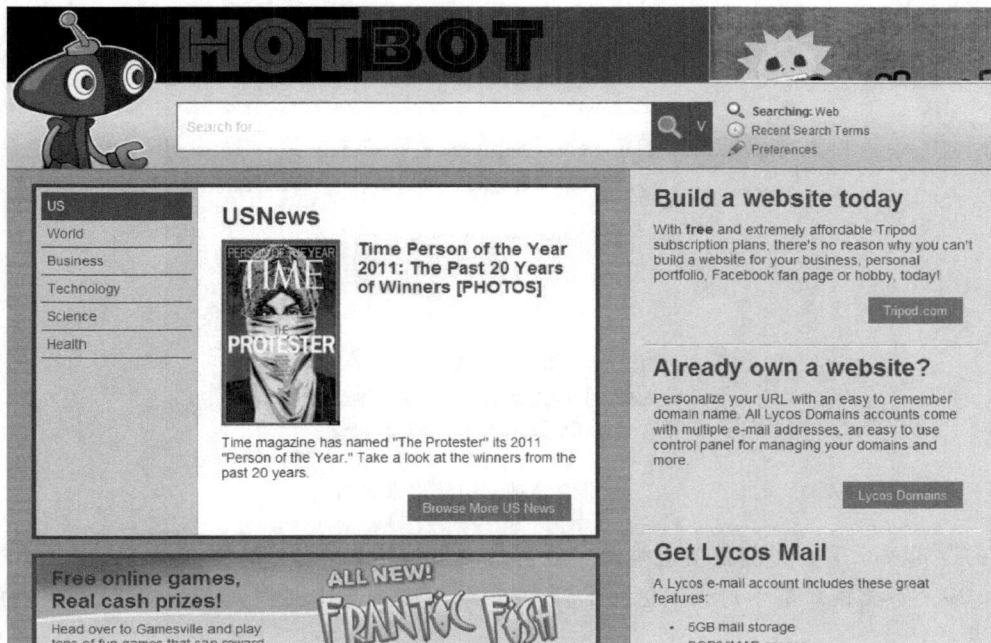

图 6-4 HotBot 搜索引擎检索界面

HotBot 的检索方式如下。

① 基本检索。选择一个搜索引擎,然后在检索主页的检索文本框中输入检索词(组),可以使用双引号来实现词组精确检索,或者在检索词前加"+",表示该检索词一定出现,检索词前加"一",表示该检索词一定不出现。

② 高级检索。在高级检索页面的文本框中输入相应内容,从语言、域名、地区、检索词(包含、不包含、出现的位置等)、日期、页面内容(页面包含的媒体类型,如 MP3、图片、视频、音频、Java、脚本、PDF、Word 文档),以及是否阻止非法内容等方面限制检索范围。用户可对检索结果的输出进行定制。此外,HotBot 还设计了桌面工具栏,安装后,用户可在浏览器上直接输入检索词进行检索。

2) 常用中文关键词型搜索引擎简介

(1) 百度(http://www.baidu.com)

百度于 1999 年底成立于美国硅谷,是目前全球最优秀、最大的中文信息检索与传递技术供应商。使用高性能的"网络蜘蛛"程序自动地在互联网中搜索信息,可使搜索器能在极短的时间内收集到最大数量的互联网信息,如图 6-5 所示。

百度在中国各地和美国均设有服务器,搜索范围涵盖了中国内地、中国香港、中国台湾、中国澳门地区,以及新加坡等华语地区、北美、欧洲的部分站点。目前拥有的中文信息总量超过 4 亿页以上,并且还在以每天几十万页的速度快速增长。检索途径有网页、MP3、新闻、地区、网站、图片、百度词典等,提供基本检索和高级检索两种检索方式,支持布尔关系"或"(用"|"表示)、"非"(用"一"表示),可将检索范围限制在指定的网站、标题、URL 和文档类型。此外,高级检索可以定义要搜索网页的时间、地区、语言、关键词出现的位置以及关键词

图 6-5　百度搜索引擎检索界面

之间的逻辑关系等。目前百度也推出主题目录浏览检索，由人工维护、更新，共分为 5 个大类，70 多个子类目。基于每天上亿次的搜索数据，百度推出中文搜索风云榜，反映目前的搜索热点。

（2）天网（http：//maze.tianwang.com）

天网 Maze 是北京天网时代科技有限公司开发的一款资源丰富和功能强大的 PIC（Personal Information Center，个人信息中心）文件系统，目前天网 Maze 已经推出 2010 版，如图 6-6 所示。

图 6-6　天网搜索引擎检索界面

天网 Maze 将学习、娱乐、资讯、沟通融为一体，致力于与合作伙伴一起引领校园网络新文化，构建健康、文明、和谐、向上的校园绿色网络环境。天网 Maze 集个性化搜索、大学精品课程、网络课堂、教育商城、即时通信等诸多功能，是一个全新的个人桌面信息平台。它采用更为严格的技术策略,并且引入了 Web 2.0 以及 SNS 概念,加强了对个人以及他方有关权益的保护,拥有客户端和服务器端,具有人工多重过滤不正当资源文件的手段,是一款真正意义上的 PIC 产品。截止到 2010 年 7 月,天网 Maze 已有注册用户 620 万,同时最高在线用户数超过 10 万。

2. 目录型搜索引擎

1) 常用英文目录型搜索引擎简介

(1) Yahoo! (http://www.yahoo.com)

Yahoo! 是最早、最典型的目录型搜索引擎,起源于大卫·费罗和杨致远于 1994 年 4 月建立的网络指南信息库,目前收集了成千上万台计算机上的信息,建立了完整、合理的类目体系,提供融信息检索、用户交流和多种产品于一体的服务。全球共有 24 个网站,12 种语言版本的雅虎开通,Yahoo! 中国于 1999 年 9 月正式开通。2005 年 10 月,中国雅虎由阿里巴巴集团全资收购。中国雅虎(www.yahoo.com.cn)开创性地将全球领先的互联网技术与中国本地运营相结合,并一直致力于以创新、人性、全面的网络应用,为亿万中文用户带来最大价值的生活体验。目前中国雅虎网站提供互联网门户资讯、邮箱、搜索等基础应用服务。Yahoo! 主题指南主要采用人工方式采集和存储网站信息,将收集的信息分为 14 个主题大类,包括艺术与人文、商业与经济、计算机与 Internet、教育、娱乐、政府与政治、健康与医药、新闻与媒体、休闲与运动、参考资料、区域、科学、社会科学、社会与文化,每一个大类下面又细分为若干子类,逐层搜索十分方便,如图 6-7 和图 6-8 所示。

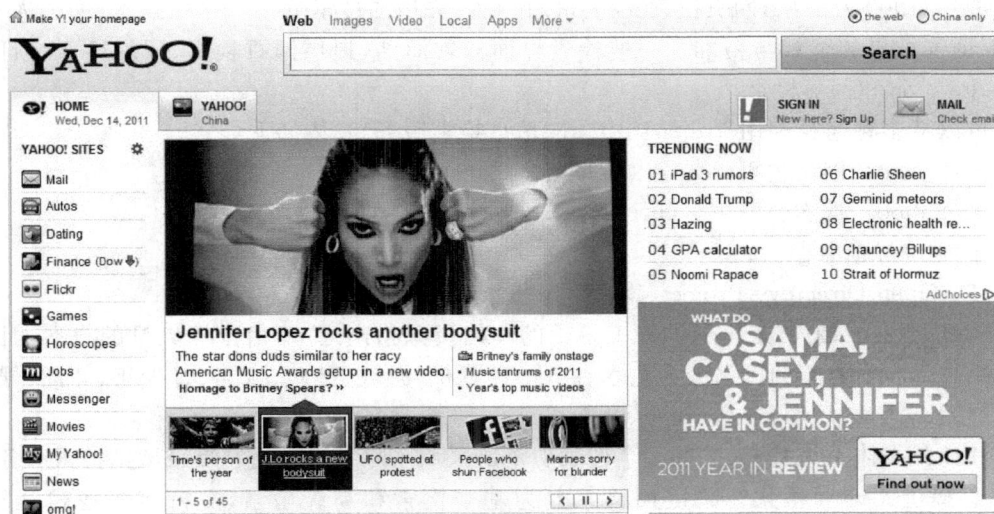

图 6-7　英文 Yahoo! 搜索引擎检索界面

作为最早的网络资源指南,Yahoo! 目前不仅提供主题目录浏览检索,而且也提供关键词检索、专题检索(人物、天气、电话号码等)服务。关键词检索是采用 Yahoo! Slurp 这套 Web 索引程序从 Internet 上采集文档而建立起的一个可搜索的网页索引系统,可以检索网页、图片、新闻、音乐、类目和网络实名等信息,提供基本检索和高级检索两种检索方式。目前,只有网页检索和目录检索具备高级检索功能,图片、新闻、音乐和实名检索不具备。在高

图 6-8　中文 Yahoo! 搜索引擎检索界面

级检索中,用户可以从搜索结果、更新时间、网站/网域、文件格式、分类、Safe Search 过滤器、国家、语种、搜索结果数目等方面限定检索范围。

2004 年 6 月 21 日雅虎公司基于全球领先的 YST(Yahoo Search Technology)技术,在中国推出独立搜索门户——一搜(http://www.yisou.com)。可以搜索全球 50 亿网页、5.5亿张图片、1000 万音乐,网页搜索支持 38 种语种,先进的搜索分析与排序技术(而非人工干预)保证了结果的客观与精准。一搜检索界面非常简洁,提供网页检索、图片检索、新闻检索、MP3 检索和部落检索。

可以从多种途径利用 Yahoo! 中国的信息检索服务,具体如下:

* Yahoo! 网站主页(http://cn.yahoo.com);
* Yahoo! 搜索引擎主页(http://cn.search.yahoo.com);
* 雅虎导航条。

(2) Open Directory Project(ODP)(http://dmoz.org)

ODP 是目前最大、最全面的人工编辑的网络资源指南之一,由全球大量的自愿网民构建和维护。将所收集的网站分为艺术、商业、计算机、游戏、健康、家居、青少年、新闻、娱乐、参考、宗教、科学、购物、社会、体育、全球类目共 16 个类目,如图 6-9 所示。

其该分类体系为 Google 等多个搜索引擎所采用。除了提供主题目录浏览检索服务外,ODP 也提供关键词检索。关键词检索分为基本检索和高级检索,支持布尔逻辑运算符(AND、OR、NOT)、右截词(通配符为 ＊)、精确检索(将检索词组用双引号括起),可以用"＋"表示其后的检索词一定出现,"－"表示其后的词一定不出现。此外,ODP 在页面底部提供了 Alta Vista、Hotbot、Netscape、Yahoo!、Google 等的链接,可直接将检索词提交给用户选择的搜索引擎。

(3) Galaxy(http://www.galaxy.com)

Galaxy 于 1994 年 1 月创建,其开发者是商业网络通信服务公司 EINet,目前属于 Logika 公司,是 Internet 上最早按专题检索 WWW 信息的网络主题指南之一。收集的信息

图 6-9　ODP 搜索引擎检索界面

包括网页、网站、新闻、域名、公司名录、人名、股票指数等。将所收集网站分为购物、商业、人文、社会科学、宗教、工程和技术、家居、参考、社会团体、旅行、娱乐休闲、科学、体育、健康、政府和医学共 16 个大类,如图 6-10 所示。

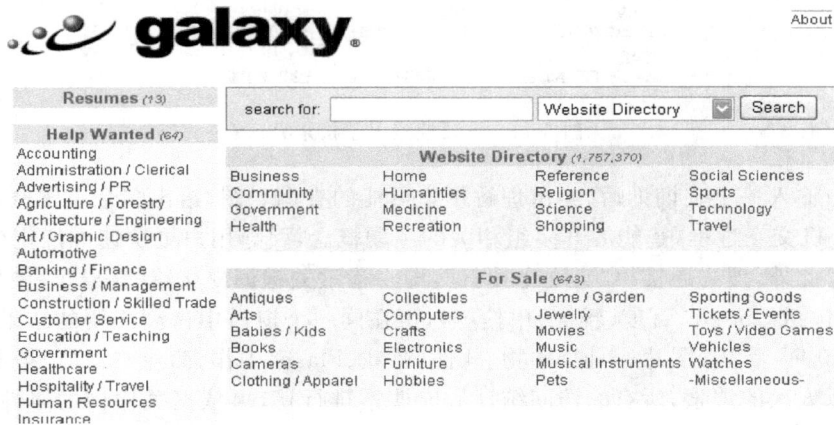

图 6-10　Galaxy 搜索引擎检索界面

　　由于 Galaxy 是一些有专业背景的图书馆学人员分类、组织和编辑,确保了信息的可靠。提供网页、主题目录、新闻和域名 4 种检索途径,除了主题目录浏览检索外,还提供关键词检索。关键词检索可以分为基本检索和高级检索,支持布尔逻辑运算符(AND、NOT,检索词间的默认关系为 AND)、精确检索(将检索词组用双引号括起)。检索结果按相关度排列,每条记录前会以一条长短不一的红线表示其相关度。

　　2)常用中文目录型搜索引擎简介

　　(1)搜狐搜索(http://www.sogou.com)

　　搜狐(sohu)是 1998 年推出的中国首家大型分类目录搜索引擎,到现在已经发展成为中国影响力最大的网络资源指南。网站信息的收集与处理一直坚持以人工编辑为主,目前拥有总数在 500 000 以上的庞大网站数据,广泛借鉴信息分类领域常用分类法和行业分类的分类标准,将其分为娱乐休闲、电脑网络、卫生健康、工商经济、公司企业、文学、体育健身、教育培训、生活服务、艺术、社会文化、新闻媒体、政治/法律/军事、科学技术、社会科学和国家地区共 16 个主题大类,5 万多个细类。搜狐也提供关键词检索方式,可以按照网站、新闻、MP3、购物、图片、商机、软件 7 种途径进行检索。目前,搜狐推出搜狗——第三代互动式搜索引擎,如图 6-11 所示。

图 6-11　搜狐搜索引擎检索界面

在用户输入一个查询词后,尝试理解用户可能的查询意图,给出多个主题概念的搜索提示,通过人-机交互过程,智能展开多组相关的主题概念,引导用户更快速准确定位自己所关注的内容。此外,搜狗还推出"直通车搜索",即将检索关键词提交给"直通车"中列出的其他搜索引擎(包括 Google、百度、雅虎、中搜等),可在同一个窗口中得到想要的结果,也可以按主题(包括新闻、音乐、图片、小说、购物、软件、游戏、Flash、工作、商业)查询。搜狐每天接受用户数千万人次的搜索,所有的访问统计形成搜索排行榜,再依据关键词的属性分成 30 大类,这就是搜索指数。通过搜索指数能够了解用户在关注什么。

(2) 有道——网易旗下搜索(http://www.youdao.com)

2004 年 6 月底,网易搜索和全球领先的搜索技术提供商 Google 签订战略合作协议,成为目前国内唯一采用 Google 网页搜索技术的门户网站。在提供高质量搜索服务的同时,网易搜索还深入研究互联网上的网站行业问题,为广大企业用户提供最佳的推广方案。用户的畅快感受和企业的完美体验,是网易搜索高瞻远瞩的战略出发点,也是网易搜索的最高追求。随着自身技术和服务的不断改进,网易搜索引擎已经被越来越多的网民使用并给予肯定,市场份额不断攀升。其页面日均访问量接近 3000 万次,查询速度快,链接成功率高。与国际接轨,提供中文、英文、日文、俄文等几十种语言关键词检索,如图 6-12 所示。

网易搜索引擎的网页搜索是一种基于程序基础上的搜索技术,它和网站搜索最大的区别就是网站搜索是基于人工编辑和整理的,而网页搜索是程序按照预先设定的规则去各网站上抓取网页信息,并按照既定的程序规则建立索引,在用户输入关键词进行搜索的时候,按照关键词匹配等规则,将网页按照一定的顺序排列出来的搜索方式。

图 6-12 有道——网易搜索引擎检索界面

网易搜索引擎的网页搜索采用的是目前全球领先的搜索技术提供商 Google 的搜索技术,并在其基础上进一步本地化和网易特色化。现在的网易搜索引擎的网页搜索,速度快、结果精确、死链接少,已经是国内最出色的网页搜索引擎之一。

当门户网站的鼻祖雅虎公司创建第一代搜索引擎时,采用的就是分类目录的方式。网易搜索在建设初期,也是以分类目录的检索方式为主,并且创建了国内最大的开放式目录管理系统(ODP)。随着技术的逐步发展,现在的用户更习惯于直接输入关键词的简单搜索方式,关键词搜索成为一种主流搜索模式。

其实,网站搜索就是以关键词搜索的方式在分类目录的数据源里进行检索。

图片搜索是为了满足广大网民的搜索需要而独立出来的一种专门搜索。和一般想象的不同,图片搜索是基于对网页页面的文字分析和文件属性分析后的搜索结果,而不是想象中的对图片本身进行分析的结果。

除了常规的搜索框之外,图片搜索还给用户提供了热门关键词、分类目录和热门排行榜,网易相册也在图片搜索里开辟了栏目。

新闻搜索是网易搜索独立开发,并于 2005 年 5 月推出的一个新的专项搜索服务。新闻搜索主要分为两个板块,一个是新闻搜索框,另一个是以当前各大热门新闻为主题的分类板块。新闻搜索更新及时,新闻源来自各大新闻门户网站,能够给用户提供优质、高效的新闻服务。值得一提的是,新闻搜索提供了个性化设置功能,让用户能够以自己最喜欢的方式浏览自己最想看的新闻。

作为网易搜索跟 Dictionary Today 公司合作的产品,网易词典搜索除了提供常规的英汉、汉英互译服务之外,还将博大精深的中国成语融入其中,提供成语中翻英服务,开创了国内搜索引擎提供成语翻译服务的先河。此外,网易词典搜索还是个"会说话"的搜索引擎,极具个性的在线朗读服务十分吸引用户。在汉英互译功能中,不仅仅能够朗读搜索的英文单词,还能朗读字典给出的英文解释,而且选哪儿读哪儿,真正做到了随心所欲,想读就读。

网易搜索引擎还有功能搜索项,有天气预报:可查询国内外主要城市及国内热门旅游景点 24 小时和 48 小时天气情况;电视预报:可查询全国各地每周的电视节目情况;火车车次:既可根据出发及到达城市查询车次情况,也可根据车次查询旅程情况;文档查询:可根据关键词查询 Word、Excel、Powerpoint、PDF、RTF、Flash 等指定类型的文档;航班查询：可查询全国各地飞机航班情况；手机号码：可根据给出的手机号码查询其归属地；IP地址查询：可根据给出的 IP 地址查询计算机所在的地理位置；邮政编码：可查询国内邮政编码和长途电话区号；货币兑换：可在任意两种国际流通的主要币种之间进行数值转换；万年历：可查询万年历。

（3）新浪（http://www.sina.com）

新浪搜索引擎是新浪公司推出的面向全球华人的网上资源查询系统，提供网站、网页、新闻、软件、游戏、音乐、黄页等资源的查询服务。网站收录资源丰富，分类目录规范细致，遵循中文用户习惯，目前共有娱乐休闲、求职与招聘、艺术、生活服务、教育就业、社会文化、政法军事、个人主页、文学、计算机与互联网、体育健身、医疗健康、科学技术、社会科学、新闻媒体、参考资料、商业经济、少儿搜索共 18 个大类目录，一万多个细目和数十万个网站，是互联网上最大规模的中文搜索引擎之一。除了主题目录浏览检索，新浪也提供关键词检索，在新浪主页的文本框内输入关键词，选择网页、图片、新闻和 MP3 共 4 种检索途径之一，提交申请，获取检索结果。也可在新浪搜索引擎页面中（http://cha.iask.com），从网页、分类目录、新闻、图片、音乐、网址和黄页 6 种途径检索，如图 6-13 所示。如果没有特别指定，系统默认查询次序依次为：目录搜索、网站搜索、网页检索。查询结果先返回目录搜索结果，然后返回网站搜索结果，再返回网页搜索结果，最后返回商品信息、消费场所等搜索结果，在同一页面上包含网站、网页、新闻、商品等各类信息的综合搜索结果。新浪关键词检索支持逻辑与、或、非，检索词之间的默认关系为"与"；短语精确检索符为"（）"；不支持词干法或者通配符；忽略常见字符；在关键字前加"t："表示在网站标题中搜索，在关键字前加"u："表示在网站网址（URL）中搜索。

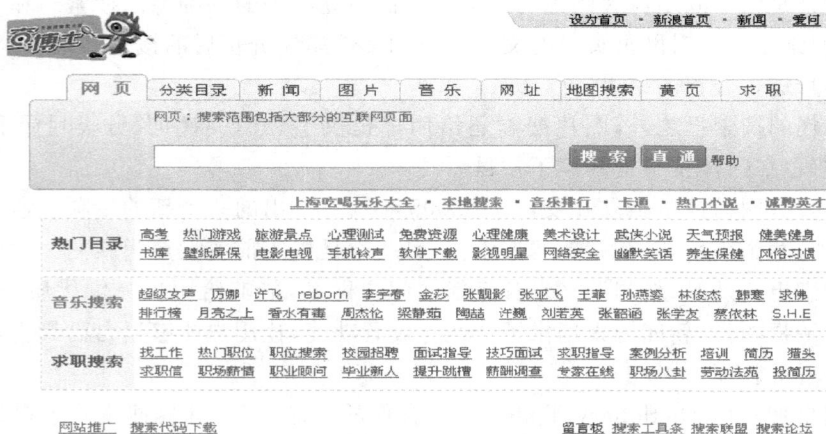

图 6-13　新浪搜索引擎检索界面

3. 集合型搜索引擎

1）常用英文集合型搜索引擎简介

（1）MetaCrawler（http://www.metacrawler.com）

MetaCrawler 由华盛顿大学的一名研究生和副教授于 1994 年开发出来，是最早的一个集合型搜索引擎，曾被评为综合性能最优良的集合搜索引擎。2000 年加入 InfoSpaceNetwork

服务,隶属于 InfoSpace 公司。MetaCrawler 并不进行网络信息的收集与组织,因此没有自己的网页索引数据库,它只充当用户的检索代理,可调用 Google、Yahoo!、Ask Jeeves、About、FindWhat、LookSmart、Overture 几个搜索引擎来返给用户更多的检索结果。在检索流程中,MetaCrawler 的主要功能包括:提供统一的检索界面,允许用户选择检索工具,将用户检索请求转换成成员搜索引擎的检索指令,对检索结果转换、查重和排序。提供网页、图片、音频文件、多媒体、购物、黄页、白页、天气预报、地图等多种信息资源的查询(如图 6-14 所示)。

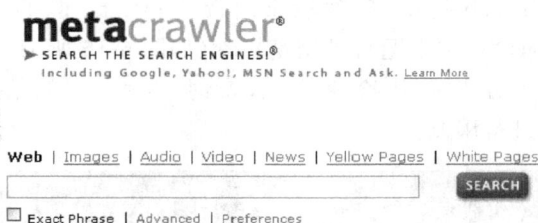

图 6-14　MetaCrawler 搜索引擎检索界面

MetaCrawler 检索界面简洁、直观,操作简便,有基本检索和高级检索两种方式。基本检索无法构造复杂检索式,不支持布尔逻辑运算符、精确检索符(" ")、通配符(*)等。要想检索固定短语,可选中页面上 Exact Phrase 前的复选框。高级检索提供了大量限制检索条件的选项,用户可以指定检索式包含的检索词(组)、不包含的检索词(组),运用布尔逻辑运算符(AND、OR 和 NOT)直接构造检索式;指定搜索网页的更新日期、语种、域名;设置是否过滤成人色情网站、检索内容是按照相关度还是搜索引擎排序。操作简单,只需在文本框中输入相关内容,或者单击所需要求即可。

(2) mamma(http://www.mamma.com)

mamma 自称为"搜索引擎之母",可同时调用 14 个常用的独立搜索引擎,包括 OpenDirectory、LookSmart、business. com、about. com 等主题指南,Google、MSN、Gigablast、Teoma、EntireWeb 等关键词搜索引擎,以及 FindWhat、Kanoodle 等收费搜索引擎。可查询网页、新闻、黄页、人物、股票指数、图像和声音文件等资源(如图 6-15 所示)。其检索界面简洁友好,既可同时调用全部后台搜索引擎,也可自行控制选择,设置使用偏好,设定检索时间、每页可

图 6-15　mamma 搜索引擎检索界面

显示的记录数、网站简介的长短等。mamma 支持精确检索符（""），在检索词前加"＋"表示其一定出现，在检索词前加"－"表示其一定不出现。检索结果以相关性排序，剔除重复记录，内容包括网页名称、URL、文摘、源搜索引擎等。

（3）Dogpile(http://www.dogpile.com)

Dogpile 也隶属于 InfoSpace 公司，提供网页、图片、音视频文件、新闻、黄页、白页等信息的检索，其网页检索由 Google、Yahoo!、AskJeeves、About、LookSmart、OpenDirectroy、Overture 和 FindWhat 提供，图片检索由 Yahoo! Image 和 Ditto 提供，音频文件检索由 Yahoo! Audio 和 Singingfish 提供，新闻检索由 Yahoo! 新闻、Topix、Fox News 和 ABC News 提供。支持关键词检索和主题目录浏览检索（如图 6-16 所示）。关键词检索提供基本检索和高级检索两种检索方式，高级检索可从检索词、语种、日期、结果显示、域名过滤、成人内容过滤等方面对检索进行限制。

图 6-16　Dogpile 搜索引擎检索界面

Dogpile 的自动归类技术会根据检索结果中出现的词或者短语将检索结果进一步划为多个类别，如将有关"保险"的检索结果再进一步分为寿险、火险、汽车保险、疾病保险等多类，从而方便用户查找所需检索结果。此外，Dogpile 还根据检索统计数据，将一些流行检索词分门别类列出，单击可获取相关信息。

2）常用中文集合型搜索引擎简介

中文集合型搜索引擎发展较慢，目前为数不多。这里只介绍万纬搜索引擎。

万纬搜索引擎(http://www.widewaysearch.com)是一个中文集合型搜索引擎。集成的英文搜索引擎包括 Google、Yahoo! 和 HotBot，中文搜索引擎包括新浪、雅虎(中文)、搜狐、天网、Google(中文)、百度，用户可根据需要自由选择。提供基本检索和高级检索两种方式，支持"精确查找"，但不支持布尔逻辑等各种运算。搜索结果可按相关度、时间、域名和搜索引擎分类，可限定检索结果显示的数量和最大的检索等待时间。高级检索页面还按类提供一些网址导航（如图 6-17 所示）。

4. 专用型搜索引擎

专用型搜索引擎是用于查找某些特殊类型的信息，如电话号码、多媒体文件、人物、地图等的专门检索工具。由于侧重收录某一方面的信息，因此它们往往能比综合型的搜索引擎更迅速、准确和深入地查找上述专门信息。本节将介绍人物、地图和图像/多媒体等类型的专用搜索引擎。

图 6-17 万纬搜索引擎检索界面

1) 人物查询搜索引擎

Web 中含有大量的个人信息,而且越来越多的搜索引擎都开始提供人物/白页检索功能。我们前面提到的搜索引擎几乎都提供这种功能,如 Yahoo! 的 people search(http://people.yahoo.com)、Lycos 的 WhoWhere(http://www.whowhere.com)等。下面再介绍几种专门用于检索人物信息的搜索引擎。

(1) Internet Address Finder——IAF(http://www.iaf.net)

IAF 创建于 1996 年,曾是 Internet 上完全免费的寻人工具,目前提供免费和收费两种服务。收费服务用于查询那些保密性质的专业个人社会记录,如查找失散的亲戚、个人背景、犯罪记录、破产情况、邻居资料、根据邮箱地址查找主人的物理位置、公司人员、个人生死情况等。免费服务除了通过输入人名查找其 E-mail 地址的服务外,还可输入 E-mail 地址确认其有效性,输入美国的邮编、电话区号、城市名等了解所属地域的人口统计情况,某一社会保障号所属的州市,以及商标、专利和版权检索服务等(如图 6-18 所示)。

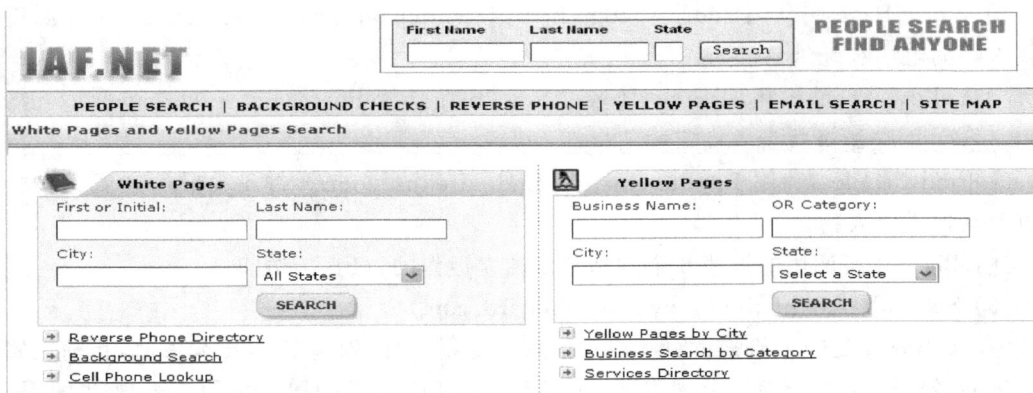

图 6-18 IAF 搜索引擎检索界面

(2) Bigfoot Directories(http://www.Bigfoot.com)

Bigfoot 是为商家和个人提供服务的一个门户网站,服务内容包括: Bigfoot Directories、Business solutions 和 Personal Solutions 共 3 部分,其中 Bigfoot Directories 通过利用多方资源提供人物信息、E-mail 地址等的检索查询服务,提供 6 个检索入口如图 6-19 所示。

图 6-19　Bigfoot Directories 搜索引擎检索界面

① E-mail search：利用 Bigfoot(http://search.bigfoot.com/en/index.jsp)自己的数据库资源查找某人的 E-mail 地址。

② Find Friends：利用 Reunion(http://www.reunion.com)的资源检索朋友的背景以及联系方式。

③ Find a Date：利用 itzamatch(http://www.itzamatch.com/en/index.jsp)为陌生人相识提供机会。只须在 itzamatch 网站提交个人相关信息,进行检索后就可找到有共同兴趣爱好的人的相关信息。

④ White Pages：利用 address.com(http://whitepages.addresses.com/)的资源检索所找人物的电话和地址。

⑤ Yellow Pages：利用 SuperPages.com(http://yellowpages.superpages.com/yp.basic.jsp?)的资源查找有关商家的信息。

⑥ Find People：利用 Intelius(http://find.intelius.com/) 查找失散的亲戚、朋友、同学以及其他重要人物。

注：Bigfoot 所调用的上述 6 个网站都是独立运作的,可直接访问。

（3）Switchboard(http://www.switchboard.com)

Switchboard 是一个检索黄页和白页信息的专用工具,创建于 1996 年 2 月,目前隶属于 InfoSpace 公司；可用于检索公司名录、个人信息、电话号码归属、电话区号、邮政编码、地图、驾驶路线等信息(如图 6-20 所示)。

2）地图查询搜索引擎

（1）图行天下(http://www.go2map.com/)

图行天下是我国第一个面向公众提供电子地图服务的网站,是检索全国地图信息的重要工具,在 2003 年地理信息系统优秀应用工程评选中获优秀工程奖。可以查询我国 26 个大城市的地图、交通、生活、旅游等信息,通过输入关键词,获取公交路线、周边环境以及所在位置最近的所需设施。它已经不再是一个简单的地理信息查询系统,而是涵盖了交通、地理、历史、旅游、商业等方面信息的多维化搜索引擎,目前隶属于搜狐公司(如图 6-21 所示)。

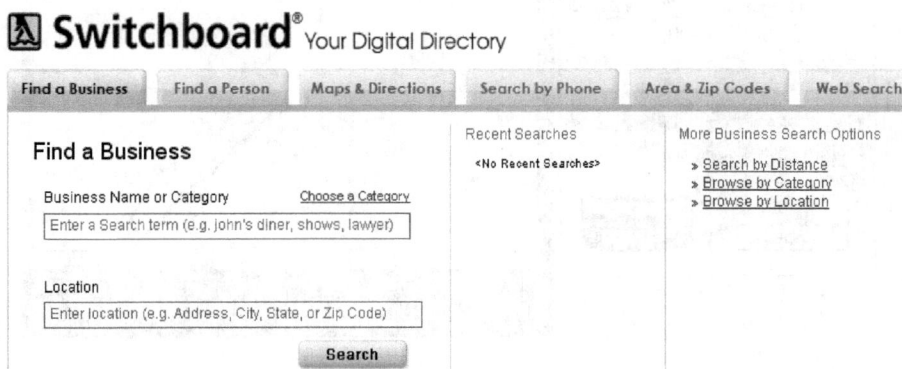

图 6-20　Switchboard 搜索引擎检索界面

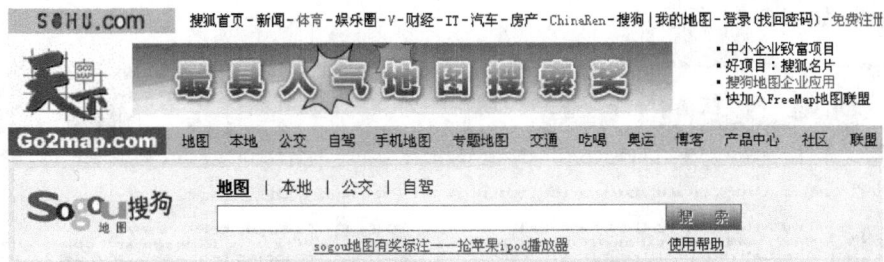

图 6-21　图行天下搜索引擎检索界面

(2) MapBlast!(http://www.vicinity.com/)

MapBlast! 是由 Vicinity Corporation 提供的免费服务站点。可查询详尽地图和驾车路线信息,同时还提供世界地图集来查找世界上任何一个地方。可以检索澳大利亚、比利时、加拿大、丹麦、芬兰(赫尔辛基)、法国、德国、意大利、卢森堡公国、挪威(奥斯陆)、葡萄牙、西班牙、瑞典、瑞士、荷兰、英国和美国的街道(Street)级地图,以及相互之间的驾车路线。通过输入所查地址的名称、所属州市和国家就可获得地图。显示的地图可以放大、缩小、打印和通过 E-mail 发送(如图 6-22 所示)。

MapBlast! 提供 3 种方式的查询:MAP、DRIVE 和 FIND。3 种方式的查询界面相似。

MAP 在下拉菜单选择地址类型(欧洲、美国、美国名胜、国际机场或经纬度);同时在检索框输入美国街区名(可选)和邮政编码;然后单击 Show Map 图标,即可显示相关地图。MAP 具有分类浏览的功能,如果选择的地址类型是 American National Parks,系统则会显示所有美国国家公园名称,单击某个公园,则会显示其地图。

DRIVE 提供行车路线指南。

FIND 提供地址查询。

(3) MapQuest(http://www.mapquest.com/)

MapQuest 是由 Geosystems Global 公司于 1996 年推出的交互地图站点,后改名为

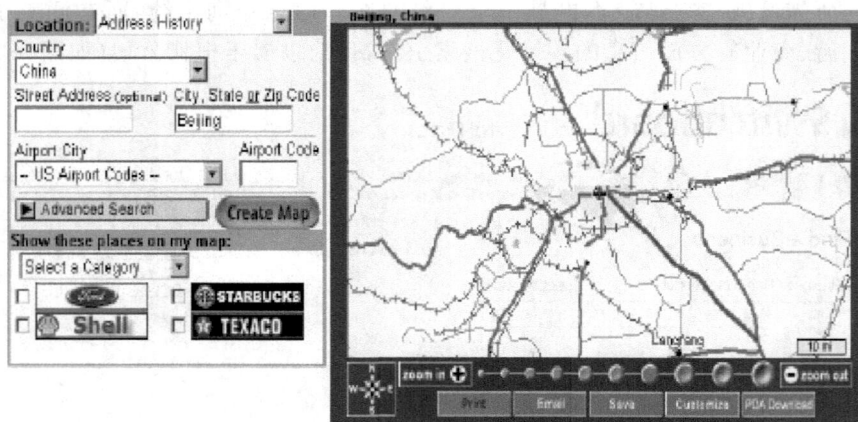

图 6-22　MapBlast！搜索引擎检索界面

MapQuest.com，目前隶属于美国在线公司，提供地图、驾车路线和地址信息的查询。有 3 个服务入口（如图 6-23 所示）。

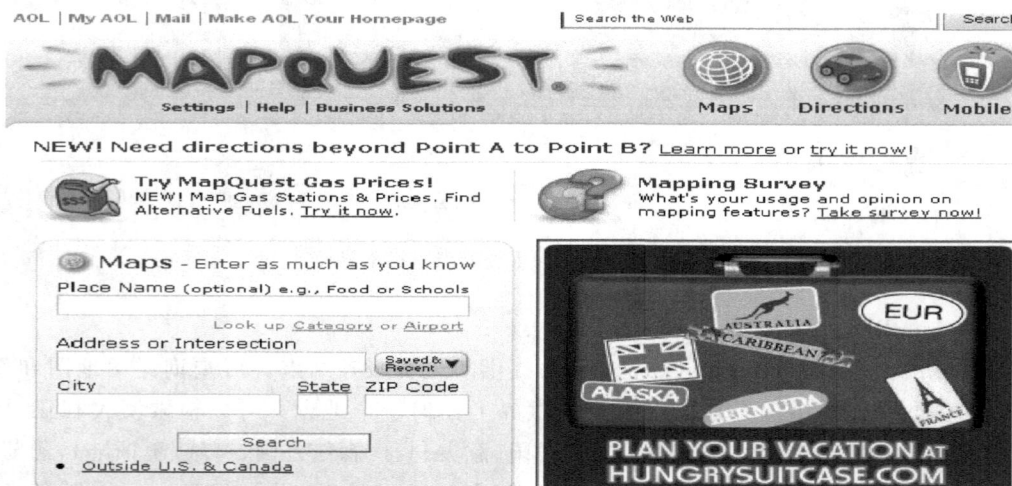

图 6-23　MapQuest 搜索引擎检索界面

① Find it：通过直接在检索文本框中输入企业名称或者所属种类，以及所在城市、州或者邮政编码来查找其位置。也可逐层浏览其分类目录获取所需细类，然后再输入所在城市、州和邮编来检索。另外，可查询所在位置的周边环境和附近的公共事业信息。

② Maps：查询全球多个国家的城市地图，美国 1000 多个城市地图。

③ Directions：查询北美、欧洲城市之间的驾车路线。

3）图像查询搜索引擎

万维网上的图像信息有多种形式，如图像、图形、位图、动画和影像等。对于这些信息的查找，可以利用一些综合性搜索引擎的图片检索功能，例如 Yahoo!、百度、Google、Lycos、AltaVista 等。也可以访问一些专业的图形图像资料库、俱乐部网站，它们往往也有数量可观的各种图像资料，并且有本站自己内部的分类目录和搜索引擎，如知名的 NIX（美国航空航天总署图片交流中心)、Smithsonian图片数据库等。此外,还出现了一些专门的图像搜索引擎,这里主要介绍以下两种。

(1) WebSeek(http://persia.ee.columbia.edu:8008/)

WebSeek是由哥伦比亚大学研制的一个基于内容的图片和影像检索工具,采用了先进的特征抽取技术。用户界面直观,操作简单,查询途径丰富,结果输出画面生动、支持用户直接下载信息。WebSeek是基于内容的图像、影像目录和搜索引擎,典型的万维网图像搜索引擎。提供主题分类、文本和图像检索(如图6-24所示)。

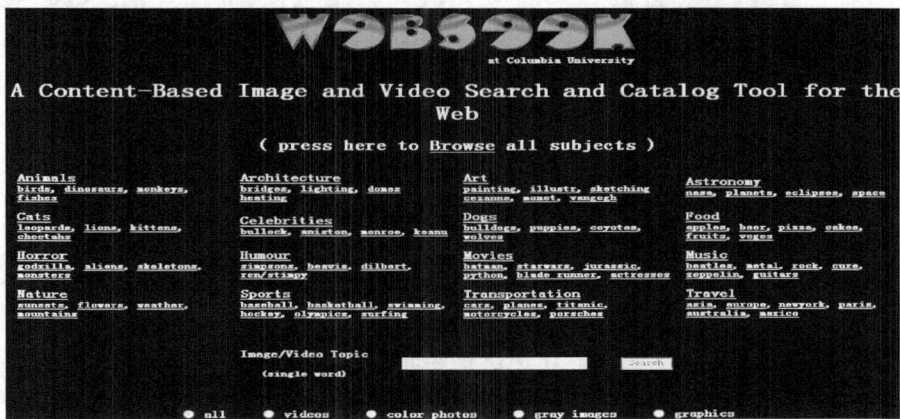

图6-24　WebSeek搜索引擎检索界面

WebSeek提供两种方式检索:目录浏览和特征检索方式。

- 目录浏览:WebSeek是万维网对视频信息进行编目的突破。其主题目录按照字顺(a～z)分为下列20余大类:Animals、Architecture、Art、Astronomy、Cats、Celebrities、Dogs、Food、Horror、Humour、Movies、Music、Nature、Sports、Transportation、Travel。
- 特征检索方式:可以检索视频(Videos),彩图(Color Photos),灰度图(Gray Images),图形(Graphics),或者选择所有途径(All)共5个选择进行组合检索。在检索结果页面,可利用任一图片/影像的颜色在所列图片/影像中或者整个WebSeek的数据库进一步检索,也可对某一图片/影像进行颜色等方面的调整后,再重新检索。

(2) 图像词典(中文)(http://cn.gograph.com/)

图像词典是一个多语言、多类别网上图像搜索引擎,以中、英、法、德、挪威、意大利、西班牙和葡萄牙8种文字显示(如图6-25所示)。

在中文界面下,大量的图像被划分为动态图像、艺术剪辑图、图标、照片、壁纸、界面、背景、成套图像共8个大类和若干细类。提供关键词检索和主题目录浏览检索两种方式。检索结果不仅显示图片,而且显示图片的作者、下载次数、使用者投票率、格式、大小、分辨率、价格等信息。图像词典的英文网址为:http://www.gograph.com。

6.2.5　搜索技巧

当在某个搜索引擎中查询一个关键词,而访问到了几千个网页时,那情形一定是令人沮丧的。有时还没有看完每个网址,就被信息淹没了;有时输入一个关键词,却没有返回我们

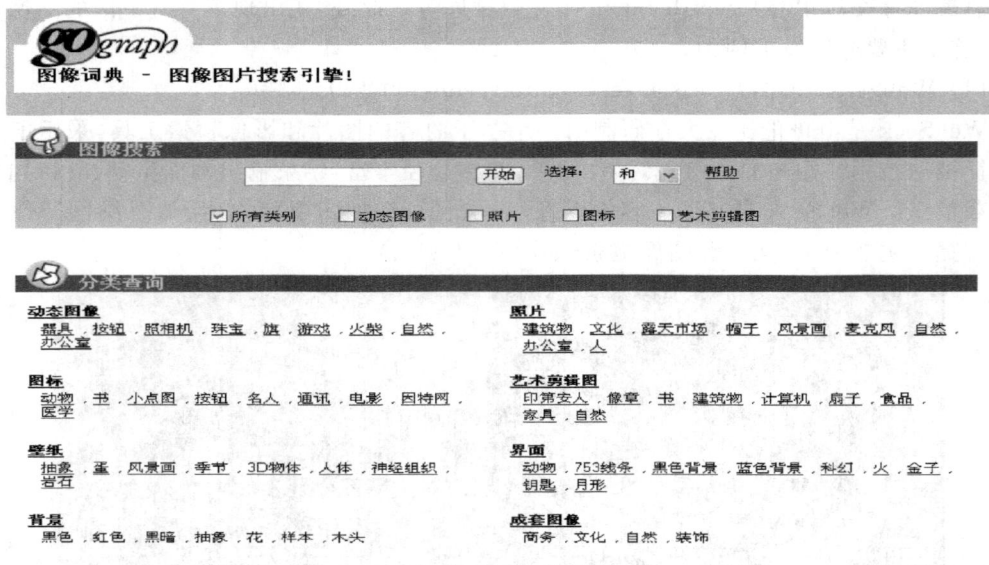

图 6-25　图像词典搜索引擎检索界面

需要的全部内容,因为一个关键词往往无法描述我们的全部需求。

不同的搜索引擎,提供的复杂条件查询的功能和实现的方法各有不同,网站中一般都提供有"帮助"或"说明"来解释各自的功能和方法。下面介绍一些常见功能。

1. 模糊查询与精确查询

模糊查询又称为智能查询。当输入一个关键词时,搜索引擎不但返回包括了关键词的网址,同时也发来与关键词相近的内容。比如,查找"查询"一词时,模糊查询会返回包含了"查询"、"查找"、"查一查"、"寻找"、"搜索"等内容的网址;查询"海燕出版社"时,会连带"海天出版社"一同返回。返回网址的排列,一般是完全符合关键词的网址在最前边,其次是相近的网址。一般的搜索引擎都有此功能,只是模糊的程度不同。

模糊查询没有特殊的方法,只要在文字框中输入关键词即可。而在英文查询中,还可以使用通配符星号(＊)和问号(?),使关键词更为模糊。但查询中文时这一应用较少。

模糊查询往往会返回大量不需要的信息,如果想精确地只查某一个关键词,则可以使用精确查询功能。精确查询一般是在文字框中输入关键词,加一对半角双引号("")。

2. 逻辑条件限制查询

这个功能允许输入多个关键词,而且,各关键词之间的关系可以是"与"、"或"、"非"(AND、OR、NOT)。也就是说,可以指定甲词与乙词,甲词或乙词,除乙词之外的甲词。各搜索引擎实现这种查询方式不尽相同,可以通过各引擎的帮助页找到各自不同的方法。下边所列的例子,只是为了帮助用户更好地理解什么是逻辑条件,同时也是一些较常见的用法。

1)"与"(或在关键词之间使用半角的加号)

例:法国足球 AND 英国足球 AND 巴西足球,或者"法国足球 + 英国足球 + 巴西足球"

表示要查询的内容必须包括"法国足球,英国足球,巴西足球"3个关键词。有的搜索引擎使用 & 号代替 AND。

2）"或"（或使用半角的逗号把关键词分开）

例：法国足球 OR 英国足球 OR 巴西足球,或者"法国足球,英国足球,巴西足球"表示查询的内容不必同时包括3个关键词,而只要包括其中任何一个即可。有的搜索引擎使用空格,而非半角逗号。

3）"非"（或在要排除的关键词前加半角的减号）

例：法国足球 NOT 英国足球,或者"法国足球－英国足球"表示查询的内容应包括"法国足球",但必须没有谈到"英国足球"。

4）组合使用

将"与"、"或"、"非"组合起来使用,可以产生许多复杂的条件,用以实现精确检索。

注意：输入代表逻辑关系的字符时,一定要用半角符号。

3．范围限制查询

范围限制的功能,可以使我们在某一范围中查询和搜索指定的关键词。搜索引擎提供的范围限制类型大体有以下几个方面。

（1）分类范围：在某一类别中查询,如自然科学、教育、商务、黄页等。

（2）地域范围：在某一地区中查询。

（3）时间范围：查询某一时间范围内建立的网站或编写的网页。

（4）网站类型范围：在某一类型的网站中查询,如 WWW、Ftp、Gopher、BBS、新闻组等。

（5）其他特殊范围：有些搜索引擎提供了许多特殊范围的限定,如域名后缀（com、gov、org 等）、文件类型（文本、图形、声音等）。

范围限制实现的方法各不相同,有些是通过在关键词前加特殊的字符,有些是通过下拉式菜单。需要查看该引擎的帮助,进行详细了解。

总之,搜索引擎的使用比较方便,但不同的搜索引擎,其指令不完全相同,大家在使用时要注意了解不同搜索引擎的指令才能起到事半功倍的效果。同时,在使用搜索引擎时,不要只查一个词,必须灵活运用短语或多个词来缩小搜索范围。

6.3　Internet 网络资源利用介绍

6.3.1　Internet 概述

Internet 通常译作"因特网",它实际上就是一个靠 TCP/IP 协议连接起来的,由各种不同类型和规模的独立运行和管理的计算机网络组成的世界范围的巨大的计算机网络——全球性的计算机网络。

1．Internet 的发展概况

Internet 起源于美国 1969 年的 ARPANET 计划,其目的是建立分布式的、存活力极强

的全国性信息网络。1980 年 ARPANET 成为 Internet 的主干网。随着 TCP/IP 协议被人们广泛接受和 UNIX 操作系统的发展,越来越多的计算机连接到 Internet 上。20 世纪 80 年代初,美国先后建立了两个著名的科学教育网 CSNET 和 BITNET。CSNET 是计算机科学研究单位之间建立的网络设施,BITNET 是一个对高等学校开放的网络。1982 年,美国一些有名望的科学家和工程师对当时美国高校计算机设施不能满足教育、科研的需要表示十分关注并向政府呼吁。1984 年美国国家科学基金会 NSF 为根本改变高校计算机落后状况,规划建立了 13 个国家级超级计算机中心及国家教育和科研的主干网 NSFNET。

目前 Internet 已不局限于 NSFNET。在美国国内,NASANET、HEPNET、ESNET、MILNET 等都属于 Internet 的一部分。在国际上,英国的 JANET、德国的 CFNET、法国的 FNET 等都已接入 Internet。

2. 中国的互联网络

Internet 在中国起步较晚,但是由于政府的高度重视以及人们的积极参与,使中国互联网络的发展达到了惊人的地步。

1994 年,中国作为世界上第 71 个成员国加入了 Internet;同年 4 月,中科院高能物理所率先以 64Kbps 的速率与 Internet 建立了连接;邮电部开通了北京、上海两个 Internet 的国际出口;经过 3 年的建设,先后建成了中国科学技术网(CSTNET)、中国公用计算机网(CHINANET)、中国教育和科研计算机网(CERNET)、中国金桥信息网(CHINAGBN)等四大互联网络,到 1997 年底,四大网络之间实现了互通。中国用户可以方便地通过四大网络接入国际互联网(Internet)。1999 年,中国联通公用计算机互联网(UNINET)经国务院批准,成为第五家公用互联网单位。

中国互联网络中,目前最主要的是中国公用计算机互联网(CHINANET)和中国教育和科研计算机网(CERNET)。

CHINANET 由信息产业部(原邮电部)主管,1994 年 8 月由邮电部建立,在北京、上海等地设有主节点,1996 年 1 月全国骨干网建成并正式开通,通过中国公用数据网向全社会提供中国公用 Internet 服务,现为中国 Internet 骨干网络,可通过中国电信各分公司的主页访问其信息资源,如江苏电信的网址为 www. ptt. js. cn。

CERNET 由教育部(原国家教委)主管,是 1994 年底由国家教委、科委等单位牵头组织实施的,其网控中心设在清华大学网络中心,第一阶段在北京、沈阳、上海、南京、武汉、广州、成都、西安等地 10 个高等院校设立了 8 各地区网络中心和 2 个主节点,连接 100 所左右的高等院校入网;第二阶段从 1996 年到 2000 年,建成各地区网络,连接全国大部分高等院校入网,提供丰富的网络应用资源,其网址为 www. edu. cn。

3. Internet 的作用

Internet 可提供以下服务。

(1) 通信服务。可通过 Internet 提供的网络电话和电子邮件与世界范围内的朋友、亲属或同事保持联系、互通信息,而费用远低于长途电话和航空信件;同时,还可以与世界上其他地方的人通过聊天或论坛等方式讨论您所感兴趣的任何问题。

(2) 检索服务。可通过 Internet 与世界上成千上万个信息数据库或图书馆连接并使用它们,可检索和复制不可计数的文件、期刊、书籍和计算机软件等。

（3）最新动态服务。可通过 Internet 及时了解和掌握世界上最新政治事件、政府决策、体育新闻和天气预报等信息。

（4）娱乐服务。可通过 Internet 与世界上不同地区和国家的许多人玩实时游戏,如打桥牌、下围棋等。

此外,利用 Internet 进行网上商业活动,是目前发展最迅速的服务焦点之一。从个人的角度来说,每个人都有展示自我的愿望,可以把自己的个人资料做成主页,连接到一些知名网站的免费主页存放空间,推销自己;从政府、企业的角度来说,Internet 是一个对外宣传的阵地,企业可在网上进行广告宣传、开设网上虚拟商店等。

4. Internet 网络协议和网络地址

1）TCP/IP 协议

为了使不同类型的计算机能够在一起协调工作,软件设计和编程工作是按某种标准协议进行的。TCP/IP 就是用来连接计算机和计算机网络的 100 多个协议的总称,其中用得最广的是 SMTP(电子邮件协议)、FTP(文件传输协议)、TELNET(远程登录协议)。最重要的两个协议是 TCP(Transmission Control Protocol)和网际协议(Internet Protocol)。

IP 协议是 Internet 网中使用的一个关键协议。IP 非常详细地制定了计算机在通信时应该遵循的规则,连接到 Internet 上的每一台计算机都必须遵守网际协议的约定。TCP 协议的主要作用是保证 Internet 数据传送得比较可靠。

2）网络地址

由于 Internet 是由世界各地众多的计算机网络组成的,要访问 Internet 中的某一个主机,就一定要知道它的地址。Internet 地址有两种形式:一种是数字式的,称作 IP 地址;另一种用字符来表示,称作域名地址。

（1）IP 地址:Internet 的 IP 地址共 32 位,每 8 位为一个单元转换成十进制数,因而可以用 4 个十进制数字表达,每个十进制数字可取值 0~255,数字间用“.”隔开(如:211.70.96.89),每个地址由网络号和主机号两部分组成。这种编址方法使 Internet 可容纳 40 亿台计算机。

（2）域名地址:由纯数字组成的 IP 地址难以记忆,因此人们用有一定意义的文字来代替 IP 地址,这就是域名地址。域名地址和 IP 地址是一一对应的,且域名地址的大小写没有区别。

域名采用层次结构,每一层构成一个子域名,子域名之间用“.”隔开。通常入网的每台计算机都具有类似结构的域名:

计算机主机名.网络名.机构名.最高层域名

常见的 Internet 最高层域名有 COM(商业机构)、EDU(教育机构)、NET(网络管理部门)、MIL(军队)、GOV(政府部门);涉及国家的最高层域名有 FR(法国)、JP(日本)、CN(中国)等。因此,当在 Internet 上查询信息时,根据得到的信息资源的网络域名就能判断该资源所在的国别地区,甚至还能判断出提供该资源的机构。

3）统一资源定位器

统一资源定位器(Uniform Resource Locator,URL)是用来指示某一项信息(资源)的所在位置及存取方法。其格式如下：

存取方式://服务器地址/路径名

存取方式：指出 WWW 客户程序用来操作的工具，可以是 http，用来连接 WWW 服务器；也可以是 FTP，用来连接 FTP 服务器；或者是 Telnet，远程登录对方的机器等。如 http://www.sina.com.cn。其中，http 表示获取资源所用的协议，通过超文本传输协议来连接并获取新浪网上的信息资源，www.sina.com.cn 就是新浪网主页所在的主机地址。访问该页面时，只要在浏览器的地址栏中输入相应的 URL 就可以了。

6.3.2　Internet 信息资源的检索

Internet 上的信息资源浩如烟海，其中肯定有您所需要的资源，但要想快速准确地获得所需资源，必须掌握一些获取信息的方法和技巧。一般来说，查找和获取网络信息资源的都是通过搜索引擎(见 6.2 节)和 WWW 浏览器这两大工具。

1．WWW 信息资源检索

网上信息资源站点 Internet 上的信息资源非常丰富，并且许多是免费的，这些信息资源特别是学术资源，应该是检索的重点对象。

2．利用电子邮件(E-mail)搜集信息

电子邮件是利用计算机和通讯网络传递文字信息的现代化手段，具有快速、简便、高效、价廉等特点。由于电子邮件是通过邮件服务器传递，因此，当用户发送邮件时，不管对方是否在、机器是否打开，都能把邮件送入对方邮箱内。

电子邮件是当今世界上使用最广泛的 Internet 工具之一，每天约有 2500 万人在世界各地发送电子邮件，信件大多为文本格式、图形和照片，经过计算机处理的电视图像、音乐、语音信号也可进行发送。

为了接收电子邮件，每个用户必须事先申请一个电子邮件通讯地址和电子"信箱"，即一块磁盘空间用以保存收到的邮件。每台计算机和用户都有独自的地址，电子邮件地址格式固定、且在全世界范围内统一，它由两部分组成：即主机地址和用户名，两者被"@"分开组成一个完整的电子邮件地址。例如：

lib@mail.cit.edu.cn

用户名　　　主机名

有了 E-mail 地址，就可以进行电子邮件的收发了。其实，E-mail 不但可以用来收发电子邮件，还可以实现 Internet 网上的其他各种功能，如 FTP 文件传输、信息检索(Gopher、WWW)、参加专题讨论组、远程登录等。其中，专题讨论组就是平时所说的邮件列表、邮件清单(Mailing List)，它是通过 E-mail 来进行的，不必安装其他阅读软件。人们可以通过 Internet 网参加各种专题讨论组，互相讨论共同关心的问题。当用户加入一个小组后，可以收到其中任何人发出的信息，也可以把你的观点发送给小组的每个成员。网上有无数的 Mailing List，每个人可以去网上寻找并加入你感兴趣的 Mailing List。

下面介绍几个中文网站列表。

(1) 中国供求网(http://www.chinagq.com/)。全球最大最新的联合国电子贸易商情

ETO 中国供求网版,内容包括农业、能源、办公文教、环保、商业服务、工业用品及各种设备、医药保养、交通工具与运输、运动休闲、通讯产品、化学工业冶金矿产、库存商品、食品饮料、纺织工业、电脑软硬件、家居用品、电子电工等多个门类。

(2) 远望资讯(http://www.cniti.com)。IT 新闻网站有《计算机应用文摘》、《微型计算机》、《新潮电子》三本刊物。

(3) 希网网络(http://www.cn99.com/)。包括股票、报刊、电脑 IT、教育、文学、生活、体育等,内容丰富。

(4) 齐鲁热线(http://www.sdinfo.net/)。内容包括新闻与媒体、计算机与网络、工商与经济、文化与艺术、体育与运动、生活与时尚、社会科学、自然科学与技术、教育与人才、地方信息和区域等。

3. 其他信息查询方法

网上的各种信息资源,除了可以通过 WWW 浏览、Mailing List 等方法获取以外,还可以通过 FTP、BBS、新闻组等服务方式获得。

(1) FTP 信息检索。FTP(File Transfer Protocol)是文件传输协议。Internet 网上有许多可提供文件传输(上传、下载)的服务器,其涉及的内容很广泛,这些服务器能为用户提供查询文件和传送文件服务,这就是 FTP 服务器。FTP 是一个开放的非常有用的信息服务工具,可用来在全世界范围内进行信息交流。用户在使用提供 FTP 服务的计算机时,需要输入相应的密码才能被允许登录,但 Internet 网上的大部分 FTP 服务器提供的文件都是公开免费发布的,所以就提供一种称为"匿名文件传输服务",即匿名 FTP,此时用户可以不必输入账号和密码就可以直接浏览并下载文件。

通过 FTP 服务器下载文件,可以通过命令行方式和在浏览器地址栏直接输入 FTP 站点的地址这两种方式进行,其中用得最多的后者。

(2) BBS 信息检索。BBS 是电子公告牌系统(Bulletin Board System)的简称,它是一个信息的集散地,任何人都可以通过电脑在这里发表见解、参加讨论、提出问题或回答他人的问题。BBS 是 Internet 上信息最庞杂的系统,选择优秀的 BBS 站点将有助于人们快速获取有价值的信息。BBS 一般采用 telnet 方式访问,但现在可以通过在浏览器的地址栏中输入 BBS 站点地址来访问许多 BBS 站点。

实　验　4

实验目的:掌握数据库及搜索引擎的使用方法。

实验要求:根据对课题的分析,制定检索策略,选择检索工具和检索途径,并对检索结果进行综合分析。

实验课题:现代绿色建筑装饰材料的发展。

课题分析:建筑装饰自古以来就是建筑工程的重要组成部分。随着我国城镇居民居住水平的提高,居民对于住宅装饰装修的要求越来越高,与之相应,住宅装饰消费在全社会住宅消费中的比例必然越来越高。随着新科技、新材料和新技术的不断出现,装饰装修的水平也越来越高,装饰装修材料在建筑行业中所占的比例也越来越高。

　　检索工具：百度、Google、中国期刊全文数据库、维普资讯-中国科技期刊数据库、万方资源系统、万方中国标准全文数据库。

　　检索策略：

　　(1) 检索词：建筑装饰　绿色　材料　发展

　　(2) 检索式：① 建筑装饰

　　　　　　　　② 建筑装饰 and 绿色

　　　　　　　　③ 建筑装饰 and 绿色 and 材料

　　　　　　　　④ 建筑装饰 and 绿色 and 材料 and 发展

　　检索结果：

　　(1) 采用检索式①在百度中检索到相关文献 11 400 000 篇；采用检索式②在百度中检索到相关文献 1 500 000 篇；采用检索式③在百度中检索到相关文献 1 500 000 篇；采用检索式④在百度中检索到相关文献 1 080 000 篇。

　　(2) 采用检索式①在 Google 中检索到相关文献 7 090 000 篇；采用检索式②在 Google 中检索到相关文献 507 000 篇；采用检索式③在 Google 中检索到相关文献 377 000 篇；采用检索式④在 Google 中检索到相关文献 325 000 篇。

　　(3) 采用检索式①在万方资源系统检索到相关文献 293 篇；采用检索式②在万方资源系统检索到相关文献 2 篇；采用检索式③在万方资源系统检索到相关文献 2 篇；采用检索式④在万方资源系统检索到相关文献 3 篇。

　　(4) 采用检索式①在万方中国标准全文数据库检索到相关文献 2747 篇；采用检索式②在万方中国标准全文数据库检索到相关文献 145 篇；采用检索式③在万方中国标准全文数据库检索到相关文献 124 篇；采用检索式④在万方中国标准全文数据库检索到相关文献 44 篇。

　　(5) 采用检索式①在中国期刊全文数据库检索到相关文献 4507 篇；采用检索式②在中国期刊全文数据库检索到相关文章 199 篇；采用检索式③在中国期刊全文数据库检索到相关文献 145 篇；采用检索式④在中国期刊全文数据库检索到相关文献 24 篇。

　　(6) 采用检索式①在维普-中文科技期刊数据库检索到相关文献 2286 篇；采用检索式②在维普-中文科技期刊数据库检索到相关文献 60 篇；采用检索式③在维普-中文科技期刊数据库检索到相关文献 34 篇；采用检索式④在维普-中文科技期刊数据库检索到相关文献 4 篇。

　　获取相关文献：通过采用上述检索式，在相关数据库和搜索引擎中检索到和本课题密切相关文献 4 篇，见附录 1～附录 4。

　　附录 1：

　　题名：控制室内污染发展绿色建筑

　　作者中文名：徐志强；李洪琪；常玉军

　　作者单位：呼和浩特市环境监测中心站；呼和浩特市环境监察支队；呼和浩特市环境监测中心站-呼和浩特；呼和浩特。

　　文献出处：内蒙古环境保护，Inner Mongolia Environmental Protection，编辑部邮箱 2006 年 03 期

　　期刊荣誉：ASPT 来源刊 CJFD 收录刊

关键词：控制；室内污染；绿色建筑

摘要：本文介绍由于居室装修而导致室内空气污染，论述了治理室内环境污染的途径，及绿色建筑是建筑业的发展方向。

附录2：

题名：新型建筑装饰材料发展动态

作者：李怀芝

作者单位：北京建材工业协会

刊名：建筑装饰材料世界

英文刊名：Building Decoration Materials World

年/卷/期：2003 年 6 期

分类号：TU56

关键词：建筑装饰材料　绿色装饰材料　居住环境　人体健康　绿色涂料　发展动态

摘要：我国建筑装饰行业发展迅速，2002 年全行业产值达 7200 亿元，在国民经济中已居重要地位。建筑装饰材料是建筑装饰业的物质基础，直接关系到建筑装饰业的发展水平及发展速度。进入 21 世纪，面临新形势，建筑装饰材料如何发展。

摘自：中文科技期刊数据库

附录3：

题名：节能环保绿色建筑

作者：龚俊敏；陶化花；夏晓荷；凌晨

刊名：建筑装饰材料世界

英文刊名：BUILDING DECORATION MATERIALS WORLD

年/卷/期：2007-4

栏目名称：前沿

摘要：随着经济的飞速发展，全球资源却在日益匮乏，特别是建筑耗能，已经是刻不容缓需要解决的问题。节能环保，既是为我们自己构建和谐大家园，也是为子孙后代造福，留给他们一片明朗的蓝天。

数据库名：数字化期刊数据库

附录4：

题名：新型建材的发展形势分析与展望

作者：官志文

作者单位：呼伦贝尔学院教务处　内蒙古呼伦贝尔

文献出处：内蒙古科技与经济，Inner Mongolia Science Technology and Economy，编辑部邮箱 2005 年 15 期

期刊荣誉：ASPT 来源刊 CJFD 收录刊

年/卷/期：2005-15

分类号：

关键词：新型建筑材料；发展趋势；建筑节能；绿色建材

摘要：新型建筑材料是在传统建筑材料基础上产生的新一代建筑材料，主要包括新型墙体材料、保温隔热材料、防水密封材料和装饰装修材料。发展新型建材及节能材料是可持

续发展战略的要求,也是社会进步和提高社会经济效益的重要一环。

　　检索综述：绿色装饰材料已成为发展的热点绿色环保涂料。溶剂型建筑涂料虽性能优良,但对环境污染严重,对人体健康不利。因此,世界各国都在严格控制涂料中有机挥发物(VOC)的含量,发展低污染、无污染的涂料。我国也在大力发展水性内墙涂料,开发生产了负离子健康涂料,它不仅具有优良的装饰性及使用性能,还能消除有害气体污染,净化室内空气,有利于人体健康。提高行业科技创新能力、促进装饰材料优化升级：一方面要积极加强对外经济技术合作、大力吸收发达国家知名企业的资金及先进技术、装备,发展高新装饰材料,促进产品更新换代；另一方面鼓励有条件的企业组建科研机构和开发中心,加大科技投入,建立以企业为主体的技术创新体系,使企业、科研院所、设计单位、高等院校的科技力量形成有机整体,集中力量研究和解决生产和应用中的技术关键,研究国内外高新技术和前沿技术,提高我国装饰行业整体技术开发能力和创新能力,促进装饰材料优化升级。

　　严格规范市场,促进装饰材料健康发展建议政府行业管理部门、工商管理部门及技术监督部门,通过行政立法、加大监督执法力度,进一步健全市场经营规则和运行机制,引导企业生产符合技术标准、环保标准及市场规范要求的优质产品,坚决取缔劣质不合格产品,从而促进优质装饰材料获得健康发展。

思考题

　　1. 什么叫搜索引擎？搜索引擎有哪些功能？使用搜索引擎时应该注意哪些技巧？

　　2. 什么叫国际互联网？国际互联网有什么作用？对人们的工作、学习、生活有哪些影响？

　　3. 要获得国际互联网上的信息,需掌握哪些获取信息的方法和技巧？

第7章
学术论文的撰写与发表

本章要点

· 学术论文的撰写。

· 学术论文的发表。

本章针对当前撰写与发表论文的现状,介绍了相关问题的背景,然后分别从学术规范、文献的合理使用、论文撰写、论文投稿等各个方面作了详细的讲解。以达到真正为论文撰写者解开心中的疑惑之目的,并在论文的撰写与发表方面起到了较好的引导作用。

7.1 学术规范

学术规范是指对学术研究活动的主客观方面的约束,包括标准和评价体系,其突出特征和所追求的目标是求真务实。学术研究活动大体包括学术研究、学术写作、学术评价(包括学术批评)和学术管理等形式。学术规范体现在学术活动全部过程之中,主要表现为学术道德规范、学术法律规范、学术引文规范、写作技术规范等。

7.1.1 学术道德规范

学术道德规范是学术规范的核心部分,是对学术工作者从思想修养和职业道德方面提出的要求。根据教育部《关于加强学术道德建设的若干意见》等规定,学术道德规范的内容如下。

(1) 增强献身科教、服务社会的历史使命感和社会责任感。要将自己置身于科教兴国和中华民族伟大复兴的宏图伟业之中,以繁荣学术、发展先进文化、推进社会进步为己任,努力攀登科学高峰。要增强事业心、责任感,正确对待学术研究中的名和利,将个人的事业发展与国家、民族的发展需要结合起来,反对沽名钓誉、急功近利、自私自利、损人利己等不良风气。

(2) 坚持实事求是的科学精神和严谨的治学态度。要忠于真理、探求真知,自觉维护学术尊严和学者的声誉;要模范遵守学术研究的基本规范,以知识创新和技术创新,作为科学研究的直接目标和动力,把学术价值和创新作为衡量学术水平的标准。在学术研究工作中要坚持严肃认真、严谨细致、一丝不苟的科学态度,不得虚报成果,反对投机取巧、粗制滥造、盲目追求数量不顾质量的浮躁作风和行为。

(3) 树立法制观念,保护知识产权、尊重他人劳动和权益。要严于律己,依照学术规范,按照有关规定引用和应用他人的研究成果,不得剽窃、抄袭他人成果,不得在未参与工作的研究成果中署名,反对以任何不正当手段谋取利益的行为。

(4) 认真履行职责,维护学术评价的客观公正。认真负责地参与学术评价,正确运用学术权力,公正地发表评审意见是评审专家的职责。在参与各种推荐、评审、鉴定、答辩和评奖等活动中,要坚持客观公正的评价标准,坚持按章办事,不徇私情,自觉抵制不良社会风气的影响和干扰。

7.1.2　学术法律规范

学术法律规范包括国家制定的法律、法规和有关技术标准等。我国目前尚未制定专门的法律来规范人们的学术活动,与学术活动有关的行为规则分散在《民法通则》、《著作权法》、《专利法》、《保密法》、《统计法》、《出版管理条例》等法律法规中。如,《关于科技工作者行为准则的若干意见》第 1 条第 1 款规定:科技工作者应当模范地遵守宪法和法律。《高等学校哲学社会科学研究学术规范(试行)》第 5 条规定:高校哲学社会科学研究工作者应遵守《中华人民共和国著作权法》、《中华人民共和国专利法》、《中华人民共和国国家通用语言文字法》等相关法律、法规。

学术法律规范主要内容可以概括为以下几个方面。

(1) 学术研究不得泄露国家秘密和单位的技术秘密。国家秘密是关系国家的安全和利益,依照法定程序确定,在一定时间内只限一定范围的人员知悉的事项。这些事项主要是国家事务的重大决策中的秘密事项、国防建设和武装力量活动中的秘密事项、外交和外事活动中的秘密事项以及对外承担保密义务的事项、国民经济和社会发展中的秘密事项、科学技术中的秘密事项、维护国家安全活动和追查刑事犯罪中的秘密事项、政党的秘密事项,以及其他经国家保密工作部门确定应当保守的国家秘密事项等。学术活动中对涉及的国家秘密必须保密,否则将要承担相应的法律责任。另外,根据《中华人民共和国促进科技成果转化法》等法律的规定,企业、事业单位应当建立健全技术秘密保护制度,保护本单位的技术秘密,职工应当遵守本单位的技术秘密保护制度,在学术活动中必须保守单位技术秘密,不得泄露。

(2) 学术活动不得干涉宗教事务。根据《宗教事务条例》的规定,在出版学术著作时,其中不得含有破坏信教公民与不信教公民和睦相处的内容,不得含有破坏不同宗教之间和睦以及宗教内部和睦的内容,不得含有歧视、侮辱信教公民或者不信教公民的内容,不得含有宣扬宗教极端主义和违背宗教的独立自主自办原则的内容,等等。

(3) 学术活动应遵守《著作权法》、《专利法》规定。学术活动涉及最多的就是知识产权问题。因此,《著作权法》等知识产权方面的法律法规,往往就是学术活动应遵守的行为准则。其主要内容是:未经合作者许可,不能将与他人合作创作的作品当作自己单独创作的作品发表;未参加创作,不可在他人作品上署名;不允许剽窃、抄袭他人作品;禁止在法定期限内一稿多投;合理使用他人作品,等等。

(4) 应遵守语言文字规范。学术活动中,应使用国家通用的语言文字,方言、繁体字、异体字只有在特殊情况下,即在出版、教学、研究中确需使用时方可使用;汉语文出版物应当符合国家通用语言文字的规范和标准,汉语文出版物中需要使用外国语言文字的,应当用国家通用语言文字作必要的注释。

7.1.3　学术引文规范

在学术性文章中,只要直接引用了一本书或一篇文章,或者在作品中采用他人的工作成果,需要确认其来源。如果没有这样做,将因剽窃行为而被定罪。2004 年 6 月 22 日,教育部社会科学委员会一致讨论通过的《高等学校哲学社会科学研究学术规范》,其中对学术引文规范规定如下。

(1) 引文应以原始文献和第一手资料为原则。凡引用他人观点、方案、资料、数据等,无论曾否发表,无论是纸质或电子版,均应详加注释;凡转引文献资料,应如实说明。

(2) 学术论著应合理使用引文。对已有学术成果的介绍、评论、引用和注释,应力求客观、公允、准确。伪注,伪造、篡改文献和数据等,均属学术不端行为。

7.1.4　写作技术规范

学术研究中的技术规范主要体现在写作规范中,写作技术规范的内容主要有以下三方面。

(1) 学术成果应观点明确、资料充分、论证严密,内容与形式应完美统一,并且结构严谨、条理分明、文字通畅。

(2) 学术成果的格式应符合要求。各刊物目前对成果的格式要求并不统一。就学术论文而言,既有执行国家标准 GB 7713—87 的,也有执行自定标准的,如《大学图书馆学报》。不论刊物执行何种标准,论文中都必须具有以下项目:题名、作者姓名及工作单位、摘要、关键词、中图分类号、正文、参考文献、作者简介,以及英文题名、英文摘要和英文关键词等。另外,基金资助项目论文应对有关项目信息加以注明。

(3) 参考文献的著录应符合要求。我国在 1987 年就制定了国家标准《文后参考文献著录规则》(GB 7714—1987),对文后参考文献的著录做了明确规定,2005 年 10 月 1 日,已开始实施修订后的《文后参考文献著录规则》(GB/T 7714—2005),但人们在学术活动中往往有意无意地忽视它,使得文后的参考文献著录很不规范。随着学术期刊规范化建设的开展,参考文献著录混乱的现象一定会有很大的改观。因此,作者在学术活动中也应该主动配合期刊规范化工作,认真地、自觉地执行已有的国家学术标准。

7.2　文献的合理使用

7.2.1　合理使用概述

合理使用(Fare Use)属于知识产权方面的范畴,是指在特定条件下允许个人和特定组织在未经版权人许可的情况下无偿使用版权作品的法律规范。一般认为,1841 年,美国法官 Joseph Story 在 Folsom 诉 Marshg 一案中最先提出合理使用的概念。1976 年,合理使用一词首先出现在美国的著作权法中。现在许多国家的著作权法都涉及合理使用,为后续作者创作新作品时利用先前作者的作品提供了法律上的依据。

合理使用的规定实际上是著作权法为平衡著作权人的个体利益与议论自由和信息自由

的公共利益而创设的一种制度,这种制度可以理解为是对著作权人所享权利的一种限制。法律在保障著作权人正当权益的同时,也要求著作权人为社会承担一定的义务,防止著作权人对权利的绝对垄断,从而有利于智力成果的广泛传播和使用。

随着现代信息技术、传播技术和传播手段的日新月异,人们获取知识的手段更加方便、快捷、先进。原本依法合理的使用作品方式,也会变得不合理;原本不必控制的使用方式,如果不控制则会使著作权人的利益损失殆尽,因而违背了合理使用对著作权人的利益损害不大的原则,这些导致了合理使用标准的变化。合理使用传统文献和电子文献,是新时代大学生和科研工作者的基本信息素质。文献的使用者需正确掌握合理使用的标准,在继承与创新的矛盾中找到平衡点,使个人的欲望与整个社会的欲望都得到最大的满足。

7.2.2 传统文献的合理使用

一些国际条约和各国的著作权法中对文献的合理使用都有明确的规定。《保护文学艺术作品伯尔尼公约》第一次在国际范围内就合理使用制度作出了具体的规定,列出了三种具体的合理使用行为:适当引用、为教学目的的合理使用以及时事新闻的合理使用。一般而言,合理使用的判断应考虑四种要素。

(1) 使用目的。按照美国学者的解释,使用目的是合理使用的第一要素,是界定合理使用规则的"灵魂"。该要素要求使用他人作品的目的必须正当,即"使用的目的和性质,包括这种使用是具有商业性质或是为了非营利的教育目的"。

(2) 被使用作品的性质。对不同的作品应有不同的合理使用要求,对于未发表作品的合理使用要严于已发表作品。

(3) 使用作品的程度。指同整个有著作权作品相比所使用的部分的数量和内容的实质性。关于被使用作品的数量,许多国家都作出了具体规定。

(4) 对被使用作品的影响。考察对著作权作品的市场影响,关键在于有无损害的发生。
《中华人民共和国著作权法》将"合理使用"纳入"权利的限制"(2.4节)中,具体内容为:

(1) 为个人学习、研究或者欣赏,使用他人已经发表的作品;

(2) 为介绍、评论某一作品或者说明某一问题,在作品中适当引用他人已经发表的作品;

(3) 为报道时事新闻,在报纸、期刊、广播电台、电视台等媒体中不可避免地再现或者引用已经发表的作品;

(4) 报纸、期刊、广播电台、电视台等媒体刊登或者播放其他报纸、期刊、广播电台、电视台等媒体已经发表的关于政治、经济、宗教问题的时事性文章,但作者声明不许刊登、播放的除外;

(5) 报纸、期刊、广播电台、电视台等媒体刊登或者播放在公众集会上发表的讲话,但作者声明不许刊登、播放的除外;

(6) 为学校课堂教学或者科学研究,翻译或者少量复制已经发表的作品,供教学或者科研人员使用,但不得出版发行;

(7) 国家机关为执行公务在合理范围内使用已经发表的作品;

(8) 图书馆、档案馆、纪念馆、博物馆、美术馆等为陈列或者保存版本的需要,复制本馆收藏的作品;

（9）免费表演已经发表的作品，该表演未向公众收取费用，也未向表演者支付报酬；

（10）对设置或者陈列在室外公共场所的艺术作品进行临摹、绘画、摄影、录像；

（11）将中国公民、法人或者其他组织已经发表的以汉语言文字创作的作品翻译成少数民族语言文字作品在国内出版发行；

（12）将已经发表的作品改成盲文出版。

同时该法要求人们合理使用时应遵守三个一般性义务：

（1）使用的必须是他人已发表的作品；

（2）使用时必须指明作者姓名、作品的名称和作品的出处；

（3）不得侵犯著作权人依法享有的其他合法权益。

按《著作权法实施条例》第 21 条的规定："依照著作权法有关规定，使用可以不经著作权人许可的已经发表的作品的，不得影响该作品的正常使用，也不得不合理地损害著作权人的合法利益。"

另外，文化部出版局颁布的《图书、期刊版权保护试行条例实施细则》（2003 年 12 月 4 日起废止）第 15 条对"适当引用"作出的界定，创作实践时仍可参考。具体内容为：指作者在一部作品中引用他人作品的片断，并对引用酌量作出了具体的规定。非诗词类作品不得超过 2500 字或被引用作品的 1/10，如果多次引用同一部长篇非诗词类作品，总字数不得超过 1 万字；引用诗词类作品不得超过 40 行或全诗的 1/4（古体诗词除外）；凡引用一人或多人的作品，所引用的总量不得超过本人创作作品总量的 1/10（专题评论文章和古体诗词除外）。

7.2.3　电子文献的合理使用

数字化文献资源是以网络为依托，实现在线高效传输，并具有信息量大、复制容易的特点。面对这一新变化，原有的著作权法确实在某些方面存在缺漏，一些固有的概念、原则已无法解释和规范诸多与数字技术共生的现象，许多国际组织和诸多国家都对著作的使用制定了新措施，这无疑也触及图书馆及其用户对电子文献的"合理使用"。

1. 图书馆对电子文献的合理使用

在《世界知识产权组织版权条约》（WCT）、《世界知识产权组织表演和录音制品条约》（WPPT）中规定了"传输权"（Right of Communication），而在 1990 年颁布的《中华人民共和国著作权法》中则是没有"信息网络传播权"的。2001 年，在加入 WTO 前夕，我国新修改的《著作权法》中新增加了"信息网络传播权"，即以无线方式或者有线方式向公众提供作品，使公众可以在其个人选定的时间和地点获得作品的权利。这一规定基本采纳了 WCT 的精神，"信息网络传播权"因此成为权利人在网络环境中享有的一项新权利，保护权利人在网络环境下的这种专有权，从而进一步维护权利人的利益。

我国现行的《著作权法》对传统著作权的限制方式是否同样适用于信息网络环境，未作明确规定，但 2006 年 5 月 18 日国务院颁布的《信息网络传播权保护条例》（2006 年 7 月 1 日实施）第六条规定："通过信息网络为学校课堂教学或者科学研究，向少数教学、科研人员提供少量已经发表的作品，可以不经著作权人许可，不向其支付报酬"；第七条规定："图书馆、档案馆、纪念馆、博物馆、美术馆等可以不经著作权人许可，通过信息网络向本馆馆舍内服务对象提供本馆收藏的合法出版的数字作品和依法为陈列或者保存版本的需要以数字化形式复制的作品,不向其支付报酬,但不得直接或者间接获得经济利益。当事人另有约定的除外。"

可见,上述规定赋予了图书馆等机构在一定条件下可以不经著作权人的许可将其作品复制并在本馆网上进行传播,即赋予图书馆的"法定许可"权限。

2. 图书馆用户对电子文献的合理使用

由于网络传输作品的一些特殊情况,扩大了图书馆用户合理使用电子文献的范畴,如个人浏览时在硬盘或 RAM 中的复制;用脱线浏览器下载;下载后的为阅读的打印行为;网站定期制作备份;远程图书馆网络服务;服务器间传输所产生的复制及系统自动产生的复制等。

一般来说,规定为合理使用可考虑因素如下。

(1) 作品使用的目的及性质,如是为商业盈利还是为个人学习研究、公众使用的图书馆为收藏而复制等。

(2) 作品的性质,如是小说还是新闻或是法律文件。

(3) 所使用部分在作品中的质量和所占比例。

(4) 对未来潜在市场与价值的影响等。

目前,我国高等院校和科研院所的图书馆对网络电子期刊、电子数据库合理使用的具体规定各不相同,但一般性的原则是一致的,即授权用户出于个人的研究和学习目的,可以对网络数据库进行下列的合理使用。

(1) 检索网络数据库。

(2) 阅读检索结果(包括文摘索引记录或全文,下同)。

(3) 打印检索结果。

(4) 下载并保存检索结果。

(5) 将检索结果发送到自己的电子信箱里。

(6) 承担使用单位正常教学任务的授权用户,可以将作为教学参考资料的少量检索结果,下载并组织到本单位教学使用的课程参考资料包(Course Pack)中,置于内部网络中的安全计算机上,供选修特定课程的学生在该课程进行期间通过内部网络进行阅读。

下列行为超出合理使用范围,是侵犯网络数据库商知识产权的行为,应严格禁止:

(1) 对文摘索引数据库中某一时间段、某一学科领域或某一类型的数据进行批量下载。

(2) 对全文数据库中某种期刊(或会议录)或它们中的一期或者多期的全部文章进行下载。

(3) 利用 netants、flashget 等批量下载工具对网络数据库进行自动检索和下载(个别数据库一篇文章不能方便下载的除外)。

(4) 存储于个人计算机的用于个人研究或学习的资料以公共的方式提供给非授权用户使用。

(5) 把课程参考资料包中的用于特定课程教学的资料以公共方式提供给非授权用户使用。

(6) 设置代理服务器为非授权用户提供服务。

（7）在使用用户名和密码的情况下，有意将自己的用户名和密码在相关人员中散发，或通过公共途径公布。

（8）直接利用网络数据库对非授权单位提供系统的服务。

（9）直接利用网络数据库进行商业服务或支持商业服务。

（10）直接利用网络数据库内容汇编生成二次产品，提供公共或商业服务。

7.2.4　学术造假与剽窃

美国于2005年公布的一份研究报告指出，越来越多的学术造假行为在科学界大行其道，有三分之一参加调查的美国科学家们承认在过去的3年里至少有一项实验研究给他们带来了麻烦。学术造假与剽窃行为可能对科学的严谨性与真实性构成严重的威胁。学术规范，自律与他律都不能少。在北美和中国香港等地大学被广泛使用的 Turnitin 网站（http://www.turnitin.com）就是一个防止互联网剽窃的很好资源，其出色的表现为人类增添了一个"魔高一尺，道高一丈"的成功范例。

1. 什么是学术造假与剽窃

学术造假行为大致包括三方面内容：在实验过程中忽略次要研究规则，过多借用同行的错误实验数据以及剽窃。

我国虽有多部法律、法规、规章禁止剽窃，却都没有为中文作品剽窃行为定义的立法规范。据商务印书馆出版的《新华字典》，抄袭他人著作，视为剽窃；而把别人的文章或者作品照着写下来当作自己的，是为抄袭。据此，抄袭与剽窃为同一概念，国家版权局版权管理司也持相同意见。按照国外学术研究最重要的规范指导书之一《美国语文学会研究论文写作指南》（*MLA Handbook for Writers of Research Papers*）（第5版）的定义，"剽窃"指的是一种欺骗形式，它被界定为"虚假声称拥有著作权，即取用他人思想之产品，将其作为自己的产品拿出来的错误行为。"凡是在自己的文章中使用他人的思想见解或语言表述，而没有申明其来源的，就是剽窃。

2. 剽窃的形式

《美国语文学会研究论文写作指南》（第5版）提到几类"剽窃形式"，包括几种情况下对见解、资料、用语的来源出处没有给予相应的承认的行为，即："复述他人行文或特别贴切的词语"、"变换措词使用他人的论点和论证"、"呈示他人的思路"等。

Turnitin 网站对剽窃行为有如下的界定。

（1）把别人的作品当成自己的交上来。

（2）复制别人的句子或观点，却没有说明。

（3）在引用的话上没有打引号。

（4）对于所引材料的来源提供了错误的信息。

（5）复制原文的结构，改动了其中的字词，却没有说明。

（6）如果大量复制其他人的句子和观点构成文章的大部分内容，那么，无论有没有说明，都被视作剽窃。

一般而言，剽窃有以下几种形式。

(1)总体的剽窃。在整体立论、构思、框架等方面抄袭。

(2)直接抄袭。直接的从他人论著中寻章摘句,整段、整页地抄袭;为了隐蔽,同时照搬原著中的引文和注释。

(3)在通篇照搬他人文字的情况下,只将极少数的文字做注,这对读者有严重的误导作用。

(4)为改而改,略更动几个无关紧要的字或换一种句型。

(5)错误理解综述的概念。"综述"的意义在于,相同或相近的思想出自不同的论者,因而有必要将其归纳整合,形成一种更具有普遍意义的分析视角。抄袭是将部分综述对象照单全收。

(6)跳跃颠转式抄袭。从同一源文本中寻章摘句,并不完全遵循源文本的行文次第和论述逻辑。

(7)拼贴组合式抄袭。将来自不同源文本的语句拼凑起来,完全不顾这些语句在源文本中的文脉走向。

3. 司法实践中对剽窃的界定

一般而言,行为是否构成剽窃往往是很难认定的,实践中司法机关常常从如下几方面判断。

(1)被告对原作品的更改程度。如果被告的文章整体上与原告相似,只是个别词句上稍做改动,则一般认为是剽窃。

(2)作品的性质。如果原作品是喜剧,但被告的作品是正剧或者悲剧,即使有些情节相同,也很难说后者是抄袭。如果原作品是经济学论文,被告作品是哲学论文,即使两者在论据、论点上有相似甚或相同之处,也很难说是剽窃。但如果所用篇幅过多,又未加注明,则可能构成侵权。

依《著作权法》第46条规定,剽窃他人作品的,应当根据情况,承担停止侵害、消除影响、赔礼道歉、赔偿损失等民事责任。

7.2.5　学术不端文献检测系统

1."学术不端文献检测系统"简介

2008年同方知网与中国学术期刊(光盘版)电子杂志社合作研制的中国知网"学术不端文献检测系统"(简称 AMLC)成功推广使用,AMLC 以"中国知网"15 年主营建设的《中国知识资源总库》作为全文对比数据库,用于检测期刊文献、博硕士学位论文、项目立项报告等抄袭问题,以及一稿多投、篡改、伪造等学术不端行为。目前该系统已在全国 4200 多个编辑部、图书出版社的 200 多万篇稿件、500 多个研究生培养单位的 13 万篇应届毕业生学位论文中得到了应用。试用一年多来,学术不端现象下降效果明显,据统计,1000 多个期刊下降了约 80%,1500 多个期刊下降了 60%,230 多个研究生培养单位降低了 70%以上。"中国知网"平均每天删除 10 多篇抄袭论文。系统拥有丰富的比对资源、可支持相关考试管理部门自建比对库,并且检测精度与速度均达到国内先进水平。

"学术不端文献检测系统"采用资源对比总库,在组织结构上不仅突出知识的内在关联,更形成了以文献库、概念知识元库、学术趋势库、学者成果库和专家评价库为主题的特色资源库,不仅针对不同的文档类型和内容特征,支持从词、句子到段落的数字指纹定义,并可对图、表等特殊检测对象进行基于标题、上下文、图表内容结合的相似性检测处理,还可根据特定的概念、观点、结论等内容进行智能信息分类处理,实现语义级别内容的检测。

2. AMLC 在编辑工作中的应用

(1) 在审稿过程中能快速检测学术不端论文。以往编辑在初审时,利用中国学术期刊网,通过对文题、作者姓名、参考文献等查询来发现相似文献。现在进入 AMLC 后,单击"提交论文",上传文件后,很快就可得到检测结果,不仅可显示文字复制比,而且相似的文献均可一一列出,据此就可较容易地判断是否存在一稿多投、抄袭等问题,给编辑审稿提供了极大的方便。特别对存在多源抄袭的论文,通过检测,几乎所有相似的文献及文字复制的比例均可显示出来。

(2) 有利于对稿件修改情况的判断。在初审时,将送审的稿件加入个人比对库,该论文就放入到"个人对比库"中。如果该稿件通过终审、修改后可以录用的话,对修改后的稿件再利用 AMLC 检测,即可将修改前后的内容进行对比,不一样的地方(即修改之处)就可显示出来,这样,编辑对作者修改的内容就能有所了解。

(3) 方便对拟用稿的查重文献,如利用现有全文数据库对《第三军医大学学报》1300 余篇经"三审"定稿后待发表的稿件进行查重,发现 43 篇稿件的内容与已发表的论文重复或主要结果和结论重复,可见,对修改后的稿件发表前查重很有必要,现在,利用 AMLC 就可以随时检测。

(4) 帮助核对参考文献。在 AMLC 中单击"其他",将稿件后附的参考文献复制进去,单击"检测",即可对部分参考文献进行比对,以帮助编辑核对参考文献著录是否正确。

(5) 了解期刊已发表论文的学术不端情况。通过查看已发表文献检测报告,即可了解期刊已发文章中哪些作者的论文为疑似抄袭、疑似一稿多投的,有利于编辑在以后的工作中采取更有效的防范措施。

7.3 学术论文的撰写

文献检索与利用的最终目的之一是为撰写学术论文服务。学术论文的撰写与投稿行为可以反映一个人的科研能力、学识水平、写作功底以及信息素质等方面的综合能力。同时学术论文的撰写与投稿必须遵循一定的规范与约定,否则即使是一篇优秀论文也有被期刊编辑部退稿的可能。因此,掌握学术论文撰写的基本规范,了解论文投稿的相关要求,是一名科研工作者取得成功、获得同行认可的前提。

7.3.1 学术论文概述

1. 定义

学术论文又称科技论文或研究论文,我国国家标准(GB 7713—87)将它定义为:"某一学术课题在实验性、理论性或观测性上具有新的科研成果或创新见解和知识的科学记录;

或是某种已知原理应用于实际中取得新的进展的科学总结,用以提供学术会议上宣读、交流或讨论;或在学术刊物上发表;或作其他用途的书面文件。"

2. 特征

学术论文具有科学性、学术性和创新性的特征。科学性指文章的论点客观公允,论据充分可靠,论证严谨周密,有较强的逻辑性;学术性要求论文对事物的客观现象和外部特征作出描述,站在一定的理论高度,揭示事物内在本质和变化规律;创新性是学术论文的基本特征,是世界各国衡量科研工作水平的重要标准,是决定论文质量高低的主要标准之一,也是反映它自身价值的标志。

3. 形式

学术论文的形式包括期刊论文、会议论文和学位论文。另外,文献综述、专题述评和可行性报告(开题报告)三种类型的情报调研报告也属于学术性论文的范畴。

7.3.2 学术论文的编写格式

学术论文一般分为三个部分:前置部分、主体部分和附录部分。前置部分包括题名、著者、中英文摘要、关键词、中国图书馆分类法分类号等,主体部分包括前言、材料和方法、对象和方法、结果、讨论、结论、致谢、参考文献等,附录部分包括插图和表格等。

1. 章、条的编号

参照国家标准 GB/T 1.1—2000《标准化工作守则第 1 部分:标准的结构和编写规则》第 5 章第 2 节"层次的描述和编号"的有关规定,学术论文的章、条的划分、编号和排列均应采用阿拉伯数字分级编写,即一级标题的编号为 1,2,…;二级标题的编号为 1.1,1.2,…,2.1,2.2,…;三级标题的编号为 1.1.1,1.1.2,…,如此等,详细参见 GB/T 1.1—2000 和 GB 7713—87《科学技术报告、学位论文和学术论文的编写格式》。

国标规定的这一章条编号方式对著者、编者和读者都具有显著的优越性。

2. 题名(篇名)

题名是学术论文的必要组成部分。它要求用最简洁、恰当的词组反映文章的特定内容,把论文的主题明白无误地告诉读者,并且使之具有画龙点睛,启迪读者兴趣的功能。一般情况下,题名中应包括文章的主要关键词。总之,题名的用词十分重要,它直接关系到读者对文章的取舍态度,务必字字斟酌。题名像一条标签,切忌用冗长的主、谓、宾语结构的完整语句逐点描述论文的内容,以保证达到"简洁"的要求;而"恰当"的要求应反映在用词的中肯、醒目、好读好记上。当然,也要避免过分笼统或哗众取宠的所谓简洁,缺乏可检索性,以至于名实不符或无法反映出每篇文章应有的主题特色。

题名应简短,不应很长,国际上不少著名期刊都对题名的用字有所限制。对于我国的科技期刊,论文题名用字不宜超过 20 个汉字,外文题名不超过 10 个实词。使用简短题名而语意未尽时,或系列工作分篇报告时,可借助于副标题名以补充论文的下层次内容。

题名应尽量避免使用化学结构式、数学公式、不太为同行所熟悉的符号、简称、缩写以及商品名称等。

3．著者

著者署名是学术论文的必要组成部分。著者系指在论文主题内容的构思、具体研究工作的执行及撰稿执笔等方面的全部或局部上做出主要贡献的人员，能够对论文的主要内容负责答辩的人员，是论文的法定主权人和责任者。文章的著者应同时具备三项条件。

（1）课题的构思与设计，资料的分析和解释。

（2）文稿的写作或对其中重要学术内容作重大修改。

（3）参与最后定稿，并同意投稿和出版。

著者的排列顺序应由所有作者共同决定，每位作者都应该能够就论文的全部内容向公众负责。论文的执笔人或主要撰写者应该是第一作者；对于贡献相同作者，可用"共同第一作者"、"通讯作者"来表达。应避免随意"搭车"署名，不能遗漏应该署名的作者，不可擅自将知名人士署为作者之一以提高论文声誉和影响。对于不够署名条件，但对研究成果确有贡献者，可以"致谢"的形式列出，作为致谢的对象通常包括：第一，协助研究的实验人员；第二，提出过指导性意见的人员；第三，对研究工作提供方便（仪器，检查等）的机构或人员；第四，资金资助项目或类别（但不宜列出得到经费的数量）；第五，在论文撰写过程中提出建议，给予审阅和提供其他帮助的人员（但不宜发表对审稿人和编辑的过分热情的感谢）。

著者的姓名应给出全名。科学技术文章一般均用著者的真实姓名，不用变化不定的笔名。同时还应给出著者完成研究工作的单位或著者所在的工作单位或通信地址，以便读者在需要时可与著者联系。

例如：

熊易群 1，贾改莲 2，钟小锋 1，刘建君 1

（1　陕西师范大学教育系，陕西西安 710062；2　陕西省教育学院教育系，陕西西安 710061）

4．摘要

摘要是现代学术论文的必要附加部分，只有极短的文章才能省略。它是解决读者既要尽可能阅读众多的信息内容，又要面对自身精力十分有限这一对矛盾的有效手段。

根据 GB 6447—86 的定义，摘要是以提供文献内容梗概为目的，不加评论和补充解释，简明确切地记述文献重要内容的短文。

摘要有两种基本写法：

（1）报道性摘要——指明一次文献的主题范围及内容梗概的简明摘要（也称简介）；

（2）指示性摘要——指示一次文献的陈述主题及取得的成果性质和水平的简明摘要。

介乎其间的是报道/指示性摘要，即以报道性摘要形式表述一次文献中信息价值较高的部分，而以指示性摘要形式表述其余部分的摘要。一般的学术论文都应尽量写成报道性摘要，而对综述性、资料性或评论性的文章可写成指示性或报道/指示性摘要。

摘要应简明，它的详简程度取决于文献的内容。通常中文摘要以不超过 400 字为宜，纯指示性摘要可以简短一些，应控制在 200 字上下（GB 6447—86 规定：报道性摘要和报道付旨示性摘要一般以 400 字为宜；指示性摘要一般以 200 字左右为宜。GB 7713—87 规定：中文摘要一般不宜超过 200～300 字；外文摘要不宜超过 250 个实词。如遇特殊需要字数可以略多)。对于使用英、俄、德、日、法等外文书写的一次文献,它们的摘要可以适当详尽一些。学位论文等文献具有某种特殊性,为了评审,可写成变异式的摘要,不受字数的限制。摘要的编写应该客观、真实,切忌掺杂进编写者的主观见解、解释和评论。如果发现一次文献有原则性错误,可加注"摘者注"。

摘要应具有独立性和自明性,并拥有与一次文献同等量的主要信息,即不阅读文献的全文,就能获得必要的信息。因此摘要是一种可以被引用的完整短文。

编写摘要应注意以下事项。

(1)排除在本学科领域方面已经成为常识的内容。

(2)不得简单地重复文章篇名中已经表述过的信息。

(3)要求结构严谨,语义确切,表述简明,一气呵成,一般不分或力求少分段落;忌发空洞的评语,不作模棱两可的结论。没有得出结论的文章,可在摘要中作扼要的讨论。

(4)要用第三人称,不要使用"作者"、"我们"等作为摘要陈述的主语。

(5)要采用规范化的名词术语。尚未规范化的,以采用一次文献所采用的为原则。如新术语尚无合适的中文术语译名,可使用原文或译名后加括号注明原文。

(6)不要使用图、表或化学结构式,以及相邻专业的读者尚难于清楚理解的缩略语、简称、代号。如果确有必要,在摘要首次出现时必须加以说明。

(7)不得使用一次文献中列出的章节号、图号、表号、公式号以及参考文献号等。

(8)必要提及的商品名应加注学名。

当然,应该使用法定计量单位以及正确地书写规范字和标点符号。

摘要的书写要求详细见国标 GB 6447—86、GB 7713—87。

5. 关键词

为了便于读者从浩如烟海的书刊中寻找文献,特别是适应计算机自动检索的需要,GB 3179/T—92 规定,现代科技期刊都应在学术论文的摘要后面给出 3～8 个关键词。关键词作为论文的一个组成部分,列于摘要段之后。关键词的标引应按 GB 3860—83《文献主题标引规则》的规定,在审读文献题名、前言、结论、图表,特别是在审读文献的基础上,逐篇对文献进行主题分析,然后选定能反映文献特征内容,通用性比较强的关键词。首先要从综合性主题词表(如《汉语主题词表》)和专业性主题词表(如 NASA 词表、INIS 词表、TEST 词表、MeSH 词表)中选取规范性词(称叙词或主题词)。对于那些反映新技术、新学科而尚未被主题词表录入的新产生的名词术语,亦可用非规范的自由词标出,以供词表编纂单位在修订词表时参照选用。要强调的一点是:一定不要为了强调反映文献主题的全面性,把关键词写成是一句句内容"全面"的短语。

6. 引言

论文的引言又叫绪论。写引言的目的是向读者交代本研究的来龙去脉,其作用在于唤起读者的注意,使读者对论文先有一个总体的了解。

1) 引言内容

(1)研究的理由、目的和背景:包括问题的提出,研究对象及其基本特征,前人对这一问题做了哪些工作,存在哪些不足;希望解决什么问题,该问题的解决有什么作用和意义;

研究工作的背景是什么。

（2）理论依据、实验基础和研究方法：如果是沿用已知的理论、原理和方法，只需提及一笔，或注出有关的文献。如果要引出新的概念或术语，则应加以定义或阐明。

（3）预期的结果及其地位、作用和意义：要写得自然，概括，简洁，确切。

2）引言的写作要求

（1）言简意赅，突出重点：引言中要求写的内容较多，而篇幅有限，这就需要根据研究课题的具体情况确定阐述重点。共知的、前人文献中已有的不必细写。主要写好研究的理由、目的、方法和预期结果，意思要明确，语言要简练。

（2）开门见山，不绕圈子：注意一起笔就切题，不能铺垫太远。

（3）尊重科学，不落俗套：有的作者在论文的引言部分总爱对自己的研究工作或能力表示谦虚，寻几句客套话来说，如"限于时间和水平"或"由于经费有限，时间仓促"，"不足或错误之处在所难免，敬请读者批评指正"等。其实大可不必。因为：

① 这本身是客套话，不符合科学论文严肃性的要求。

② 既然是论文，作者应有起码的责任感和自信心。这里的责任感表现在自我要求不能出差错，自信心表现为主要问题上不会有差错，否则就不要投稿，不要发表。

③ 水平高低，质量好坏，应让读者去评论。

确实需要作说明或表示歉意，可以在文末处写，但要有分寸，实事求是；同时要具体写，不能抽象和笼统。

当然，必要时在引言中可以交代方法和结果等可以供哪些人作参考。

（4）如实评述，防止吹嘘自己和贬低别人。

7. 正文

正文是学术论文的核心组成部分，主要回答"怎么研究（How）"这个问题。正文应充分阐明论文的观点、原理、方法及具体达到预期目标的整个过程，并且突出一个"新"字，以反映论文具有的首创性。根据需要，论文可以分层深入，逐层剖析，按层设分层标题。

正文通常占有论文篇幅的大部分。它的具体陈述方式往往因不同学科、不同文章类型而有很大差别，不能牵强地做出统一的规定。一般应包括材料、方法、结果、讨论和结论等几个部分。

试验与观察、数据处理与分析、实验研究结果的得出是正文的最重要成分，应该给予极大的重视。要尊重事实，在资料的取舍上不应该随意掺入主观成分，或妄加猜测，不应该忽视偶发性现象和数据。

写学术论文不要求有华丽的辞藻，但要求思路清晰、合乎逻辑，用语简洁准确、明快流畅；内容务求客观、科学、完备，要尽量让事实和数据说话；凡是用简要的文字能够讲解的内容，应用文字陈述。用文字不容易说明白或说起来比较繁琐的，应由表或图（必要时用彩图）来陈述。表或图要具有自明性，即其本身给出的信息就能够说明欲表达的问题。数据的引用要严谨确切，防止错引或重引，避免用图形和表格重复地反映同一组数据。资料的引用要标明出处。

物理量与单位符号应采用《中华人民共和国法定计量单位》的规定，选用规范的单位和书写符号；不得已选用非规范的单位或符号时应考虑行业的习惯，或使用法定的计量单位和符号加以注解和换算。

教科书式的撰写方法是撰写学术论文的第一大禁忌。对已有的知识应避免重新描述和论证,尽量采用标注参考文献的方法;不泄密,对需保密的资料应作技术处理;对用到的某些数学辅佐手段,应防止过分注意细节的数学推演,需要时可采用附录的形式供读者选阅。

8. 结论和建议

结论又称结束语、结语。它是在理论分析和实验验证的基础上,通过严密的逻辑推理而得出的富有创造性、指导性、经验性的结果描述。它又以自身的条理性、明确性、客观性反映了论文或研究成果的价值。结论与引言相呼应,同摘要一样,其作用是便于读者阅读和为二次文献作者提供依据。

1) 结论的内容与格式

结论不是研究结果的简单重复,而是对研究结果更深入一步的认识,是从正文部分的全部内容出发,并涉及引言的部分内容,经过判断、归纳、推理等过程,将研究结果升华成新的总观点,其内容要点如下。

(1) 本研究结果说明了什么问题,得出了哪些规律性的结论,解决了什么理论或实际问题。

(2) 对前人有关本问题的看法做了哪些检验,哪些与本研究结果一致,哪些不一致,作者做了哪些修正、补充、发展或否定。

(3) 本研究的不足之处或遗留问题。

对于某一篇论文的"结论",上述要点(1)是必需的,而(2)和(3)视论文的具体内容可以有,也可以没有;如果不可能导出结论,也可以没有结论而进行必要的讨论。

结论的格式安排可作如下考虑。

如果结论的内容较多,可以分条来写,并给以编号,每条成一段,包括几句话或一句话;如果结论段内容较少,可以不分条写,整个为一段,几句话。

结论里应包括必要的数据,但主要是用文字表达,一般不再用插图和表格。

2) 结论和建议的撰写要求

(1) 概括准确,措词严谨。结论是论文最终的、总体的总结,对论文创新内容的概括应当准确、完整,不要轻易放弃,更不要漏掉一条有价值的结论,但也不能凭空杜撰。措词要严谨,语句要像法律条文那样,只能作一种解释,清清楚楚,不能模棱两可,含糊其辞。肯定和否定要明确,一般不用"大概"、"也许"、"可能是"这类词语,以免使人有似是而非的感觉,怀疑论文的真正价值。

(2) 明确具体,简短精练。结论段有相对的独立性,专业读者和情报人员可以只看摘要和(或)结论而能大致了解论文反映的成果和成果的价值,所以结论段应提供明确、具体的定性和定量的信息。对要点要具体表述,不能用抽象和笼统的语言。可读性要强,如一般不单用量符号,而宜用量名称,比如,说"T 与 ρ 呈正比关系"不如说"××温度与××压力呈正比关系"易读。行文要简短,不再展开论述,不对论文中各段的小结作简单重复。语言要精练,删去可有可无的词语,如"通过理论分析和实验验证,可得出下列结论"这样的行文一般都是废话。

（3）不作自我评价。研究成果或论文的真正价值是通过具体"结论"来体现的，所以不宜用如"本研究具有国际先进水平"、"本研究结果属国内首创"、"本研究结果填补了国内空白"一类语句来做自我评价。成果到底属何种水平，是不是首创，是否填补了空白，读者自会评说，不必由论文作者把它写在结论里。

"建议"部分可以单独用一个标题，也可以包括在结论段，如作为结论的最末一条。如果没有建议，也不要勉强杜撰。

9. 致谢

现代科学技术研究往往不是一个人能单独完成的，而需要他人的合作与帮助，因此，当研究成果以论文形式发表时，作者应当对他人的劳动给以充分肯定，并对他们表示感谢。

致谢的对象是，凡对本研究直接提供过资金、设备、人力，以及文献资料等支持和帮助的团体和个人。

致谢一般单独成段，放在文章的最后面，但它不是论文的必要组成部分。致谢也可以列出标题并贯以序号，如"致谢"放在如"结论"段之后，也可不列标题，空1行置于"结论"段之后。

10. 参考文献

"参考文献"即"文后参考文献"，据新的《文后参考文献著录规则》（GB/T 7714—2005），是指"为撰写或编辑论文和著作而引用的有关文献信息资源。"按规定，在科技论文中，凡是引用前人（包括作者自己以前）已发表的文献中的观点、数据和材料等，都要对它们在文中出现的地方予以标明，并在文末（致谢段之后）列出参考文献表。这项工作叫做参考文献著录。

被列入的参考文献应该只限于那些著者亲自阅读过和论文中引用过，而且正式发表的出版物，或其他有关档案资料，包括专利等文献。私人通信、内部讲义及未发表的著作，一般不宜作为参考文献著录，但可用脚注或文内注的方式；以说明引用依据。

文后参考文献的著录方法有"顺序编码制"和"著者—出版年制"。前者根据正文中引用参考文献的先后，按著者、题名、出版事项的顺序逐项著录；后者首先根据文种（按中文、日文、英文、俄文、其他文种的顺序）集中，然后按参考文献著的姓氏笔画或姓氏首字母的顺序排列，同一著者有多篇文献被参考引用时，再按文献出版年份的先后依次给出。其中，顺序编码制为我国科学技术期刊所普遍采用，本书只介绍这一种。

1）文内标注格式

采用顺序编码制时，在引文处，按它们出现的先后用阿拉伯数字连续编码，并将序码置于方括号内，视具体情况把序码作为上角标，或者作为语句的组成部分。

2）文后参考文献的著录

GB/T7714—2005规定，文后参考文献表著录用符号为前置符（"（ ）"、"[ ]"、"/"、"—"除外），各篇文献的序号用"[ ]"括起；采用著者-出版年制的，每条文献的第一个著录项目（如主要责任者等）前不用任何标志符号。

标志符号仅借用了中文标点符号，在著录参考文献时，它们已没有标点符号的本来功能。

GB/T7714—2005规定的标志符号如下：

. 用于题名项、析出文献题名项、其他责任者、析出文献其他责任者、版本项、出版项、出处项、专利文献的"公告日期或公开日期"项、获取和访问路径以及著者-出版年制中的出版年前,每条文献的结尾可用"."号。

;用于其他题名信息、出版者、引文页码、析出文献页码、专利国别前。

,用于同一著作方式的责任者、"等"或"译"字样、出版年、期刊年卷期标志中的年或卷号、专利号、科技报告前。

:用于期刊后续的年卷期标志与页码、同一责任者的合订题名前。

// 用于专著中的析出文献的出处项前。

( )用于期刊年卷期标志中的期号、报纸的版次、电子文献更新或修改日期以及非公历纪年。

[ ] 用于文献序号、文献类型标志、电子文献的引用日期以及自拟的信息。

/ 用于合期的期号间及文献载体标志前。

- 用于起讫序号和起讫页码间。

按参考文献的著录对象来划分,GB/T7714-2005 将参考文献分为专著、专著中的析出文献、连续出版物、连续出版物中的析出文献、专利文献、电子文献六大类型。

(1) 专著中的析出文献

[序号]析出文献主要责任者.析出文献题名[文献类型标志].析出其他责任者//专著主要责任者.专著题名.出版地:出版者,出版年:析出文献的页码[引用日期].获取和访问路径.

例:[1]白书农.植物开花研究[M]//李承森.植物科学进展.北京:高等教育出版社,1998:146-163.

例:[2]韩吉人.论职工教育的特点[G]//中国职工教育研究会.职工教育研究论文集.北京:人民教育出版社,1986:90-99.

例:[3]赵颖力,曹敏,王琳,等.《化工学报》编辑部的人才建设[C]//第 3 届中国科技期刊青年编辑学术研讨会论文集.北京:中国科学技术期刊编辑学会青年工作委员会,2003:86-88.

(2) 期刊、报纸中的析出文献

[序号]析出文献主要责任者.析出文献题名[文献类型标志].连续出版物题名:其他题名信息,年,卷(期):页码[引用日期].获取和访问路径.

例:[1]张旭,张通和,易钟珍,等.采用磁过滤 MEVVA 源制类金刚石膜的研究[J].北京师范大学学报:自然科学版,2002,38(4):478-481.

例:[2]周桂莲,许育彬,杨志全,等.认清市场形势 化解"学报情结":我国农业学报的现状与发展趋势分析[J].编辑学报,2005,17(3):209-211.

例:[3]傅刚,赵承,李佳路.大风沙过后的思考[N/OL].北京青年报,2000-04-12(14)[2002-03-06].http//www.bjyouth.com.cn/Bqb/20000412/.

(3) 专利文献

[序号]专利申请者或所有者.专利题名:专利国别,专利号[文献类型标志].公告日期或公开日期[引用日期].获取和访问路径.

例:[1]西安电子科技大学.光折变自适应光外差探测方法:中国,01128777.2[P/OL].2002-03-06[2002-05-28].http://211.152.9.47/sipoasp/zljs/.

(4) 电子文献

凡属电子图书和电子报刊等中的析出文献的著录格式,分别按以上(1)至(3)中的有关规则处理。除此而外的电子文献的著录格式如下:

[序号]主要责任者.题名:其他题名信息[文献类型标志/文献载体标志].出版地:出版者,出版年(更新或修改日期)[引用日期].获取和访问途径.

例:[1]萧钰.出版业信息化迈入快车道[EB/OL].(2001-12-19)[2002-04-15].http://www.creuder.com/news/200112190019.htm.

例:[2]Online Computer Library Center,Inc. History of OCLC[EB/OL].[2000-01-08].http://www.oclc.org/about/history/default.htm.

正确著录文献类型、载体类型及标志代码:

* 文献类型标志如下:普通图书 M,会议录 C,汇编 G,报纸 N,期刊 J,学位论文 D,报告 R,标准 S,专利 P,数据库 DB,计算机程序 CP,电子公告 EB。会议录包括座谈会、研讨会、学术年会等会议的文集;汇编包括多著者或者个人著者的论文集,也可标注为 M。

* 电子文献载体类型标志如下:磁带 MT,磁盘 DK,光盘 CD,联机网络 OL。

说明:

* 现行有效的关于参考文献著录的国家标准只有一个,即 GB/T7714—2005,该标准是最通用的基础性标准之一。

* 用阿拉伯数字编码的文献序号顺序不要颠倒。

* 序号用"[ ]"括起,同一处无论引用几篇文献,各篇文献的序号应置于一个"[ ]"内,并用","分隔。

* 多次引用同一作者的同一文献,只须编 1 个首次引用时的序号,页码置于方括号外。

* 同一出版物中不要混用两种著录体制。

* 参考文献表中的序号应与正文中标注的序号一一对应。

11. 附录

附录是论文的附件,不是必要组成部分。它在不增加文献正文部分的篇幅和不影响正文主体内容叙述连贯性的前提下,向读者提供论文中部分内容的详尽推导、演算、证明、仪器、装备或解释、说明,以及提供有关数据、曲线、照片或其他辅助资料如计算机的框图和程序软件等。

附录与正文一样,应编入连续页码。

附录段置于参考文献表之后,依次用大写正体 A、B、C…编号,如以"附录 A"、"附录 B"做标题前导词。

附录中的插图、表格、公式、参考文献等的序号与正文分开,另行编制,如编为"图 A1"、"图 B2"、"表 B1"、"表 C3"、"式(A1)"、"式(C2)"、"文献[A1]"、"文献[B2]"等。

12. 注释

解释题名项、作者及论文中的某些内容,均可使用注释。能在行文时用括号直接注释的,尽量不单独列出。

不随文列出的注释叫做脚注。用加半个圆括号的阿拉伯数字 1)、2)、3)等,或用圈码①、②、③等作为标注符号,置于需要注释的词、词组或句子的右上角。每页均从数码 1)或①开始,当页只有 1 个脚注时,也用 1)或①。注释内容应置于该页地脚,并在页面的左边用一短细水平线与正文分开,细线的长度为版面宽度的 1/4。

7.3.3 数字的使用规则

1. 汉字数字与阿拉伯数字

什么情况使用汉字数字,什么情况使用阿拉伯数字,国家标准有规定。

总的原则是:凡是可以使用阿拉伯数字而且又很得体的地方,均应使用阿拉伯数字。

1) 使用阿拉伯数字的场合

(1) 公元世纪、年代、年、月、日、时刻。如:20 世纪 90 年代;1999 年 1 月 15 日;12 时 5 分 18 秒。

注意:年份不能简写,如 1999 年在任何地方都不能写作"99 年"。

"时刻"可用标准化格式表示,如"12 时 5 分 18 秒"可写为"12:05:18"。

日期与日的时间的组合,表示方法是:年-月-日 T 时:分:秒。T 为时间标志符。"时"、"分"、"秒"之间的分隔符是冒号(:)而不是比号(:)。例如"1999 年 1 月 15 日 12 时 5 分 18 秒",可表示为"1999-01-15T12:05:18"。这种方式更多地用在图表中。

(2) 计量单位和计数单位前的数字。如:食盐 200g,木料 5m³;猪 15 头,羊 2 只,鱼 1 条;3 个特点,2 条意见,200 多人。

(3) 纯数字,包括整数、小数、分数、百分数、比例以及一部分概数。如:4,−0.3,4/5,56%,3:2,10 多,300 余。

(4) 产品型号、样品编号,以及各种代号或序号。

(5) 参考文献著录中的数字(古籍除外)。

2) 使用汉字数字的场合

(1) 定型的词、词组、成语、惯用语、缩略语,以及具有修辞色彩的词语中作为语素的数字,必须用汉字数字。例如:第一,二倍体,三氧化二铝;十二指肠,星期五,"十一五"计划,第一作者,一分为二,三届四次理事会,他一天忙到黑。

(2) 两个数字连用表示的概数,例如:一两千米,二三十公顷,四百五六十万元(注意:其间不用顿号"、")。

(3) "几"字的数字表示的概数。例如:十几,几百,三千几百万,几万分之一。

(4) 民族的非公历纪年及月日。

(5) 月日简称表示事件、节日和其他特定含义的词组中的数字。例如:"一二·九"运动,"五四"运动,"一·一七"批示。

2. 数字的书写规则

(1) 书写和排印 4 位和 4 位以上的数字要采用 3 位分节法,即从小数点算起,向左和向右每 3 位数之间留出 1/4 个汉字大小的空隙。例如:3 245,3.141 592 6。

(2) 小数点前用来定位的"0"不能省略。如 0.85 不能写作.85。

(3) 阿拉伯数字不能与除"万"、"亿"外的汉字数词连用。如"十二亿一千五百万"可写为"121 500 万"或"12.15 亿",但不能写为"12 亿 1 千 5 百万"。

(4) 数值的有效位数必须全部写出。例如:一组有 3 位有效数字的电流值"0.250,0.500,0.750A",不能写作"0.25,0.5,0.75A"。

（5）表示数值范围和公差时应注意以下几点。

① 表示数值范围采用浪纹号（～）。例如：120～130kg,70～80 头（羊）。

注意：如果不是表示数值范围，就不要用浪纹号。如"1995～2000 年"，"做 2～3 次试验"表示都不妥：前者是 2 个年份（不是数值），其间"～"应改为连接号"—"（一字线）；后者"2 次"与"3 次"之间不可能有其他数值，应改为"两三次"，但"做 2～4 试验"这样的表述则可以。

② 表示百分数范围时，前一个百分号不能省略。如"52％～55％"不能写成"52～55％"。

③ 用"万"或"亿"表示的数值范围，每个数值中的"万"或"亿"不能省略。如"20 万～30 万"不能写成"20～30 万"。

④ 单位不完全相同的量值范围，每个量值的单位应全部写出，如"3h～4h20min"不能写作"3～4h20min"；但单位相同的量值范围，前一个量值的单位可以省略，如"100g～150g"可以写作"100～150g"。

⑤ 量值与其公差的单位相同、上下公差也相等时，单位可以只写 1 次，如"12.5mm±0.5mm"可写作"(12.5±0.5)mm"，但不能写作"12.5±0.5mm"。

⑥ 表示带百分数公差的中心值时，百分号（％）只需写 1 次，同时"％"前的中心值与公差应当用括号括起。例如"(50±5)％"任何时候都不得写作"50±5％"，也不得写作"50％±5％"。

⑦ 用量值相乘表示面积或体积时，每个数值的单位都应写出。例如：60m×40m，不能写作 $60×40m$，也不能写作 $60×40m^2$；50cm×40cm×20cm，不能写作 50×40×20cm，也不能写作 $50×40×20cm^3$。

⑧ 一组量值的单位相同时，可以只在最末一个量值后写出单位，其余量值的单位可以省略。如"50mm,45mm,42mm,37mm"，可以写作"50,45,42,37mm"。各量值后的点号可以用"，"，也可以用"、"，但全文应统一。

7.3.4　图表的设计和制作原则

插图和表格是论文的重要组成部分，对于它们的设计和制作，应遵循一些基本的原则。

1. 精省性原则

一般能用文字表示清楚的内容就不必用图表，用大量文字还说不明白而用图或表就能方便说明的内容才用图表；只用 1 幅或 1 个表就能说明的内容，就不要用 2 个或更多的图或表。

2. 应有图序或表序

每个图表都应有图序或表序，图序的格式为"图 1"、"图 2"、"图 3"等，表序的格式为"表 1"、"表 2"、"表 3"等。

3. 应有图题或表题

每个图表都应有图题或表题。图题或表题应是以最准确、最简练的并能反映图或表特定内容的词语的逻辑组合，一般是词组（很少用句子），而且绝大多数是以名词或名词性词组为中心语的偏正词组(很少用动宾词组),要求准确得体,简短精练,容易认读。

4. 图表中标目的形式

图表中的标目,采用量与单位比值的形式,即"量名称或(和)量符号/单位",比如"p/MPa",或"压力/MPa",或"压力 p/MPa";而不用传统的、不科学并容易引起歧义的表示方法,如"p,MPa",或"压力,MPa",或"压力 p,MPa",或者"p(MPa)"或"压力(MPa)",或"压力 p(MPa)"。

百分号"%"虽然不是单位,但在这里也可按单位处理,如"相对压力/%"或"ηp/%",传统的表示法是"相对压力,%"或"ηp,%",或者"相对压力(%)或 ηp(%)"。

7.3.5　中图分类号和文献标识码的选取

为了从论文的学科属性方面揭示其表达的中心内容,同时为了使读者从学科领域、专业门类的角度进行(族性)检索,并为文章的分类统计创造条件,期刊编辑部、学位论文审定机构往往要求论文作者对自己的论文标注中图分类号。

1. 中图分类号选取的原则

(1) 在文献内容与形式的关系上应以内容为主要依据;在基础科学与应用科学的关系上以其内容重点、作者写作意图、读者对象的需要为依据。

(2) 尽可能给予较详细的分类号,以准确反映文献内容的学科属性。

(3) 在涉及文献内容中应用与被应用的关系时,一般都选取被应用的学科专业所属的分类号。

(4) 在分化学科与边缘学科、交叉学科关系上,如果这门新兴学科是由某一门学科分化出来的则应选取该学科分类号。

2. 中图分类号选取的方法

(1) 利用《中国分类主题词表》选取正确的分类号:对于一般作者而言,要想通过较短的时间学会和了解《中国图书馆分类法》,进而掌握这部大型工具书的使用是不现实的。而通过使用《中国分类主题词表》则能帮助作者既快又准地选取相应的分类号。具体做法是利用该词表中"主题词—分类号对应表"部分,以主题词款目和主题词串标题的字顺为序,从主题词入手,及时、便捷地查到分类号。

(2) 通过查找数据库中类似的主题论文,了解其中图分类号,经过分析、比较,选定相应的分类号。具体步骤是:在"中国科技期刊数据库"(或其他有关数据库)中检索与作者即将投稿的论文主题相类似或相近的主题词,可以在得到一批相关文献的同时,清楚了解相应的分类号并限定所需的分类号。

3. 文献标识码的选取

文献标识码是我国目前较有影响的大型全文学术期刊数据库"中国期刊全文数据库"对其收录的期刊上刊登的论文的类型所规定的标识码。各标识码的具体含义是:

A——理论与应用研究学术论文(包括综述报告)。

B——实用性技术成果报告(科技)、理论学习与社会实践总结(社科)。

C——业务指导与技术管理性文章(包括领导讲话、特约评论等)。

D——一般动态性信息(通讯、报道、会议活动、专访等)。

E——文件、资料(包括历史资料、统计资料、机构、人物、书刊、知识介绍等)。

另外,不属于上述各类型的文章以及文摘、零讯、补白、广告、启事等不加文献标识码。

7.4　学术论文的发表

7.4.1　国际学术成果发表制度

1. 学术刊物的运作流程与编辑供应链

国际学术期刊运作流程与编辑供应链可概括为:作者—主编—责任编辑—生产—使用者(包括作者)。

链条的第一阶段是作者,接下来是主编。国外著名学术刊物的主编一般不是终身专职编辑,而是大学教授或研究机构资深学者,其编辑部由主编+副主编构成,他们都不是全职编辑,而是教学、研究、编辑"三栖"。主编是负责征稿、和编辑顾问团联系、参加会议、向他的同行推荐期刊、发展期刊的新覆盖领域。作为某一学科的专家,主编决定什么样的文章可以在期刊中发表。如果期刊是同行专家评审期刊,主编负责发送文章到部分评审委员。因此作者和主编交流,给他们发电子邮件很重要。一般他们会很乐意阅读作者的文摘和草稿,并给予反馈意见。

责任编辑负责编辑部的具体操作,在主编和副主编对稿件作出学术决定后,将决定付诸实施。他们负责直接联系主编和出版社,帮助主编使期刊进入顶尖的世界知名的行列,和主编一道,拟定期刊长期发展计划;在市场中定位期刊。责任编辑也经常参加会议以提高负责期刊的档次或知名度。

责任编辑每天的工作是确保期刊从主编处转来后,及时送到生产部门去。一旦一期期刊被送到责任编辑后,将很快转至质检部门,质检部门会在进入生产程序前,检查文字输入错误、逻辑矛盾等,需要经过排版、校对、最后转换成 SGML 格式的文件,使文章可以通过数据库和印刷纸本进行发送。

最后,进入到读者阶段,也回到有效的链条开头,因为作者通常也是期刊的用户。他们可以通过很多方式,如纸本、数据库或第三方协议(如二次文献库、文摘库)等,看到期刊内容。

2. 匿名评审制度

匿名评审制度是一套专业的隐名的外部人审稿制度。这是当代世界学术规范的程序表征,具有下列特征。

(1)"专业的":审稿人不能是行政主管或财界大亨,而必须是对稿件主题素有研究的学者。在专业化分工的今天,若非某一领域的专家,很难对别人的研究成果作出评判。

(2)"隐名的":被审稿件的作者和审稿人的名字均不告知对方,以保证审稿人"对文不对人"。

(3)"外部人":审稿人不应限于编辑部成员,更不应是稿件作者本单位的同事;越是与作者无个人关系的,越适合作审稿人。

3.双匿名评审及出版周期

多数 B 类以上期刊(A 类基本为一级学会的学报、SCI 收录期刊和一流大学的学报等,B 类为公认的核心刊物)都为双匿名或多匿名评审。一般当编辑部收到稿件会给通讯作者发出稿件收悉确认涵。评审期内稿件不得它投。发表的论文一般要经过 3～5 次评审,3 次评审后拒绝发表也并不少见。顺利的情况下,一篇论文从第一次寄出评审到最后接受大约需 1～2 年;从接受到刊出约 1 年。

论文发表已变得日益困难,高水平期刊的文章发表比例很低(每百篇来稿中被接受发表的篇数为 3%～8%)。切记,论文被拒绝发表是常态,但不要认为这是终点,最重要的是坚持。

4.评审费

评审人有少量的补偿,因此多数期刊需交付稿件评审费,但评审费与稿件接收与否无关,评审人主要看重对其学术的承认。

7.4.2 投稿与审稿结果的处理

1.拟投稿期刊的选择

投稿期刊的选择应考虑的因素包括:稿件的主题是否适合期刊所规定的范围,"读者须知"中有关刊登论文范围的说明,作者本人经常阅读和引用的期刊,期刊的声誉,引证指标(影响因子、总被引频次),期刊在科学界的影响力(同行的看法),出版时滞(稿件自接收至发表的时间),是否收取版面费等。

影响因子(Impact Factor)是一个动态指标,表示了期刊在近 2 年所发表论文的平均被引率,因而被认为是最能客观地反映不同大小期刊的相对学术水平和学术影响的重要指标。不同学科期刊的影响因子没有可比性,一般综述类期刊通常具有较高的影响因子。

总被引频次(Total Citations)指某刊自创刊以来所刊登的全部论文在某年被引用的总次数(包括期刊自引),是期刊在学术交流中实际被利用次数的最直接指标,指示了期刊受重视的程度,较客观地反映了相关期刊在学术交流中的地位。

2.投稿前的准备

1)稿件的录入与排版
稿件录入与排版应注意以下事项。
(1)尽量不要使用脚注。
(2)采用 A4 纸,Times New Roman 字体,12 号字,单面,通栏,隔行打印(视要求决定是否附寄软盘文件)。
(3)打印稿应留有足够的页边距(不少于 25mm)。

（4）注意美国英语和英国英语拼写方面的不同。

（5）文字处理软件视要求选用（备份一个纯文本格式）。

（6）使用指定的绘图软件制作图件（＞600dpi 的分辨率）。

（7）避免使用连字符来分隔单词（各行的右端不必对齐）。

2）打印稿的阅读

作者本人一定要仔细阅读打印稿（包括投稿信）；投稿前请一位或多位同事阅读稿件（检查一下稿件中是否还有拼写错误或表达不够明白的地方）；如有可能，请英语国家的合作者或朋友阅改，以提高文字的表达质量，符合西方人的思维。另外，还要花两周以上的时间在引言和结论上。

3）检查的项目

投稿前需要检查的项目如下。

（1）是否满足期刊所要求足够份数的原件和复印件。

（2）作者详细的通信地址、E-mail 地址、电话号码。

（3）论文的字数、摘要的格式等是否符合刊物的要求。

（4）表格和插图分别单独打印，并按其在论文中出现的先后顺序连续编号。

（5）确保参考文献目录中的各著录项准确且完整无缺，并且在正文中分别有引用标注。

（6）注明正文的字数，附寄所有作者签名的声明信（贡献单），说明已获得所有致谢人的书面同意，附寄所有直接引用资料的书面同意函，等等。

4）注意事项

务必遵照期刊的要求将期刊投寄给指定的收稿人或收稿单位（期刊的编辑部、编委会、主编、执行编委或助理编辑）；仔细检查稿件内容并确保满足拟投稿期刊的全部投稿要求（投稿前需要检查的项目）；与编辑部联系的所有信件（包括磁盘、打印稿或复印件等）都应标注联系作者的姓名；在磁盘上标明电子文档使用的是哪种软件，哪种版本，并以打印件的形式附带一份磁盘中的文件名清单，并列出各文件的具体内容。

3. 投稿信与同行评议的内容

投稿信（Cover Letter）应简短明了、重点突出，最好不要超过一页，基本内容包括稿件的栏目类型，建议的审稿人或需回避的审稿人，联系人或通讯作者详细的联系地址、电话号码、E-mail 地址、传真号码等。推荐的审稿人需要考虑的因素包括：与期刊主办单位的关系，是否曾经是期刊的作者，知名度等。审稿人可以是引文的作者、期刊的编委、重要的研究群体或个人。

同行评议的内容一般包括稿件的内容是否新颖、重要，实验描述是否清楚、完整，讨论和结论是否合理，参考文献的引用是否必要、合理，文字表达与图表使用是否正确。

4. 国内、国际核心期刊投稿的方法

投国际刊物，请参考 JCR（包括科技版和社科版），选择自己想要找的学科类目，按照影响因子排序，挑选适合的刊物。然后在《乌利希国际期刊指南》（Ulrich's Periodicals Directory）或其 Web 站点（http://www.ulrichsweb.com）查找刊物的地址或网站信息；登录刊物网站，查找在线投稿信息。

投国内刊物,请参考《中文核心期刊要目总览》和《中国科技期刊引证报告》,从中选择自己想要找的学科类别,然后按照影响力,挑选适合的刊物。投稿地址信息可以参考工具书《中文核心期刊要目总览》,也可以登录"中国期刊网"(http://c79. cnki. net/oldcnki/index4. htm),进入"期刊征稿公告"栏目查找刊物的投稿信息。

在向国际学术核心期刊投稿的过程中,需要注意以下几点。

(1)尽量不要投增刊。

(2)单位署名要规范,例如,写上海理工大学要同时写上"Shanghai, Peoples Republic of China",这在 SCI 中尤其要注意。

(3)来稿的作者要寄几份复印本。文章中一律不得带或隐含作者信息。作者信息一般在标题页(作者姓名、单位、地址、电话和 E-mail)。

(4)尽量不要在文中"自我引证"。

(5)文中利用了成套的经验数据或资料(如问卷调查等),作者须准备提供它的完整的原始形态,以接受审稿人或读者的检验。

(6)引用数据和资料时文中杜绝"据调查……"、"据匡算……"、"据透露……"且不注明出处的现象。

5.审稿结果的处理

1)处理意见

稿件寄出后的 2~3 个月,编辑部的责任主编会将评审报告和编辑部对该文的处理意见反馈给通讯作者。如果没有收到期刊的"收稿回执",可在 2~3 周后通过 E-mail 或电话询问编辑部,如果 3 个月后没有收到是否录用的决定,可以询问。一般处理意见有以下几种形式。

(1)同意接受无须修改。

(2)原则上接收但须根据匿名评审人的意见进行一些小修改。

(3)原则上可以发表,但须做重大修改。

(4)先做重大修改,再重新审阅是否够格发表。

(5)没有修改的必要,拒绝发表。

几乎没人把握其论文能在某一期刊发表,即使是学科顶尖的专家也是如此。因此绝大多数作者得到的是第(4)、(5)种回复。第(4)种已是非常满意的回复,应根据评审人的报告进行论文修改,一般须在半年或规定的时间内完成修改并寄出再评审。

2)修改信

修改信应逐条说明按要求修改的内容,如果认为审稿人或编辑的修改建议不合理,可坚持己见,但一定要有充足的理由。尽快返回修改稿。

3)退稿处理

如果收到的是一封退稿信,应认真思考审稿人或编辑提出的退稿意见(一般都是一些如何加强文章某些薄弱环节的建议,如果没有,可以询问他们)。处理退稿的方式如下。

(1)暂不再投稿。

(2)修改稿件,并重投到同一份期刊。

(3)修改稿件,改投其他期刊。

被拒绝的论文一般不再寄回同一期刊进行再次申请评审,也不要将不做任何修改的原稿件转投他刊。

7.4.3　学术论文成功发表的策略

1．论文发表意味着什么

首先,论文被出版意味着文章是可信的。如果是评审期刊,该学科有很多有影响力的人都会认为发表的文章是非常好的,否则不会通过评审。

再者,发表的文章是永久的。论文一旦出版,就会有一个永久的位置,即论文的作者总是在为研究服务。

最后,论文被出版意味着会被许多人阅读。在线出版在文章的认证等方面等同于纸本出版,但文章会被更多的人看到。

2．论文发表的基础

正在从事博士或硕士论文的写作;成功地完成某一研究项目;正在斟酌某一没有解决方法的问题;有与导师或咨询员合作的经历;对某一主题有自己的观点或评论;给学术会议提交过论文或在学术会议上有发言的经历。

3．论文成功发表的技巧

1) 提供高质量的文摘

文摘是作者向主编和读者推销文章的东西,一个好的文摘可以帮助责任编辑很快将文章投递到合适的期刊,同时可以帮助主编一眼看出这是一篇值得发送出去进行评审的文章。因此,确保文章有清晰、准确和完整覆盖文章要点的文摘是每一位作者首先要考虑的事情。

现在,一些国外期刊(如英国 Emerald Group Publishing Ltd 出版的管理学方面的期刊)都要求提供结构式文摘。这种形式的文摘字数一般不要超过 250 个单词,内容一般如下。

(1) 目的,说明研究要解决的问题,突出论文的主题内容。

(2) 对象和方法,说明研究所采用的方法、途径、对象、仪器等,新的方法须详细描写。

(3) 结果,介绍所发现的事实、获得的数据、资料,发明的新技术、新方法、取得的新成果。

(4) 研究的限定性和暗示性,即有什么没有被包含,下一步的研究是什么。

(5) 实践性,即文章对于实践有什么价值。

(6) 原创性或价值,主要说明文章如何为知识体系服务,以及在知识体系中的贡献或价值。

包含上述信息的文摘,会更吸引读者的注意力,促使他们阅读整篇文章。当然,不是每篇文章都包含上述 6 个方面,有的是不太容易体现的,但要尽可能设法完成它们。

2) 寻找目标期刊

很多经过努力的研究和文章发表失败仅仅是选择了一本错误的期刊。为了避免这种情况的发生,作者应浏览期刊出版社网站上的作者指南,以获取有关期刊的范围、目标和类型的信息;阅读投稿程序,了解投稿的步骤;发送文章的文摘或大纲给主编,看看主编是否对文章感兴趣;阅读一期拟要投稿的期刊,以了解期刊的品味。另外,和主编沟通也非常重要。主编一般都希望每一位作者的文章被出版,但为了保持期刊的质量,他们会帮助更多的作者传播他们的研究成果。

3) 进一步的考虑

在投出最后定稿的文章之前,需要进一步考虑下列 5 个问题。

(1) 文章是否可读,是否能和听众达到交流的作用。由于不是所有的读者都是学科专家,所以不要过分简化文章,但要尽量使它直观易懂。

(2) 文章是否具有创新性。创新是大家都在寻求的东西,找出文章的新颖之处并让大家知道,这样会让自己比别人走在前面一步。

(3) 文章的可信度。采用的方法论是否清晰和有力。另外,保证方法论叙述简单易懂,不要用太专业的行话。

(4) 如何应用自己的研究成果。要考虑文章将怎样改变人们的工作,能给人们带来什么。

(5) 国际化。文章是否表达国际化、全球性、超越国家界限的观点。

4) 作者本人同行评审

文章成功出版的另一个有效方法是将论文给自己周围的同事或不是学科专家的人评审,以征求客观的评价,并认真对待每个意见。作者自己也要反复阅读自己的文章,检查拼写错误,并确保参考文献的完整性和新颖性。

5) 在线传播

在当今的新技术条件下,确保文章容易进行电子传播也非常重要。这就要求作者提供简单描述性题目(字数越少越好),选择 5~6 个广泛但又准确联系文章的关键词。文章题目、关键词和文摘越好,文章被在线阅读的机会就越大。如果作者自己看到这个题目和文摘时都不会阅读整篇文章,请更改文章的题目、关键词和摘要。

6) 文章的修改

几乎所有被发表的文章都至少要求修改一次。主编和评审专家一般不会要求作者修改文章,如果收到文章修改的通知,表明主编和评审专家已经认为文章适合在期刊中发表。即使评审的意见是尖锐和生硬的,也不要丧气,因为他们都是非常繁忙的人士,而且所有的建议都不是针对个人的。下面是文章修改的一些具体的操作方法:

首先,通知主编一个修改好的最晚日期,并遵守时间。其次,如果对某些建议的含义不明确,一定要问明白;如果对修改建议有不同看法,也要告诉主编,例如,向主编说明不必要修改的理由。再次,应该逐一在每个意见上下工夫,这样能大大提高文章的接受率。最后,文章修改结束后,在文章发回的同时,加上一封信,清楚写明原来的更改要求和自己是如何进行修改的,如果能同时提供诸如修改处页码等会更好。

7.4.4　二次发表与一稿多投

1. 二次发表

二次发表是指使用同一种语言或另外一种语言再次发表,尤其是使用另外一种语言在另外一个国家再次发表。二次发表必须满足以下所有条件。

（1）已经征得首次和二次发表期刊编辑的同意，并向二次发表期刊的编辑提供首次发表的文章。

（2）二次发表与首次发表至少有一周以上的时间间隔。

（3）二次发表的目的是使论文面向不同的读者群。

（4）二次发表的论文应在论文首页采用脚注形式说明首次发表的信息。

2．一稿多投

一稿多投是指同一作者或同一研究群体不同作者，在期刊编辑和审稿人不知情的情况下，试图或已经在两种或多种期刊同时或相继发表内容相同或相近的论文。但下列情况不属于一稿多投：

（1）在专业学术会议上做过口头报告，或者以摘要或会议板报形式报道过的研究结果。

（2）对首次发表的内容充实了 50% 以上数据的论文。

（3）有关学术会议或科学发现的新闻报道（简单的内容描述）。

3．规范投稿行为，切忌一稿多投

在实践中，作者与报社、杂志社的合同都是通过当事人双方的有关行为规定成立的。一般说来，报社、杂志社如果要求取得专有出版权，应当在经常刊登的征稿启事中规定不得一稿多投。作者向报社、杂志社投稿，应当视为按相同条件发出要约，杂志社就要取得了这一作品的专有出版权。因此，在投稿之后的一定期限内，作者受到要约的约束，即不得将稿件再投给第二家。造成一稿两投、多投的原因是多方面的。从作者方面来看，为了使稿件早日见刊，采用"广种薄收"的办法，同时将稿件投往两家或两家以上的刊物。或不等时限，又投往另一家刊物，明知不对而为之，从而造成一稿两登或数登的严重后果。这部分作者抱有侥幸心理，认为不可能两家刊物同时采用，事实上，造成一稿两投的多是这种情况。

根据《著作权法》，报刊编辑部应在规定的时限内回复，即杂志 30 日，报刊 15 日。由于此时限是从作者发出稿件之日计算，目前确有困难，如偏远地区，交通通讯不便，编辑部人手不够等，但回复也不能超过目前约定俗成的 3 个月，这也是指"双方另有约定的除外"。关于双方的约定，《著作权法实施细则》允许报刊、杂志不采用书面合同，在实践中，报刊编辑部不可能像图书出版那样与每一位作者签约，编辑部一般在征稿启事中声明处理稿件的时限，并说明只要向该刊投稿，就算承诺该刊的约定。这一点，作者在向报刊投稿时应注意。

关于禁止一稿两投或多投的法律依据，《著作权法》第十条规定："著作权包括下列人身权和财产权：（一）发表权，即决定作品是否公之于众的权利。"这里的"公之于众"是指作者将自己的作品，首次向公众见面，使公民能够看到或者听到，如果一部已经发表过的作品，再次拿出来与公众见面，就不是《著作权》法律意义上的发表。由此可见，发表权只能使用一次，当作品发表后，权利人就不能再次行使此项权利，也不再受法律保护。此外，《图书、期刊版权保护试行条例实施细则》第十三条第一款规定："作者向期刊或出版单位投稿或与出版单位签订约稿合同，不得一稿多投。因一稿多投给期刊或出版单位带来的损失，作者应予以适当赔偿。"因此，一稿两投或多投，不受法律保护。

一稿两投、多投对个人和社会均会造成的严重的后果。如果一稿两登或几登，可引起版权纠纷,并给刊物造成经济损失。这种行为不但占用了刊物宝贵的版面,而且使刊物的声誉受到了损害,所以任何刊物都不想刊发这类稿件。因侵权而造成刊物经济损失的,可以区分责任,要求作者赔偿。另外,一稿两投也助长了不良的学术风气,污染了学术环境,是急功近利的表现。

思考题

1. 什么是学术造假与剽窃?
2. 插图和表格的设计和制作有哪些原则?
3. 学术论文的发表有哪些策略?
4. 什么是二次发表?什么是一稿多投?

第 8 章

信息检索综合利用——科技查新

本章要点

- 查新工作流程。
- 查新的新颖性及其判断。
- 查新质量评价。

本章通过对查新工作的历史、流程、质量评价、新颖性判断等方面的介绍,使读者初步了解查新工作,并通过案例的讲解,掌握查新的具体方法。

8.1 科技查新概述

8.1.1 科技查新工作的历史沿革

在科技查新工作没实施以前,人们对科研立项和科研成果的评审主要采取同行专家评议和实践检验两种方法。科技查新工作是在我国科技体制改革进程中萌生、发展起来的。我国的科技查新咨询工作始于 1985 年,在这之前,对科技成果的评价方法主要采取两种,即同行专家评议和实践检验,两种方法基本上都属于“经验评价”的范畴。由于这种“经验评价”的结果,造成我国科研的低水平重复(重复率为 40%～60%)和科研成果鉴定失准,浪费了大量人力、财力和物力,影响了我国科技发展的速度和水平。所以,在这种情况下,就提出了把“情报评价”引入成果管理程序的要求,以便为专家评议提供全面、准确的“鉴证性客观依据”,与专家评议相辅相成。为了改变这种状况,卫生系统的专家鉴于我国医学科研的低水平重复带有普遍性,评审专家对具体项目所处水平很难全面了解,于是呼吁科技成果在鉴定之前应委托图书情报部门进行文献查新咨询。

“查新”一词,最初来源于专利审查,其本来意义是新颖性检索,最早见于 1978 年 6 月公布的《专利合作条例》。1985 年全国医药卫生科技工作会议之后,卫生部决定把部级招标项目交给中国医学科学院情报所进行查新预审,拉开了全国医药卫生专业查新的序幕。无独有偶,上海市科技情报所也在 20 世纪 80 年代初期开始承担上海市创优产品水平检索工作,该工作以查找标准文献和产品样本资料为主,将申报产品的技术指标与查得文献中的指标进行比较并得出结论,1985 年中国专利法实施,他们为配合专利代理工作,增设了专利查新工作。以后随着用户的要求,逐步发展到为少量企事业单位鉴定成果时,出具文献检索证明。此外,1985 年《专利法》实施,我国一些科技情报机构配合检索各国专利开展了专利查新工作。随着专利工作的开展,专利查新检索已成为国家发明奖评审的必要条件。

20 世纪 80 年代后期,随着各行各业对科学研究、技术开发工作投入的增加,各级科研管理部门为了提高科研立项和成果鉴定与奖励的严肃性、公正性、准确性和权威性,采取了不少措施,也制定了一系列管理办法和规定。如原国家科委于 1987 年颁布了《科学技术成果鉴定办法》;1988 年 3 月又颁布了《科学技术成果鉴定办法若干问题的说明》,对成果鉴定作出了许多规定,并赋予了法律效力。当时,对评价科技成果所采取的方法主要还是依靠同行专家评议和生产实践效益证明。对同行专家评议而言,在一定程度上讲,专家对自己的专业有较深的造诣和了解,可以对课题和成果进行正确客观的评价。然而,随着科学技术日新月异的发展,专业越分越细,且又交叉渗透,这样就不可能要求专家对所评议的课题和成果的方方面面以及国内外发展都有较深入而全面的了解;另一方面,社会上一些不正之风的干扰,也使某些被评议的课题或成果不能得到客观、公正、准确的评价。在这种情况下,就提出了把"情报评价"引入成果管理程序的要求,以便为专家评议提供全面、准确的"鉴证性客观依据",与专家评议相辅相成。实践表明,通过查新得到的"情报评价"有效地弥补了专家对信息掌握的某些不足,大大提高了专家评议的准确性。

为使科技查新工作健康发展,加强对查新工作的宏观管理,不断提高查新质量,原国家科委于 1990 年 10 月印发了《关于推荐第一批查新咨询科技立项及成果管理的情报检索单位的通知》([90]国科发情字 800 号)。申报首批一级查新单位的有 20 多个单位,获得授权的有 11 家。该通知标志着我国查新工作正式开始,也极大地推动了查新工作在全国范围的迅速发展。

20 世纪 90 年代,原国家科委在查新工作规范化方面做了大量工作,起草了《科技查新咨询工作管理办法》和《科技查新咨询工作管理办法实施细则》。1994 年,原国家科委国科通[1994]23 号文件又公布了全国第二批 15 个一级查新单位名单(申报单位有 50 余家)。1997 年,原国家科委授权第三批 12 个一级查新单位后,全国共有 38 个科技信息机构获得了一级查新单位资格。

为了贯彻落实中共中央、国务院《关于加强技术创新,发展高科技,实现产业化的决定》中"大力发展科技中介服务机构,尽快制定和完善关于科技中介服务组织的法规,规范其行业行为,加强管理"的精神,规范面向社会服务的查新机构的行为,保证查新的公正性、准确性和独立性,维护查新有关各方的合法权益,科学技术部于 2000 年 12 月发布了《科技查新机构管理办法》和《科技查新规范》(国科发计字[2000]544 号),自 2001 年 1 月 1 日起施行,标志着我国科技查新工作逐步步入法制化的轨道。

8.1.2　查新的定义

查新的定义,在不同的历史时期,人们赋予它不同的定义。

1992 年 8 月,《科技查新咨询工作管理办法》(征求意见稿)第二条定义:"科技情报查新工作是指通过检索手段,运用综合分析和对比等方法,为科研立项、成果、专利、发明等评价提供科学依据的一种情报咨询服务形式。"

1993 年 3 月,《科技查新咨询工作管理办法》(试行稿)第二条定义:"查新工作是指通过手工检索和计算机检索等手段,运用综合分析和对比方法,为评价科研立项、成果、专利、发明等的新颖性、先进性和实用性提供文献依据的一种信息咨询服务形式。"

1994 年 6 月,上报原国家科委的《科技查新咨询工作管理办法》(讨论稿)第二条定义:"本办法所称的查新工作,是指通过手工检索和计算机检索等手段,运用综合分析和对比方法,为评价科研立项、成果等的新颖性和先进性提供事实依据的一种公众性信息咨询服务工作。"

2001 年 1 月 1 日实施的《科技查新规范》对查新作出了规范的定义:"查新是科技查新的简称,是指查新机构根据查新委托人提供的需要查证其新颖性的科学技术内容,按照本规范操作,并作出结论。"

这里所说的查新机构是指具有查新业务资质,根据查新委托人提供需要查证其新颖性的科学技术内容,按照科技查新规范操作,有偿提供科技查新服务的信息咨询机构;查新委托人是指提出查新需求的自然人、法人或者其他组织;新颖性是指在查新委托日以前查新项目的科学技术内容部分或者全部没有在国内外出版物上公开发表过。

8.1.3　查新的类型

1. 科研立项查新

科研立项是科学研究的基础,只有把握好立项研究,对研究项目的先进性、新颖性、实用性等特征进行科学的评估,才能保证科学研究的质量和水平。科研立项查新的目的是为主管科研立题的专家和领导提供客观的文献信息依据,能真实地反映这些科研项目在国内外的研究现状和进展情况,以避免科研项目的重复,避免人力资源和物力资源的浪费,从而将有限的科研经费用到急需研究的项目上。同时,也为科研人员在开题之前比较全面的研究文献信息,达到优化科研项目的总体设计,缩短科研周期,少走弯路以及快出成果的目的。科研立项查新要求科研人员提供科研立项申请书,包括全面、充分的科研背景材料;明确的研究目标和具体的研究内容等。

2. 科技成果查新

科技成果查新是指申请科技成果鉴定之前,需要查证科技成果的创新性,为成果评审专家提供该成果相关的事实依据。目的在于帮助专家客观公正地评价研究成果,减少评审失误,保证成果的质量,增强科学的严肃性,实事求是地反映科研水平。科技成果查新是申报科技成果奖励的必备条件,是成果鉴定和评审的重要依据和基础。成果查新需要对成果进行全面系统的文献检索,证实其具有"新颖性"。检索的文献范围广,文献类型多,要求查找出与申报成果最密切相关的对比文献,并以此证明所申报的成果名符其实。因此,要求科技成果查新的委托人提供科技成果申报书的各项内容,包括本项成果的主要研究内容,关键技术方法,主要技术指标,主要特点和技术创新等。还需要提供已经在国内外发表论著,专利证书、科研合作单位及其知识产权关系的证明材料等。科技成果查新一般同时要求提供论著被引用的证明。

3. 专利申报查新

专利申报查新与成果查新是有差异的,我国专利的新颖性是混合性的,要求国内外未公知,国内未公用,检索时间限制是申请月或优先权日之前 15～20 年。而成果查新可以有国外新颖性、国内新颖性、地区或行业内新颖性等特征和区分。成果查新的文献检索时间限制也因课题、学科差异而有所不同,科技部规定要求检索文献的时间至少 15 年。按照世界专利合作条约的规定,专利查新最低文献量均为英、美、法、德、日、俄、意七国及 PCT、EPT 两组织的专利说明书和数百种核心期刊。而科技成果查新的文献检索范围应当包括图书、期刊、研究报告、专利、产品样本、会议资料、标本等。专利分为发明专利、实用新型专利和外观设计专利三种,其侧重点是不同的。发明是指对产品、方法或其改进提出的新的技术方案。实用新型是指对产品的形状、构造提出的适于实用的技术方案。外观设计是指对产品的形状、图案或其色彩作出新的设计方案。因此,要求专利查新委托人提供具体类型的专利申请的全部资料,查新机构根据专利类型进行相关内容和相应范围的检索并出具查新证明。

8.1.4　查新的性质和作用

1. 查新的性质

查新是对科技项目进行文献鉴证,对其新颖性作出肯定的或否定的结论。查新有别于文献检索,也有别于专家评审。

1) 查新是对项目的新颖性作出结论

《科技查新规范》将科技查新界定为对查新项目的"新颖性"作出结论,与授予专利权的条件或专利审查原则(具有新颖性、创造性和实用性)有所不同。需要指出的是不同的时期查新有不同界定:如 1993 年是要求为科技项目的新颖性、先进性和实用性提供文献依据,1994 年是要求为科技项目的新颖性和先进性提供事实依据,而现在只需对"新颖性"作出结论。

2) 查新有别于文献检索

文献检索是针对具体课题的需要,仅提供文献线索和文献,对课题不进行分析和评价,侧重于对相关文献的查全率。查新是文献检索和情报调研相结合的一种情报研究工作,它以文献为基础,以文献检索和情报调研为手段,以检出结果为依据,通过综合分析、对比分析等方法,对查新项目的新颖性进行情报学审查,写出有依据、有分析、有对比、有结论的查新报告。因此,查新有较严格的年限、范围和程序规定,在查全、查准率上有着严格的要求,要求给出明确的结论,查新结论具有鉴证性。这些都是单纯的文献检索所不具备的。

3) 查新有别于专家评审

查新是以通过检出文献的客观事实来对项目的新颖性作出结论。专家评审主要是依据专家本人的专业知识、实践经验以及所了解的专业信息,对被评对象的创造性、先进性、新颖性、实用性等作出评价。由此可见,查新和专家评审所依据的基础不同,评价的内容也是有差异的。同时两者各有优缺点,评审专家丰富的专业理论知识、实践经验以及对事物的综合分析能力,是一般科技情报人员难以具备和无法代替的;反之,信息机构所具有的丰富的文献信息资源和现代化检索系统,情报专业人员所具有的一定学术水平、较宽的知识面和丰富的文献情报工作经验等优势,也是评审专家难以取代查新机构的原因。有必要指出,查新机构提供的查新报告对项目的查新结论只是文献检索、情报调研等方面的结论,只是较系统、较准确的客观依据和情报学评价,而不是全面的成果评审结论。查新为科研立项提供客观依据;为科技成果的鉴定、评估、验收、转化、奖励等提供客观依据;为科技人员进行研究开发提供可靠而丰富的信息。

2．查新的作用

查新的作用表现在科技研究开发、科研管理和国民经济建设中。具体有以下几个方面:

1) 为科研立项提供客观依据

科研项目在论点、研究开发目标、技术路线、技术内容、技术指标、技术水平等方面是否具有新颖性,在正式立项前,首先的工作是全面、准确地掌握国内外的有关情报,查清该项目在国内外是否已有人研究开发过。通过查新可以了解国内外有关科学技术的发展水平、研究开发方向,是否已有人研究开发或正在研究开发,研究开发的深度及广度,已解决和尚未解决的问题等,对所选项目是否具有新颖性的判断提供客观依据。这样可防止重复研究开发而造成人力、财力、物力的浪费和损失。

2) 为科技成果的鉴定、评估、验收、转化、奖励等提供客观依据

查新可以为科技成果的鉴定、评估、验收、转化、奖励等提供客观的文献依据。查新还保证科技成果鉴定、评估、验收、转化、奖励等的科学性和可靠性。在这些工作中,若无查新部门提供的可靠的查新报告作为文献依据,只凭专家小组的专业知识和经验,难免会有不公正之处,可能会得不出确切的结论。这样既不利于调动科技人员的积极性,又妨碍成果的推广应用。高质量的查新,结合专家丰富的专业知识,便可防止上述现象的发生,从而保证鉴定、评估、验收、转化、奖励等的权威性和科学性。

3) 为科技人员进行研究开发提供可靠而丰富的信息

随着科学技术的不断发展,学科分类越来越细,信息源于不同的载体已成为普遍现象,这给获取信息带来了一定的难度。有关研究表明,技术人员查阅文献所花的时间,约占其工作量的 50%,若通过专业查新人员查新,则可以大量节省科研人员查阅文献的时间。查新机构一般具有丰富的信息资源和完善的计算机检索系统,能提供从一次文献到二次文献的全面服务,内容涉及各种学术会议和期刊的论文、技术报告、专利、标准和规范、通告等,收藏的数据最早可追溯到 19 世纪,最新可查到几分钟前公布的信息。据有关资料统计,这些系统包含了世界上 98% 以上的机读文献,基本能满足科研工作的信息需要。

8.1.5　新时期科技查新的特点

1．由咨询服务发展为鉴证服务

在不同的历史时期,人们从不同角度和基于不同的认识,给予了查新不同的定义。与以前相比,针对查新工作的监督管理越来越严格,查新行为规则逐步建立健全,查新工作承担和体现了更大的法律义务和责任,其公正性、准确性和独立性也得到了更大的保证。

2．由公益型向市场型过渡

一直以来,查新机构是享受行政拨款的事业单位,但随着市场经济的发展和科技体制改

革的深入,各级情报单位逐步向企业化管理过渡,查新工作也要作为信息产业,按市场机制运行,其业务由供求关系决定,查新资格也要通过市场需求和竞争淘汰取得。各查新单位已陆续实行成本核算机制,并将查新效益与员工的个人收益挂钩。

3. 以馆藏文献为基础转向以"虚拟图书馆"为基础

20 世纪 90 年代初的查新服务主要以馆藏文献为基础,利用目录、索引、文摘、参考工具书、光盘数据库等进行查新。21 世纪的查新将会以全球"虚拟图书馆"为基础,这对于查新人员来说,意味着他们的检索空间以及信息资源扩大了无数倍。

4. 应用更为广泛

以前的查新主要服务于大专院校、科研单位的科研立项及科技成果的鉴定、评估、转化的活动。随着人们对查新了解的加深,其功能逐渐为社会各方面所重视和接受。人们从应付科研主管部门的硬性规定而被动地履行查新,发展到自发自愿地应用查新。现在除了政府部门、科研系统外,民间的科研开发、技术交易、入股等活动,也自觉应用查新来保障自己的利益。甚至有的杂志出版社为了确保所录用的科技论文的质量,也要求论文作者出示证明其论文科技内容新颖性的科技查新报告书。由此可见,新时期的查新与周围环境更为广泛、更大程度地保持联系,各查新机构应敞开大门接纳用户,延伸用户所需的服务领域,使服务对象扩大到社会各层面。

5. 趋向于专业分化

过去,有关部门在授权查新机构时并没有对其查新的专业范围进行限制,而查新机构在承接查新项目时往往也是不论专业,多多益善。但随着查新实践的深入开展,人们发现信息资源馆藏特点和查新人员的知识结构对查新工作的影响很大。信息资源是查新的物质基础,是影响查新质量的重要因素;而每一个查新人员的知识面都是有限的,不可能面面俱到,如果查新课题的专业比较陌生,则很难把握其内容实质和技术要点。因此,根据查新单位的馆藏专业特点和查新人员的专业知识背景进行查新专业的授权和限制是一种必然趋势。目前,已有不少查新机构也在长期的查新实践中发挥了自己的专业特长,打响了在特定专业领域的查新名牌,得到了社会各方的认同。

6. 科技查新手段的现代化

电子出版物的大量涌现,各种商业数据库的联机检索以及 Internet 网上资源的开发等,预示着查新服务的周围环境以及服务本身已经或正在发生着变化。

1) 电子出版物

随着信息技术的发展,查新工作在检索方式上趋于简单、快捷、准确,查新服务的主要参考工具书也由印刷版扩大到电子版。现代科技查新工作中使用量最多的是只读光盘CD-ROM。它利用计算机高速顺序扫描的功能,从文献的多种索引项目入手,便于读者随机检索,不必顺序浏览,快速而准确,使查新工作向现代化迈进一步。

2) 各类型数据库

以数据库为核心的现代信息检索正逐步取代传统的手工检索,数据库根据其所含文献的不同,可分为以下几种。

(1) 书目数据库。利用计算机查询的二次文献,如专题文献索引、馆藏目录等。

(2) 具有事实性与数据性的数据库。包括各行业企业名录、人物简介、各学科领域的测量数据、统计数据等。

(3) 全文数据库:可提供原始情报的全文,也可根据要求检索全文中的段节等内容。

各类型数据库的广泛应用,增强了查新工作的时效,拓展了查新服务的深度和广度,保证了查全率、查准率,使查新质量得到了提高。

3) Internet 网上资源

以 Internet 为主的"电子图书馆"为查新提供了便利的信息获取与传输的渠道和工具,是信息资源查询和共享的最大的信息市场。Internet 网上资源的开发和利用,不但为查新工作提供了海量的网络信息资源,还改变了查新的工作方式,查新人员可以通过电子方式完成咨询答复或实现"资源共享",还可以借助它的电子信箱、电子讨论组、电子公告版等功能进行直接快速的信息交流与传递。

8.2　科技查新工作流程

查新工作流程大致如图 8-1 所示。

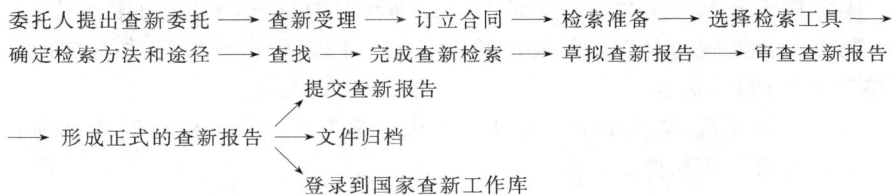

委托人提出查新委托 ⟶ 查新受理 ⟶ 订立合同 ⟶ 检索准备 ⟶ 选择检索工具 ⟶

确定检索方法和途径 ⟶ 查找 ⟶ 完成查新检索 ⟶ 草拟查新报告 ⟶ 审查查新报告

⟶ 形成正式的查新报告 ⟶ 提交查新报告 / 文件归档 / 登录到国家查新工作库

图 8-1　查新工作流程

8.2.1　查新委托

要进行查新工作,首先要进行查新委托和查新受理。

1. 查新委托人的权利

(1) 有权选择具有查新资质证书的单位委托查新。

(2) 对查新站选择咨询专家有建议权。

(3) 按时接收查新报告。

(4) 查新站完成查新报告后,有权要求退还全部资料。

(5) 有权拒绝支付查新合同上商定费用以外的其他一切费用。

(6) 对查新站的违规行为,有权依法请求处理,要求赔偿。

2. 查新委托人的义务

根据查新要求提供真实、完整地资料。所提交的资料应当真实可靠,用词准确,能够满足查新的需要,主要包括以下方面。

（1）查新项目相关的技术资料。

（2）提供与课题密切相关的国内外参考文献，以供查新员在检索时参考。

（3）有责任向查新员介绍查新课题内容，明确查新目的、查新范围及查新点。

（4）列出课题的参考检索词，包括中英文对照的查新关键词、分类号、专利号、化学物质登记号等。

（5）与查新机构订立查新合同。

（6）查新委托人应按合同向查新站支付报酬。

（7）为提高质量，请填写反馈意见表。

（8）不得干涉查新活动。

（9）不得弄虚作假，不得侵犯他人知识产权。

查新委托人按要求填写完"查新委托单"，并和查新机构签订合同后，查新机构就要实施查新检索了。

8.2.2　查新检索

在正式检索前，查新员必须做好以下几个工作。

（1）查新员必须仔细阅读分析查新项目的资料包括课题的特点、涉及的学科范围、主要技术指标及查新委托人提出的科学技术要点和查新要求。

（2）确定检索文献的类型和检索的专业范围和时间范围。检索时限的补充与回溯。

（3）制定科学准确的具有操作性的检索策略。检索用词不应受委托方的局限或误导；检索策略应反复调整、试验。

（4）选择检索工具，包括手工检索和计算机检索工具。注意检索工具的补充和回溯。

（5）确定检索途径和检索方法。

（6）实施检索。在检索时，应以机检为主，手检为辅。

8.2.3　撰写查新报告

查新报告各部分的著述要求

查新报告的内容必须符合查新合同的要求，一般包括如下几个方面。

1）查新目的

查新目的的表述一般有：科技立项（申报各级、各类科技计划），科技成果鉴定，申报科技成果奖励，申报专利，新产品，其他。

2）查新项目的技术要点

应充分反映出查新项目的概貌，简述项目的背景技术、要解决的技术问题、解决技术问题所采用的方案、主要技术特征、技术参数或指标、应用范围等相关技术内容。删除空泛叙述以及修饰性、广告性用语；适当精简篇幅；补充具体技术内容；复核技术数据；核查标准变更动态；注意计量单位的换算；注意文字与术语规范；注意纠正科学技术要点中的某些技术性缺陷。

对各种目的的查新，在写法上要有所侧重。

（1）立项查新报告应概述项目的国内外背景，拟研究的主要科学技术内容，要研究解决哪些问题,达到的具体目标(指标)和水平。

(2) 项目鉴定类查新简略说明项目的研究背景,介绍项目的主要科学技术特征,已完成项目与现有同类研究、技术、工艺相比所具有的新颖性所在,主要创新点,体现项目科学技术水平的数据和量化指标。

(3) 科学研究类项目应简要地说明项目所在领域的背景、发展趋势,阐明研究的意义、学术水平、主要创新和优点。

(4) 专利申报项目应阐明项目的主要技术特征或权项范围,与现有(专利)技术的比较,突出项目的创新内容。

(5) 开发类项目如产品、技术等,应简述其用途、功能,介绍能反映其技术水平的主要工艺、成分、性能指标等数据,与国内外同类产品的参数对比,项目已达到的规模及效益。

(6) 申报科技成果奖励项目应说明项目的国内外背景、基本原理和技术指标、与同类研究相比项目达到的水平、产生的经济效益和社会效益、推广应用前景。

3) 查新点与查新要求

(1) 查新点的表述。查新点是体现查新项目新颖性的技术创新点,应逐条列出。查新点一般从技术要点中提取,或者是技术要点中技术关键的全部,但注意不要把查新项目中的一般性技术特征列为查新点。

查新点是查新员拟定检索词和制定检索策略以至对比分析和判断新颖性的依据,写法上要精练明确,条理清楚。对委托人有多个新颖性查证要求的项目,要以1、2、3来标记查新点,逐条列出,以便在查新结论中,分别针对每一个查新点作新颖性结论。

(2) 查新要求的表述。

① 对本查新项目的新颖性作出判断。

② 查找国内外是否有与本项目相同或类似的研究或技术。

③ 查找国内外有关本项目的科技文献和专利报道,并根据检索结果作出对比性结论。

4) 文献检索范围及检索策略

检索范围是指根据查新项目所属专业涉及面选定的检索工具。检索范围应当符合具体要求,做到大小合适。在该项中要列出查新员在对查新课题进行分析后所确定和选择的检索工具的名称、年限、列出实际使用的检索词和检索策略、列出从各检索工具中检出的文献数。

5) 检索结果

对检出文献按与项目查新点的相关程度归类,一般可分为密切相关文献和一般相关文献。检索结果这部分应当反映出通过对所检数据库和工具书名中的相关文献情况及对相关文献的主要论点进行对比分析的客观情况,并包括下列内容。

(1) 对所检数据库和工具书名中的相关文献情况进行简单描述。

(2) 依据检出文献的相关程度分国内、国外两种情况分别依次列出。

(3) 对所列主要相关文献逐篇进行简要描述(一般可用原文中的摘要或利用原文中的摘要进行抽提),对于密切相关文献,可节录部分原文并提供原文的复印件作为附录。

6) 查新结论

《科技查新规范》第9部分规定,查新结论应当包括下列内容。

(1) 相关文献检出情况。

（2）检索结果与查新项目的科学技术要点的比较分析。

（3）对查新项目新颖性的判断结论。

查新结论在体例上应是一篇相对独立的具有鉴证性的短文，将检索结果与课题查新点进行对比分析，以综述的形式形成查新结论。应特别注意撰写的完整性、逻辑性和客观性，为专家评审和科研管理部门提供科学的真实的依据。

（1）查新结论的撰写应注意规范。

（2）每个论点都应有文献依据（注明文献号）。

（3）对查新点分别逐条给出（对比）结论，可对国内、国外分别给予结论。

除了上述几部分，查新报告还有查新员与审核员声明、附件清单、委托人要求提供的其他内容等。此处不再赘述。

8.3　科技查新新颖性及其判断

8.3.1　新颖性的概念

由于我国查新工作起步于申请专利以及评审国家发明奖所需的专利审查，所以查新中的新颖性与专利审查中的新颖性既有联系又有区别。

《中华人民共和国专利法》第二十二条第二款规定："新颖性，是指在申请日以前没有同样的发明或者实用新型在国内外出版物上公开发表过、在国内公开使用过或者以其他方式为公众所知，也没有同样的发明或者实用新型由他人向专利局提出过申请并且记载在申请日以后公布的专利申请文件中。"（注：后者被称为"抵触申请"）。

正确理解《专利法》中的"新颖性"的定义，关键在于正确把握"三个公开——出版物公开、使用公开、以其他方式公开"。"使用公开"是指，由于使用导致一项或者多项技术方案的公开方式，或者使公众处于任何一个人都可以使用该技术方案的状态的公开方式。"以其他方式公开"主要是指口头公开，例如，口头交谈、报告、讨论会发言、广播或电视等能使公众了解技术内容的方式，其他还包括公众可以阅览的展台展示、柜窗放置的情报资料及直观资料等。

在查新领域内，影响新颖性的公开方式是指出版物公开。对在国内公开使用的同类成果，如未能通过相应文献（包括"性能介绍"、"产品说明书"等）来证实其属于相同成果的，应不影响其新颖性。不论"成果查新"或"立项查新"，其新颖性均应以有无同样成果在出版物上由他人公开为判断依据。成果的应用应视为成果目的与效果的一部分。有的文献介绍了技术方案或设想，但尚无应用实例。如果对比文献介绍的技术方案未付诸实用，即使主要技术方案内容完全相同，也不应影响已付诸实施的本项目的新颖性（因为技术方案的付诸实施，本身包含有不同程度的创新）。分析、对比过程中可采用"但本文献报道的上述技术未见实际应用"等评价语。

8.3.2　新颖性的判断原则

对项目是否存在新颖性的判断原则如下。

1．相同排斥原则

若存在"同样的成果"，则项目不具备新颖性。

同样的成果是指技术领域、目的以及预期的效果相同，所采用的技术解决手段实质上相同的成果。

在查新工作中对"同样的成果"采用"相同排斥原则"。若查新项目的立题目的、技术领域、技术解决方案（其创新性体现在各"查新点"中），以及所获得的（或预期的）效果均与现有技术相同，那么，该项目缺乏新颖性。反之，则新颖性成立。例如，"磁化净水器"和"磁化杯"，就其技术领域而言，都属于水处理装置。就其功能而言，都能对水进行磁化。然而，"磁化净水器"的目的是提供一种具有磁化功能的净化水的装置，而"磁化杯"的目的则是提供一种能磁化容器中饮用水的饮用器具。鉴于这两者的目的不同，且以"查新点"表述的技术方案主要特征和所获得的效果亦有一定的差异，判断时就不能以"磁化净水器"作为现有技术来否定"磁化杯"的新颖性。

类似的不影响新颖性的实例很多。例如，在先项目"直流接地极新材料的应用技术研究"与项目"直流输电接地极技术研究"，技术领域与目的相同，均为直流接地极以及接地极的腐蚀问题；效果也相同，是为了解决海水腐蚀问题，但方案不同（体现在"查新点"中）。在先项目是对低碳钢加焦炭的接地极系腐蚀机理研究并提出用铁氧体电极的方案；本项目则转用了在海港、码头钢桩、深井采用的高硅铸铁阳极，实现阴极保护的方案，项目具有新颖性。

2．单独对比原则

所谓"单独对比原则"是指应当将查新项目的查新点与每一份技术内容相关的对比文献单独进行比较，而不能将它与几份对比文献内容的组合进行比较。

例如，在对一项"低压无功自动控制补偿装置"进行查新时，归纳出该成果的查新点有四项。

（1）采用微机自动控制（要点 A）。

（2）采用晶闸管过零投切，避免投切时产生涌流、过压及触头燃弧（要点 B）。

（3）按无功功率采样，进行自动补偿，补偿效果优于按功率因数采样（要点 C）。

（4）可实现分相不平衡补偿（要点 D）。

经检索获得相关成果 7 项，该 7 项相关成果中覆盖了查新点 A＋B 的有两项，覆盖了查新点 A＋B＋C 的有两项，其余 3 项分别具有技术特征 A＋B＋D、A＋C 及 C。上述 7 份对比文献均未单独完全覆盖查新项目的创新点，故不能否定查新项目的新颖性。

3．具体（下位）概念否定一般（上位）概念原则

在同一技术主题中，具体（下位）概念的公开即可使一般（上位）概念的发明（或成果创新）丧失新颖性。而一般（上位）概念的公开并不影响具体（下位）概念的发明（或成果创新）的新颖性。例如，氧化镁的上位概念是碱土金属化物。相对而言，氧化镁即是碱土金属氧化物的下位概念。如果查新项目的创新点或技术要点是采用碱土金属氧化物作为化学反应过程中的氧化催化剂，而检索查得的对比文献揭示了同样化学反应过程中采用了氧化镁作为

氧化催化剂,那么,查新项目即丧失新颖性(当然,本案例中项目,若以"材料替代"为创新点,并在技术要点中阐明,取另一种催化剂材料作为对采用氧化镁材料现状的改进,则可避免丧失新颖性)。

4．克服偏见原则

在专利审查中,"克服偏见原则"通常用于数值范围的判断,主要是指:若在现有技术中公开的某个数值范围是为了告诫所属技术领域的技术人员不应当选用数值范围,而查新项目却正是克服这种偏见而确立该数值范围。那么,该成果具有新颖性。对科技成果查新,该原则也可扩展应用到对其他技术创新点的评价(诸如技术路线、方法等)。

8.4　查新质量评价体系

查新质量评价体系示意图如图 8-2 所示。

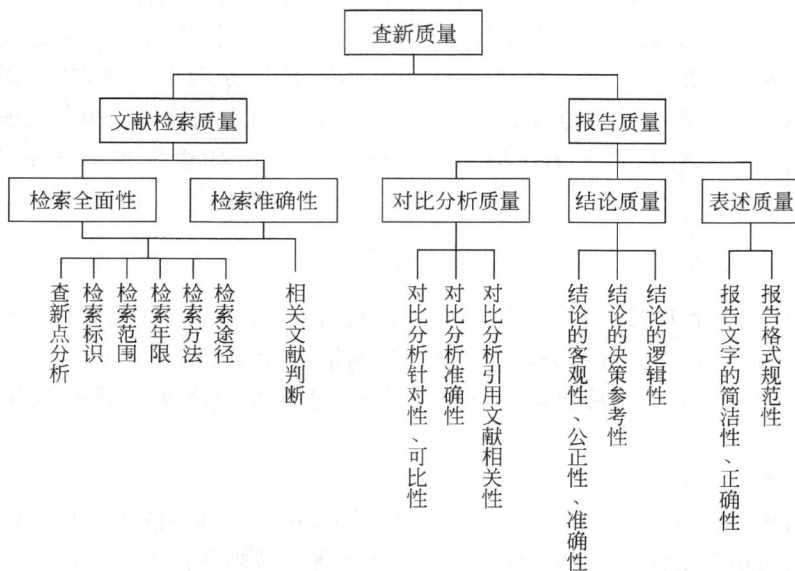

查新质量
├─ 文献检索质量
│   ├─ 检索全面性
│   │   ├─ 查新点分析
│   │   ├─ 检索标识
│   │   ├─ 检索范围
│   │   ├─ 检索年限
│   │   ├─ 检索方法
│   │   └─ 检索途径
│   └─ 检索准确性
│   └─ 相关文献判断
└─ 报告质量
    ├─ 对比分析质量
    │   ├─ 对比分析针对性、可比性
    │   ├─ 对比分析准确性
    │   └─ 对比分析引用文献相关性
    ├─ 结论质量
    │   ├─ 结论的客观性、公正性、准确性
    │   ├─ 结论的决策参考性
    │   └─ 结论的逻辑性
    └─ 表述质量
        ├─ 报告文字的简洁性、正确性
        └─ 报告格式规范性

图 8-2　查新质量评价体系

8.4.1　文献检索质量

1．影响查新质量的因素分析

1) 查新人员的素质

查新人员的素质包括专业知识、外语能力、文献检索与分析技能、职业责任感等。

科技查新咨询不仅是一项科学性、技术性很强的信息服务工作,而且也是一项高智力的信息活动,因此,它对查新员的素质有较高的要求。

(1) 扎实的专业知识和广博的知识面相结合。

（2）较强的综合分析与判断能力。

（3）熟练的文献检索技巧。

（4）熟练的外语能力和计算机操作技能。

2）查新员应深入理解课题的内容与背景

查新员应通过与用户交流，阅读综述性文献，扩展检索思路，明确查新项目的技术背景及其在学科分类中的位置。

3）查新员对相关文献的阅读深度

对相关文献的分析和筛选，不能仅凭题录和文摘，有时必须深入到原文中（特别是专利），从原文中查到更具体的内容与数据。

2．数据库质量对查新检索的影响

（1）文献收录不完整。

（2）文摘内容过简，或缺少实质性内容。

（3）专利无文摘或无专利权项。

（4）科技期刊编辑质量对数据库的影响。

（5）录入差错率较高。

（6）数据库规范化方面的疏漏。

（7）网络资源的利用。

3．文献检索质量评价的具体内容

检索质量的好坏直接影响查新报告结论的准确性，检索质量是整个查新质量的基础。检索质量一般从检索的全面性和检索的准确性两个方面进行评价。

1）检索全面性

查新检索是针对查新项目科学技术内容的新颖性进行检索，具有较高的文献查全率的要求。检索全面性受查新要点分析、检索标识、检索范围、检索时限、检索方法、检索途径、检索结果的检验与调整等因素的影响。

（1）查新点分析：查新点分析是检索的前提，是查新项目对比分析和论述的依据，也是查新检索质量控制的关键。查新人员根据委托人提供的查新项目科学技术要点，特别是新颖性（创新性）的表述，将需要查新的内容进行分解，条理清晰地列出查新要点，一般可列出数条查新要点。依据查新要点确定检索词、制定检索策略、选择检索范围等。

（2）检索标识：检索标识是指通过对查新项目的主题分析，将自然语言转换成规范化语言。包括分类号标识和主题词标识。要求确定的检索标识全面准确，逻辑组配合理。如果说查新点分析是概念分析和整理的过程，那么检索标识就是概念的转换。

（3）检索范围：检索范围是指根据查新项目涉及的学科专业选定检索工具，如数据库、网站、期刊、资料等各类型文献资源。确定检索范围的原则是宁可适当放宽，也不要过于狭窄。检索范围过小会影响文献的查全率。

（4）检索时限：检索时限是指根据查新项目所属学科发展动向和研究起止年限，确定检索数据库的时间范围。有些传统学科的项目如中医药学，要求的检索时限较长，而一些新兴学科项目则可缩短检索时限。

（5）检索方法：检索方法是指查找文献信息的具体方法，分为计算机检索和手工检索两种。以计算机检索为主，手工检索为辅。只有在特殊学科（如传统中医药学）或者某些公开信息尚未提供计算机检索方式时，考虑以手工检索作为弥补，以保证文献的查全率。

（6）检索途径：检索途径主要是指手工检索和计算机检索时所采用的检索入口，最常用的是主题与分类途径，其中主题途径检索具有专指性，而分类途径则具有系统性，两者交替配合使用可以提高检索的全面性。其他检索途径还有关键词、著者途径等，需根据检索工具的特点配合使用。

2）检索准确性

检索准确性是指查新项目的检索结果与实际情况的"偏差"属性。为了提高查准率，需要针对检索出的文献逐一进行相关性分析，并且根据查新项目的查新点与文献的符合程度，对相关文献进行分析。

如果除外查新项目的学科属性、科学技术要点和新颖性的准确定位等影响因素，那么文献检索的查准率主要取决于查新人员的检索技能，如数据库运用的熟练程度、检索语言的转换能力、检索结果相关性判读水平以及相关的专业知识等主观因素。因此，控制查新检索的准确性就要提高查新人员信息资源利用能力和专业技术水平。

8.4.2 查新报告质量

查新报告是查新检索结果的反映，是根据查新点将文献检索结果与查新项目技术要点进行对比分析，并由此得出查新新颖性情况的报告，其质量主要由对比分析质量、结论质量和表述质量反映。

1. 对比分析质量

控制对比分析质量就是核对查新报告是否针对查新项目的查新点，即查新项目的新颖性进行分析，从而判断与检出文献的可比性、相关性以及分析的准确度等。如果发现查新项目与检索出的文献密切相关，还要进一步检查时间、地理等方面是否进行了对比，如是否比较了两者在文献发表、专利公布、成果公开、药品批准上市等方面的时间排序、地理位置差异等。控制对比分析质量就是多方位地审视查新点与检出文献两者之间的相关度。

2. 查新结论质量

查新结论质量控制主要包括客观性、公正性、准确性 3 个指标。所谓客观是指查新结论按照检出文献的原始面目列出，不夹杂查新人员的个人偏见；公正是指查新结论以客观文献为事实依据的分析和判断，不包含查新人员的个人偏私；准确是指查新结论的论点与论据表述准确、明晰、无歧义。

3. 文字表述质量

查新报告的文字表述应当符合国家科技查新规范的要求，即采用描述性写法，使用规范化术语，文字、符号、计量单位应当符合国家现行标准和规范要求；应当包含足够的信息，使得查新报告的使用者能够正确理解。

8.5 查新案例分析

8.5.1 有关查新点的提炼及案例分析

在提炼查新点时,一定要仔细审阅委托课题的科学技术要点,提炼主题概念。查新点的撰写主要是依据项目的科技要点,从项目的全部关键性的技术特征中提炼出来。一是不要把查新项目中的一般性技术特征列为查新点;二是相对独立的查新内容不要合在一处作为查新点。提炼的查新点准确与否,反映了查新人员对查新课题的实质内容的理解与掌握程度,是检索的前提,是对比分析的依据,是查新质量一个较为重要的影响因素。从用户的角度看,希望查新课题的查新点越多越好,所以往往把假想创新点列出很多。这实际上,干扰了查新人员的检索思路及检索策略的制定。因此,查新点不应该完全由用户确定。首先,查新人员应与用户建立相互信任的关系,在对用户课题保密的前提下,与用户进行开诚布公的交流,这样才能由用户与查新人员一起通过对课题的分析,充分利用查新人员课题分析及概念组配能力较强的优势,全面准确地理解查新内容后,找出真正的查新点。

查新点应少而精,一般课题其查新点只有一到两个,最多不超过三个。通过这种方法确定查新点,使查新人员对课题的理解得以加深,明确检索目标。查新点提炼不当,往往导致查新人员在选择检索词、制定检索策略时出现偏差,直接影响查新结论的可靠性和针对性。

案例 1:2,5-二甲基吡嗪的制备。

用户提供的查新项目的技术要点和查新点为:采用新型催化剂,固定床反应器,制备高收率、高纯度 2,5-二甲基吡嗪。

通过与用户交谈,了解到课题组采用的催化剂为 Zn—Cu—Cr—Al。经过初步检索,发现采用异丙醇胺为原料或 ZnO、硅铝酸盐沸石、铂钯合金、镍钴合金,铁,亚铬酸铜、亚铬酸锌为催化剂制备 2,5-二甲基吡嗪方面,国外已有文献报道。但是同时采用本课题组的原料和催化剂的文献,国内外未见文献报道。

所以经提炼查新点为:以采用异丙醇胺为原料,Zn—Cu—Cr—Al 为催化剂制备 2,5-二甲基吡嗪。该课题化学物质制备方法提炼出来。而课题组提供的高收率、高纯度等模糊的词语不能在查新点中体现。

案例 2:大型公交车用单燃料天然气(CNG)电控喷射 EQ6102Ni 发动机研究与开发用户提供的发动机特征为:

(1) 采用单一燃料压缩天然气。

(2) 电控喷射开环控制,最大空燃比值和最小空燃比值。

(3) 电控高能顺序点。

(4) 增压中冷。

(5) 浅盆形燃烧室,低旋流进气道,高效低污染强紊流燃料系统。

(6) Q6102Ni 电控 CNG 喷射发动机,达到产品化水平,用于大型客车。

(7) 尾气后处理采用氧化催化转化口。

(8) 开发电控模拟装置,对其他 CNG 发动机电控系统开发标定同样适应。

通过研究用户提供的技术资料及技术性能指标数据,经过试验,很多技术为发动机所采用的普遍技术。所以,对待该类课题,应该发挥查新专业人才的优势,通过检索,把一些不是特别新颖的特征去掉,留下最精华的特点。

经过大量的检索、分析,该课题查新点提炼为"单一燃料稀薄燃烧天然气发动机",该课题查新点为发动机,该发动机的定语可分解为"单一燃料"、"稀薄燃烧"、"天然气"三项。在检索中,应紧紧抓住这三项,以便在文献分析中进行对比、分析。如果忽视了任何一项,此课题查新都是不完整的,在查新结论部分,对该课题的结论都不是准确、客观、公正的。同样,如果单纯听取用户的描述,查新点增加任何一项,对课题都是画蛇添足,最终可能还会对用户造成巨大损失。这就说明,查新人员要充分分析课题,对反应课题本质的任何信息都不应错过,这就要求查新人员要有开阔的思路,灵活的头脑。

案例 3:腰椎体复位融合器的研制与应用。

用户提供的查新项目的科学技术要点:椎体滑脱和腰椎不稳是骨科常见且难以治疗的一组顽疾。1993 年 5 月至 1996 年 5 月用自行研制的椎体复位器与椎体融合器治疗下腰椎不稳 48 例。效果优良率 93.7%,椎体复位器由不锈钢制成的横臂和垂接在横臂两端的提拉杆和椎拉杆及两者中段的调节螺杆组成,用于滑脱椎体复位。融合器由钛合金融椎器及配套器械构成。其中融椎器呈大螺纹空心圆柱状体,分大、中、小三种型号,分别为 16(外直径)mm×28(长度)mm、16mm×26mm、15mm×24mm,螺纹丝横断面呈圆锥形,后端有一凹槽,以备后盖关闭。配套器械由环钻、丝椎、置入器等部件构成。

分析该项目的科学技术要点,虽然用户提供的文字叙述比较多,但可以将其简化,分析后得出其查新点:腰椎体复位融合器的研制。

案例 4:CMOS 数字图像获取、存储与显示传输装置原理样机。

用户提供的查新项目的科学技术要点:本项目研制的 CMOS 数字成像显示装置已在图像传感器、图像压缩存储、数据通信、控制器、软件平台等方面取得成果,具备了开发 CMOS 数字照相机的技术水平。本项目的现阶段技术成果如下。

(1) CMOS 数字成像技术:本项目与英、美两国联合开展 CMOS 图像传感器的产品性能完善与实用化工作,目前已有阶段性成果,CMOS 图像传感器目前已可用于普及型数字相机。

(2) 图像压缩技术:已取得成熟成果,压缩比可达一至几十倍,达到数字相机所要求的 4~5 倍,并已有成熟的软件及硬件结构,现正进行动态图像软件压缩硬件化新产品研制。

(3) CMOS 数字照相机:CMOS 数字成像系统的具体应用是 CMOS 数字照相机,本项目研制组即将开发成功的 CMOS 数字照相机图像传感器取代 CCD 图像传感器;采用我国独立开发的图像压缩计算专用芯片,使 CPU 只参加管理,不参加计算,即采用"最简易 CPU+专用图像计算芯片"的组合;新开发的 CMOS 数字相机还将具有连拍功能。本项目的 CMOS 数字成像技术还可应用于数字摄像机、网络电话系统、国际互联图像实时监控网等方面。

用户提供的本课题的技术要点内容较多,但归结起来,它的查新要点就是:CMOS 数字图像获取、存储与显示传输装置。

8.5.2　文献检索词和检索策略的确定及案例分析

查新检索首先要求查全——不能漏检重要文献库；其次要求查准——检出的文献应尽量包含查新要点的主要概念。

1. 关键词选择正确与否直接影响查新质量

在整个文献检索过程中，检索主题是我们了解课题的研究动态及发展变化的最直接、最简单的检索手段，也是最快实现检索目的的基本途径之一。

检索主题往往是指关键词，而关键词是指出现在文献标题、文摘、正文中，对表征文献主题内容具有实质意义的语词，它是对揭示和描述文献主题内容非常重要的、关键性的语词。通过对查新检索项目全文的仔细研读和内容分析，确定主题概念，不能仅根据题目抽取概念。要充分考虑主题分析的全面性、专指性，最大限度地满足了查全与查准的要求。科技查新也好，一般文献检索也好，都需要用户将要查找的信息以关键词的形式较准确地描述出来，查新员在对用户课题通过有效沟通理解后，在相关工具书的帮助下进行检索，进行归纳整理，根据词的同类、隶属、相关等关系，列出一系列词，并考虑到同义词、近义词、学名、俗名，尽可能较全面地选择具有同一关系的检索词，这里说的同一关系是指两个或两个以上的词所表示的概念相同或相近，并且彼此可以互换的关系。还要避免选择概念过大或过小的检索词，概念过大的检索词是指内涵较深刻的检索词，它不能代替内涵比较浅的检索词，反之，概念过小的检索词同样不能代替内涵比其深的检索词。选择主题词的关键是要对课题内容进行充分的了解。我们经常遇到检索结果为"零"的问题，实际上这一问题主要是由于选词不当造成的。反之，同样由于选词不当，还可以出现检出大量文献而又与查新内容相关不大，甚至是毫无关系的问题。究其原因，主要是关键词选择不当或检索式组配不适。因此，检索前可以从以下几个方面考虑。

（1）所用检索词是否覆盖了查新点。

案例 5：盐碱地改良。

我们不能单纯选择盐碱地与改良相组配。表面上看是覆盖了查新点，但实际和用户进一步沟通得知，盐碱地改良是通过生物技术实现的。所以，加上生物技术更能体现出查新点。

案例 6：流感疫苗鼻腔给药。

如单纯用流感疫苗与鼻腔组配文献量不但大，而且有很大误检，经沟通得知用户不要活疫苗，因此要用 live 进行逻辑非的限定。检索式如下：

S INFLUENZA（）VACCINE（S）（NASAL（）MUCOSA OR INTRAMUSULAR OR INTRANASAL）NOT LIVE

（2）所选关键词尽可能考虑到各种可能的表达方法——即同义词。从规范词入手，充分考虑一物多名。同时注意缩写词的选择。

案例 7：重组溶菌酶用于家禽家畜饲养预防疾病提高免疫力。

重组一词有如下表达法：recombine reform recombinan regroup recompose

所以上述各种表达法都应该做为关键词。

案例 8：数码全能自适应充电器。

用户提供的科学技术要点为：本项目主要研究有关集成电路在高效节能方面的应用。以目前国际上最先进的高频开关电源技术为主要技术依托,结合 MCU 的强大智能制成的电力操作电源系统。可广泛应用于民用、工用、军用的新一代产品。这其中的 MCU 是什么含义？ 经与用户交流得出 MCU 即为 Micro Controller Unit 的英文缩写,中文名称为多点控制单元,又称单片微型计算机或微处理器、微控制器。因此,在选择关键词时,应将其同义词考虑进去,以免漏检。

(3) 在选择同义词的基础上注重专业词的选择,或专业性很强的术语、专用名词、甚至代码之类的唯一性的检索词。但谨防所研究内容分支过细,广度过窄。还是以重组溶菌酶为例：重组：recombine……虽然有 5～6 个同义词,但是广为使用的为：recombine or recombinan；鸡用 hen 比用 chicken 要好,诸如此类的示例很多。

另外检索某一物质的合成或制备,用英文词检索,尽管也能检索到文献,但效果不如用化学物质登记号(RN＝94－86－0P),专利检索用专利分类号往往比用英文词更切题。

2. 检索策略制定

检索策略式编制的好坏,直接影响检索效果,也可以说检索策略式是灵魂。对检索结果起着举足轻重的作用,尤其是国际联机检索系统。上机就开始计费。要得到满意的结果,必须有正确的检索策略。那么,如何合理的组配检索策略式呢？ 避免导致失误呢？ 制定检索策略时应注意以下几点。

(1) 正确把握查全率和查准率的关系。顾及到查准就会影响到查全,反之亦然。查新应以查全为准,尤其是科研立项,专利查新等,万一漏检容易造成重复劳动,给委托用户带来人力、物力的损失。但对于已经取得成果的课题查新时,则可以从查准为主,在准的基础上尽量全,以便我们进行比较,借鉴从而进行对比分析。

(2) 避免检索结果为零。当检索结果为零时,就表明该项技术没先例,是创新,这显然不符合实际。查新人员只要记住一条,从科技发展的规律来看,科学的继承性使得任何成果都不能完全脱离于前人的成果。也就是说,任何一项科研都是在另一项科研基础上有所创新和发展地。对检索不到相关文献或密切相关文献为零的课题,要查其原因,尽可能重新制定检索策略,采用逐渐逼近的方法,即先大范围检索,然后在不断增加检索词组配面,缩小检索范围。

案例 9：红外线探测设备检测车。

如用检索式：红外线＊检测车；检索条数为 0 篇。通过与用户的交流及对内容的进一步分析,可知该检测车是对轨道沿线的红外线检测装置进行测试。

所以,采用检索式：红外线＊检测；则检索出许多红外线轴温检测设备的文献。为此更检索式为：红外线＊(检测＋测试)＊(地面＋地上)这样,即检索到对轨道沿线红外线检测装置进行测试的一种装置,虽非车轮移动式,但因其功能相似,即确认为本项目的密切相关文献。

案例 10：长白山林蛙皮抗菌肽的制备及临床研究。

用户提出的需要加上 Changbai mountain 检索词,这样检索结果为零,用户高兴,但它确确实实不符合科技查新所倡导的客观、公正、实事求是原则。而不用长白山区域限制,则检索到相关文献5篇。

（3）根据不同数据库确定相应的检索式。由于数据库结构不同,标引方式也不同,使得检索词、检索式的确定也有所不同。

案例11:大跨度连续刚结构组合弯梁桥。

如果在中国铁路文献库中检索,则采用主题词检索,首先需找出"弯梁桥"的规范词为"曲线桥"。检索式:(曲线桥＋曲梁)＊刚架结构＊连续桥。

若在万方数据库中检索,检索式:(曲线桥＋曲梁＋弯梁)＊(刚构＋刚架结构)＊连续桥。

如果无视数据库的具体情况,而盲目采用相同的检索式必定会造成漏检或误检。

8.5.3　相关文献分析及查新结论撰写

1. 相关文献分析

检索出的文献是否与委托项目相关,哪些是密切相关文献,这就需要研究事物的相关性。相关分析方法研究的目的是找出委托项目与检索文献是否有相关性,在哪个方面、哪个具体技术上存在相关性,只要找出具体的相互关系就找到了差异点。

查新员必须定性地研究委托项目与每个检索文献之间具体的相关方式。一般来说有26种:直接与间接比(对象不同),在直接可比范围内还有差异关系与并列关系比(不同研究水平之间存在差异关系,而先进与先进之间存在各有侧重、互补关系属于并列关系)、差异比是事物间较普遍的比较方式。从一个研究项目的形式、内容(内涵)、重点(外延)及其研究阶段进行分析,存在17种相关方式。研究形式方面(5种):全面研究与部分研究比、系统研究与单项研究比、综合研究与专项研究比、历史研究与现实研究比、同种异名(定名研究特殊现象);在研究内容方面(6种):改进与创新比、可发展技术与不宜发展技术比(如违背环保原则)、原创技术与被引用技术比(如农业技术被林业应用)、研究真实结果与假设结果之比(研究结果条件建立在假设判断上)、新现象利用与常规方法比(如落叶松伐根萌生新株这一新现象被发现并被利用与常规无性更新比较)。

研究重点(外延)方面(3种):同一对象不同研究方面之比、同一对象不同方面不同侧重点之比,不同对象同一方面不同侧重点之比。研究阶段方面(3种):所处不同水平阶段比(如育种,生物体-组织-细胞-分子水平)、不同研究阶段比(理论探讨、技术应用、开发推广)、不同标准化程度比(国际-国标-部标-企业内部)。间接比中分为常规方面和特殊方面。常规方面(4种):近似对象比、(如古油松生长环境与老龄行道树环境比)、可替换对象比(如作为野外便携式计算工具普通计算器与袖珍计算器之比)、不同国情比等。特殊方面有以下3种。

（1）特有种比:特有种原产与非原产地比。又可分两种情况:

① 无同一研究材料,也无同类研究;

② 无同一研究材料但有同类研究(如杉木、马尾松定向培育研究),与国外其他主要树种在技术方法上要可比。

（2）中国特色——技术、经济、文化之比。

（3）特殊自然地理区域之比。又可分两种情况：

①属同类研究如引种地引种研究之比；

②不同比，例如海南岛热带林业生态系统、云南主要林木种质资源等，都无可比地理区域相比。

2. 查新结论的撰写

在进行检索结果的描述和与查新点对比分析时，密切相关文献可直接引用其文摘中与查新点可比性的核心内容、指标数据；一般相关文献可逐篇对其研究内容作简要说明，或对同类文献作综合概略说明。检索结果的撰写应注意：引用文献必须"相关"，去掉冗余文献；引用文献量应尽量充分（密切相关文献勿漏缺）；描述与分析应针对"查新点"，不宜拷贝罗列无关内容。

查新结论一般有如下 3 部分。

结论的第一部分一般可用简练的几句话对与查新项目或查新点相关文献报道的情况进行说明。可对报道文献的程度或数量进行描述，即报道的文献是"很多"、"较多"还是"一些"、"较少"、"很少"等，同时也可对报道文献的范围（种类）程度进行说明，如某某技术（产品）已有文章、技术、专利、成果、产品应用等的文献报道。

结论的第二部分一般是进行对比分析的部分，是结论的主体部分。一般可用"根据所检文献范围"或"在所检文献范围内"等语句来说明所有的对比分析是受所检文献范围的限定，然后可针对具体的创新点进行逐条逐项的对比分析，可参考使用如下语句，如："有关某某已有文献报道"、"对某某某已有介绍（论述）"等，并可根据检索结果简单指出上述结论的出处，也可针对查新点的对应内容进行比较论述。

结论的第三部分通常对查新点是否具有新颖性作出结论，也是结论中最为重要的部分。该部分虽然语句可以不多，但用词应该准确，不应留有漏洞。具体表述可参考下列方式。

对于属肯定性的结论可以用下列方式表述。

（1）通过所检文献的检索，可以得出确定某创新点成立的结论。可用肯定程度明确的语句："未见有报道"。

（2）通过文献的检索，可以推论某创新点有可能成立，但在所检文献中未能明确的，可用肯定程度较次的语句："未有述及"。

（3）对于涉及具体结构性、方法性、过程性的创新点，通过文献的检索，发现没有涉及具体的介绍，该创新点有可能成立，也有可能不成立，通过专家的咨询仍无法确定的，可用客观性的语句："未见有具体描述"。

对于属否定性的结论可以下列方式表述。

（1）通过所检文献的检索，可以确定某创新点不成立的结论，可用否定程度明确的语句："已有报道"或"某某与某某是相同"。

（2）通过文献的检索，可以得知某创新点与文献的报道基本相同，但也有一些非重要部分不同，可用否定程度较次的语句："某某与某某是基本相似（有相似之处）"或"某某与某某属同一研究方向"等语句。如需对某某项技术（产品）进行创新时间先后的查证，则可用"某某项技术(产品)于某某年某某月某某日发表(鉴定、公开、生产等)"的语句表述。如需对某某项技术(产品)的应用(生产)区域进行的查证,则可用"在某某省(市)未见有某某技术(产品)的报道(生产)"的语句表述。

查新结论的撰写应注意忌讳用词不准确,意思不明确,应避免使用报告的各方因理解的角度不同,而出现多种解释,造成对被查新项目不利的影响。科技查新报告因其所涉及的专业不同、查新内容不同以及查新的目的不同;因而查新结论的撰写,其结构、用语也不尽相同,很难用一种或少数几种形式可以全部涵盖的。查新报告的结论除了应运用客观、公正、明确、准确的观点及用语外,同一查新单位出具的查新报告的同类型结论撰写风格尽可能统一规范。

案例 12:无穷维 HAMILTON 算子及其应用。

查新结论:通过检索国内外数学、物理、工程、计算机及综合性科技文献数据库,除本课题组发表的文献外,得到相关的中文文献 14 篇(10 篇期刊论文、2 篇学位论文、2 篇会议论文),英文期刊论文 3 篇,分析描述如下(文献摘要见附件):

(1) 关于"常系数偏微分方程(组)的无穷维 Hamilton 系统的反问题":除了本查新项目组成员发表的文献外,大连理工大学的陈勇王治国、西安理工大学张新华、中科院物理所王斌等人用求 Hamilton 泛函的方法来 Hamilton 系统的正则表示,而本查新项目是应用代数方法得到偏微分方程的 Hamilton 正则表示(参见参考文献 3、4、8、9、12、14),另外,大连理工大学的陈勇博士用带余除法构造精确解,而本查新项目利用带余除法构造的是偏微分方程的通解(参见参考文献 12)。

(2) 关于"无穷维 Hamilton 算子的特征值问题",钟万勰等给出了哈密顿算子矩阵的本征函数向量展开法(参见参考文献 1),而本项目组研究无穷维 Hamilton 算子发展方程证明了用传统变量分离的微分方程理论上都可以用基于 Hamilton 体系的分离变量法求解,并证明了特征函数系在柯西主值意义下完备。

(3) 关于"无穷维 Hamilton 算子的谱理论":法国 Grébert Benoît 把 schrodinger 方程 $i\partial_2\varphi = -\partial_x^2\varphi + 2|\varphi|^2\varphi$ 结合无穷维 Hamilton 系统,研究了它的狄里克雷谱问题,给出了关于 zakharov-shabat 算子周期谱的猜想。而本项目组是将一类无穷维 Hamilton 算子分解为两个算子矩阵之和,基此研究了它的连续谱。

(4) 关于"无穷维 Hamilton 算子的半群生成定理":意大利 Cerrai Sandra 给出了 s 柯西问题的 mid 解"can be approximated by classical solutions of suitably regularized problems"(见附件文献 16),而本项目组得到一类无穷维 Hamilton 算子的半群生成定理作为应用,将波动发成混合问题导向 Hamilton 体系,给出了相应的抽象柯西问题的 mid 解。

实　验　5

实验目的:掌握科技查新的基本方法。

实验要求:根据对课题的分析,选择适当的检索词、检索工具和检索策略,并对检索结果进行分析,从而判断查新项目的新颖性。

实验名称:数码全能自适应充电器。

课题分析:根据用户提供的技术要点及与用户的沟通可知,可确定其查新点,并且该项目中提到的 MCU(Micro Controller Unit 的英文缩写)中文名称为多点控制单元,又称单片微型计算机(Single Chip Microcomputer)或者微控制器。因而在检索时要注意同义词,不要漏检。

检索工具:这是一项国内查新课题,因而采用如下检索工具

1	中国科技期刊数据库(PSTP)	1989—
2	中国科技成果库(STAC)	1986—
3	中国学术会议论文(CACP)	1987—
4	中国学位论文数据库(CDDB)	1989—
5	中国科技论文引文数据库(CSTP)	1980—
6	中国专利数据库(PATENT)	1985—
7	中国新产品数据库(XIP)	1993—
8	中国企业产品数据库(CECDB)	1993—
9	全国科技成果交易数据库(NDSTRTI)	1985—
10	中国期刊网(CNKI)	1994—

检索策略:

检索词:

1. 充电器

2. 数码

3. 自适应

4. MCU or 微处理器 or 微控制器

5. 集成电路

6. 电池

7. 智能

8. 模糊数学

检索式:

1. 1 and 2 and 3

2. 1 and 4

3. 1 and 8 and 5

4. 1 and 7 and 6

5. 1 and 5

检索结果:参照用户提供的技术要点和检索词,通过对 10 个相关数据库的检索,并和本查新课题的技术内容对比,共有 10 篇相关文献报道。

附查新报告:

报告编号：2007-

科 技 查 新 报 告

项目名称：数码全能自适应充电器

委托单位：

委托日期：　年　月　日

查新机构（盖章）：教育部科技查新站

查新完成日期：　年　月　日

中 华 人 民 共 和 国 科 学 技 术 部
二〇〇〇年制

查新项目名称	中文：数码全能自适应充电器				
	英文：				
查新单位相关信息	名　称				
	通讯地址			邮政编码	
	负责人		电话	传　真	
	联系人		电话		
	电子信箱				

一、查新目的(成果、专利、立题或立项)：立项

二、查新项目的科学技术要点：

技术要点：

　　本项目主要研究有关集成电路在高效节能方面的应用。以目前国际上最先进的高频开关电源技术为主要技术依托，结合 MCU 的强大智能制成的电力操作电源系统。可广泛应用于民用、工用、军用的新一代产品。

三、查新点与查新要求：

　　查新地域国内，查新时限 1990 年至今，检索方式机检。

查新点：

　　1. 借助 MCU 的强大功能，结合模糊数学理论，自动判别电池组数及电池容量。

　　2. 利用 I/O 口传输的单一性控制充电参数的自适应调整。

　　检索国内有无相同或类似研究、对查新项目的新颖性做出判断。

四、文献检索范围及检索策略：

　　选用国内有关数据库：

1	中国科技期刊数据库(PSTP)	1989—
2	中国科技成果库(STAC)	1986—
3	中国学术会议论文(CACP)	1987—
4	中国学位论文数据库(CDDB)	1989—
5	中国科技论文引文数据库(CSTP)	1980—
6	中国专利数据库(PATENT)	1985—
7	中国新产品数据库(XIP)	1993—
8	中国企业产品数据库(CECDB)	1993—
9	全国科技成果交易数据库(NDSTRTI)	1985—
10	中国期刊网(CNKI)	1994—

检索策略：

　　充电器 and 数码 and 自适应

　　充电器 and(MCU OR 微处理器 OR 微控制器)

　　充电器 and 模糊数学 and 电池

　　充电器 and 智能 and 电源

　　充电器 and 集成电路

续表

五、检索结果：

参照用户提供的技术要点和检索词，通过对 10 个相关数据库的检索，并和本查新课题的技术内容对比，共有 10 篇相关文献报道（见附录 1～10）。具体分析如下：

文献 1 成果 WKZ 型系列智能充电机采用大规模数字集成电路构成脉冲触发装置，可自识别相序。通过单片微机控制系统修改参数设置，适应不同容量蓄电池充放电，实现远程监控，具完善自检和保护功能，应用于不同行业。文献 2 基于微控制器的电路，集成高分辨率 A/D 转换器和 16 位脉宽调制信号输出定时器，模块化的程序设计出一种通用型智能充电器。具自适应充电模式，实现锂离子和镍氢/镍镉电池等智能高效充电。但未见与本项目相同的结合模糊数学理论，自动判别电池组数及电池容量的实现的相关研究。

文献 3 介绍一种以 MCU 和开关电源为核心的镍镉电池智能型充电器的研制。文献 4 介绍一种对铅酸蓄电池实现三段式充电的低成本智能充电器的设计方案。文献 5 介绍以 HT46R23 为核心的智能锂电池充电器的软、硬件设计过程。文献 6 公开一种便携式光电数码电源的专利。以上四篇是涉及应用于不同类型电池充电器的研制及专利说明，实现了数码电源或智能充电器或便携式电源的软、硬件方案设计及产品研制和研究，但未见与本项目相同的结合模糊数学理论可实现可变电池组数和充电容量方面的相关研究。

文献 7 介绍以 C504 为核心设计的一种智能充电电源控制系统。该装置运用模糊控制理论建立实时控制系统，实现循环检测和智能判断，具有高效故障检测和保护功能。文献 8 介绍了以 AVR 单片机为核心智能充电器的控制原理、硬件结构和软件设计思想。对充电电源、电压进行自动检测调整，实现智能充电。上述文献分别采用不同 MCU 技术手段设计智能充电器或智能电源的控制系统及软、硬件方案，但未见实现有关自动判别电池组数及电池容量的实现的研究。

文献 9 该课题采用同步信号触发、多点快速采样、数字滤波等技术，实现 Ni/MH 电池信号的准确采集和实施监测。利用神经网络的自学习、自适应的特性自动地调整电池的特性指标参数，运用模糊积分数据融合理论对参数进行数据融合，指导 Ni/MH 电池的分类。文献 10 运用集成电路芯片及自适应充电控制技术最大限度地延长车用蓄电池的使用寿命。以上两篇文献分别运用集成电路、自适应充电控制技术及神经网络的自适应特性等技术手段。有涉及模糊数学理论应用方面的研究，但是未见实现有关自动判别电池组数及电池容量的实现的具体研究。

六、查新结论：

本查新课题"数码全能自适应充电器"是借助 MCU 技术，结合模糊数学理论，实现智能充电器自动判别电池组数及电池容量，并利用 I/O 口传输的单一性控制充电参数的自适应调整等方面进行的研究。

通过对国内相关数据库的检索，在国内公开报道的文献中，已有运用集成电路、单片微机充电控制系统及神经网络的自适应特性等技术手段研制开发的智能充电器，实现锂离子和镍氢/镍镉电池等智能充电的成果及文献报道，也见通过微机控制修改参数设置，实现适应不同容量蓄电池充放电的成果报道，但未见与本课题完全相同的结合模糊数学理论，实现自动判别电池组数及电池容量的与数码全能自适应充电器相关的研究及报道。

查新员（签字）：   查新员职称：

审核员（签字）：   审核员职称：

（科技查新专用章）

年 月 日

续表

七、查新员、审核员声明：

(1) 报告中陈述的事实是真实和准确的。

(2) 我们按照科技查新规范进行查新、文献分析和审核,并做出上述查新结论。

(3) 我们获取的报酬与本报告中的分析、意见和结论无关,也与本报告的使用无关。

查新员(签字):　　　　审核员(签字):

年　月　日　　　　　年　月　日

八、附件清单：

见附件页 7～9。

九、备注：

附录

1. 项目编号　99047427

成果名称　　WKZ 系列智能充电机

完成单位　　北京交通大学科研处　北京市西直门街大柳树北　邮编 100044

电话　　(010)6324202

主题词　　　充电机　人工智能　充电设备

成果简介　　WKZ 型系列智能充电机是由北京交通大学电气工程系在原有充电机产品的基础上研制成功的产品,该产品技术指标先进,性能良好,稳定度高,功能齐全,运行可靠。WKZ 系列智能充电机根据用户不同的需求,产品有专为电动汽车常规和应急充电设计的,也有为工矿、铁路及通部门动力蓄电池充放电设计的,在一台设备上安装充电、放电,取代了原有的笨重的放电装置,节约了电能,同时简化了电池维护人员的工作强度。该产品的控制系统采用单片微机进行控制,采用智能型数字 PI 控制算法功能,有效地实现了无静差控制,控制精度高,由于采用单片机进行控制,因此可以方便地通过键盘修改电池参数设置,可适应不同容量、控制精度高。由于采用单片微机进行控制,因此可以方便地通过键盘修改电池参数设置,可适应不同容量,不同电压的电池,系统采用大规模数字集成电路构成脉冲触发装置,可自识别相序,克服了常用 KJ004 等电路的缺点,触发脉冲高度对称,在使用过程中无漂移现象,因此无须调整。产品具有微机通讯接口。与上位机或微机远程监控系统通信的功能。具有完善的保护功能,如过流、过压、短路、交流缺相、交流过压、交流欠压及蓄电池过热等保护功能。检测量包括直流电压、蓄电池直流、直流负荷电流、交流电压以及蓄电池温度,这些量可通过通信进口传输给上位机。系统具有自检功能。可以定位故障点。系统采用汉字液晶显示,显示直观,可显示故障,方便现场人员维护。系统可根据用户要求,采用双机并联方式运行,提高系统的运行可靠性。

2. 题名　　　一种通用型智能充电器的设计

作者　　　　包海峰　北京工业大学计算机学院　北京 100022

刊名　　　　北京工业大学学报　2000　02

中文关键词　COP8ACC 单片机　锂离子电池　镍氢/镍镉电池　A/D 转换器　16 位脉宽调制信号输出定时器

中文摘要　　为解决 7.2V 锂离子电池和 6V 镍氢/镍镉电池的智能高效充电,设计一种通用型智能充电器。它基于微控制器的电路设计使得电池充电智能化,同时采用片内集成的高分辨率 16 位单积分 A/D 转换器和 16 位脉宽调制信号输出定时器(PWM),这就保证了充电器的设计具有很高的系统精度。充电器的软件体系结构采用模块化的程序设计,5个子程序模块对应 5 种相应的充电操作模式:自适应充电模式、锂离子电池充电模式、镍氢/镍镉电池充电模式、放电模式、错误处理模式。

3. 标题　　　镍镉电池智能充电器的研制

作者　　　　曾旖　庹先国　李向阳　奚大顺　成都理工大学,信息工程学院,四川,成都,610059

刊名　　　　电子技术应用 2006 6

关键词　　　镍镉蓄电池　开关电源　MCU

摘要　　　　介绍了一种以 MCU 和开关电源为核心的镍镉电池智能型充电器,其充电为恒流、最大电压检测、定时限制、充满自动转为涓流方式。

4. 标题　　　一种智能铅酸蓄电池充电器的设计

作者　　　　丁志亮　李建婷　李又几　华中科技大学电气学院,湖北,武汉

刊名　　　　通信电源技术 2006 2

关键词　　　蓄电池 三段式充电 MCU

摘要　　　　介绍蓄电池充电特性和充电方式,设计一种可对铅酸蓄电池实现三段式充电的低成本智能充电器设计方案,结合主电路和 MCU 控制电路较为详细地阐述了其控制和保护策略,并给出该充电器的充电曲线图。

5. 题名　　　基于 HT46R23 的锂离子电池智能充电器

作者　　　　宋加仁　茅力群杭州商学院 Holtek 单片机研究中心

刊名　　　　电子设计应用 2003 8

关键词　　　充电器　锂离子电池　RISC 单片机　逐次逼近式 A/D 转换

摘要　　　　本文介绍了以 HT46R23 为核心的智能锂电池充电器的软、硬件设计过程。

6. 题名　　　便携式光电数码电源

专利发明人 李继元　杜小枫

申请号　　　200520076866.7　审定公告号 2842844　公告日期　2006.11.29

摘要　　　　便携式光电数码电源,包括合页式机壳、设置于机壳内表面的光伏电池、设

置于机壳内的蓄电池以及设置于机壳外表的显示屏、指示灯、按键、开关和输入、输出插口，其特征是光伏电池输出接蓄电池共同构成蓄电模块，蓄电模块还分别通过开关插口与交流市电及车载电源连接，蓄电模块输出接附有控制软件的微处理器模块，微处理器模块输出接充电管理模块，充电管理模块输出接用电负载，微处理器模块、充电管理模块由蓄电模块通过电源转化模块供电，蓄电模块还通过开关接升压模块，升压模块输出接微处理器模块，微处理器模块和充电管理模块还分别与显示装置连接。

7. 题名　　　基于 MCU 的智能充电控制器的设计与应用

作者　　　田进　景占荣　西北工业大学

刊名　　　微处理机 2006 2

关键词　　　C504 单片机　A/D 转换　UART　TDA16888 芯片

摘要　　　介绍 SIEMENS 公司的 C504 单片机(MCU)在多功能智能稳压/充电电源系统中的应用。以 C504 为核心辅以 89C2051 设计一种智能充电电源控制系统。该装置运用模糊控制理论，根据不同电池的自身规律建立实时控制系统，循环检测输出状态，控制充电进程，智能判断充电终止状态。具高效安全的故障检测和保护功能。

8. 标题　　　基于 AVR 单片机的智能充电器的设计与实现

作者　　　李丹　刘凤春大连理工大学电气工程与应用电子技术系，辽宁省大连市，116023

刊名　　　电子工程师 2005 2

关键词　　　智能充电器　AVR 单片机　半桥变换　电动自动车

摘要　　　介绍了以 AVR 单片机为核心智能充电器的控制原理，讨论了充电器的硬件结构和软件设计思想。该充电器对充电过程进行全面管理，描述了充电检测的关键技术，实现了智能充电.并对充电电源、电压进行自动检测调整，充电后自动转为恒压浮充状态，使充电过程按理想的充电曲线进行，达到既保护电池、又能使电池充满的最佳效果等要求。这种全新的智能充电方式，有效地解决了普通充电器将蓄电池"充坏"的技术难题，大幅度提高了蓄电池的实际循环寿命，是电动自动车、电动汽车的理想产品。

9. 标题　　　基于数据融合理论的 Ni/MH 电池化成检测一体化系统

作者　　　游林儒　导师　王炎　张晋格　授予学位单位　哈尔滨工业大学博士 19991201

关键词　　　化成工艺　Ni/MH 电池　模糊积分　模糊神经网络　信息融合

摘要　　　该课题结合珠海太一电池有限公司的 TY-1 型 Ni/MH 电池化成、检测、分类一体化系统的研制项目进行，旨在改进 Ni/MH 电池的化成工艺和高组合电池的质量，对 Ni/MH 电池的化成工艺和分类方法展开深入的研究。提出了一种并联自适应的化成新工艺，并且在化成过程中对电池的参数实施监测。该文提出了一种并联连接串行传输的高效数据通信方案。除此之外，由于平台中要求采用简单的充电电源，以简化电路结构和降低系统成本，这又导致电流难以检测的问题，该文采用同步信号触发、多点快速采样、数字滤波等技术，实现了电池信号的准确采集。该文使用多个参数对电池进行分类，运用模糊积分数据融合理论对这些参数进行数据融合，融合后的结果直接用于指导 Ni/MH 电池的分类。该文利用 Ni/MH 电池的充放电过程中所产生的特性曲线来更好地反映 Ni/MH 电池的综合性能指标。该文利用神经网络的自学习、自适应的特性自动地调整这些参数,实现神经网络模糊推理相结合,以达到多条曲线融合的目的。

10. 题名　　电动自行车用蓄电池的寿命问题与自适应控制充电技术

刊名　　中国自行车　2002　03

作者　　袁永斌

中文摘要　　本文详细分析研究了影响电动车或电动自行车用蓄电池的寿命问题。要完整地解决这个问题应当是一个系统工程,即牵涉蓄电池有关的方方面面,但本文仅从充电器的角度探讨如何解决该问题的方法,即自适应充电控制技术。文中特别提及了集成电路芯片 TRY20CP/RC04,以及基于 TRY20CP/RC04 的充电运用,包括串联充电运用与均衡充电运用、从充电器的角度来说该技术的成功运用将最大限度地延长电池的使用寿命。

实　验　6

实验目的:掌握科技查新的基本方法。

实验要求:根据对课题的分析,选择适当的检索词、检索工具和检索策略,并对检索结果进行分析,从而判断查新项目的新颖性。

实验名称:热电直接转换技术机理研究。

课题分析:

该项目是一国外科研成果鉴定课题,它研究的碱金属热电直接转换技术是一项崭新的能源利用技术。它是一种没有任何运动部件,直接将热能转换成电能的热机。根据用户提供的查新技术要点,确定该项目的查新点为:

1. 对 AMTEC 中钠工质循环温度和循环流量进行理论和实验研究,建立和研究变工况的热力循环数学模型,以提高 AMTEC 的热电转换效率。

2. 对 AMTEC 单管内的电机及加工艺和多电机及串并联技术进行研究,以大幅度提高单管转换器的功率。

3. 对 AMTEC 中毛细芯进行技术研究,以提高冷热端的压差,从而提高工质的循环流量,进而提高转换器的效率和单管功率,研究 AMTEC 的热力特性与毛细材料的孔径、高低温热源的温度、固体电解质两侧电极间电位有效期及电极间距的关系。

检索工具:因为是国外查新,所以选用的数据库如下:

Dialog 数据库系统

2:科学文摘 INSPEC:1969—2001/Mar. W4

6:美国政府研究报告 NTIS:1964—2001/Apr. W2

8:工程索引 Ei Compendex(R):1970—2001/Mar. W1

32:金属文摘 METADEX(R):1966—2001/Mar. B2

69:能源文摘 ENERGYLINE(R):1970—1993/Dec.

94:日本科技 JICST-Eplus:1985—2001/Mar. W2

99：Wilson 应用科技文摘 Wilson Appl. Sci & Tech Abs：1983—2001/Feb.

96：流体工程 FLUIDEX：1972—2001/Mar.

144：法国科技 Pascal：1973—2001/Mar. W4

293：工程材料文摘 Eng Materials Abs(R)：1986—2001Apr.

108：航空航天数据库 AEROSPACE DATABASE：1962—2001/Mar.

238：新技术文摘 Abs. In New Tech & Eng.：1981—2001/Mar.

241：电力数据库 Elec. Power DB：1972—1999/Jan.

335：陶瓷文摘 Ceramic Abstracts：1976—2001/Q1

34：科学引文索引 SciSearch(R) Cited Ref Sci：1990—2001/Mar. W4

434：科学引文索引 SciSearch(R) Cited Ref Sci：1974—1989/Dec.

35：博士学位论文文摘 Dissertation Abstracts Online：1861—2001/Mar.

340：美国专利 CLAIMS(R)/USPATENT：1950—2001/Mar. 20

351：德温特世界专利 Derwent WPI：1963—2001/UD,UM & UP=200115

347：日本专利 JAPIO：Oct 1976—2000/Nov. (UPDATED 010309)

71：法国专利 French Patents：1961—2001/BOPI 200112

370：科学 Science：1996—1999/Jul. W3

检索策略：

检索词：

1. 碱金属热电转换电池 amtec( )cell

2. 多管 multi( )(tube?? ＋series)

3. 毛细 fine( )pore( )wick or capillarity

4. 数学模型 mathematic( )model??

5. 碱金属热电转换 amtec

检索式：

1. 1 AND 2 AND(3 OR 4)

2. 1 AND(2 OR 3 OR 4)

3. 5 AND(2 OR 3 OR 4)

检索结果：

根据确定的检索词和检索策略,从美国 Dialog 系统数据库中检出密切相关文献 13 篇。
(附录略)

通过对密切相关文献的对比分析,得出如下结论:目前在国际上关于 AMTEC 技术的
研究已有文献报道。文中分别研究了 AMTEC 变工况数学模型的建立、AMTEC 电池单管
电极的加工工艺和多电极串并联技术的研究、AMTEC 中毛细芯等技术。通过检索结果可
见,AMTEC 技术有着广阔的应用前景,不但可以用于航天飞行器、安静型潜器、水下工作
站、水下机器人、水下无人平台,也可用于工业发电、民用锅炉、混合电力汽车。国外从 20 世
纪 90 年代开始 AMTEC 技术发展迅猛,特别是 1996 年以后,研究内容趋向实用化,这表明
了 AMTEC 技术已经从实验室走向应用领域。

附查新报告：

报告编号：

科 技 查 新 报 告

项目名称：**热电直接转换技术机理研究**

委 托 人：

委托日期：　　　年　　月　　日

查新机构（盖章）：

查新完成日期：　　　年　　月　　日

中华人民共和国科学技术部
二〇〇〇年制

查 新项 目名 称	中文：热电直接转换技术机理研究				
	英文：Mechanism Research on Thermal to Electric Conversion				
查新机构	名　　称				
	通讯地址			邮政编码	
	负 责 人		电话	传　真	
	联 系 人			电　话	
	电子信箱				

一、查新目的

科技成果鉴定

二、查新项目的科学技术要点

本课题研究的碱金属热电直接转换（AMTEC——Alkali Metal Thermal to Electric Conversion）技术是一项崭新的能源利用技术。它是一种没有任何运动部件，直接将热能转换成电能的热机。主要研究内容是：

1. 对 AMTEC 中钠工质循环温度和循环流量进行理论和实验研究，建立和研究变工况的热力循环数学模型，以提高 AMTEC 的热电转换效率。

2. 对 AMTEC 单管内的电机及加工艺和多电机及串并联技术进行研究，以大幅度提高单管转换器的功率。

3. 对 AMTEC 中毛细芯进行技术研究，以提高冷热端的压差，从而提高工质的循环流量，进而提高转换器的效率和单管功率，研究 AMTEC 的热力特性与毛细材料的孔径、高低温热源的温度、固体电解质两侧电极间电位有效期及电极间距的关系。

三、查新点与查新要求

1. 对 AMTEC 中钠工质循环温度和循环流量进行理论和实验研究，建立和研究变工况的热力循环数学模型，以提高 AMTEC 的热电转换效率。

2. 对 AMTEC 单管内的电极加工工艺和多电机及串并联技术进行研究，以大幅度提高单管转换器的功率。

3. 对 AMTEC 中毛细芯进行技术研究，以提高冷热端的压有效期，从而提高工质的循环流量，进而提高转换器的效率和单管功率，研究 AMTEC 的热力特性与毛细材料的孔径、高低温热源的温度、固体电解质两侧电极间电位有效期及电极间距的关系。

要求通过联机检索查找国外是否有与本项相同或类似的研究。

续表

四、文献检索范围及检索策略

检索数据库：

Dialog 数据库系统

2：科学文摘 INSPEC：1969—2001/Mar. W4

6：美国政府研究报告 NTIS：1964—2001/Apr. W2

8：工程索引 Ei Compendex(R)：1970—2001/Mar. W1

32：金属文摘 METADEX(R)：1966—2001/Mar. B2

69：能源文摘 ENERGYLINE(R)：1970—1993/Dec.

94：日本科技 JICST-Eplus：1985—2001/Mar. W2

99：Wilson 应用科技文摘 Wilson Appl. Sci & Tech Abs：1983—2001/Feb.

96：流体工程 FLUIDEX：1972—2001/Mar.

144：法国科技 Pascal：1973—2001/Mar. W4

293：工程材料文摘 Eng Materials Abs(R)：1986—2001Apr.

108：航空航天数据库 AEROSPACE DATABASE：1962—2001/Mar.

238：新技术文摘 Abs. In New Tech & Eng.：1981—2001/Mar.

241：电力数据库 Elec. Power DB：1972—1999/Jan.

335：陶瓷文摘 Ceramic Abstracts：1976—2001/Q1

34：科学引文索引 SciSearch(R) Cited Ref Sci：1990—2001/Mar. W4

434：科学引文索引 SciSearch(R) Cited Ref Sci：1974—1989/Dec.

35：博士学位论文文摘 Dissertation Abstracts Online：1861—2001/Mar.

340：美国专利 CLAIMS(R)/USPATENT：1950—2001/Mar. 20

351：德温特世界专利 Derwent WPI：1963—2001/UD,UM & UP＝200115

347：日本专利 JAPIO：Oct 1976—2000/Nov. (UPDATED 010309)

71：法国专利 French Patents：1961—2001/BOPI 200112

370：科学 Science：1996—1999/Jul. W3

检索词：

1. 碱金属热电转换电池 amtec()cell

2. 多管 multi()(tube?? ＋series)

3. 毛细 fine()pore()wick or capillarity

4. 数学模型 mathematic()model??

5. 碱金属热电转换 amtec

检索式：

1. 1 AND 2 AND(3 OR 4)

2. 1 AND(2 OR 3 OR 4)

3. 5 AND(2 OR 3 OR 4)

五、检索结果

　　根据确定的检索词，采用以上检索策略，从美国 Dialog 系统数据库中检出密切相关文献 13 篇。密切相关文献题录如下：

1. Title：Experimental correlation of a thermal/fluid dynamic/electrical performance model of a multiple-tube, vapor-anode AMTEC cell

   Author：Hendricks, Terry J. ; Huang, Chendong; Giglio, Joseph C.

   Corporate Source：Advanced Modular Power Systems, Inc, Ann Arbor, MI, USA Conference Title：Heat Transfer Division-1999 (The ASME International Mechanical Engineering Congress and Exposition)

   Conference Location：Nashville, TN, USA Conference Date：19991114-19991119

   Sponsor：ASME

   Source：American Society of Mechanical Engineers, Heat Transfer Division, (Publication)

   HTD v364-1 1999. ASME, Fairfield, NJ, USA. P375-384

   Publication Year：1999

2. Title：Performance analyses of an Nb-1Zr/C-103 vapor anode multi-tube alkali-metal ther-mal-to-electric conversion cell

   Author：El-Genk, Mohamed S. ; King, Jeffrey C.

   Corporate Source：Univ of New Mexico, Albuquerque, NM, USA

   Source：Energy Conversion and Management v42 n6 Apr 2001. P721-739

   Publication Year：2001

3. Title：Incipient dry out in the evaporator of vapor anode, multi-tube alkali-metal thermal-to-electric conversion cells

   Author：Tournier, Jean-Michel; El-Genk, Mohamed S.

   Corporate Source：Univ of New Mexico, Albuquerque, NM, USA

   Conference Title：35th Intesociety Energy Conversion Engineering Conference

   Conference Location：Las Vegas, NA, USA

   Conference Date：20000724-20000728

   Source：Proceedings of the Intersociety Energy Conversion Engineering Conference v 22000. IEEE, Piscataway, NJ, USA, 00CB37022. p931-939

   Publication Year：2000

4. Title：Design optimization and integration of nickel/Haynes-25 AMTEC cells into radioiso-tope power systems

   AUTHOR：el-Genk, Mohamed S. ; Tournier, Jean-Michel

   Corporate Source：Univ of New Mexico, Albuquerque, NM, USA

   Source：Energy Conversion and Management v 41 n 162000. p1703-1728

   Publication Year：2000

5. Title：Design of a multi-tube vapor-vapor AMTEC cell for the Pluto Express power system

   Author：Huang, Ch. ; Sievers, R. K.

   Corporate Source：Advanced Modular Power Systems Inc, Ann Arbor, MI, USA

   Conference Title：Proceedings of the International Conference on Thermodynamic Analysis and Improvement of Energy Systems, TAIES'97

   Conference Location：Beijing, China

   Conference Date：19970610-19970613

   Source：Proceedings of the International Conference on Thermodynamic Analysis and Improvement of Energy Systems, TAIES'97 1997. Int Acad Publ. P568-572

   Publication Year：1997

续表

6. Title：AMTEC powered residential furnace and auxiliary power Author：Ivanenok,Joseph F. III；Sievers,Robert K.

Corporate Source：Advanced Moduiar Power Systems,Inc,Ann Arbor MI,USA

Conference Title：Proceedings of the 1996 31st Intersociety Energy Conversion Engineering Conference,IECEC 96. part 2(of 4)

Conference Location：Washington,DC,USA Conference Date：19960811-19960816

Sponsor：IEEE E. I. Conference No. ：45630

Source：Proceedings of the Intersociety Energy Conversion Engineering Conference v 21996. IEEE, Piscataway,NJ,USA,96CH35978. p894-898

Publication Year：1996

7. Title：High voltage terrestrial AMTEC

Author：Ivanenok,Joseph F. III；Hunt,Thomas K.

Corporate Source：Advanced Modular Power Systems,Inc,Ann Arbor,MI,USA

Conference Title：Proceedings of the 1994 29th Intersociety Energy Conversion Engineering Conference. Part 2(of 4)

Conference Location：Monterey,CA,USA

Conference Date：19940807-19940811

E. I. Conference No. ：41511

Source：Proceedings of the Intersociety Energy Conversion Engineering Conference v 21994. IEEE, Piscataway,NJ,USA,94CH3478-5. p904-908

Pubication Year：1994

8. Title：Radioisotope powered AMTEC systems

Author：Ivanenok；Joseph F. III；Sievers,Robert K.

Corporate Source：Advanced Modular Power Systems,Inc,Ann Arbor,MI,USA

Conference Title：Proceedings of the 1994 29th Intersociety Energy Conversion Engineering Conference. Part 1(of 4)

Conference Location：Monterey,CA,USA

Conference Date：19940807-19940811

E. I. Conference No. ：415222

Source：Proceedings of the Intersociety Energy Conversion Engineering Conference v 11994. IEEE, Piscataway,NJ,USA,94CH3478-5. p548-553

Pubication Year：1994

9. Title：20-600 watt AMTEC auxiliary electric power system

Author(s)：Ivanenok,J. F. ,III；Sievers,R. K.

Author Affiliation：Adv. Modular Power Syst. Inc. ,Ann Arbor,MI,USA

Conference Title：IECEC 96. proceedings of the 31st Intersociety Energy Conversion Engineering Conference(Cat. No. 96CH35978) Part v4 p2232-2237

Publisher：IEEE,New York,NY,USA

Publication Year：1996

Country of Publication：USA

10. Title：Capillary pumped AMTEC module performance

Author(s)：Hunt,T. K. ；Sievers,R. K. ；Ivanenok,J. F. ；Pantolin,J. E. ；Butkiewicz,D. A.

Author Affiliation：Advanced Modular Power Systems,Inc. ,Ann Arbor,MI,USA p849-854 vol. 1

续表

11. Title：Analyses of Nb-1Zv/C-103，vapor anode，multi-tube AMTEC cells

Author(s)：King，Jeffrey C.；El-Genk，Mohaned S.（New Mexico，Univ.，A1bu-querque）

In：Space Technology and Applications International Forum（STAIF-2000）；Conferences on ISS Utilization，Thermophysics in Microgravity，Interstellar Missions，Next Generation Space Transportation，and 17th Symp. On Space Nuclear Power and Propulsion，Albuquerque，NM，Jan. 30-Feb. 3，2000 Proceedings. （A00-29438 07-12）.，Melville，NY，American Institute of Physics（AIP Conference Proceedings，No. 504），190，p1383-1390

12. Title：Development and experimental validation of a SINDA/FLUINT thermal/fluid/electrical model of a multi-tube AMTEC cell

Author：Hendricks，Terry J.；Borkowski，Chris A.；Huang，Chendong（Advanced Modular Power Systems，Inc.，Ann Arbor，MI）

In：Space Technology and Applications International Forum（STAIF-98）；Proceedings of the 3rd Conference on Next Generation Launch Systems and 15th Symposium on Space Nuclear Power and Propulsion，Albuquerque，NM，Jan. 25-29 1998. Pt 3（A98-21408 04-12），Woodbury，NY，American Institute of Physics（AIP Conference Proceedings，No. 420），1998，p1491-1501

13. Title：Optimization of liquid-return artery in a vapor-anode，multitube AMTEC

Author：EL GENK Mohamed S；TOURNIER Jean-Michel Institute for Space and Nuclear Power Studies/Dept. of Chemical and Nuclear Engineer-ing，School of Engineering，The University of New Mexico，Corporate Source：Albuquerque，New Mexico 87131Journal：AIP conference proceedings，1998.1.15，420(1)，p1586-1594

检索结果的描述与分析：

所查到的 13 篇密切相关文献分别是关于 AMTEC 变工况数学模型的建立、AMTEC 电池单管电极的加工工艺和多电极串并联技术和 AMTEC 中毛细芯技术的研究，及其在航天飞行器、安静型潜器、水下工作站、水下机器、水下无人平台、工业发电、民用锅炉、混合电力汽车等方面的应用状况和前景的介绍。其中：

第 1 篇文章题目为：《多管蒸汽阳极 AMTEC 电池的热(流体动力)—电性能实验》。文中介绍了根据 AMTEC 电池的性能分析模型对 β'' 固体电解质和蒸发器温度、电压、输出功率及转换效率的相互关系进行的预测，结果与两种 PX-6 型 AMTEC 电池实验测量数据吻合良好。此项工作表明了在 AMTEC 电池的发展过程中取得的进步，该模型可以对 β'' 固体电解质管中没有钠蒸汽凝结的高电流条件下的转换效率进行预测。但作者同时也指出，未来的模型研究工作应该集中在低电流条件下的性能预测上。

第 2 篇文章题目为：《Nb-1Zr/C-103 蒸汽阳极多管碱金属热电转换电池的性能分析》。文中给出了用于核反应堆装置的难熔 Nb-1Zr/C-103 合金蒸汽阳极的多管碱金属热电转换电池的性能分析结果，该装置可以提供几十瓦到几百兆瓦的电能。在几十千瓦的电站中，可以用抛物线太阳能收集器或小型核反应堆为 AMTEC 电池提供热源。这是一篇结构设计文章，采用毛细芯作为钠循环驱动部件，主要解决壳体的高温强度和减少热损失问题。

第 3 篇文章题目为：《蒸汽阳极的多管碱金属热电转换电池蒸发器中的初始干烧》。文中针对蒸发器毛细芯和液态钠回路用二维热流体力学的方法，研究了一个 5 管 PX-3A 型不锈钢 AMTEC 电池和一个 8 管 Nb-1Zr/C-103 合金 AMTEC 电池蒸发器毛细芯中的初始干烧状态。结果表明，当受热面超温或者电池电流极小时，发生蒸发器毛细芯处于干烧状态。这篇文献研究了极低工况下蒸发器中毛细芯的工作过程。

第 4 篇文章题目为：《反应堆动力系统中镍基 Haynes-25 耐热合金 AMTEC 电池的综合优化设计》。文中对固体电解质管的数量和长度、电池的长度和电流输出端蒸发器的温度、转换效率、固体电解质铜焊及蒸发器的温度等参数变化的影响进行了优化计算研究。

续表

第 5 篇文章题目为:《冥王星快车动力系统多管蒸汽阳极 AMTEC 电池的设计》。文中报道了适用于高性能太空气般的碱金属热临时性转换电池的设计参数。这是一篇介绍文章,介绍了总体结构尺寸和性参数。

第 6 篇文章题目为:《为民用锅炉和辅助动力设备供电的 AMTEC 电池》。文中对多管 AMTEC 电池的传热模型进行了介绍,并论述了一套自供能民用锅炉的概念设计思想。这种自供能概念设计锅炉可以有效地避免由于突然停电冷却不好而造成的锅炉设备损坏,并且该锅炉还可以节能。

第 7 篇文章题目为:《高电压陆用 AMTEC 电池》。文中对多管 AMTEC 电池的美好应用前景进行了展望,在 1994 年即预言在不久的将来小型化、高效率、低噪声、高能量密度的碱金属热电转换电池将从空间走向陆地,高电压多管模块化的 AMTEC 电池将得到广泛应用于,如高效热水器、自供能民用燃气锅炉、辅助动力装置、混合电力汽车、偏远场所动力源等。

第 8 篇文章题目为:《核动力 AMTEC 动力系统》。文中介绍了正在发展的用于空间飞行器的碱金属热电转换电池。作者对具有高能量密度和小体积的极具吸引国的双管和多管 AMTEC 电池的概念设计进行了评估。

第 9 篇文章题目为:《20-59 瓦 AMTEC 电池辅助电源系统》。文中介绍了 SBIR 计划第一阶段的用于偏远地区的新型、高效、可靠、长寿命的 20~500W AMTEC 辅助电力系统发展成就,提出了多管 AMTEC 电池和热源系统配置的首选方案,给出了设计的总体性能参数,展望了在空军基地、工业发电、自供能锅炉等领域的应用前景,分析了潜在的经济效益。作者认为在美国开发 AMTEC 电池的潜在经济效益为 10 亿美元。这是 SBIR 计划 1996 年以前的早期成果,目前美国 SBIR 计划已经执行到第三个阶段。

第 10 篇文章题目为:《毛细唧送的 AMTEC 模块的性能》。文中介绍了毛细唧送的 AMTEC 电池的实验结果和达到最新技术发展水平的模拟分析结果。经过实验与分析,作者认为如毛细芯的性能好,效率可从 13% 提高到 20% 以上。这是一篇 1993 年的早期文章,参数偏低。

第 11 篇文章题目为:《Nb-1Zr/C-103 蒸汽阳极多管 AMTEC 电池的分析》。文中给出了高性能 Nb-1Zr/C-103 蒸汽阳极多管 AMTEC 电池的设计和 8 篇串联方案。文中介绍了结构材料的选取、外形尺寸和设计工作温度。

第 12 篇文章题为:《多管 AMTEC 电池的 SINDA/FLUINT 热(流体动力)-电的发展与实验验证》。文中介绍了采用 SINDA/FLUINT 分析软件对灵活精密的热(流体动力)-电 AMTEC 电池建立的模型,这个模型可以准确地模拟 AMTEC 的性能。这个模型用 Rad-CAD 热辐射分析方法来模拟 AMTEC 电池内部热辐射网,成功地证实了实际电池的实验数据,电池性能预测与 PX-5B 及其他电池的实验结果十分吻合。

第 13 篇文章题为:《多管 AMTEC 电池的蒸汽阳极中流体回路的优化》。文中介绍了计算压力损失、毛细芯唧送能力的热流体力学模型,给出了毛细管孔径对压力损失的影响关系,并建议采用不同孔径的毛细芯以减少冷端压力损失。这是在一次"不依赖于空气的动力源(AIP)"讲座会发表的文章,表明 AMTEC 技术可用于水下潜器。

六、查新结论

目前在国际上关于 AMTEC 技术的研究已有文献报道。文中分别研究了 AMTEC 变工况数学模型的建立、AMTEC 电池单管电极的加工工艺和多电极串并联技术的研究、AMTEC 中毛细芯等技术。通过检索结果可见,AMTEC 技术有着广阔的应用前景,不但可以用于航天飞行器、安静型潜器、水下工作站、水下机器人、水下无人平台,也可用于工业发电、民用锅炉、混合电力汽车。国外从 20 世纪 90 年代开始 AMTEC 技术发展迅猛,特别是 1996 年以后,研究内容趋向实用化,这表明了 AMTEC 技术已经从实验室走向应用领域。

查新员(签字):　　　　　　查新员职称:

审核员(签字):　　　　　　审核员职称:

(科技查新专用章)

年　　月　　日

七、查新员、审核员声明

　　1 报告中陈述的事实是真实和准确的。

　　2 我们按照科技查新规范进行查新、文献分析和审核，并作出上述查新结论。

　　3 我们获取的报酬与本报告中的分析、意见、和结论无关，也与本报告的使用无关。

查新员（签字）：　　　　审核员（签字）：

年　月　日　　　年　月　日

八、附件清单

九、备注

教育部科技查新工作站查新报告撰写规范（试行）

查新报告是查新机构根据查新项目的查新点与所查数据库等范围内的文献信息进行比较分析，对查新点做出新颖性判别，以书面形式撰写的具有客观性、公正性的技术文件，其目的是为科研立项、成果评价、新产品鉴定、奖励申报、专利申请等提供客观的文献依据。为进一步提高教育部科技查新工作站的整体水平，保证查新报告质量，特制订本规范。

1. 查新报告的总体格式

查新报告须采用科技部规定的统一格式，报告格式中应填写的各项内容均不得省略或空缺。

查新报告内容包括报告编号、项目名称、委托人、委托日期、查新机构名称、查新完成日期、查新项目名称、查新机构的详细信息、查新目的、查新项目的科学技术要点、查新点与查新要求、文献检索范围及检索策略、检索结果、查新结论、查新员与审核员声明、附件清单、备注。

2. 查新报告各项内容的著录要求

2.1 报告编号 报告编号由16位阿拉伯数字及大写英文字母组成，分4部分：左起前4位为年代号（如："2009"）；第5～7位固定为教育部的行政编码"360"；第8～12位为教育部授权的查新站编号（不足位者在其前面补零）；第13～16位为本查新站承接课题数的年度流水序号（不足位者在其前面补零）。此报告编号即为该查新项目在教育部授权的高校科技查新系统中的唯一性查新报告编号；该查新项目的科技查新合同编号（或委托单号）应与此查新报告编号一致。

2.2 项目名称 查新报告首页的项目名称一般只填写中文名称。报告第2页表格中的查新项目名称，国内文献查新只填写中文名称，英文名称一栏可填写"略"；国内外文献查新须同时填写中英文名称。

2.3 委托人 指提出查新需求的自然人、法人或者其他组织；以单位名义委托的查新项目其"委托人"应填写单位名称。

2.4 委托日期和查新完成日期 按实际委托日期和实际完成日期填写，格式为"××××年××月××日"（如"2009年4月19日"）。

2.5 查新机构

2.5.1 名称 填写"教育部科技查新工作站××××（××××为查新站编号）"并加盖教育部查新机构章。

2.5.2 通讯地址及邮政编码 填写查新站的联系地址。如有多个校区，填写主校区所在的联络地址。

2.5.3 负责人及联系电话、电子邮箱 填写查新站负责人名称及其联系方式。

2.5.4 联系人及联系电话、电子邮箱 填写主查新员名称及其联系方式。

2.6 查新目的 根据委托人的查新意图确定。如立项查新（具体填写属于哪一级别的项目，如申请国家"973"项目、申请国家支撑项目、申请某某省市区科技攻关项目）、技术跟踪、成果查新、新产品鉴定、奖励申报、专利申请等。

2.7 查新项目的科学技术要点 应集中反映项目的主题，简明扼要说明项目概况、背景技术、要解决的技术问题、所采用的技术路线和方法、所要达到目的、主要技术特征、技术指标、产品参数等。

2.8 查新点与查新要求

2.8.1 查新点 指需要查证的体现查新项目新颖性的技术创新点。查新点的表述要客观科学，文字要精练明确，条理清楚。查新项目有多个查新点需要查证时，要逐条列出，以便查新人员在查新报告的查新结论中，分别对应做出新颖性结论。

2.8.2　查新要求　指查新委托人对查新提出的具体愿望。须采用格式化语句表述。如:要求查新机构通过查新,证明在所查范围内国内外(或国内)有无相同或类似的文献报道;要求查新机构对查新项目的新颖性做出判断;要求查新机构对查新项目分别或综合进行国内外(或国内)文献对比分析,证明有无相同或类似的文献报道。

2.9　检索策略及文献检索范围　包括检索词、检索式和文献检索范围。应特别重视选择能反映查新项目实质内容的检索词选择,依据查新项目在其技术领域分类体系中的位置,考虑检索式组配的可行性、合理性、包容性及在检索过程中的应变性,确定合理的文献检索范围。

2.9.1　检索词

2.9.1.1　除规范词外,一般还应包括同义词、关键词、自由词、缩写词、化学物质登记号、国际专利分类号,并注意英美单词的不同拼写法。

2.9.1.2　国内文献查新填写中文检索词、缩略语等;国内外文献查新填写中、英文检索词、缩略语等。

2.9.2　检索式

2.9.2.1　应使用逻辑算符、位置算符、截词符等检索算符限定词与词之间的关系。

2.9.2.2　检索式应尽量针对每个查新点分别列出;也可根据情况针对几个查新点或全部查新点一并列出。

2.9.2.3　中文文献查新须填写中文检索式,中外文文献查新须填写中、英文检索式。

2.9.2.4　所有检索式以计算机可识别的实际检索式为标准,可以将检索词编号,但禁止用编号组配、编写检索式。

2.9.2.5　所有检索式的检出结果不得同时为零。单个检索式的检出结果为零时,须扩大检索范围或改变检索式,直至有检索结果。

2.9.3　文献检索范围

2.9.3.1　文献检索范围分中文文献检索范围与外文文献检索范围,两部分要分开填写。每部分都要列出检索使用的综合数据库(通用基本库)和与此查新项目相关的专业数据库,并写出数据库的名称(全称)、起止时间,必要时列出数据库的更新周期。

2.9.3.2　中文文献检索范围的书写方法　数字编号、数据库中文全称、起止时间。

2.9.3.3　外文文献检索范围的书写方法　数字编号、数据库名称、起止时间。

2.9.3.4　查新项目可以进行互联网的补充检索,特别对产品类查新,可将互联网作为补充检索手段,必要时还应进行有关工具书、印刷型书刊的补充检索,检索手段及范围亦应在文献检索范围中一并列出,并注明具体检索时间。

2.10　检索结果　应综合归纳检出文献的概况;按查新点或检索式依据可比性原则筛选并列出主要相关文献,对所列相关文献内容与查新项目的相关程度采取逐篇或综合对比分析。

2.10.1　在检索结果首段写明:依据上述文献检索范围和检索式,共检索出相关文献××篇,其中密切相关文献××篇。

2.10.2　将密切相关文献的基本信息(如作者、篇名、刊名、年代、卷-期-页或网址等)按规范格式(GB/T 7714—2005)或当前数据库的输出格式列出;无密切相关文献时,则列出主要相关文献;一般相关文献过多时,可选用典型相关文献。

2.10.3　对所列出的密切相关文献或主要相关文献的总体研究内容与查新点相关的可比性内容加以引录、分析或简要综述;查新点中涉及指标等需比对数据的查新报告,相关文献应提供必要的比对数据。对文献进行概述时应注意修正数据库中的各种显而易见的文字错误,以及因镜像转换等造成的单位、上下标、全角半角等缺陷。外文文献应给出与查新项目内容及查新点相关的中文表述。

2.11　查新结论　是对查新点新颖性及其程度的精确表述,应当客观、公正、准确、简明。查新结论的文字表述应严谨(例如,在上述检索范围内,通过对检索到的相关文献进行分析对比,××××)。

2.11.1　在查新结论中应对委托人提出的诸多查新点结合文献报道给予逐一列出并对比分析,不宜将诸多查新点不加拆分地模糊比对,对确具新颖性的查新点亦应说明其与相关报道的区别,指出差异性。

2.11.2　查新结论中的所有表述均应以相关文献内容为据(用上角标注明相关文献的序号),不得有主观性描述、水平性评价和赞誉之辞以及广告性等用语,重在体现客观性。

2.11.3　在对查新点逐条对比分析的基础上可以给出客观、公正、总括性的结语。

2.11.4　对未能检出相关文献的查新点可使用"未见报道"加以表述。

2.11.5　国内查新报告如果只检索中文文献,应在查新结论中表述为"国内公开发表的中文文献中,未见××××报道"。

2.11.6　在"科技查新专用章"处加盖教育部查新机构章和"××××大学科技查新专用章(或××××大学图书馆等)"章。

2.12　查新员、审核员声明　应采用规范化格式的声明并签字,表明查新人员对履行科技查新合同的郑重承诺和对出具的科技查新报告所承担的法律责任。

2.12.1　参考格式

(1) 报告中陈述的事实是真实和准确的;

(2) 我们按照科技查新规范进行查新、文献分析和审核,并做出上述查新结论;

(3) 我们获取的报酬与本报告中的分析、意见和结论无关,也与本报告的使用无关;

(4) 本报告仅用于××××(与查新目的相对应)。

2.12.2　查新员与审核员签名事项说明

2.12.2.1　查新员和审核员须经教育部科技发展中心组织的专业培训,并已获结业证书或资格证书的专业人员。鉴于查新工作的时效性,结业证书和资格证书的有效期为五年。

2.12.2.2　查新员和审核员签名处须由本人亲笔签名。

2.12.2.3　如有多名查新员或审核员须逐一列出,以第一个名字为主查新员或主审核员。

2.13　附件清单

2.13.1　列出国内外相关文献检索结果清单。

2.13.2　列出密切相关文献全文(如不能提供全文,须提供二次文献全记录格式)。

2.13.3　其他相关材料。

2.14　备注格式

(1) 本查新报告无"科技查新专用章"、签字和骑缝章(或每页盖章)无效;

(2) 本查新报告涂改、部分复印无效;

(3) 检索结果及查新报告结论仅供参考。

3. 国内外数据库检索范围

3.1　国内中文通用基本数据库(包括期刊、专利、论文、成果、新闻等文献类型)中,必查数据库应不少于10个。须列出数据库名称(全称)、起止时间(到月)。如:

中文科技期刊数据库	1989——年/月
中国科技经济新闻数据库	1992——年/月
中国学位论文全文数据库	1977——年/月
中国学位论文文摘数据库	1984——年/月
中国学术会议论文全文数据库	1983——年/月
中国学术会议论文文摘数据库	1984——年/月
中国科技成果数据库	1983——年/月

续表

数字化期刊全文数据库	1983——年/月
中国期刊网全文数据库	1994——年/月
中国博士学位论文全文数据库	1984——年/月
中国优秀硕士学位论文全文数据库	1984——年/月
中国科技论文在线	2003——年/月
中国学术会议在线	2005——年/月
中国科学文献数据库	1985——年/月
国家科技图书文献中心	1989——年/月
国家科技成果网	1978——年/月
中国专利数据库	1985——年/月

3.2 国外通用基本数据库在以国际联机为主要检索手段进行查新时,必查数据库应不少于10个。须列出数据库名称(全称)、起止时间(到月)。例如:

NTIS-National Technical Information Service	1964——年/月
SCI (Science Citation Index)	1990——年/月
Dissertation Abstracts Online	1861——年/月
ANTE-Abstracts in New Technologies and Engineering	1982——年/月
Inside Conferences	1993——年/月
General Science Abstracts/Fulltext	1993——年/月
Wilson Applied Science & Technology Abstracts	1993——年/月
PASCAL	1973——年/月
Federal Research in Progress (FEDRIP)	1990——年/月
New Scientist	1994——年/月

3.3 中外专利数据库、专业数据库、标准数据库及其他文献资源:根据查新项目的专业领域与检索要求,选择相应的专业数据库。如:医学查新应检索 Medline、Embase、Elsevier 等数据库;农业课题查新应检索 Agricola、CAB Abstracts、AGRIS International 等数据库。

3.4 网络数据库资源十分丰富的查新机构,可以在国际联机索引库搜索的基础上,基于自有的网络数据库开展查新。

3.4.1 如果必查数据库或专业数据库欠缺,须采用国际联机进行补充检索。

3.4.2 对给予肯定新颖性的结论(如"未见××××的报道"),当检索结果确为零,须通过国际联机检索予以确认。

3.4.3 网络数据库的年限范围的表达形式与国际联机要求相同。

3.4.4 网络版检索、光盘检索或互联网检索,应注明检索方式,并列出具体数据库名称,互联网检索要注明具体网址及检索时间。

4. 本规范自 2009 年 9 月 1 日起施行。

思考题

1. 什么是科技查新?科技查新的类型有哪些?
2. 什么是科技查新新颖性?其判断原则是什么?
3. 影响科技查新质量的因素有哪些?
4. 简述科技查新的流程。

参 考 文 献

[1] 董慧茹,高彦静,张元晶等.化学化工信息检索基础知识和检索工具.北京:化学工业出版社,2005
[2] 柯平.信息素养与信息检索概论.天津:南开大学出版社,2005
[3] 赵岩碧.信息检索原理与方法教程.北京:化学工业出版社,2005
[4] 喻萍,严而清,江惜春等.实用信息资源检索与利用.北京:化学工业出版社,2005
[5] 徐庆宁.信息检索与利用.上海:华东理工大学出版社,2004
[6] 华薇娜.网络学术信息资源检索与利用.北京:国防工业出版社,2002
[7] 李爱国.工程信息检索.南京:东南大学出版社,2005
[8] 谢新洲,滕跃.科技查新手册.北京:科学技术文献出版社,2004
[9] 《科技查新教程》编写组.科技查新教程.北京:机械工业出版社,2001
[10] 王立诚.科技文献检索与利用.第3版.南京:东南大学出版社,2006
[11] 李爱国.工程信息检索.南京:东南大学出版社,2005
[12] 郑章飞.现代信息检索.武汉:华中科技大学出版社,1999
[13] 叶继元.信息检索导论.北京:电子工业出版社,2003
[14] 王知津.科技信息检索.天津:南开大学出版社,2003
[15] 朱卫平.美国四大科技报告及其检索.华北科技学院学报.2002
[16] 赵岩碧.电子信息员检索教程.西安:西北工业大学出版社,2002
[17] 王细荣等.文献信息检索与论文写作.上海:上海交通大学出版社,2006
[18] 赵岩碧.Ei与INSPEC Windows版光盘检索系统比较研究.情报杂志.2001
[19] 黄继东.Internet上的免费专利数据库及其检索.情报科学.2001,(12)
[20] http://www.lib.uestc.edu.cn/dzzy/eisy.asp
[21] http://www.lifescience.org.cn/test/database/INSPEC.htm
[22] http://ptc3.fjpt.cn.net/library/help/IR/